全国旅游职业教育推荐教材

新编中国旅游地理

NEW GEOGRAPHY OF TOURISM IN CHINA

主　编　胡柏翠
副主编　殷开明　彭　征　赵庆梅

内容简介

本书根据高等职业教育“实际、实用、实践”的原则，立足于知识的基础性、实用性，系统地阐述了旅游地理学基本理论，介绍了旅游与地理的关系、中国旅游地理的基本知识体系及其学习目的和方法。在此基础上，对中国自然旅游资源、中国人文旅游资源、中国旅游交通与旅游线路以及中国旅游区划等内容作了介绍。然后较为详细地介绍了中国各旅游区的旅游环境特征及其主要的景区（景点），从而形成较为完整的知识体系。

本书主要用作高职高专旅游类专业学生的教材，也可以作为大专层次自学考试用书和旅游从业人员的参考用书。

图书在版编目(CIP)数据

新编中国旅游地理 / 胡柏翠主编. —天津：天津大学出版社，2018.10

全国旅游职业教育推荐教材

ISBN 978-7-5618-6223-0

Ⅰ.①新… Ⅱ.①胡… Ⅲ.①旅游地理学-中国职业教育-教材 Ⅳ.①F592.99

中国版本图书馆CIP数据核字(2018)第186529号

XINBIAN ZHONGGUO LVYOU DILI

出版发行 天津大学出版社
地　　址 天津市卫津路92号天津大学内(邮编：300072)
电　　话 发行部：022-27403647
网　　址 publish.tju.edu.cn
印　　刷 廊坊市海涛印刷有限公司
经　　销 全国各地新华书店
开　　本 185mm×260mm
印　　张 13.75
字　　数 343千
版　　次 2018年10月第1版
印　　次 2018年10月第1次
定　　价 46.00元

前言

旅游活动是整个人类社会地域活动的重要组成部分，旅游成了当代世界上最大规模的一种社会现象，是人类生活的基本需求。旅游与地理关系十分密切，因为旅游活动是一种在人与自然、人与人之间发生的实践活动，是以旅游者在旅游环境中的空间流动为基础的，包括各地地形、气候、水文、生物等自然要素在内的自然地理环境和由各地居民、城乡聚落、风俗民情、政治军事等方面构成的人文地理环境，以及由各地工农业、交通运输业、商贸与服务业等产业活动形成的经济地理环境，它们在地域上和结构上既相互重叠又相互联系，从而构成了各地区综合性与差异性都很强的整体地理环境，而各地区地理环境的差异性，正是旅游活动产生的最基本的外在动力。

旅游地理学是研究人类的旅游活动与地理环境、社会经济发展相互关系的一门新兴学科，是地理学的一个分支学科。旅游地理学又是一门直接服务于旅游业、实用性很强的应用学科。因为旅游地理学研究的最终目的是促进旅游业与社会经济的和谐发展，为人们能够合理地利用和保护旅游资源提供必要的理论指导和技术手段。

基于上述背景，我们将“中国旅游地理”定位为高职高专院校旅游类专业的基础课程和核心课程。通过这门课程的学习，学习者可以系统掌握中国旅游地理的基本知识、基础理论；掌握中国发展旅游业的地理条件和丰富多彩的旅游资源；了解中国不同地域的景观特色，并能正确解释其地理成因；掌握主要旅游区和景点及其旅游价值；通过导游证等职业认证考试，能够胜任导游、旅行社营业网点接待人员等相关工作。因此，本书立足于知识的基础性、实用性，在阐述旅游地理基本理论和基础知识后，重点介绍中国的区域旅游地理，突出区域特色。

本书分为上篇和下篇两部分，共 13 章。上篇为旅游地理概论，阐述旅游地理学基本理论，重点介绍中国旅游资源、旅游交通、旅游线路、旅游区划等内容，主要包括绪论、中国自然旅游资源、中国人文旅游资源、中国旅游交通、中国旅游区划等内容。下篇为区域旅游地理，介绍中国各旅游区的旅游环境特征及其主要的景区（景点），从而形成较为完整的知识体系，内容包括东北旅游区、京津冀旅游区、黄河中下游旅游区、长江中下游旅游区、西南旅游区、东南沿海旅游区、西北旅游区和青藏旅游区。每章的开篇之处设有“学习目标”栏目，让学习者在上新课时了解本课知识点在知识网中的位置，在复习时着重从宏观中把握微观，注重知识点的联系。每章结束后附有“本章小结”“思考与实训”栏目，便于学习者梳理章节内容，巩固知识，拓展技能。在内容选择上，本书尽量能够体现中国旅游地理的新变化，并且有较强的实用性知识。

参加本书编写的有重庆城市管理职业学院胡柏翠（第 1、2、5、6、9、11 章，第 4 章第 2、3 节，第 13 章第 2 节）、殷开明（第 7、8、10 章）、赵庆梅（第 3 章）、邓广山（第 12 章）、彭征（第 13 章第 1 节）、王伟（第 4 章第 1 节）。全书由胡柏翠担任主编并统稿。

本书在编写过程中参考了许多相关文献和资料，在此对有关作者表示诚挚的谢意。感谢重庆市导游协会杜小锋秘书长、重庆市中国旅行社（集团）公司重庆旅商投资集团有限公司市场营销中心总监王勇先生的鼎力相助，感谢天津大学出版社赵宏志老师的大力支持，感谢宝中旅游大学城城管院营业部李航和李清平给予的帮助。由于编者水平有限，书中不足之处，敬请读者批评指正。

编　者
2018 年 6 月

目　录

Contents

上篇

旅游地理概论

第1章　绪论

学习目标

1. 掌握旅游地理学的概念、学科性质。
2. 掌握中国旅游地理研究的内容。
3. 了解旅游资源的分类和特性。
4. 理解旅游活动与旅游地理环境之间的相互关系。

第1节　旅游地理概述

一、旅游地理学的概念及学科特点

旅游地理学是一门新兴的学科，是在旅游业大规模发展的背景下，随着现代旅游业的迅速发展而逐步发展起来的。它直接服务于旅游业，且越来越受到人们的普遍关注。那么，什么是旅游地理学呢？这是我们首先要把握的概念。

（一）旅游地理学的概念

旅游地理学是研究人类的旅游活动与地理环境、社会经济发展相互关系的一门新兴学科，是地理学的一个分支学科。旅游地理学是一门具有综合性特点、多学科交叉的边缘学科。

地球是人类的家园，人类一直都十分关心自己赖以生存和发展的地球表面的状况。随着人类社会的发展以及地理知识的积累，逐步形成一门研究地球表面一切自然现象和人文现象空间分布以及两者间相互关系的学科，这就是地理学，其研究目的是为了更好地开发和保护地球表面的自然资源，协调自然与人类的关系。一般而言，根据研究对象的侧重点不同，地理学被分为自然地理学和人文地理学两大部分。自然地理学研究自然环境的特征、结构及其地域分异规律，包括大气圈、水圈、岩石圈、生物圈在内的自然环境是其研究的主要对象。人文地理学侧重研究人类社会经济活动所形成的人文环境的特征、结构及其地域分异规律，包括地球表面人类再生产活动、经济活动、聚落、文化、政治等活动在内的人类活动所创造的人文环境是其研究的对象。

旅游活动是整个人类社会地域活动的重要组成部分，旅游成了当代世界上最大规模的一种社会现象，是人类生活的基本需求。那么，到底什么是旅游呢？旅游，从字面上可以理解为：“旅”是旅行、外出的意思，“游”是外出观光、娱乐的意思。但是关于旅游的科学界定，在国内外的学术界至今仍众说纷纭，没有形成一个统一的说法。在国际上比较权威的定义是“艾斯特”定义和世界旅游组织定义。“艾斯特”（IAEST，旅游科学专家国际联合会的简称）定义原由瑞士学者汉泽克尔（Hunziker）和克拉普夫（Krapf）在1942年提出，而后被“艾斯特”采用。这一定义是：“旅游是非定居者的旅行和暂时居留而引起的现象和关系的总和。这些人不会导致长期定居，并且不从事任何赚钱的活动。”世界旅游组织在1991年6月的旅游统计国际大会上，对旅游基本概念重新作了定义：“旅游是指一个人旅行到他或她通常环境以外的地方，时间少于一段指定的时段，主要目的不是为了在所访问的地区获得经济效益的活动。”在我国，很多学者在研究旅游这一特殊社会现象后，也对旅游下过多种定义。目前在我国比较认同的定义为：“旅游是在一定的社会经济条件下产生的一种社会经济现象，是人们以游览为主要目的的非定居者的旅行和暂时居留引起的一切现象和关系的总和。”

旅游与地理关系十分密切，因为旅游活动是一种在人与自然、人与人之间发生的实践活动，是以旅游者在旅游环境中的空间流动为基础的。包括各地地形、气候、水文、生物等自然要素在内的自然地理环境和由各地居民、城乡聚落、风俗民情、政治军事等方面构成的人文地理环境，以及由各地工农业、交通运输业、商贸与服务业等产业活动形成的经济地理环境，它们在地域上和结构上既相互重叠又相互联系，从而构成了各地区综合性与差异性都很强的整体地理环境，而各地区地理环境的差异性，正是旅游活动产生的最基本的外在动力。可以这么认为，没有与地理无关的旅游活动，也没有无助于研究旅游现象的地理，旅游地理学是地理学在旅游活动中的应用。

旅游地理学又是一门直接服务于旅游业、实用性很强的应用学科。因为旅游地理学研究的最终目的是促进旅游业与社会经济的和谐发展，为人们能够合理地利用和保护旅游资源提供必要的理论指导与技术手段。由于其目的在于为旅游业服务，因此，旅游地理学在国际上又被称为休闲和旅游地理学、游憩地理学、闲暇地理学、观光地理学。

（二）旅游地理学的学科特点

1. 旅游地理学是一门综合性的边缘学科

旅游地理学是从地理学的角度出发来研究有关旅游活动的，无疑它属于地理科学范畴。同时，旅游现象是在自然、经济、人文的多种背景下发生的，因此旅游地理学的研究内容不仅涉及自然地理学的许多领域，还广泛涉及经济地理学和社会人文地理学的范畴。旅游主体之间、主体与各种地理要素组成的地理环境之间形成了复杂的关系，在分析地理问题时有必要采取综合的观点进行全面的系统分析。此外，旅游地理学除了以地理学的理论、知识为基础外，还与社会学、民俗学、考古学、历史学、建筑学、经济学、宗教学、心理学、管理学、生态学、美学、文学艺术等多学科有着密切的联系。这些学科彼此渗透，使旅游地理学成为一门多学科、综合性的边缘学科。各学科边缘的交叉、碰撞、组合也推动了旅游地理学的发展。

2. 旅游地理学是一门实践性很强的应用学科

旅游地理学因旅游事业的兴起而产生，反过来又可以为旅游活动的开展和旅游事业的发展服务，因此特别注重其应用性研究。作为一门实用性很强的科学，它从一开始出现就显现出了强大的生命力，成为旅游研究的中坚力量，使地理学这门古老科学又找到了一个新生长点，并在促进旅游业这个全球最大的产业发展中发挥着不可低估的作用。旅游地理学发展至今，已开展了大量以区域旅游开发为中心的应用课题研究，并在旅游资源的评价方法、旅游地的规划与开发、旅游交通建设、旅游容量的估算以及旅游业发展的技术手段更新等方面的研究上，都取得了积极的成果。随着旅游业的发展,旅游地理学不断扩大其为旅游实践服务的深度与广度。事实上,我国旅游业的发展就能很好地说明这一点。我国旅游业发展初期,在迫切的旅游需求推动下,许多地理学专家转而去从事旅游资源开发、评价和规划工作,从实践中逐渐摸索和完善适合我国国情的旅游地理学科的理论体系,并且力图使地理学在满足旅游业发展中不断涌现出的新需求。

二、旅游地理学的研究对象和研究内容

(一)旅游地理学的研究对象

旅游活动是一种复杂的社会经济现象,涉及广阔的空间,具有多样性的特点,它通常由三个基本要素构成,即旅游活动的主体(旅游者)、旅游活动的客体(旅游资源及环境条件)、旅游活动的媒介(旅游业)。同时旅游也是旅游者在一定的空间和时间上的行为活动,它以地理环境为载体,因而旅游也是一种地理现象。旅游地理学的研究对象涵盖旅游活动的三个要素,而其侧重点在于旅游环境,即地理环境中与旅游活动密切相关的部分。因此,旅游地理学的研究对象可以概括为组成旅游环境的各类旅游资源,它们在空间和时间上的分布、演化及其相互关系,以及如何对它们进行合理的开发利用和保护。旅游地理学研究的最终目的是促进旅游业与社会经济的发展。

(二)旅游地理学的研究内容

旅游者与旅游环境之间的关系错综复杂,决定了旅游地理学的研究内容是非常广泛的。国内外学者对此也有不同的见解。一般认为,旅游地理学的研究内容应包括以下几个方面。

1. 旅游资源研究

旅游资源研究主要包括旅游资源的界定,旅游资源的分类、地理分布、形成条件,旅游资源的评价、开发利用、保护与环境容量等。

2. 旅游者的研究

旅游者的研究主要包括旅游者的地理背景,旅游客源地、客流的地理分布、变化以及未来发展趋势等。

3. 旅游区划的研究

旅游区划的研究主要包括旅游区划的原则、区划指标、区域分级、分类区划及区域相互关系等。

4. 区域旅游发展战略与规划的制定

区域旅游发展战略与规划的制定主要包括旅游环境容量的估算、区域旅游开发的综合条件评价、旅游线路与项目设计规划、旅游客源组织规划、旅游管理机构设置等。

5. 旅游信息与旅游地图的研究

旅游信息与旅游地图的研究主要包括旅游信息的收集与传递,旅游地图的特点、种类、功能,旅游地图的编制及使用等。

在旅游地理学的研究中,对上述内容研究的重要程度是不一样的,其中对旅游资源的研究是旅游地理学的重点,其他方面是对此研究的深化或必要补充,是处于次要地位的。

三、中国旅游地理的研究内容和研究意义

(一)中国旅游地理的研究内容

中国旅游地理是旅游地理学的一个重要分支——区域旅游地理学,它是从旅游地理学的角度来研究中国区域内各类旅游资源、发展旅游的地理环境和地理特征、旅游区(点)布局等问题,以及以中国为地域单元的地理环境中旅游诸要素发生、发展、分布及地域分布规律和它们之间的关系,为正确评价和开发旅游资源、建设旅游区提供科学依据。中国旅游地理的研究内容主要有以下几个方面。

(1)中国旅游资源的形成条件与分布规律。

(2)中国旅游资源的调查与评价。

(3)中国旅游区划。

(4)中国区域旅游发展战略与规划的制定。

(5)中国旅游信息与旅游地图。

由此可见,中国旅游地理的主要研究任务,就是要掌握中国旅游资源的形成与分布规律,研究旅游区划并做好旅游区划工作,制定科学合理的区域旅游发展战略,为中国旅游资源的可持续发展提供理论依据和实践基础。

(二)中国旅游地理的研究意义

对中国旅游地理的学习与研究,不论是对旅游从业人员专业水平的提高和对旅游爱好者旅游地理知识的丰富,还是对旅游业的可持续发展,都具有十分重大的意义。

1. 有利于旅游地理知识的普及与旅游者旅游欣赏水平的提高

旅游活动是普及性的、大众性的活动,旅游不再是少数人享有的特权,人人均有享受休闲和旅游的权利。改革开放以后,随着经济的发展和人民生活水平的提高,旅游在国民生活中越来越成为一种必然的、普遍的需求,因此旅游人数不断增加。国际旅游专家曾这样分析,当一国人均国民生产总值达到800～1 000美元时,居民将普遍产生国内旅游动机;达到4 000～10 000美元时,居民将普遍产生国际旅游动机;超过10 000美元时,居民将普遍产生洲际旅游动机。据世界旅游组织预测,我国将在2020年成为世界最大的旅游目的地国家。因此,普及旅游教育已成为实现社会可持续发展的重要措施,中国旅游地理知识在民众中的普及也越来越重要。了解中国旅游地理知识,可以使旅游者在中国土地上开展更有效的旅游活动,并能大大提高其旅游欣赏水平,从而增加旅游活动的收获。

2. 有利于旅游从业人员专业知识水平与文化素养的提高

中国旅游地理知识是旅游从业人员工作必备的基础知识。通过中国旅游地理的学习与研究,学习者可以掌握有关中国旅游资源地理分布、各大旅游景区(景点)的特色与分布、旅游区划、旅游交通地理、旅游线路设计等知识,提高其对旅游资源的观察、判断旅游资源类型、口头表达的能力;掌握编排最佳旅游线路的能力;熟练掌握阅读旅游地图的能力、利用网络收集旅游信息的能力以及归纳区域旅游资源特色的能力等,从而有利于旅游产品开发、宣传促销、客源组织等具体经营管理工作的开展。

3. 有利于旅游业的可持续发展

旅游业作为“无烟产业”,在转变经济增长模式、实现社会生产生活结构调整的过程中,其

重要性与日俱增。作为“朝阳产业”,旅游业自身的发展也存在各种新问题需要研究。其中,如何实现旅游业的可持续发展就是一个十分重要的问题。旅游是具有双重性的:一方面能够促进社会经济和文化的发展;另一方面,旅游也会加剧环境损耗和地区特色的消失。因而,旅游业的发展必须建立在可持续发展基础之上。可持续发展的实质,就是要求旅游与自然、文化和人类生存环境成为一体,这三者之间的平衡关系使许多旅游目的地各具特色。因此,对我国旅游地、景区(景点)的合理发开,都要建立在有关中国旅游地理的整体知识基础之上,充分考虑当地旅游资源的特色及本区发展旅游业的区位优势,认清当地的客源市场及其客流状况等,才能做好适合本地区旅游发展需求的旅游发展规划和景区(景点)的合理建设布局,以及与旅游业相关的基础设施建设布局和经营管理,从而有利于实现我国旅游业与区域旅游开发的可持续发展。

第 2 节　旅游资源概述

一、旅游资源的分类

旅游地理学的研究对象之一是旅游环境。因此,旅游客体,即各种现有的和潜在的旅游资源,便成了旅游地理学重要的研究目标。那么,什么是旅游资源呢?学术界对旅游资源的定义尚存争议,不同学者对旅游资源的内涵理解存在着差异性。一般认为,凡能够吸引旅游者产生旅游动机,可以为旅游开发利用,并由此产生经济效益、社会效益和环境效益的各种事物与因素,都可以称为旅游资源。随着社会的发展、科学技术的进步、人们生活水平的提高、生活方式的转换、视野的开阔,那些传统的旅游方式早已不能满足人们的旅游需求,旅游资源的内容已越来越丰富、范畴越来越广阔。

根据不同的分类标准,旅游资源有多种分类方法。

(一)根据旅游资源的属性分类

根据旅游资源的成因或属性,可将旅游资源分为自然旅游资源和人文旅游资源两大类。两类旅游资源再分别根据其组合要素,又可进一步细分,这是目前最常见、应用最广泛的一种分类方案。

1992 年的《中国旅游资源普查规范》就是根据旅游资源的属性及其开发利用的现状与特点,将旅游资源划分为自然旅游资源和人文旅游资源两大类,在大类之下,又细分为 6 类 74 个基类(如表 1.1 和表 1.2 所示)。

表 1.1　旅游资源分类表

<table>
<tr><td rowspan="6">旅游资源系统</td><td rowspan="3">自然旅游资源</td><td>地文景观类(13 个基类)</td></tr>
<tr><td>水域景观类(7 个基类)</td></tr>
<tr><td>生物景观类(6 个基类)</td></tr>
<tr><td rowspan="3">人文旅游资源</td><td>古迹与建筑类(32 个基类)</td></tr>
<tr><td>消闲求知健身类(11 个基类)</td></tr>
<tr><td>购物类(5 个基类)</td></tr>
</table>

表 1.2　旅游资源细分表

大类	类	基类	大类	类	基类
自然旅游资源	地文景观类	1. 典型地质构造	人文旅游资源	古迹与建筑类	12. 碑碣
		2. 标准地层剖面			13. 建筑小品
		3. 生物化石点			14. 园林
		4. 自然灾变遗迹			15. 景观建筑
		5. 名山			16. 桥
		6. 火山熔岩景观			17. 雕塑
		7. 蚀余景观			18. 陵寝陵园
		8. 奇特与象形山石			19. 墓
		9. 沙(砾石)地风景			20. 石窟
		10. 沙(砾石)滩			21. 摩崖字画
		11. 小型岛屿			22. 水工建筑
		12. 洞穴			23. 厂矿
		13. 其他地文景观			24. 农林渔牧场
	水域景观类	1. 风景河段			25. 特色城镇与村落
		2. 漂流河段			26. 港口
		3. 湖泊			27. 广场
		4. 瀑布			28. 乡土建筑
		5. 泉			29. 民俗街区
		6. 现代冰川			30. 纪念地
		7. 其他水域风光			31. 观景地
	生物景观类	1. 树林			32. 其他建筑或其他古迹
		2. 古树名木		消闲求知健身类	1. 科学教育文化设施
		3. 奇花异草			2. 休(疗)养和社会福利设施
		4. 草原			3. 动物园
		5. 野生动物栖息地			4. 植物园
		6. 其他生物景观			5. 公园
人文旅游资源	古迹与建筑类	1. 人类文化遗址			6. 体育中心
		2. 社会经济文化遗址			7. 运动场馆
		3. 军事遗址			8. 游乐场所
		4. 古城和古城遗址			9. 节日庆典活动
		5. 长城			10. 文艺团体
		6. 宫殿建筑群			11. 其他消闲求知健身活动
		7. 宗教建筑与礼制建筑群		购物类	1. 市场与购物中心
		8. 殿(厅)堂			2. 庙会
		9. 楼阁			3. 著名店铺
		10. 塔			4. 地方产品
		11. 牌坊			5. 其他物产

（二）根据旅游资源管理级别分类

1. 世界级旅游资源

世界级旅游资源主要包括被联合国教科文组织批准列入《世界遗产名录》的名胜古迹、世界级地质公园和列入联合国“人与生物圈”计划的自然保护区等旅游资源。

2. 国家级旅游资源

国家级旅游资源主要包括由国务院审定公布的国家风景名胜区、国家历史文化名城和国家重点文物保护单位以及国家级自然保护区和国家森林公园。

3. 省级旅游资源

省级旅游资源主要包括省级风景名胜区、省级历史文化名城、省级文物保护单位以及省级自然保护区、省级森林公园，有的省还公布了历史文化名镇。

4. 市（县）级旅游资源

市（县）级旅游资源主要包括市（县）级风景名胜区和市（县）级文物保护单位。

（三）按旅游资源的功能分类

可以将旅游资源分为观赏型旅游资源、康乐型旅游资源、科考型旅游资源、体验型旅游资源、度假型旅游资源、购物型旅游资源。

此外，按利用性质不同，可分为再生旅游资源、不可再生旅游资源；按资源的开发现状，可分为已开发旅游资源、潜在旅游资源；按资源地域，可分为都市旅游型、森林旅游型、乡村旅游型等。

二、旅游资源的特性

旅游资源是一种特殊的资源类型，从旅游资源的空间分布规律来看，它具有区域性、多样性和综合性特征；从旅游资源的时间变化来看，它具有季节性和时代性特征；从旅游资源的利用上来看，它具有观赏性、永续性和不可再生性特征。

（一）地域性

旅游资源的地域性即指旅游资源的总特征、景观基调、色彩等具有地域分布特色。地域性可以表现为地带性或非地带性的差异。地带性差异以自然环境中的气候、植被、水体等因素最为明显，由此形成自然旅游资源的地带性特征，如我们常用“北雄、南秀、西旷、东密”形容中国风景特征，中国饮食方面有“北咸南淡、西辣东甜”的地方风味，即指地带性规律。区域性是旅游资源最本质的特征，它决定了旅游资源本身的存在和旅游流的流向。旅游资源的这种地域差异是引起人们产生旅游动机的原因之一，并且旅游资源的地域差异越大，对游客的吸引力越强。旅游资源的区域分布是由自然地理和人类社会活动的一般规律所决定的。

（二）多样性和综合性

旅游资源是一个内涵非常广泛的集合概念，在表现形式上也具有多样性的特点，它不仅包括地质地貌、气象气候、水体、动植物等自然旅游资源，而且还涉及城市、建筑、园林、宗教、民俗风情等人文旅游资源。旅游者社会组成和心理特点的多样性决定了旅游需求的多样性，旅游资源的内容随着社会的发展日益丰富。

在同一地区，往往会有各种类型的旅游资源交错分布在一起，并相互配合。一个地方的旅游资源种类越丰富、数量越多、联系越紧密、综合性越强，地区整体景观效果就越好，综合开发利用的潜力也就越大。事实上，我国许多著名景区，如杭州西湖、桂林山水、北京名胜古迹等，就是充分利用其旅游资源的多样且综合特征突出的特点来吸引旅游者的。

（三）季节性和时代性

旅游资源的季节变化主要是由自然地理条件，特别是气候的季节性变化决定的，同时也受人为因素的影响。这使旅游业的发展在一年之中会出现明显的淡旺季之分，如东部沿海地区一年内有春、秋两个高峰，西北地区如乌鲁木齐和呼和浩特全年只有8月份一个高峰期。民族风情中的节庆活动，如傣族的“泼水节”、白族的“三月街”等，都只能出现在特定的时段里。

不同的时代、不同的社会经济条件下，人们对自然和社会的现实存在能否构成旅游资源的价值判断也会出现极大的差异。有的旅游资源随时代的需求而产生、发展，如帝王的宫殿和陵墓、古城墙、宗教寺庙等，其原先建造可能并不是为了旅游，但随着时间的推移和旅游者需求的变化，许多已成为颇具吸引力的旅游热点；而有的旅游资源随时代的发展而走向淘汰、消失，如过量开采地下水使泉水枯竭、河流上游兴建水库使瀑布断流，原有的旅游资源也会因失去吸引力而不再成为旅游资源。

（四）观赏性

旅游资源的一个很重要的特征，就是具有观赏性，给人以美感，能从生理上、心理上满足人们对美的追求。尽管旅游动机因人而异，游览内容多种多样，但观赏活动几乎是所有旅游过程中最基本的，有时更是全部旅游活动的核心内容。从某种意义上说，缺乏观赏性的东西，就够不成旅游资源，不管是名山大川，还是民族风情，它们都能给予旅游者生理与心理上美的享受，旅游资源的观赏性越强，对旅游者的吸引力就越大。当然，由于旅游者性格、气质及审美水平的差异以及旅游资源的美感、丰度、价值和布局都因时因地而异，旅游欣赏也是多层次、多样性的。

（五）永续性和不可再生性

永续性是指旅游资源具有重复使用的特点。因为大多数旅游资源在利用过程中，其本身并不会被旅游者的旅游活动消耗掉，旅游者只是从各种旅游活动中，获得自身所需的身心放松和美好感受，并不是消耗了旅游资源本身。大多数旅游资源具有无限重复利用的特点，只要保护得当，大多数旅游资源可以永续利用下去，其中某些旅游资源还会随着社会经济的发展和科学技术的进步而不断得到丰富和再生。无论是自然旅游资源还是人文旅游资源都容易受到破坏，旅游资源若使用不当，旅游者的不文明行为，以及各种自然灾害、战争等，都会使旅游资源遭到破坏。而旅游资源一旦遭到破坏，就很难恢复了，即使进行人工复原，也不是原貌了，所以旅游资源又具有不可再生性。从这个意义上说，做好旅游资源的保护工作意义重大。

三、旅游资源的开发和保护

（一）旅游资源开发的原则

旅游资源开发是指借助现代科学手段把资源改造成旅游吸引物，并促成旅游活动得以实现的技术经济活动。旅游资源的开发利用包括两个方面：一是在已开发利用的风景区上扩建新的旅游项目，增加新的旅游内容；二是开发利用新的风景区。旅游资源的开发和建设工作应遵循以下原则。

1. 综合效益原则

旅游资源开发的目的,一是为了促进当地经济和社会的发展,改善当地人民的生活质量;二是为了吸引游客,获取经济效益。因此,在规划与建设中要特别强调经济效益、社会效益和生态环境效益的协调发展,以较小的投资耗费和较短的建设周期换来较大的经济、社会和生态综合效益。

2. 突出特色原则

地方特色是旅游资源吸引游客的灵魂和动力。因此,在开发规划旅游资源时,应突出个性,充分揭示和发展其本身独有的特色,形成鲜明的主题,展示旅游资源的个性特征,做到"人无我有,人有我优",以增强对游客的吸引力,从而提高其市场竞争力。

3. 资源保护原则

由于旅游资源具有不可再生性,一经破坏则难以在短期内恢复,有的甚至是无法挽救的。因此,在旅游资源开发的同时,应强调对旅游资源的保护问题。在开发中充分考虑资源的承载能力,不能以牺牲生态环境为代价。只有在严格保护的前提下,进行合理开发才能达到旅游资源永续利用的目的。

(二)旅游资源衰退的原因

1. 旅游资源及旅游环境的自然衰败

地震、滑坡、沉降、火山喷发等地质灾害会对旅游资源造成较大的破坏。自然风化作用、大气污染以及台风、暴雨、冰雹、沙尘暴等气象灾害都会对旅游资源和旅游环境造成破坏。此外,一些动植物也会对旅游资源产生破坏作用,如白蚁危害建筑、文物、堤坝及人类的安全。

2. 旅游资源及旅游环境的人为破坏

人类的战争、经济与城市建设不当、违法破坏行为、旅游管理不善及游客的不文明行为等因素都会对旅游资源及环境造成破坏。旅游资源的人为破坏是多方面的、严重的,大多超过自然风化的破坏,有的甚至是完全毁灭。如故宫,许多大殿前和内部的路面、地面,因游客密度较大而严重磨损。有人估算,故宫铺地的"金砖"每年磨损达10～20毫米。故宫御花园的土地也因严重踩踏而板结,几棵古树已濒临枯死。颐和园蜿蜒700多米的长廊路面的砖,也因踩踏而每隔几年就要更换一次。

(三)旅游资源保护的对策

旅游资源是旅游业发展的基础,旅游业要可持续发展,就必须认真做好旅游资源的保护工作。旅游资源的保护不仅包括对旅游资源本身的保护,使之不受破坏、特色不受削弱,而且还涉及其周围自然生态环境的保护问题。

1. 尽量减缓旅游资源自然风化的速度

自然界中温度、湿度的变化莫测会引起旅游资源的自然风化。出露于地表的旅游资源要完全杜绝自然风化是不可能的,但在一定范围内改变环境条件使之风化过程减缓是完全有可能的。如将裸露在大自然中的旅游资源加盖人工建筑,避免其风吹日晒而达到保护的目的。

2. 杜绝人为破坏的现象

从本质上看,旅游资源人为破坏的根源,主要是广大群众保护旅游资源的意识不强。因此,要通过各种途径大力宣传教育,使广大群众了解旅游资源的历史文化价值和科学考察价值，从而提高他们的素质，自觉保护旅游资源。同时，国家要加大旅游资源保护的立法力度，进一步健全旅游资源法制管理体系。近年来，我国先后颁布了一系列法律条例，对旅游资源的保护起到重要作用，但人为破坏现象时有发生。所以要进一步完善旅游资源及环境保护的法律依据，并加大执法力度，以有效保护旅游资源及旅游环境。

3. 及时维护、修缮受损的旅游资源

历史建筑因经历了上百年甚至上千年的自然风化和人为破坏，出现了影响原有特色的破损、变色，因而要对其进行及时的维护、修缮，例如可以采用复原培修的办法，采取原材料、原构件，或在必要时用现代构件进行加固。还有一些历史上著名的建筑物，由于自然或人为原因在地面上已经消失，但具有很高的文化和旅游价值，在旅游业迅速发展的今天，为了满足人们旅游的需要，需进行重修，重现古建筑的风貌。

4. 积极倡导生态旅游，促进旅游业可持续发展

生态旅游以大自然环境作为旅游基础，强调在生态环境得到妥善保护并为旅游地居民谋取利益的同时，又能在促进大自然与人类社会和谐的前提下，满足旅游者回归自然、追求休闲娱乐、康复疗养等需求。因此，开展生态旅游有利于旅游地自然环境的保护，促进旅游地公平发展，改善当地居民的生活质量。可以说，生态旅游是促进我国旅游业可持续发展的有效途径之一。

本章小结

1. 地理学是在旅游业大规模发展的背景下，伴随旅游科学的发展而逐步发展起来的，它是研究人类的旅游活动与地理环境、社会经济发展相互关系的一门新兴科学，边缘性与应用性是它的两大学科特点。旅游地理学研究的主要内容是旅游者研究、旅游资源研究、旅游区划研究、区域旅游发展战略与规划的制定以及旅游信息与旅游地图的研究等。

2. 旅游资源是能够吸引旅游者产生旅游动机，可以为旅游开发利用，并由此产生经济效益、社会效益和环境效益的各种事物与因素。根据旅游资源的成因或属性，可将旅游资源分为自然旅游资源和人文旅游资源两大类。

3. 旅游资源是一种特殊的资源类型，从旅游资源的空间分布规律来看，它具有区域性、多样性和综合性特征；从旅游资源的时间变化来看，它具有季节性和时代性特征；从旅游资源的利用上来看，它具有观赏性、永续性和不可再生性特征。

4. 旅游资源的开发利用包括两个方面：一是在已开发利用的风景区上扩建新的旅游项目，增加新旅游内容；二是开发利用新的风景区。旅游资源的开发和建设工作应遵循综合效益原则、突出特色原则、资源保护原则。

思考与实训

1. 旅游地理学的研究对象与学科性质是什么？

2. 旅游资源有哪些重要特征？

3. 旅游资源开发应遵循哪些原则？

4. 旅游资源保护的对策有哪些？

5. 走访附近的旅游景区（景点），了解其旅游资源受损的情况，分析其原因，提出解决的办法，并在此基础上撰写一份实地调研报告。

第2章 中国自然旅游资源

学习目标

1. 掌握中国自然旅游资源的主要类别和代表性景区景点。
2. 了解中国各类自然旅游资源的形成原因及其主要特征。
3. 理解中国各类自然旅游资源的旅游价值。

自然旅游资源又称自然风景旅游资源，指凡能使人们产生美感或兴趣的、由各种地理环境或生物构成的自然景观。它们通常是在某种主导因素的作用和其他因素的参与下，经长期的发育演变而形成。中国自然旅游资源主要有地貌景观类、水域风光类、天气气象类和生物景观类四人类。

第1节 地貌旅游资源

地貌指的是地表起伏的形态，也称为地形。地貌是构成地理环境的有形自然骨架，是旅游资源存在的基础

一、我国地貌轮廓的基本特征

(一)地势西高东低，呈三阶梯状分布

地势是指地表高低起伏变化的总特点。我国地势大致是西部高、东部低，呈现出三级阶梯分布特征。第一级阶梯分布于中国西部，以“世界屋脊”青藏高原为主体，平均海拔4 000米以上，由极高山、高山、高原及其间的河谷平原和盆地构成，如昆仑山脉、喜马拉雅山脉、冈底斯山脉、唐古拉山脉、横断山脉、羌塘高原、拉萨河谷平原等。青藏高原外缘以北、以东，地势显著降低，东以大兴安岭、太行山、巫山、雪峰山一线为界，构成我国第二级地形阶梯，主要由广阔的高原和盆地组成，其间也分布着一系列高大山地，海拔1 000～2 000米不等，如阿尔泰山、天山、秦岭、准噶尔盆地、塔里木盆地、内蒙古高原、黄土高原、四川盆地和云贵高原等。在第二级地形阶梯边缘的大兴安岭至雪峰山一线以东，是第三级地形阶梯，主要以平原、丘陵和低山地貌为主，海拔多在500～1 500米之间。我国东西部地势的这种巨大高差，造成我国东西不同区域之间的巨大自然环境差异，也必然造成巨大的人文环境差异。

(二)地貌类型复杂多样

我国幅员辽阔，地质条件复杂多样，地质构造、地表组成物质及气候水文条件都很复杂。我国山地、高原、丘陵、平原、盆地等地貌类型齐全，而且其成因复杂多样，如岩溶地貌、风沙地貌、黄土地貌、山岳冰川地貌、丹霞地貌、峡谷地貌、海岸地貌等，千姿百态。这其中，山地占总面积的65%，而且由于地势较高，也造就了多样的气候类型。这种复杂多样的地貌类型为我

国旅游业的发展提供了多种多样的地貌旅游资源。

（三）山区面积广大

人们通常把高原、丘陵和山地统称为山区。我国山区面积占全国面积的 2/3 以上。山区面积广大虽然给交通运输和农业带来不便，但山区地貌旅游资源丰富多彩，自然生态相对良好，有利于旅游业的发展。

二、地貌旅游资源的主要类型

按地貌成因划分，我国的地貌旅游资源主要有以下类型。

（一）花岗岩地貌

花岗岩是一种酸性侵入岩，是由地球内部岩浆侵入地表处冷却凝固而成，由石英、长石和云母等矿物组成，俗称“麻石”，颜色呈肉红色或灰白色，花纹美丽，岩性坚硬，不易风化，节理发育，往往形成高大山体的核心。我国花岗岩地貌分布十分广泛，泰山、黄山、华山、衡山、九华山等众多名山都是由花岗岩构成的。

（二）火山岩地貌

火山岩地貌是指地下岩浆喷出地表并快速冷凝所形成的各种地貌形态的总称，主要有流纹岩、火山锥、火口湖、堰塞湖等景观。有“火山博物馆”之称的黑龙江省五大连池是火山堰塞湖，吉林省的长白山天池就是著名的火口湖。

（三）喀斯特地貌

喀斯特地貌是指以碳酸盐类岩石（主要是石灰岩）为主的可溶性岩石，在以水的溶蚀为主的内外力作用下形成的地貌，包括峰林、石林、石芽、天生桥、地下河、溶洞等。我国喀斯特地貌景观分布很广，以广西、贵州和云南东南部最为典型，如广西桂林山水、云南路南石林、广东肇庆七星岩就是我国著名的岩溶地貌风光景区。

（四）丹霞地貌

丹霞地貌是在红色砂砾岩地区发育而成的。红色砂砾岩结晶大、硬度小，易受流水侵蚀、重力崩塌等外力影响，地质历史时期由红色砂砾岩构成的山间盆地在内外营力作用下，易形成中尺度的造型地貌，多由方山、奇峰、赤壁、岩洞等构成，因最早发现于广东韶关丹霞山而得名。丹霞地貌广泛分布于我国长江以南各地区，代表性的名山有广东丹霞山、福建武夷山、江西龙虎山、四川青城山、安徽齐云山、贵州梵净山、甘肃麦积山及崆峒山等，都是著名的游览胜地。

（五）海岸地貌

海岸地貌是海岸在地质构造运动、海浪潮汐的冲刷堆积以及生物气候等多种因素共同作用下形成的各种地貌形态。我国海岸线漫长，陆地海岸线和岛屿海岸总长为 3.2 万千米，因而有着十分丰富的海岸旅游资源。其中，杭州湾以南多为岩岸，以广东汕头、福建厦门、广西北海、海南、台湾基隆等地海滨最为著名；杭州湾以北多沙岸，以河北北戴河、辽宁大连以及山东青岛、烟台等地海滨最为著名。

（六）风沙地貌

风沙地貌是干旱地区由于风力的侵蚀、搬运和堆积作用所形成的地貌形态的总称，主要有风积地貌和风蚀地貌两种类型。

风积地貌多分布在我国西北内陆的干旱地区，其形态有沙丘和鸣沙。沙丘中最具观赏价值的是新月形沙丘和金字塔形沙丘。鸣沙是沙漠中的奇观,流沙在沙丘上滚动,会发出巨大的轰鸣声,被称为“会唱歌的沙丘”。甘肃敦煌鸣沙山、库布齐沙漠响沙湾、腾格里沙漠沙坡头被称为三大响沙地。大漠驼铃景观、旱海探险活动、滑沙运动、沙雕、沙疗等活动项目具有独特的价值与魅力。在我国西北地区,常可见到风蚀蘑菇、风蚀柱、风蚀洼地等景观,最引人入胜的是“雅丹地貌”。“雅丹”是维吾尔语,意思是“有陡壁的小丘”。地质学上,雅丹地貌专指经长期风蚀、由一系列平行的垄脊和沟槽构成的景观。当大风刮过时,会发出各种怪叫声,因而也被人们称之为“魔鬼城”。我国新疆的罗布泊和乌尔禾是这种地貌的典型代表。

三、我国名山概览

名山是山地旅游资源中具有特别重大旅游意义的类型。所谓名山,即指自然风光秀美,景物奇特,可供游人欣赏、游览的山地、丘陵,一般都经过人类长期的宗教、文化等活动的影响而形成了丰富的人文景观。

(一)五岳名山

五岳是中国汉文化中五大名山的总称,是古代民间山神崇拜、五行观念和帝王巡猎封禅相结合的产物,包括东岳泰山、西岳华山、南岳衡山、北岳恒山、中岳嵩山。

泰山,是我国的五岳之首,又称东岳,是中国最美的、令人震撼的名山,也位居“中华十大名山”之首。泰山位于山东省中部,自然景观雄伟高大,有数千年精神文化的渗透、渲染以及人文景观的烘托,著名风景名胜有天柱峰、日观峰、百丈崖、仙人桥、五大夫松、望人松、龙潭飞瀑、云桥飞瀑、三潭飞瀑等。泰山于 1987 年被列入世界自然、文化遗产名录,是中国首例自然文化双重遗产项目。

华山位于陕西省西安以东 120 千米的历史文化故地渭南市的华阴县境内,北临坦荡的渭河平原和咆哮的黄河,南依秦岭,是秦岭支脉分水脊的北侧的一座花岗岩山。华山的千姿万态被历代名人有声有色地勾画出来,是国家级风景名胜区。

衡山位于湖南省衡阳市南岳区,有七十二群峰,层峦叠嶂,气势磅礴。素以“五岳独秀”“宗教圣地”“文明奥区”“中华寿岳”著称于世。由于气候条件较其他四岳为好,处处是茂林修竹,终年翠绿,奇花异草,四时飘香,自然景色十分秀丽,因而又有“南岳独秀”的美称。正如清人魏源《衡岳吟》中所说:“恒山如行,岱山如坐,华山如立,嵩山如卧,惟有南岳独如飞。”

恒山,亦名“太恒山”,古称玄武山、崞山,位于山西大同浑源县,寺古林茂,以幽著称。恒山是我国道教名山之一。恒山半山以下很少树木,半山以上松柏参天,人烟稀少,十分清静,给人以幽静之感。主要景点有悬空寺、朝殿、九天宫、会仙府、北岳庙等。

嵩山位于河南省西部,地处登封市西北面,西邻古都洛阳,东临郑州,属伏牛山系。嵩山是中国佛教禅宗的发源地和道教圣地,也是中国名胜风景区。2004 年 2 月,嵩山被联合国教科文组织列入世界地质公园。

(二)四大佛教名山

中国佛教四大名山分别是山西五台山、四川峨眉山、浙江普陀山、安徽九华山,分别供奉文殊菩萨、观世音菩萨、普贤菩萨、地藏王菩萨。

五台山位于山西省五台县境内,由五座山峰环抱而成,五峰高耸,峰顶平坦宽阔,其状如石垒之台,故称“五台山”。五台分别为东台望海峰、西台挂月峰、南台锦绣峰,北台叶斗峰、中台翠岩峰,因山中盛夏气候凉爽宜人,故别名“清凉山”。

峨眉山位于中国四川省峨眉山市境内,是一个集自然风光与佛教文化为一体的中国国家级山岳型风景名胜。峨眉山平畴突起,巍峨、秀丽、古老、神奇。它以优美的自然风光、悠久的佛教文化、丰富的动植物资源、独特的地质地貌而著称于世,被人们称之为“仙山佛国”“植物王国”“动物乐园”“地质博物馆”等,素有“峨眉天下秀”之美誉。古往今来,峨眉山就是人们礼佛朝拜、游览观光、科学考察和休闲疗养的胜地。

普陀山位于浙江舟山群岛,是观音菩萨道场。普陀山的名称,出自佛教《华严经》等六十八卷,全称为“补坦洛迦”“普陀洛迦”,是梵语的译音,意为“美丽的小白花”。由于中国历代帝王多建都在北方,所以自元朝以来,惯称此山为“南海普陀”。普陀山又有“五朝恩赐无双地,四海尊崇第一山”的美誉。如此美丽,又有如此众多文物古迹的小岛,在我国可以说是绝无仅有。

九华山位于安徽省池州市,距池州市青阳县 20 千米、距长江南岸贵池区约 60 千米,方圆 120 平方千米,主峰十王峰 1 344.4 米,为黄山支脉,是国家级风景名胜区。九华山共有 99 座山峰,其中天台、十王、莲华、天柱等 9 峰最雄伟,群山众壑,溪流飞瀑,怪石古洞,苍松翠竹,奇丽清幽,相映成趣。名胜古迹,错落其间。

(三)四大道教名山

中国道教四大名山为:湖北武当山、江西龙虎山、四川青城山、安徽齐云山。它们是中国道教圣地,四座山分别供奉广援普度天尊、真武大帝、道德天尊、降魔护道天尊。

武当山位于湖北省西北部的十堰市丹江口市,方圆 400 平方千米,属大巴山东段。武当山又名太和山、谢罗山、参上山、仙室山,古有“太岳”“玄岳”“大岳”之称。有元、明建筑群等风景胜迹,居于七十二峰之道的天柱峰,海拔 1 612 米。截至 2013 年,武当山有古建筑 53 处,建筑面积 2.7 万平方米,建筑遗址 9 处,占地面积 20 多万平方米,全山保存各类文物 5 035 件。

龙虎山位于江西省鹰潭市西南 20 千米处贵溪市境内。东汉中叶,正一道创始人张道陵曾在此炼丹,传说“丹成而龙虎现”,山因此得名。龙虎山是中国典型的丹霞地貌风景,是中国道教发祥地。龙虎山的丹霞地貌,是两座发育在中国东南部信江盆地中段南缘、由晚白垩世陆相红色砂砾岩组成的丹霞山体。2010 年 8 月 2 日,龙虎山被列入《世界遗产名录》,成为我国第八处世界自然遗产。

青城山东距成都市区 68 千米,处于都江堰水利工程西南 10 千米处,主峰老霄顶海拔 1 260 米(2007 年)。青城山群峰环绕起伏,林木葱茏幽翠,全山林木青翠、四季常青、诸峰环峙、状若城郭,故名青城山。丹梯千级,曲径通幽,以幽洁取胜,自古就有“青城天下幽”的美誉。在四川,与剑门之险、峨眉之秀、九寨之奇齐名。素有“拜水都江堰,问道青城山”之说。青城山景区分为前山和后山两部分。

齐云山位于安徽省休宁县城西约 15 千米处。海拔 585 米,方圆 110 平方千米,因最高峰齐云岩得名,以幽深奇险著称。齐云山境内有三十六奇峰、七十二怪崖、二十四涧及其他许多洞泉飞瀑,与黄山、九华山合称“皖南三秀”,素有“天下无双胜境,江南第一名山”之誉。间以幽洞、曲涧、碧池、青泉,汇成胜境。

（四）其他风景名山

中国的风景名山数不胜数，一向以其俊秀的英姿、绚丽的风采吸引着全世界的游客流连忘返。既有传统的山水文化名山，如安徽黄山、江西庐山、福建武夷山、浙江雁荡山等，以突出的自然山水美或具有世外桃源般的田园风光美著称，渗透中国传统山水审美文化。特别是安徽黄山，因其“奇松、怪石、云海、温泉”四绝，素有“天下第一奇山”的美誉，明代徐霞客更有“五岳归来不看山，黄山归来不看岳”之说。也有当代的风景名山，如湖南武陵源、云南玉龙雪山、贵州梵净山、重庆金佛山等，是当代为了旅游业发展的需要，新发现、新开发的旅游名山，包括具有突出自然特色的著名山地自然保护区。

第 2 节　水景旅游资源

水是自然界分布最广、最活跃的因素之一，是各类景区的重要构景要素。特别是自然风景区，都要以水作为其吸引因素。水体资源与其他因素组合能形成优美的风景，如水与山、水与生物、水与季节气候、水与建筑物、水与人类活动等。水作为旅游资源既可以观赏又可体验、参与，可以开展各种丰富多彩的旅游活动，如游泳、划船、扬帆、滑冰、滑雪、潜水、冲浪、滑水、垂钓以及疗养、品茗等。我国水域宽广，水景旅游资源丰富，主要有海洋、江河、湖泊、涌泉、瀑布等存在形式。

一、海滨旅游资源

（一）海滨的旅游价值

地球上海洋面积占了地球表面积的 71%，可见海洋水体在地球表面所占面积之大、分布之广。蓝天、白云、碧海、细浪、沙滩、椰林构成了迷人的海滨风光，其浩瀚无际、深邃奥妙的魅力吸引着每一个旅游者，成为水域风光类旅游资源的重要组成部分。因此，海滨地带始终是观光旅游的胜地。在现代旅游业中，“3S”景观已经成为最受人们欢迎的旅游资源。所谓“3S”景观，指的是海滨的阳光（Sun）、海水（Sea）和沙滩（Sand）。因英文中，这三个单词均以 S 开头，故名“3S”景观。很多拥有“3S”景观的国家，成为世界旅游大国，像地中海沿岸的西班牙和意大利等。海滨的气候和海水条件良好，使其成为疗养度假的好去处。人们还可以在海滨开展海钓、游泳、驶帆、摩托艇、冲浪、滑水、热气球、划船和水上飞机等活动。

（二）我国主要海滨旅游胜地

我国沿海各省市基本上都具备“3S”海洋旅游要素，而且我国跨纬度广，因此我国的海滨旅游资源跨热带、亚热带和温带三个气候带，加上不同的海岸地貌，使我国的海滨旅游资源呈现出多姿多彩、类别丰富的特点。其中较为著名的海滨旅游胜地有大连、兴城、北戴河、青岛、连云港、舟山、厦门、汕头、湛江、北海、三亚以及台湾省的台北和台南等地。我国海滨旅游还有一些特殊的项目，如我国杭州湾的钱塘观潮，历史悠久，钱塘大潮早已被人们称为“天下奇观”。近年来大连等许多城市建立海底世界，海南三亚及广东电白放鸡岛等地建立潜水观光旅游点，等等。这些崭新的海滨旅游项目，已经成为当今世界的热门旅游活动。在我国山东蓬莱和浙江舟山群岛的普陀山等地，有时还会看到海市蜃楼的奇景。

1. 大连海滨风景名胜区

大连市位于辽东半岛南端,是个港口城市。海岸线长 30 千米,山水相连,礁石错落,具有观赏价值的海蚀柱、海蚀崖、海蚀洞、海蚀拱桥等景观甚多。海滩坡度小,潮差不大。这里夏季海表水温达 20 ℃以上,是优良的海滨浴场。旅顺港地势险要,保留了许多战争遗迹。新开发的金石滩海岸带由四大景区 50 多个景点组成。西南方的老铁山是候鸟的乐园,西北海中的蛇岛是我国唯一的蝮蛇保护区。

2. 北戴河海滨风景名胜区

北戴河位于河北省秦皇岛市。背依联峰山,面临渤海。夏季气候凉爽宜人,春无大风沙,附近海域海水清澈,沙滩绵延十多千米,沙软潮平。海岸地区也发育了海蚀地貌,老虎石、鹰角石、骆驼石、对语石等形象逼真,栩栩如生。联峰山上奇峰异石遍布,松柏竞秀。登望海楼可俯瞰海滨全景,远眺秦皇岛码头及昌黎碣石山。此外,附近还可观览山海关古长城、关城、孟姜女庙等古迹。

3. 青岛海滨风景名胜区

青岛市是胶东半岛东南的港口城市,港阔水深,风平浪静,不冻不淤。城市随山而建,高低错落,具有青山、碧海、绿树、红墙之美景。海滨最热月均温度只有 25 ℃,是避暑佳地。在汇泉湾、太平湾一带开辟了广阔的海滨浴场。海岸线曲折多港湾,岩礁星罗棋布,有“石老人”“玉女盆”等海蚀景观。

4. 三亚海滨风景名胜区

三亚市位于海南岛最南端。市东南有著名的亚龙湾海滨,海滩线长,沙细软洁白,海碧天澄,风平浪静,四季可浴,被称为“东方夏威夷”。海底有美丽的珊瑚景观。市西有天涯海角海滨,海滩上巨石罗列,有立有卧,其中二石上分别镌刻着“天涯”“海角”,另一巨石上镌刻“南天一柱”四字。海滩平坦,海水洁净,是海水浴和海滨观赏胜地。

二、江河旅游资源

(一)江河的旅游价值

江河是大地的血脉,它孕育着文明,是人类古代文明的发源地。河流两岸河谷地带,特别是中下游地区往往有许多古人类遗迹或文物古迹分布,还有众多的历史名城和现代城市,从而构成了丰富的人文景观。江河与沿岸的山林风光,形成风格各异、魅力无穷的景观游廊,因而江河有着特殊的观光价值。此外,在江河上还可以开展多种多样的旅游活动,如漂流、游艇、划船、游泳、垂钓等水上探险与康乐度假旅游活动。在我国北方,冬季江河结冰后,还可以开展滑冰、冰橇等冰雪运动。

(二)我国主要的江河旅游资源

1. 长江

长江发源于“世界屋脊”——青藏高原的唐古拉山脉各拉丹冬峰西南侧,是中华民族的母亲河。干流流经青海、西藏、四川、云南、重庆、湖北、湖南、江西、安徽、江苏、上海 11 个省、自治区、直辖市,于崇明岛以东注入东海,全长约 6 300 千米。长江分上、中、下游三个河段。上游从源头到湖北宜昌,落差大,峡谷多。著名峡谷有云南境内的虎跳峡、重庆与湖北交界的三峡。中游从湖北宜昌到江西湖口,多支流,多曲流,多湖泊。著名支流有汉江、湘江、赣江等,著名湖泊有洞庭湖、鄱阳湖等。下游从江西湖口到入海口,江阔水浅,两岸名城众多,著名的有南京、镇江、扬州、南通以及上海等。长江旅游线上最著名的风景区当属长江三峡。

长江三峡是长江中最为壮丽的一段。它西起重庆奉节白帝城,东止湖北宜昌南津关,全长193千米,由瞿塘峡、巫峡和西陵峡组成。瞿塘峡长8千米,两壁对耸狭窄,最窄处不到百米,最宽处不过150米,以雄伟险峻著称。巫峡以巫山得名,长45千米,是三峡中最整齐的峡谷,以幽深秀丽著称。西陵峡全长76千米,其特点是峡中有峡,滩内含滩,江流回环曲折,以险著称。如今,举世闻名的三峡水利枢纽工程已建成,这里已是"高峡出平湖"的壮观景象。三峡沿岸分布有纪念大禹治水的黄陵庙、古悬棺、古栈道、白帝城、屈原故里等名胜古迹,美不胜收。

2. 黄河

黄河发源于青海省青藏高原的巴颜喀拉山脉查哈西拉山的扎曲,北麓的卡日曲和星宿海西的约古宗列曲,呈"几"字形。自西向东分别流经青海、四川、甘肃、宁夏、内蒙古、陕西、山西、河南及山东9个省(自治区),最后流入渤海。

黄河上游分布约19个峡谷,如龙羊峡、刘家峡、青铜峡等,并在内蒙古高原上冲积形成有"塞上江南"之称的银川平原和河套平原。黄河中游则形成含沙量高居世界各大河之冠的浑浊黄水,并在此段形成著名的龙门瀑布和壶口大瀑布。流入河南省孟津县之后的下游河段,在华北平原上形成举世闻名的"地上河",全长900千米。

黄河流域是中国古代文明的发祥地之一,自古以来我们的祖先就劳动生息在这块土地上,黄河两岸遍布着华夏民族活动的踪迹,黄河及其支流沿岸的咸阳、西安、洛阳、开封,都曾是显赫一时的历史古都,兰州、银川、包头、呼和浩特、郑州、济南等城市,既有大量的文物古迹,又聚集着现代都市风情。

3. 漓江

漓江属珠江流域西江水系,为支流桂江上游河段的通称,位于广西壮族自治区东北部。漓江段全长164千米。沿江河床多为水质卵石,泥沙量小,水质清澈,两岸多为岩溶地貌。旅游资源丰富,著名的桂林山水就在漓江上。漓江流域孕育出独特绝世而又秀甲天下的自然景观桂林山水,"江作青罗带,山如碧玉簪"。其风景秀丽,山清水秀,洞奇石美,是驰名中外的风景名胜区。

漓江的特点概括为"清、奇、巧、变"四个字,主要景点概括为一江、两洞、三山。一江(漓江)、两洞(芦笛岩、七星岩)、三山(象鼻山、叠彩山、伏波山),是桂林山水的精华所在。漓江像一条青绸绿带,盘绕在万点峰峦之间,奇峰夹岸,碧水萦回,削壁垂河,青山浮水,风光旖旎,犹如一幅百里画卷。乘舟泛游漓江,可观奇峰倒影、碧水青山、牧童悠歌、渔翁闲钓,古朴的田园人家、清新的呼吸,一切都那么诗情画意。

4. 京杭大运河

京杭大运河在隋代开凿,全长1 794千米。这条古老的运河流经北京、天津、河北、山东、江苏、浙江6个省市,连接了海河、黄河、淮河、长江和钱塘江5大水系。沿河分布的古城、工商业城市和风景名城有杭州、嘉兴、苏州、无锡、常州、镇江、扬州等。大运河不仅具有交通功能,而且将燕赵、楚汉、鲁豫、吴越文化连环成链,成为贯穿南北的重要旅游景观。江苏、浙江和上海都相继开辟运河水上游览线。

三、湖泊旅游资源

湖泊是指陆地表面洼地积水形成的比较宽广的水域。我国湖泊分布具有范围广而又相对集中的特点,主要分布在东部平原、青藏高原,其次是云贵高原、蒙新地区及东北地区。

(一)湖泊的类型

我国湖泊不仅数量多,且类型齐全。按湖水水质,可将其分为三种类型,即淡水湖、咸水湖、盐湖。根据湖泊的成因,可将其分为河迹湖、构造湖、堰塞湖、海迹湖、火口湖、冰川湖、风蚀湖和人工湖等类型。

1. 河迹湖

因河流改道、在废弃的河道积水而形成的湖泊,水质一般为淡水。如洞庭湖、湖北洪湖等。

2. 构造湖

因地壳断裂、沉陷、褶皱等地质活动形成的洼地积水而形成的湖泊,湖水一般较深,如滇池、洱海、抚仙湖、青海湖等。

3. 堰塞湖

因山崩、火山熔岩、泥石流等物质堵塞河道而形成的湖泊。我国东北地区较多,如黑龙江省的镜泊湖、五大连池等。

4. 海迹湖

海迹湖又称泻湖,是由古海湾封闭而成的湖泊,如无锡太湖、杭州西湖等。

5. 火口湖

因火山喷发后遗留的火山口积水而成的湖泊。其特点是湖泊外形近圆形或马蹄形,湖岸陡峭,湖水较深。如长白山天池。

6. 冰川湖

冰川湖是由冰川侵蚀的洼地积水而成的湖泊,多分布于高山高原或高纬度地区。我国主要分布于青藏高原和新疆等地。如天山天池、阿尔泰山的喀纳斯湖。

7. 风蚀湖

风蚀湖是因强风侵蚀的洼地积水而成的湖泊,主要分布于我国西北的干旱、半干旱地区,如敦煌鸣沙山月牙泉。

8. 人工湖

人工湖即人工水库,是指人工拦堤筑坝修筑的具有蓄水、防洪、发电、灌溉、养殖等多种功能的蓄水水体。如浙江千岛湖、吉林松花湖、丹江口水库、三峡水库。

(二)重点旅游湖泊

1. 青海湖

青海湖地处青藏高原东北部。因祁连山脉的大通山、日月山与青海南山之间的断层陷落形成。它是中国最大的内陆咸水湖,是世界上海拔最高的湖泊之一。碧波浩瀚、鸟翼如云的青海湖,古称"西海",又称"仙海""鲜水海""卑禾羌海"。湖区有两大奇观:一是鸟岛,每年春夏,有数十万的候鸟来海西山、三块石等岛屿栖息,鸟岛因而得名,现已列为候鸟保护区;二是渔场,青海湖盛产湟鱼,是一个丰饶的天然鱼场。

2. 洞庭湖

洞庭湖位于湖南省北部，北通长江，南纳湘、资、沅、澧四水，最大面积曾达6 000平方千米，史有“八百里洞庭”之称，现存面积3 900平方千米，为我国第二大淡水湖。湖区烟波浩渺，气象万千。湖中秀丽的君山岛被古代诗人誉为“白银盘里一青螺”，风景秀丽，古迹遍布，著名的有湘妃墓、柳毅井、斑竹等。

3. 杭州西湖

杭州西湖位于杭州城西面，面积5.6平方千米，三面环山，一面临城，湖中和谐地点缀着一山、二堤、三岛。一山即是孤山，孤山景区名胜古迹达30多处。二堤为苏堤和白堤，分别为纪念历史上整治开发西湖有功的苏轼和白居易而命名。苏堤和白堤把西湖分隔成外西湖、里西湖、北西湖、岳湖和小南湖五个部分。三岛是小瀛洲、湖心亭和阮公墩。西湖之美，妙在不管晴雨风雪，它总是别具风韵，奥妙无穷，令人百看不厌。正如北宋大文豪苏轼在《饮湖上初晴后雨》中所描述：“水光潋艳晴方好，山色空蒙雨亦奇。欲把西湖比西子，淡妆浓抹总相宜。”

4. 天山天池和长白山天池

天山天池位于新疆天山主峰博格达峰北侧，是世界著名的高山湖泊。海拔1 980米，湖形呈半月状。湖水清澈透明，水色瓦蓝碧绿，与大山雪峰相映衬，分外妖娆，是传说中周穆工会见西王母的“瑶池仙境”。长白山天池位于吉林长白山主峰峰顶，海拔2 200米，是中国最深的湖泊。湖水深邃，清澈湛蓝，湖岸陡峭，四周群山掩映，视野开阔，美不胜收。天池北侧有一熔岩缺口，湖水从此飞泻而下，形成了著名的长白瀑布。

四、瀑布旅游资源

瀑布在地质学上叫跌水，是指从河床纵断面陡坡或悬崖处倾泻而下的水流。瀑布是自然山水结合的产物，由溪流、跌水和深潭组成，具有形、声及动态的景观特点。瀑布自身所具有的形、声、色、动态的景观特色，与周围自然景观组合成优美的风景。我国的许多瀑布都留下了不少文人墨客的诗文、题记、摩崖石刻，这些历史景观不仅具有艺术价值，而且具有很强的观赏价值。

我国地域辽阔，地势复杂，为瀑布大量发育提供了条件。由于形成原因不同、所在环境各异，瀑布景观各具特色。秦岭、淮河以南地区，由于地形的特点及潮湿的气候，因而形成的瀑布较多，特别在雨季，山区常可见到“山中一夜雨，处处挂飞泉”的胜景。我国瀑布主要分布在南方山地，尤以东南丘陵、云贵高原和喜马拉雅山脉一带为多。

（一）我国三大瀑布

1. 黄果树瀑布

黄果树瀑布位于贵州镇宁布依族、苗族自治县境内的白水河上，宽81米，落差74米，为我国第一大瀑布。河水从断崖顶端凌空飞流而下，直捣犀牛潭，激起浪花飞溅，水珠轻扬。以黄果树瀑布为主瀑，周边还有众多大小不等的瀑布，形成有名的黄果树瀑布群。

2. 壶口瀑布

壶口瀑布位于山西省吉县城以西，为我国第二瀑布。黄河一路奔腾，到山西吉县与陕西宜川一带，被两岸苍山挟持，约束在狭窄的石谷中。滔滔黄河，到此由300米宽骤然收束为50余米，此时河水奔腾怒啸，山鸣谷应，形如巨壶沸腾，最后跌落深槽，形成落差达30余米的壶口大瀑布，故有“天下黄河一壶收”之说。

3. 吊水楼瀑布

吊水楼瀑布位于黑龙江省宁安县的牡丹江上，为我国第三大瀑布。由于火山熔岩阻塞牡丹江上游河谷，使其上游聚水成湖，即镜泊湖。后来熔岩在逐渐冷却凝固中出现多处裂口，湖水就从裂口处涌出，沿着熔岩造成的坝壁倾泻下来，形成宽约40米、高约20米的大瀑布。因熔岩坝坡度较陡，瀑水好像从一座巍峨宽阔的高楼顶上泻下，故名“吊水楼”瀑布，又名镜泊湖瀑布。到了寒冬，瀑布凝成冰帘，又是一番景象。

（二）山岳瀑布

我国的名山几乎都有名瀑。庐山、雁荡山的瀑布自古享有“天下奇”之誉，台湾山地是我国瀑布最多的地方之一，其中嘉义的蛟龙瀑布最著名。吉林长白山的白头山天池缺口的瀑布则是我国地势最高的瀑布。此外，黄山的九龙瀑、百丈瀑和人字瀑，台湾南投县的合欢瀑布，河南云台山瀑布，崂山的潮音瀑布等都是有名的瀑布。山间瀑布，飞流直下，如银练高悬、玻帘珠挂、轻纱飘逸，平添了山景的活力与秀气，成为山地风光的重要吸引物。

五、泉水旅游资源

地下水的天然露头成为泉。泉水为人类提供了理想的水源，可饮可浴，有些还具有保健功能。同时，泉水也具有形、声、色等多种美的形态，因而也能构成许多观赏景观。

（一）泉的类型

（1）按泉水矿化度划分，可分为淡水泉和矿泉两大类。矿化度小于1克/升的泉水，称为淡水泉。淡水泉含杂质极少，甘醇可口，适于品茗和酿造。矿化度大于1克/升，且有明显医疗价值的泉水，称为矿泉水。矿泉水因含有对人体有益的矿物质、微量元素和气体，或可饮，或可浴，能起到康体疗养、延年益寿之功效。

（2）泉水按温度一般可分为冷水泉和温泉。目前我国一般以25 ℃为界，泉水温度低于25 ℃称冷泉，高于25 ℃称温泉（也有习惯把北方水温达20 ℃、南方水温达25 ℃的泉水称温泉）。温泉又分微温泉（25～33 ℃）、温泉（34～37 ℃）、热泉（38～42 ℃）、高热泉（高于43 ℃）。热泉、高热泉也称“汤”。沸泉是指水温高于当地沸点的泉水。

（二）我国的名泉

我国是世界上泉水最为丰富的国家之一，泉的分布遍及全国。东面沿海的福建、广东、台湾三省和西南的云南、西藏两省区温泉分布最多，共占全国温泉总数的一半以上。台湾是我国温泉平均密度最大的省份。

我国名泉众多，且将其作为一种旅游资源被广泛利用。著名的观赏性名泉有：泉水与奇特景致相伴生的大理蝴蝶泉、敦煌月牙泉等；被称为历史文化名泉的庐山谷帘泉、北京玉泉、济南趵突泉、镇江中泠泉、杭州龙井泉、虎跑泉、无锡惠山泉等。著名的沐浴性温泉有：辽宁汤岗子温泉、北京小汤山温泉、南京汤山温泉、广东从化温泉、内蒙阿尔山温泉、台湾阳明山温泉等。此外，还有品茗泉性名泉，即指与茶、酒文化相关联的泉。伴随茶文化出现许多品茗泉，并成为以茶酒为中心的旅游热点。中国五大名泉是镇江中泠泉、无锡惠山泉、苏州虎丘观音泉、杭州虎跑泉、济南趵突泉。

第 3 节 气象气候旅游资源

气象是指地球大气层中发生的各种自然现象，如云、雨、雷、电、霜、雾、雪、雹等。这些现象在一个地区短时间内的具体表现，则称之为天气。气候是指某一地区多年天气特征的综合。它的形成，主要受太阳辐射、大气环流、地面状况、人类活动等因素的影响。但太阳辐射始终是形成气候的最基本因素。太阳辐射在不同纬度上的分布是不均匀的，因此各地所获得的热量也不同，随纬度增加而减少，并且随季节发生变化。所以从全球来看，有各种不同的气候类型；从某一地区来看，则有不同的季节。

一、气候与旅游的关系

（一）影响景观的季相变化

气候对自然景观和人文景观的形成都具有巨大的影响。一个地区的气候特征，通常是用气温、降水、气压和风等因素的状况来表示的。一个地方的冷热干湿状况，直接影响到该地的植被生长和动物的种属，也影响到当地的土地资源状况和水资源状况，是一个地方自然景观形成的主要因素。气候条件还决定当地的农业生产方式和经营种类，影响到民居的结构形式，甚至民间的服饰与饮食都与气候密不可分。因此可以说，气候因素也是形成人文景观差异的重要因素。自然景观与人文景观的差异，便构成旅游资源的地区差异，而旅游资源的地区差异性正是引发人们产生旅游活动的主要动机。从这个意义上说，气候因素是人们进行旅游活动的最大的自然背景条件。

（二）形成旅游业淡旺季的交替变化

气候是一个旅游地的旅游淡季、旺季的决定性因素。旅游者外出旅游，多数会选择旅游目的地的最佳气候时节，以达到最佳的旅游效果和旅游享受。一般认为，当气温在 10～23 ℃，相对湿度在 65%～85%，风速在 2 米 / 秒左右，人体感觉舒适，为康乐气候。气候学认为候均温在 10～22 ℃的春季或秋季适宜于旅游活动，为旅游旺季；候均温在 10 ℃以下的冬季或在 22 ℃以上的夏季，为旅游淡季。

（三）形成特殊的旅游项目

特殊的气候环境还能提供特殊的旅游项目，如寒冷地带冬季的滑冰、滑雪等旅游活动，山地气候夏季凉爽，适宜消夏避暑、疗养等。

二、我国气候旅游资源分布

我国地域辽阔，地形复杂，气候类型复杂多样，大陆性季风气候显著，使得我国成为世界上气候旅游资源最为丰富多彩的国家之一。

（一）东部季风区

在我国，习惯上把夏季风所影响的范围和地区，称为季风区；把夏季风影响不到或影响不明显的地区，称为非季风区。二者之间的界线大体是：大兴安岭、阴山、贺兰山、祁连山东段、横穿巴颜喀拉山和冈底斯山一线，此线东南侧为季风区，西北一侧为非季风区。

1. 岭南地区

岭南地区主要包括广东、广西、福建、海南、台湾等省区。这里为热带和南亚热带气候景观区，是全国热量和水分最充足的地方。林木葱茏，四季花开，沿海椰林沙滩，四季风景宜人。本区没有明显的旅游淡旺季，只是夏季气温略高，又多阴雨，对旅游活动有一定影响。北方游客往往选择在冬季来此，达到旅游与避寒的双重目的。

2. 长江流域季风区

长江流域季风区主要包括四川盆地、云贵高原、长江中下游平原以及江南丘陵等地形区。这里是世界上典型的亚热带季风气候区，冬温夏热，四季分明，一年都可以进行旅游。但夏季因为气温高，往往成为其旅游淡季。四川盆地周围有高峻的山地环绕，冬季气温较高，霜雪少见。云贵高原因海拔较高，年温差小，尤其是昆明一带冬无严寒，夏无酷暑，四季如春，旅游淡旺季不明显。长江中下游平原地势低洼，气候湿润。这里夏季炎热，是长江中下游平原的旅游淡季。每年6月，我国夏季风的锋面雨带移到长江流域，这里有长达一个月的梅雨季节。此时江南水乡烟雨蒙蒙，犹如一幅迷离的水墨画。但是，这种梅雨天气也给游人出行造成一定麻烦，因此很多人到本区旅游时，都尽量避开梅雨期。江南丘陵名山众多，一年四季都是旅游的好时机，庐山、黄山等都是夏季避暑胜地。

2. 黄河中下游地区

这里是我国暖温带半湿润地区，冬季寒冷干燥，夏季闷热多雨，都不是旅游的理想季节。9—10月份，秋高气爽，是一年中旅游的黄金季节。另外，4—5月份，春暖花开，大地一派生机，是春游的高峰。所以本区旅游有春、秋两个旺季，有冬、夏两个淡季。但因春季多风沙，旅游条件不如秋季。

3. 东北地区

这里绝大多数地方属于中温带，有少量的寒温带和暖温带。除小兴安岭和长白山区降水较多，为湿润地区，其余皆为半湿润地区。本区冬季严寒漫长，夏季气温有时也会达到35℃以上，因此冬夏都不是旅游的最佳季节。春秋两季比较短，但气候适宜，都是旅游旺季。近年来各地都积极开发冬季旅游项目，如吉林省举办的“雾凇节”，黑龙江省开发的滑冰场、滑雪场、狩猎场，还有冰雪节，每年都吸引大量的中外游客，使冬季旅游淡季不淡。

（二）西北内陆区

本区主要包括内蒙古、甘肃、宁夏和新疆等地。因深居内陆，降水稀少，为干旱和半干旱地区。其中甘肃河西走廊、新疆天山以南的南疆属于暖温带，其他地方为中温带。本区的内蒙古高原为温带草原景观。河西走廊和新疆的盆地边缘，可以引高山积雪融水进行灌溉，为绿洲景观。新疆盆地的内部，则为戈壁沙漠。本区是典型的温带大陆性气候，冬季十分严寒，夏季又十分炎热，气温的年温差和日温差都很大。冬寒夏热，春季多风，秋季为本区旅游旺季。西北内陆的沙漠近年来开发了如滑沙、响沙、沙雕之类的特色旅游项目，引来了众多的游客。

（三）青藏高原区

青藏高原区平均海拔在4 000米以上，是我国独特的高寒气候区。这里冬寒夏凉，年温差较小，但昼夜温差大，太阳辐射强，日照时间长。西藏的首府拉萨，是我国有名的“日光城”。独特的气候使很多人感到新奇，产生要亲自体验的愿望。青藏高原的人文景观也很有特色。因为气温低，无霜期短，所以青藏高原的农业为河谷农业，主要种植青稞，牧业主要饲养牦牛。

纯朴的藏乡风情和神秘的宗教色彩，再加上明媚的高原风光，使这里成为了许多游客向往的旅游目的地。

三、气象气候旅游资源的主要类型

1. 云雨雾景

云雾是空气中的水汽遇冷凝结形成的，是温暖湿润地区或温暖湿润季节常出现的气象景观。既能造景，又能育景。峰峦在云中时隐时现，使游客产生“山在虚无缥缈间”的意境，云海翻腾，景色美不胜收。我国许多风景名山都可以观赏到云海奇观，如黄山风景四绝之一的云海、峨眉山十景之一的“罗峰晴云”、泰山四大奇观中的“云海玉盘”、阿里山三奇中的“云海”等。在我国湿润、半湿润地区的山地，甚至是一些海拔较高的丘陵，都可以欣赏到各种云海奇观。

雨不仅是气象的主要因素，而且是具有观赏功能的自然美景之一。雨丝可以唤起人们的多种情感和遐想，雨景有一种朦胧美，烟雨使景物朦胧，时隐时现，展现出一幅幅浓淡适宜、富有诗情画意的水墨淡彩画面。那些含而不露、时有时无的景象给人留下更多的回味和思考。如浙江嘉兴“南湖烟雨”、麦积山的“麦积烟雨”，还有“江南烟雨”“梅雨赏梅”，南京的“莫愁烟雨”。

2. 冰雪凇景

雪是具有特殊色彩美的气象景观，往往使大自然形成银装素裹的冰雪世界，在特定环境中对旅游者产生很强的吸引力。冰雪以其纯洁的白色，借助于其他因素构成诱人的景致。我国著名的雪景有东北的林海雪原、西湖的断桥残雪、台湾的玉山积雪等。冰雪除了观赏外，还可以用于开展滑雪、雪橇、雪雕等多种娱乐运动项目，冰雪旅游被称为“白色旅游”，越来越受到人们的青睐。素有“冰城”之称的哈尔滨，是我国冰雪艺术的发祥地，每年1月5日的国际冰雪节都举行大型冰雕比赛、冬泳比赛、冰球赛、冰上速滑赛、冰雪节诗会、冰雪摄影展等活动。

3. 日月霞光景

日出与日落景观都会给人带来很多美感享受。最美丽的日出景观，一是海上日出，二是山地日出。我国著名的观日出景点有泰山的日观峰、华山的朝阳峰、庐山的五老峰等。许多人对月亮情有独钟。“举杯邀明月，对影成三人”，阴晴圆缺的月相变化，加之嫦娥奔月的古老传说，更使朦胧的月色平添了神秘与虚幻。在我国各地景观中，以月亮为主题的景观数不胜数，如西湖的平湖秋月、北京的卢沟晓月、桂林的象山夜月等。霞和霞光多出现在日出或日落时，常与山地、水气、云雾等相伴随，在特定的地区才可看到，成为瞬息变化的光景之一，主要形式有朝霞、晚霞、彩云、雾霞等。

4. 佛光蜃景

佛光，也叫“宝光”“金光”，是由于大气中光的折射现象所构成的奇幻景观。在低纬度高山地区云海中，由于阳光斜照使大气中的水珠发生衍射而呈现的色彩华美的光环，光环会随观测者而动，观测者的投影会进入光环之中，给人一种神秘的“神佛显圣”之感。中国可以观测到佛光的地区有峨眉山、五台山、庐山、泰山、黄山等，其中以峨眉山“金顶佛光”最为壮观。

蜃景也就是海市蜃楼,是在晴空条件下,阳光穿透不同密度的大气层,因为光的折射和全反射,将远处景物显示在空中或地面而产生的一种幻景。山东蓬莱、浙江普陀山、江苏海州湾等都可成为观景点。

第4节 生物旅游资源

一、动植物与旅游

生物是自然界有生命的物质,由植物、动物和微生物组成。生物与旅游关系极为密切,是一种重要的旅游资源,具有重要的旅游价值。

(一)构景育景功能

动植物通过生命过程中表现出的形、态、声、色、香等审美因素,在风景中起着重要的特殊构景作用。动植物的色彩是最引人注目、最具感染力的。特别是植物,是形成自然风景地的水平地带性和垂直地带性的主要原因。各纬度带和高度不同的地区,动植物品种的生长状况完全不同。植被品种的分布与生长周期随着海拔高度而变化,故山地的四季景象不同,即"一山分四季"。动植物的外形也是千姿百态、婆娑多姿的。黄山因其"怪石奇松"而有名,"迎客松""送客松"就因为其姿态而闻名天下。动植物还是自然风景中非常活跃的因素。动物的奔腾飞跃、鸣叫怒吼,植物的开花结果、摇曳多姿,都使景观变得生机勃勃,具有动人的魅力。

(二)康乐功能

生物具有绿化、美化、净化环境的功能,如植被以其形、色、香等要素美化风景环境。绿化本身可以净化空气,使人有清新之感。植物的叶、花、果实等都可以散发出各种香型的香味,给人以不同的嗅觉美感。有些生物由于对人有调节精神、抗病强身的作用,所以对游客也极具吸引力。人们在林中散步、野营等广泛接触森林的活动中,通过森林环境达到调节精神、解除疲劳、抗病强身的目的。森林的隔音效果会形成特有的宁静环境,在此旅游能使人远离城市的喧嚣,心情得到极大的放松。森林空气中的氧气、负离子能促进人体的新陈代谢,提高人体的免疫力。部分动物资源也可为人们提供药材,成为重要的旅游商品。如利用蛇胆做成的蛇胆川贝液,具有驱风镇咳、散结化痰的功能。此外,很多非保护的动物还可以供人们狩猎、消遣、垂钓等,取得了既强身健体又娱悦身心的效果。

(三)文化功能

自古以来,人们将动植物人格化,托物言志,形成一种人与生物的文化,赋予生物各种寓意。如有关动物的:虎——王者之象;狮——兽中之王;狗——忠义可靠;鹰——鹏程万里;鹤——长命百岁;龟——延年益寿;鸽子——和平象征;狐——阴险狡诈;蝎——狠毒至极。有关植物的:松——坚贞不屈;梅——独傲孤雪;竹——节高谦恭;荷——洁身自好;兰——隐逸君子;桂——才华冠群;菊——谦谦君子;牡丹——富贵荣华;水仙——凌波仙子;柳——柔弱轻浮;昙花——好景不长。

动植物被人们赋予了某种寓意,使人们的旅游活动和欣赏行为具有了文化色彩和精神意义。某些动植物因为具有某种品格,而成为一个国家或民族精神文化的象征。世界各地、各地区和城市纷纷将某种或几种花草木、珍禽异兽定为"国树""国花""国兽""市树""市花""市兽",作为国家或地区城市的象征。我国的国树为银杏,国兽为大熊猫。在各地的旅游节庆活动中,花草树木、飞禽走兽等扮演着重要的角色,如广州的迎春花市、漳州的水仙花会、洛阳的牡丹花会。

二、我国动植物旅游资源

(一)森林景观

森林具有浓茂葱郁的美。不少地方的成片森林给人以蔚然一体的特有风姿,如新疆天山的冷杉林、河北围场的桦木林、海南岛的椰树林等。以东北山区和西南山区为代表的原始林区,往往地形复杂、交通不便,动植物种类保存完好,在科学考察、探险探奇及采集狩猎方面的旅游价值极高。而在交通条件相对便利的广大东部次生林区及部分原始森林边缘地区则更适合开展大众观光、休闲度假及科普求知性旅游活动。我国森林面积居世界第五位,森林大体上可分为原始林、次生林和人工林三大类,前两者被称为天然森林。我国天然森林植被分寒温带落叶针叶林、中温带针叶阔叶混交林、暖温带落叶阔叶林、亚热带常绿阔叶林、热带季雨林与热带雨林等类型。

随着社会的发展,人们逐渐认识到森林与人体健康的关系越来越密切,举办林区所特有的旅游项目,使旅游者能投身于大自然的奇异风光和空气新鲜、极其静谧的环境中,尽情欣赏自然美,增进身心健康,陶冶情操,增长自然知识。我国森林特色旅游有了迅猛的发展。从雄伟壮观的长白山,到热带风光的西双版纳,从丹霞风貌的武夷山,到林泉辉映的九寨沟,都受到国内外游人的眷恋与厚爱。

(二)草原景观

草原景观一般指的是天然的草地植被,是指不受地下水或地表水影响而形成的地带性草地植被。我国天然草地主要分布于内蒙古、新疆、青海、西藏等省区,是我国目前尚未完全开发、原生态景观保存完好的旅游胜地。内蒙古草原属于典型的温带草原,干湿季变化大,其中以呼伦贝尔大草原为主的东部草甸草原草高可达1米,正如我国北朝民歌《敕勒歌》中描述草原的景象:"天苍苍,野茫茫,风吹草地现牛羊。"在内蒙古高原周围的东北、华北地区也有局部温带草原。青藏地区的两大草原均属于高寒草原,草类矮小,但面积辽阔,有雪山、湖泊映衬,风光旖旎。天山草原分布在天山南北坡森林带上下,上为高寒草原,下为温带草原,大斜坡上的高山草原别有一番令人陶醉的风光。此外,川滇部分高山高原及南方的高山地区,还有局部亚高山草甸分布。靠近经济发达地区的这类草场往往具有较大的旅游开发价值。

(三)古树名木

我国古树名木繁多,多分布于寺庙、陵园、古宅及风景名胜地,成为这些景观的重要组成部分。我国各地具有特殊观赏价值和历史价值、树龄达数百年至千年的名木古树也很多见。例如广东江门市新会区天马河的一棵古榕树占地达1公顷,树上栖息着数以千计的白鹤和灰麻鹤,被称为"小鸟天堂"。陕西黄陵县桥山脚下黄帝庙内的轩辕松,高近20米,下围十多米,传说为黄帝亲手栽植,是我国最大的古柏,被誉为"世界柏树之父"。在山西太原晋祠圣母殿左侧的周柏,据说已有两千多年的历史。曲阜孔林占地200公顷,树龄多在数百年至两千多年,堪称我国最大的名贵古树园。此类有历史意义的名贵古树在我国不胜枚举，具有较高的观赏价值和科学研究价值。

（四）奇花异卉

我国是著名的花卉之邦，拥有名贵花卉近600种，约占世界的四分之三。梅、菊、兰、荷、牡丹、芍药、山茶、杜鹃、腊梅、桂花、月季、报春花等，均是由我国传播到世界各地的。我国赏花、育花的历史达3 000年之久。牡丹和芍药称“花中二绝”，牡丹别名“花王”，花色有红、白、黄、紫等色，河南洛阳、山东菏泽为赏牡丹最佳地，形成了我国著名的赏花旅游地，此地举办的牡丹花会，成为一年一度规模很大的旅游节庆盛会。

（五）珍禽异兽

动物是旅游环境中最活跃、最生动的因素，动物以其体形、色态、动态、鸣叫等不同特征吸引着旅游者，观赏珍禽异兽已成为游人很感兴趣的旅游活动之一。大型天然动物园更能为游客增添野趣。当前狩猎与垂钓旅游已成为世界潮流。目前我国已开辟的猎场有黑龙江省伊春市桃山猎场、玉泉野生动物饲养猎场、连环湖小禽猎场、河北围场猎场、湖南郴州五盖山狩猎场等。我国幅员辽阔，生态环境复杂多样，某些地区形成了独特的动物天堂，成为著名的野生动物栖息地。我国许多湿地是禽鸟栖息地，也是重要的观鸟旅游地。例如：黑龙江扎龙自然保护区为驰名中外的鹤乡，有丹顶鹤、白鹤、天鹅等200多种水禽；青海湖鸟岛自然保护区是高原湖泊鸟类王国，每年约有10万只鸟来此，以斑头雁、棕头鸥、鱼鸥等为主；江西鄱阳湖候鸟保护区是世界最大的白鹤越冬栖息地。四川九寨沟县以保护金丝猴为主的白河自然保护区，海南省以保护猕猴为主的南湾自然保护区，都是猴类著名的栖息地。此外，蛇类栖息地以大连蛇岛自然保护区最为著名。

本章小结

1. 自然旅游资源又称自然风景旅游资源，指凡能使人们产生美感或兴趣的、由各种地理环境或生物构成的自然景观。它们通常是在某种主导因素的作用和其他因素的参与下，经长期的发育演变而形成。中国自然旅游资源主要有地貌景观类、水域风光类、天气气象类和生物景观类四大类。

2. 地貌指的是地表起伏的形态，也称为地形。地貌是构成地理环境的有形自然骨架，是旅游资源存在的基础。我国地势西高东低，呈三级阶梯状分布，地貌类型复杂多样，为我国旅游业的发展提供了多种多样的地貌旅游资源。

3. 水是自然界分布最广、最活跃的因素之一，是各类景区的重要构景要素。特别是自然风景区，都要以水作为其吸引因素。水作为旅游资源可开展各种丰富多彩的旅游活动，水景旅游资源丰富，主要有海洋、江河、湖泊、涌泉、瀑布等存在形式。

4. 气候对自然景观和人文景观的形成都具有巨大的影响，气候是一个旅游地的旅游淡季、旺季的决定性因素。我国地域辽阔、地形复杂，气候类型复杂多样，大陆性季风气候显著，使得我国成为世界上气候旅游资源最为丰富多彩的国家之一。

5. 生物是自然界有生命的物质，由植物、动物和微生物组成。生物与旅游关系极为密切，是一种重要的旅游资源，具有构景育景功能、康乐功能和文化功能，旅游价值非凡。

思考与实训

1. 我国地貌有哪些特点？对旅游有什么影响？
2. 概述我国的五岳名山、四大佛教名山和四大道教名山。
3. 我国有哪些江河旅游资源？
4. 简述我国三大瀑布旅游风景区。
5. 我国湖泊按成因分有哪几种类型？
6. 简述我国的气候特点及对旅游业的影响。
7. 概述气象气候旅游资源的主要类型。
8. 简述我国动植物旅游资源的主要类型。
9. 走访附近的野生动植物园，谈谈野生动植物的旅游价值，并就如何保护野生动植物提出自己的看法。

第3章　中国人文旅游资源

学习目标

1. 了解中国主要人文旅游资源的特征、旅游价值和分布情况。

2. 掌握历史古迹、古代建筑、古都名城、古代陵墓、古代伟大工程的基本类型、特点和分布。

3. 掌握中国园林的特点、类型及分布。

4. 了解宗教的起源、中国宗教概况；掌握宗教旅游资源的特点及分布。

5. 了解民俗与旅游的关系，掌握特殊民俗特色旅游资源。

人文旅游资源又称人文景观旅游资源，是指由各种社会环境、人民生活、历史文物、文化艺术、民族风情和物质生产构成的人文景观，是人类创造的，反映各时代及各民族政治、经济、文化和社会风俗民情状况，具有旅游功能的事物和因素。人文旅游资源内容广泛、类型多样，包括各种历史古迹、古今伟大建筑、民族风俗、宗教等，是人类活动的艺术结晶和文化成就。

第1节　历史古迹类旅游资源

五千多年来，勤劳智慧的中华民族创造了光辉灿烂的历史文化，留下了灿若群星、独具特色的历史遗迹和伟大建筑，这些古迹构成了重要的人文旅游资源。

一、古人类文化遗址

（一）旧石器时代人类文化遗址

旧石器时代（距今约300万年—距今约1万年），是以使用打制石器为标志的人类物质文化发展阶段。目前全国发现的旧石器时代的人类活动遗址约300处，遍布29个省、市、自治区，可以划分为三个不同的阶段，表现出逐渐递进的文化进化特征。

1. 直立人阶段遗址

即猿人阶段，是人类进化的最早阶段，大约从人类起源到10万年前，代表性遗址有云南元谋猿人（距今约170万年）、陕西蓝田猿人（距今约115万年）、北京猿人（距今约70万—20万年）。

2. 早期智人阶段遗址

又称古人阶段，距今10万—4万年前，遗址遍及华北、西北、中南、西南、华南地区，代表性遗址有陕西大荔人、山西丁村人、湖北长阳人、广东马坝人等。

3. 晚期智人阶段遗址

又称新人阶段，距今4万—1万年前，代表性遗址有北京山顶洞人、内蒙古河套人、广西柳江人、云南丽江人等,属于旧石器晚期文化。

(二)新石器时代(母系氏族公社)人类文化遗址

在距今1万年前,人类进入新石器时期,我国发现的新石器文化遗址多达7 000多处,遍布黄河长江流域,原始社会进入繁荣阶段。新石器早期是母系氏族公社的繁荣时期,如黄河中下游的仰韶文化、黄河上游的马家窑文化、长江下游的河姆渡文化和马家浜文化、长江中游的大溪文化等。

(三)父系氏族公社文化遗址

大约在5 000年前,进入新石器时代晚期,社会结构演化为父系氏族公社,如黄河流域的大汶口文化和龙山文化、北方的红山文化、长江流域的屈家岭文化和良渚文化等。

二、社会经济文化活动遗址遗迹

社会经济文化活动遗址遗迹是指有历史记载曾经发生过重要人文活动的建筑物遗存和场所原址。主要包括历史事件发生地、军事遗址和古战场、交通运输遗址、古城遗址等。

(一)历史事件发生地

历史上发生过重要贸易、文化、科学、教育事件的地方,通常富有深刻的教育意义,这类旅游资源具有宣传民族历史、弘扬爱国主义精神等作用。如"虎门销烟"发生地——广东虎门镇。

(二)军事遗址和古战场

军事遗址和古战场是指历史上发生过军事活动和战事的地方。军事遗址主要指为防御外来入侵的各种军事工程,如边境要塞、古炮台、长城、烽火台等。也包括近代史上一些著名的军事活动区域,如江西省的井冈山、江西省南部的瑞金、贵州省的遵义、陕西省北部的延安、河北省平山县中部的西柏坡等。

另外朝代的更替往往伴随着一系列惨烈的战斗,也留下了众多古战场的遗址。如项羽兵败的垓下遗址、官渡之战的河南官渡、赤壁之战的湖北赤壁等。

(三)交通运输遗迹

我国历来版图辽阔,历代都非常重视交通,历史上那些影响深远的古代运输遗址至今以其丰富的古迹和传说吸引着游客。如秦汉的古蜀道、汉朝丝绸之路、明清茶马古道等。

三、历史文化名城

城市是全国性或区域性的政治、经济、文化、交通的中心,反映着其所处时期的社会状况。在中国几千年文明发展进程中,我们的祖先留下了许多保存较好的历史名城。

在中国历史众多的政权中,西安、洛阳、南京、北京、开封、杭州、安阳、郑州这八大古都曾是中国有历史记载或考古证据表明的较长时间的主要政权的首都。

1. 北京

北京最早见于文献的名称叫作蓟。公元前11世纪时,蓟国是统治中国北方的西周王朝的一个分封国。春秋中期,燕吞没了蓟,并迁都于蓟城。从公元前221年秦始皇统一中国到公元937年,北京一直是中国北方的重镇和地方政权的都城。公元938年,统治中国北方的辽以北京(时称燕京)为陪都。此后,金、元、明、清各代都以此地为首都。1949年10月1日,新中国成立,北京成为中华人民共和国的首都。作为几代帝都,北京是中国历史和现状的缩影。

2. 西安

西安古称长安，又曾称西都、西京、大兴城、京兆城、奉元城等，是中国历史上建都朝代最多、建都历时最久的城市，与雅典、罗马、开罗并称为世界四大古都，是华夏文明的发源地。西安的建城史有 3 100 多年，先后有西周、西汉、新、西晋、前赵、前秦、后秦、西魏、北周、隋、唐等 13 个王朝在这里建都，达 1 100 余年之久。

3. 洛阳

洛阳在历史上相当长的时期内，曾经是我国政治、经济、文化的中心，亦是道路四通八达的交通枢纽。洛阳被称为十三朝古都，其中，"十二朝古都"的"十二"指公认的十二个朝代，也有人认为是多的意思，"十三朝古都"中的"十三"指的是建都的朝代数量。中国部分朝代的首都不只一个。出于战略上和经济上的需要，一些王朝会设立陪都，例如唐朝，举世公认其首都为长安。洛阳之所以称为都，是因为唐代统治者定洛阳为其行宫和巡幸之地，故有"东都洛阳"之称。武则天建立武周政权后，洛阳成为正式都城。

4. 南京

南京别称金陵、江宁，中国著名的古都及历史文化名城之一。公元 3 世纪以来，先后有东吴、东晋和南朝的宋、齐、梁、陈（史称六朝），以及南唐、明、太平天国、中华民国，共 10 个朝代和政权在南京建都立国，留下了丰富的文化遗产。

5. 开封

开封简称"汴"，自建城至今已有 2 700 多年的历史，北宋时期，是当时全国的政治、经济、文化中心，也是国际性的大都会，有"汴京富丽天下无"的美誉。北宋画家张择端的《清明上河图》和孟元老的《东京梦华录》，生动地描绘了古都开封当时的繁华景象。

6. 杭州

杭州古称钱塘，南宋时称临安。春秋时期，这里是吴越两国必争之地。公元前 221 年，秦始皇统一中国之后，便在此建钱塘县，一直到公元 589 年隋朝才称此地为杭州。之后五代吴、越和南宋等共有 14 个帝王选择建都于此。

7. 安阳

安阳是甲骨文的故乡、《周易》的发源地。约公元前 1300 年，商王盘庚自奄（今山东曲阜）迁都于殷（今安阳市区小屯村），安阳遂为殷商国都，经八代十二王，历时 254 年，直到武王灭商。悠久的历史，灿烂的文化，为安阳留下了宝贵的历史文化遗产，中华民族最早使用的文字——甲骨文、世界上最大的青铜器——司母戊大方鼎均在安阳出土。在"中国 20 世纪 100 项考古大发现"评选中，安阳殷墟商代晚期都城遗址的发现与发掘名居榜首。

8. 郑州

郑州曾为夏、商都城之一，为管、郑、韩等藩国的首府，其建筑规模之大、规划布局之严整、文化内涵之丰富，堪称当时世界之最。在郑州周围，还有星罗棋布的古城、古文化、古墓葬、古建筑、古关隘和古战场遗址。

四、著名古城

中国以汉族人口居多，也保存下来不少代表地域特色和一定历史时期风貌的标志性古城，如四川阆中古城、山西平遥古城、云南丽江古城、安徽徽州古城等，是汉族文化遗产的一部分。

1. 阆中古城

阆中古城位于四川盆地东北部、嘉陵江中游，战国时曾为巴国最后一个首都，明清之际曾作为四川临时省会达19年，至今已有2300多年的历史。阆中被誉为四川最大的“风水古城”，素有“阆苑仙境”“巴国蜀国要冲之地”等美誉。

2. 平遥古城

古城始建于西周宣王（公元前827年—公元前782年）时期，是一座具有2700多年历史的文化名城。自公元前221年，秦朝政府实行“郡县制”以来，平遥城一直是县治所在地，并延续至今。平遥古城位于山西省中部、太原盆地南缘，地处要冲，交通便利，自古就是商贸集散市场，有“拉不完填不满的平遥城”和“小北京”之誉。平遥旧称“古陶”，明朝初年，为防御外族南扰，始建城墙，历经后朝各代进行修葺，更新城楼，增设敌台。平遥城墙总周长6 163米，墙高约12米，把面积约2.25平方千米的平遥县城隔为两个风格迥异的世界，城墙以内街道、铺面、市楼保留明清形制，城墙以外称新城。

3. 丽江古城

丽江古城又名“大研古镇”，坐落在云南省丽江市大研镇，是一座风景秀丽、历史悠久、文化灿烂的名城，也是中国罕见的保存相当完好的少数民族古镇。绚丽多彩的地方民族习俗和东巴仪式、占卜文化、古镇酒吧以及纳西族火把节等，形成了丽江别具一格的旅游资源，吸引了众多的中外游客。

4. 徽州古城

古城坐落于国家历史文化名城歙县县城徽城镇中心，歙县是古代徽州府治所在地，既是徽州文化及国粹京剧的发源地，也是徽商的主要发源地，是文房四宝之徽墨、歙砚的主要产地。徽州古城是千年徽州府治所在地，园林、长亭、古桥、石坊、古塔、古民居到处可见。内有许国石坊、许国相府、徽州府衙、徽园以及斗山街等府城街巷，集中体现了明清时期的汉族文化特色。

第2节 古代建筑旅游资源

中国古代技术高超、艺术精湛、风格独特的建筑，在世界建筑史上独树一帜，是我国古代灿烂文化的重要组成部分，同时又是可供人观赏的艺术，给人以美的享受。

一、中国古代建筑

中国古代建筑以木结构建筑为主体，具有悠久的历史传统和光辉的成就，我国古代的建筑艺术也是美术鉴赏的重要对象，是我国古代灿烂文化的重要组成部分。

（一）古代建筑结构

1. 台基

台基也称基座，是高出地面的建筑物底座。中国古代建筑大多是木结构的，不如西方建筑物高大雄伟，台基就可弥补这一缺憾，用以承托建筑物，并使其防潮、防腐。台基主要有以下几种。

（1）普通台基。用素土或灰土或碎砖三合土夯筑而成，约高一尺，常用于民居或小式建筑。

（2）较高级台基。较普通台基高，台基上边常有汉白玉栏杆，用于较大建筑物或宫殿建筑中的次要建筑。

（3）须弥座，又名金刚座。中国古建筑采用须弥座表示建筑的级别。一般用砖或石砌成，上有凹凸线脚和纹饰，台上建有汉白玉栏杆，常用于宫殿和著名寺院中的主要殿堂建筑。

（4）最高级台基。由几个须弥座相叠而成，从而使建筑物显得更为宏伟高大，常用于最高级建筑，如故宫三大殿和山东曲阜孔庙大成殿，即耸立在最高级台基上。

2. 开间

四根木头圆柱围成的空间称为"间"。建筑的迎面间数称为"开间"，或称"面阔"。建筑的纵深间数称"进深"。中国古代以奇数为吉祥数字，所以平面组合中绝大多数的开间为单数，而且开间越多，等级越高。北京故宫太和殿、北京太庙大殿开间为十一间。

3. 斗拱

斗拱是中国古代建筑独特的构件。斗拱的层数越多，建筑等级也越高。方形木块叫斗，弓形短木叫拱，斜置长木叫昂，总称斗拱。用来支撑荷载梁架、挑出屋檐，兼具装饰作用。

4. 彩画

建筑彩画原是为木结构防潮、防腐、防蛀，后来才突出其装饰性，是古代人民装饰生活环境的重要手段之一，也是构成中国建筑东方特色的表征。"雕梁画栋"这句成语足以证明中国古代汉族建筑雕饰彩画的发达和辉煌。

5. 屋顶

中国古代建筑屋顶不仅样式多，而且组成部分也有好几种，主要由屋面、屋脊等部分组成，而且有严格的等级制度，以重檐庑殿顶、重檐歇山顶为最高级别。

6. 藻井

天花是用来遮蔽建筑内顶部的构件，藻井是比天花更具有装饰性的一种屋顶内部装饰，它结构复杂，下方上圆，由三层木架交构组成一个向上隆起如井状的天花板，多用于殿堂、佛坛的上方正中，交木如井，绘有藻纹，故称藻井。故宫太和殿、养心殿、钦安殿、皇极殿等重要大殿内，在所设的皇帝宝座和供奉神佛的龛上部、天花中间都有装饰藻井，并且藻井内做成雕龙浑金形式。

7. 吻兽

吻兽是一种装饰性建筑构件，通常置于古代大型建筑的屋脊上。古代房屋多为木结构，因此檐角上使用了传说中能避火的小动物，这些小兽为古建筑增添了美感，使古建筑更加富丽堂皇，而且富有生气，充满了艺术魅力。由于在佛教里，奇数表示清白，所以在屋脊上装饰的吻兽大多是奇数。吻兽排列有着严格的规定，按照建筑等级的高低而有数量上的不同，最多的是故宫太和殿上的装饰。

（二）古代建筑的特点

1. 木构架为主的修筑模式

中国古代建筑惯用木构架作房屋的承重结构。以四根立柱，上加横梁、竖枋而构成"间"，一般建筑由奇数间构成，如三、五、七、九间。开间越多，等级越高，紫禁城太和殿为十一开间，是现存最高等级的木构古建筑。

2. 标准化的单体造型

中国古代建筑以“间”为单位构成单座建筑，大致可以分为屋基、屋身、屋顶三个部分。就单体建筑而言，以长方形平面最为普遍。此外，还有圆形、正方形、十字形等几何形状平面。就整体而言，重要建筑大都采用均衡对称的方式，以庭院为单元，沿着纵轴线与横轴线进行设计，借助于建筑群体的有机组合和烘托，使主体建筑显得格外宏伟壮丽。

3. 方正严整的庭院式布局

中国古代建筑多以众多的单体建筑组合而成为一组建筑群体，如单座建筑组成庭院，进而以庭院为单元，组成各种形式的组群。通常以一条纵轴线为主，将主要建筑物布置在主轴线上，次要建筑物则布置在主要建筑物前的两侧，组成为一个方形或长方形院落。这种院落布局形式有严格的方向性，常为南北向，既满足了安全、向阳、防风寒的生活需要，也符合中国古代社会宗法和礼教的制度。

4. 独具匠心的装修与装饰

中国古代建筑对于装修、装饰极为讲究，凡一切建筑部位或构件，都要美化，所选用的形象、色彩因部位与构件性质不同而有别。木上刻花、石面浮雕，砖面雕刻，这些都是中国古建筑的特征，同时也体现了古代工匠高超的技艺。

二、中国古代伟大工程

中国古代人民凭借着自己的勤奋和智慧创造出许多震古烁今的伟大工程，它们是人类智慧和汗水的结晶，是其产生时代的科技成果和发展水平的标志。

(一)万里长城

长城是中国也是世界上修建时间最长、工程量最大的一项古代防御工程，自西周开始，延续不断修筑了2000多年，分布于中国北部和中部，总计长度达5万多千米。春秋战国时期列国争霸，互相防守，长城修筑进入第一个高潮，但长度都比较短。秦灭六国统一天下后，秦始皇开始连接和修缮战国长城，才有万里长城之称。明朝是最后一个大修长城的朝代，今天人们所看到的长城多是此时修筑。

(二)古代水利设施

古代最重要的产业是农业，农业受自然因素的影响极大。因此中国历代王朝都十分重视农业基础设计建设，不惜费大力气修建公共水利工程。兴修水利不仅影响农业，而且还可以有利于物资运输，促进商业，进而推动社会经济繁荣。我国古代有不少闻名世界的水利工程，这些工程不仅规模巨大，而且设计水平高超，说明古人当时掌握的水文知识已经相当丰富了。

1. 都江堰

都江堰水利工程位于四川省成都市都江堰市城西，坐落在成都平原西部的岷江上，是一个防洪、灌溉、航运综合水利工程。公元前256年秦昭襄王在位期间，蜀郡郡守李冰率领蜀地各族人民创建了这项千古不朽的水利工程。工程主要由鱼嘴分水堤、飞沙堰溢洪道、宝瓶口进水口三大部分和百丈堤、人字堤等附属工程构成，科学地解决了江水自动分流(鱼嘴分水堤四六分水)、自动排沙(鱼嘴分水堤二八分沙)、控制进水流量(宝瓶口与飞沙堰)等问题。都江堰水利工程不仅是中国古代水利工程技术的伟大奇迹，也是中国古代人民智慧的结晶。

2. 灵渠

灵渠古称秦凿渠、零渠、陡河、兴安运河、湘桂运河，是古代中国劳动人民创造的一项伟大工程。灵渠位于广西壮族自治区兴安县境内，于公元前 214 年凿成通航，是世界上最古老的运河之一，有着"世界古代水利建筑明珠"的美誉。公元前 219 年，史禄领导秦朝军士和当地人民一起，劈山开崖，筑堤开渠，把湘水引入漓江，修成三十多千米长的运河，打开了南北水路交通的要道。灵渠穿行在丘陵地带，坡度很大，水流湍急，行船是很困难的。当时为了解决这个问题，有意将河道开得弯弯曲曲，迂回曲折，以便延伸流程，减少比降，为船行得顺畅平稳提供了有利的条件。同时，为了进一步解决这个问题，每隔一段路程，设置一个陡门，又叫斗门，就是简单的船闸，这样既可以分段拦蓄渠流，又可使船逐段抬升或降下，这是世界上最早的船闸，也是一个中国古代建筑史上的惊世之作，它对世界水利航运发展有着重大的影响。

3. 京杭大运河

京杭大运河是世界上里程最长、工程最大的古代运河，也是最古老的运河之一，开凿到现在已有 2500 多年的历史。它是中国仅次于长江的第二条"黄金水道"，并且使用至今。大运河开掘于春秋时期，完成于隋朝，繁荣于唐宋，取直于元代，疏通于明清，自北而南流经京、津、冀、鲁、苏、浙，贯通中国五大水系——海河、黄河、淮河、长江、钱塘江和一系列湖泊，京杭大运河一向为历代漕运要道，对促进南北经济和文化交流曾起到重大作用。随着 19 世纪海运兴起以及铁路、公路等运输方式的兴起，京杭运河的作用逐渐减小。

4. 坎儿井

坎儿井是分布在我国西北干旱地区的一项特殊水利工程，是新疆特有的灌溉取水工程，长期以来是吐鲁番各族人民进行农牧业生产和人畜饮水的主要水源之一，在吐鲁番盆地历史悠久、分布很广。它由竖井、暗渠、明渠和涝坝四部分组成。坎儿井是在地下暗渠输水，不受季节、风沙影响，蒸发量小，流量稳定，可以常年自流灌溉。

（三）古代桥梁

桥梁是中国古代建筑中一个重要的组成部分。几千年来，中国人修建了数以万计的桥梁，其中有不少是世界桥梁史上的创举，成为中国古代文明的标志之一，充分显示了中国古代劳动人民的非凡智慧与才能。

1. 河北赵州桥

赵州桥又叫安济桥，是隋朝石匠李春设计建造的，距今已有近 1400 年，是世界上第一座用石头建造的单孔拱桥。精心的设计和高超的技术，使古老的赵州桥至今十分坚固。赵州桥不仅是中国古代建筑工程中的杰作，也是世界古代桥梁的奇迹。

2. 泉州洛阳桥

洛阳桥原名"万安桥"，在今惠安、洛江分界的洛阳江入海口，是北宋泉州太守蔡襄主持修建的，是中国现存最早的跨海石桥。洛阳桥整座桥全部用当地产的花岗石建成，但最初建造时是十分困难的。这里濒临海湾，河道宽阔，水流湍急，时有风潮，水势险恶。在工匠们的精心设计和建造下，石桥经过了 900 年的风风雨雨依然屹立不倒。

3. 北京卢沟桥

卢沟桥亦称芦沟桥，在北京市西南约 15 千米处，丰台区永定河上，是北京市现存最古老的石造联拱桥。两侧石雕护栏各有 140 条望柱,柱头上均雕有石狮,形态各异,石狮多为明清之物,也有少量的金元遗存。13 世纪末的意大利人马可·波罗在他的游记中称赞卢沟桥“是世界上独一无二的”。“卢沟晓月”从金章宗年间就被列为“燕京八景”之一。1937 年 7 月 7 日,日本帝国主义在此发动全面侵华战争。宛平城的中国驻军奋起抵抗,史称“卢沟桥事变”(亦称“七七事变”)。中国抗日军队在卢沟桥打响了全面抗战的第一枪。

三、宫廷建筑与礼制建筑

在中国古代社会发展中,形成了等级森严的人伦关系,这种等级制度不仅贯穿于人际社会的政治待遇、社会特权、家庭地位,而且渗透到社会生活各个领域。传统礼制也体现在了古代城市规划和房屋修建的方方面面。

(一)宫廷建筑

宫廷建筑是古代皇帝为了突出皇权的威严,满足精神生活和物质生活的享受而建造的规模巨大、气势雄伟的建筑物。宫,在秦之前是居住建筑的通用名;殿,原指大房屋。秦汉之后“宫殿”成为帝王居所中重要建筑的专用名。

1. 建筑布局

中国的宫殿建筑始于商代,一直到明代永乐十八年(1420 年)在北京修造完成为止,经历了秦、隋唐和明清三个高潮,其建筑布局基本延续一致,具体如下。

(1)中轴对称。为了表现君权受命于天和以皇权为核心的等级观念,宫殿建筑采取严格的中轴对称的布局方式。中轴线上的建筑高大华丽,轴线两侧的建筑低小简单。

(2)左祖右社。中国的礼制思想是崇敬祖先、提倡孝道;祭祀土地神和粮食神。有土地才有粮食,“民以食为天”“有粮则安,无粮则乱”,风调雨顺,国泰民安,这是人所共知的天经地义。左祖右社,则体现这些观念。根据《周礼·春官·小宗伯》记载,“建国之神位,右社稷而左宗庙”。帝王宫室建立时,基本遵循左祖右社的原则。所谓“左祖”,是在宫殿左前方设祖庙,祖庙是帝王祭祀祖先的地方,因为是天子的祖庙,故称太庙;所谓“右社”,是在宫殿右前方设社稷坛,社为土地,稷为粮食,社稷坛是帝王祭祀土地神、粮食神的地方。

(3)前朝后寝。前朝,是帝王上朝理政、举行大典的地方,因位于整个建筑群的前部,称“前朝”。后寝是帝王、妃子及其子女生活起居的地方,因位于建筑群的后部,称“后寝”。

(4)三朝五门。根据帝王朝事活动内容的不同,分别在不同规模的殿堂内举行。自古就确立了三种朝事活动的殿堂,名为“三朝制”。所谓“三朝”是指大朝、内朝、外朝。以北京故宫为例,与三朝相对应的建筑是太和殿、中和殿、保和殿。“五门制”,是在举行大型朝事活动的宫殿庭院前,沿中轴线以五道门及辅助建筑构成四座庭院,作为大朝宫殿前的前导空间,这五道门由内向外依次为朝门(太和门)、宫门(午门)、宫城前导门(端门)、皇城门(天安门)、皇城前导门(大清门)。

2. 中国现存皇家宫殿

中国宫殿是中国古代帝王居住的大型建筑群,它不仅代表了皇权统治者的最高地位,也代表了中国传统建筑的最高水平。中国宫殿以面积浩大、气势磅礴、造型优美而闻名世界,是其他任何文明的建筑所无法比拟的。

1)北京故宫

北京故宫是中国明清两代的皇家宫殿,旧称为紫禁城,位于北京中轴线的中心,是中国古代宫廷建筑之精华,是世界上现存规模最大、保存最为完整的木质结构古建筑之一。北京故宫与法国凡尔赛宫、英国白金汉宫、美国白宫、俄罗斯克里姆林宫并称为世界五大宫殿。

北京故宫于明成祖永乐四年(1406年)开始建设,以南京故宫为蓝本营建,紫禁城内的建筑分为外朝和内廷两部分。外朝的中心为太和殿、中和殿、保和殿,统称三大殿,是国家举行大典礼的地方。内廷的中心是乾清宫、交泰殿、坤宁宫,统称后三宫,是皇帝和皇后居住的正宫。故宫严格地按《周礼·考工记》中"前朝后市,左祖右社"的帝都营建原则建造,在功能上符合封建社会的等级制度。

2)沈阳故宫

沈阳故宫又称盛京皇宫,位于辽宁省沈阳市,是中国仅存的两大宫殿建筑群之一。始建于努尔哈赤时期的1625年,建成于皇太极时期的1636年,后经康熙、乾隆时期的改建、增建,形成了现今有宫殿、亭台、楼阁、斋堂等建筑100余座、500余间,占地面积达6万平方米的格局面貌。这是清王朝的第一座大气庄严的帝王宫殿建筑群,具有浓郁多姿的满族风格和中国东北地方特色。

(二)礼制建筑

"礼"为中国古代"六艺"之一,集中反映了封建社会中的天人关系、阶级和等级关系、人伦关系、行为准则等,是上层建筑的重要组成部分,在维系封建统治中起着很大的作用。能够体现这一宗法礼制的建筑就称为礼制建筑,礼制性建筑的地位远高于实用性建筑。从建筑类型看,礼制性建筑主要有五个类别:坛,庙,宗祠;明堂;陵墓;朝堂;阙,华表,牌坊等。

1. 坛,庙,宗祠

1)坛

《说文解字》解释为"祭场",原来是指在平坦的地面上用土堆筑的高台。在我国古代,坛的主要功能是用于祭祀,所以就有了"祭坛"。

(1)天坛。在北京市南部,东城区永定门内大街东侧,是世界上最大的祭天建筑群。天坛始建于明永乐十八年(1420年),为明、清两代帝王祭祀皇天、祈五谷丰登之场所。天坛由圜丘、祈年殿、皇穹宇三组建筑物组成。圜丘坛在南、祈谷坛在北,二坛同在一条南北轴线上,中间有墙相隔。圜丘坛之北是皇穹宇。祈谷坛位于中轴线的北端,主体建筑是祈年殿。

(2)社稷坛。位于天安门西,为明清两代祭祀社、稷神祇的祭坛,其位置是依《周礼·考工记》"左祖右社"的规定,置于皇宫之右(西),与天安门东北侧的太庙(今劳动人民文化宫)相对,一左一右。社稷坛是呈正方形的三层高台,以汉白玉砌成,象征着"天圆地方"之说,坛上铺有中黄、东青、南红、西白、北黑的五色土,四周短墙也按方向覆盖四色琉璃瓦。

2)宗庙,宗祠

宗庙是人们为亡灵建立的寄居所,是儒教徒活动的场所。同时宗庙是供奉历朝历代国王牌位、举行祭祀的地方。宗祠,也称为家庙、祠堂,是供奉祖先神主(即俗称的牌位)、宗族祭祀祖先的场所,一向被视为宗族的象征,在中国传统的儒教文化里,宗祠文化是一项不可蔑视的姓氏宗族文化。

（1）北京太庙。太庙位于北京市天安门的广场东北侧，始建于明永乐十八年（1420 年），占地二百余亩，是根据中国古代“敬天法祖”的传统礼制建造的。太庙共有三重围墙，由前、中、后三大殿构成三层封闭式庭园。明清两代皇帝每年都要进行祭祀，分为大祀、中祀和群祀三个等级。大祀为皇帝亲自祭拜；中祀一部分是皇帝亲祀，大部分分派官员祭祀；群祀就是官员代替皇帝祭祀。

（2）曲阜孔庙。又称“阙里至圣庙”，位于曲阜市中心鼓楼西侧 300 米处，是祭祀中国古代著名思想家和教育家孔子的祠庙，与南京夫子庙、北京孔庙和吉林文庙并称为中国四大文庙。孔庙始建于公元前 478 年，以孔子故居为庙，岁时奉祀。它是一组具有东方建筑特色、规模宏大、气势雄伟的古代建筑群。西汉以来历代帝王不断给孔子加封谥号，孔庙的规模也越来越大，成为全国最大的孔庙。四周围以红墙，四角配以角楼，是仿北京故宫样式修建的。

（3）晋祠。位于山西省太原市晋源区晋祠镇，原名为晋王祠，是为纪念晋国开国诸侯唐叔虞（后被追封为晋王）及母后邑姜后而建。晋祠是中国现存最早的古典宗祠园林建筑群，现存有三百年以上的建筑 98 座、塑像 110 尊、碑刻 300 块、铸造艺术品 37 尊，是中国唐宋古建园林、雕刻艺术之典范，是集庄严壮观与清雅秀丽、宗祠祭祀建筑与自然山水完美结合的典范。现存的有盛唐时期碑刻以及宋、元、明、清不同时期的古代建筑 100 余座，特别是主体建筑圣母殿被誉为中国古代建筑史上唯一具有典型性的北宋时期的代表性建筑。

2. 明堂

古代文化的中心在宗教，而明堂则是以宗教为中心，集宗教、政事、教化为一体的所在，是古代最高统治者的“大本营”。清代学者阮元在《明堂论》中说：“明堂，是天子居住的地方。天子在这里祭祀上帝和祖先，在这里举行养老尊贤的典礼，在这里举行宴飨、射箭比赛、献俘等仪式，在这里颁布教化、发布政令，在这里朝见四方诸侯。”历代所建明堂，以唐朝武则天在东都洛阳所建最为壮观，高二百九十四尺，东西广三百尺，号称“万象神宫”，是中国古代最宏伟的木结构建筑之一。

3. 陵墓

陵墓建筑是中国古代建筑的重要组成部分，早在夏商时代，墓地就有了祭祀性建筑，中山国王陵中出土的铜版《兆域图》，详细绘制出陵墓之上享堂建筑形制。中国古人普遍重视丧葬，因此，无论任何阶层对陵墓皆精心构筑，诸代皇帝陵墓也都按照礼制规范慎重地设计、修筑。

4. 朝堂

朝是宫城中帝王进行政务活动和礼仪庆典的行政区，在于显示帝王的唯我独尊。堂是传统宅第空间布局的核心和重点，即民居中的堂屋，家庭中的敬神祭祖、宾客相见、婚丧大典、节庆宴饮都在此举行。

5. 阙，华表，牌坊

阙，常用来渲染建筑组群入口和神道的壮观气势，一方面用来标示建筑组群的隆重性质和等级名分，另一方面起着强化威仪的作用。

华表是古代宫殿、陵墓等大型建筑物前面做装饰用的巨大石柱，是中国一种传统的建筑形式。华表一般由底座、蟠龙柱、承露盘和其上的蹲兽犼组成。柱身多雕刻龙凤等图案，上部横插着雕花的石板。华表是一种标志性建筑,已经成为中国的象征之一。

牌坊,汉族特色建筑文化之一,是封建社会为表彰功勋、科第、德政以及忠孝节义所立的建筑物。又名牌楼,为门洞式纪念性建筑物,宣扬封建礼教,标榜功德。牌坊也是祠堂的附属建筑物,昭示家族先人的高尚美德和丰功伟绩,兼有祭祖的功能。

第3节 古代陵墓旅游资源

陵墓通常指帝王及后妃的坟墓及地上建筑,一般都是利用自然地形,靠山而建;也有少数建造在平原上的,而且这些建筑逐步与绘画、书法、雕刻等诸艺术门派融为一体,成为反映多种艺术成就的综合体。

一、中国古代陵墓建筑的发展

中国远古时代丧葬形式很简单。到商代已很重视殡葬制度,周代就把殡葬制度纳入了朝廷礼制范围,此后的统治阶级逐渐厚葬成风。

陵墓一般分为地下和地上两部分。地下是放置棺椁的墓室,从最初的木结构发展到砖石结构。秦汉时期开始人工夯筑形成高大的陵体,顶上遍植柏树,以象征山林,古代帝王坟墓通称"陵寝",又称"山陵"。而唐代则经常"因山为陵",在很多时候直接利用天然山丘开凿而成。地上部分是指环绕陵体形成的陵区中的一系列布置,从地形的选择到入口、神道、祭祀建筑、绿化等等,都有非常完善的制度。

二、中国古代陵墓的构成

中国古代陵墓主要分为地下部分和地面部分。

(一)地下部分

地下部分包括墓室结构和随葬品。

1. 墓室结构

墓室使用木、砖、石3种材料构造。大型木椁墓室从殷商开始直到西汉达到高潮,出现了"黄肠题凑"的形式。砖筑墓室始于战国末年,此后砖的种类越来越多:空心砖、画像砖等。西汉晚期开始出现石室墓,五代时已经盛行,从明朝开始地宫建筑发展到顶峰,用巨型条石建造大型拱券墓室,墓室中雕刻画像,故称"画像石墓"。

2. 随葬品

中国历来有厚葬的习俗,早在原始社会初期,随葬品多为死者生前喜爱或使用过的物品,各墓穴品的多寡,差别不大。到原始社会末期,社会分工进一步细化,墓葬中的随葬品出现了贫富分化的情况。至奴隶社会时期,贫富差距更加悬殊,且随葬之风日盛。除了精美贵重的器物之外,商代还流行人殉制度,直到战国后期,木俑和陶俑大量替代了人殉。以后各历史时期,财富高度集中在君王手中,皇陵的随葬品越加贵重、奢华,如史料记载的慈禧陵墓中的无数无价珍宝。

(二)地面部分

地面部分包括封土和其他陵园建筑。

1. 封土

大约殷末周初,墓上开始出现封土坟头。春秋战国后,坟头封土愈来愈大,特别是帝王陵墓更为高大。封土形制,是帝王墓穴上方堆土成丘的形状和规模的制度。帝王陵墓封土形制自周朝以来,经历了"覆斗方上"式、"因山为陵"式和"宝城宝顶"式的演化过程。

(1)"覆斗方上",是在地宫上方用黄土层层夯筑而成,逐渐收缩的方形土台,形状像倒扣的斗。因其上部是一方形平顶,好似锥体截去顶部,故称方上。这种封土形制沿用朝代最多,自周朝一直延续到隋朝,后来又被宋朝选用,以秦始皇陵墓为代表。

(2)"因山为陵",是将墓穴修在山体之中,以整座山体作为陵墓的陵冢,既体现帝王浩大气魄,又可防盗。唐代帝王陵大多采用此形式,如唐昭陵、乾陵等。因山为陵制度,源自汉文帝霸陵。东晋诸帝亦多因山为陵。南朝诸帝也多仿照。

(3)"宝城宝顶",是在地宫上方,砌成圆形或椭圆形围墙,内填黄土夯实,顶部做成穹隆状。圆形围墙称宝城,高出城墙的穹隆状圆顶称宝顶。在宝城之前,有一向前突出的方形城台,台上建方形明楼,称"方城明楼"。明清多采用宝城宝顶形式。

2. 陵园建筑

帝王陵园的地面建筑,除上述封土外,主要有以下三个部分。

(1)祭祀建筑区。建在陵冢前方,是封闭的多进庭院建筑群,供祭祀之用。早期称"享殿""献殿""寝殿""陵殿"等。秦始皇陵北部设有寝殿,开创帝陵设寝先例。明代帝王陵园祭祀建筑区由祾恩门、祾恩殿、配殿、廊庑、祭坛、朝房、值房等建筑组成。清代改祾恩门、祾恩殿为隆恩门、隆恩殿。

(2)神道。从陵园大门直达祾恩门的大道,又称"御路""甬路"。唐以前神道并不长,在道旁置少量石刻,在神道入口设阙门。唐朝陵前神道石刻增多,形成大型"石像生"石刻群。明清时期,帝王陵神道发展达到高峰,明十三陵神道长7 000米,清东陵神道长5 000米。

(3)护陵监。是专门保护和管理陵园的机构,是为帝王守护陵墓的官吏值守居住的地方。为防止盗掘和破坏,每个皇帝陵均有护陵监。护陵监外有城墙围绕,里面有衙署、市街、住宅等建筑。

三、古代帝后陵墓

陵墓建筑是中国古建筑中最宏伟、最庞大的建筑群之一,几千年的历史文化,也给人们留下了珍贵的陵墓旅游资源。

(一)秦始皇陵

位于陕西省西安市骊山北麓的秦始皇陵是中国最著名的陵墓,建于2000多年前,是中国历史上第一个皇帝陵园。陵园按照"事死如事生"的原则,仿照秦国都城咸阳的布局建造。被誉为"世界第八大奇迹"的秦始皇兵马俑就是守卫这座陵墓的"部队",那些环绕在秦始皇陵墓周围的著名陶俑形态各异,连同他们的战马战车和武器,都是现实主义的完美杰作,同时也保留了极高的历史价值。

(二)汉茂陵

西汉王朝历经11位皇帝,建陵11座,有9座位于咸阳原上,其中最为显贵的有五陵,即高祖长陵、惠帝安陵、景帝阳陵、武帝茂陵和昭帝平陵。茂陵是汉武帝刘彻的陵墓,位于陕西省咸阳兴平市。是汉代帝王陵墓中规模最大、修造时间最长、陪葬品最丰富的一座,乃汉陵之冠,被称为“中国的金字塔”。

(三)唐代帝陵

唐代帝陵依山为陵,气势雄伟,呈扇形环绕在京都长安周围,若计女皇武则天在内则共19位皇帝的陵墓。唐的陵墓制度沿袭汉代,将堆土为陵转变为依山为陵。“依山为陵”一方面是为了显示气势雄伟,另一方面也是为了防盗。

(四)明代帝陵

明朝皇帝的陵墓主要在北京的昌平,即十三陵,为明代定都北京后13位皇帝的陵墓群。明十三陵规模宏伟壮丽,景色苍秀,气势雄阔,是国内现存最集中、最完整的陵园建筑群。其中规模最宏伟的是长陵(明成祖朱棣)和定陵(明神宗朱翊钧)。经挖掘发现,定陵地宫的石拱结构坚实,四周排水设备良好,积水极少,石拱无一塌陷,这充分展示了中国古人建造地下建筑的高超技术。

(五)清代帝陵

清代帝陵共分为四个陵区:永陵在今辽宁新宾,是清太祖之前的肇、兴、景、显四陵;清太祖福陵和太宗昭陵在今辽宁沈阳附近;清东陵位于河北遵化市,包括孝陵(顺治)、景陵(康熙)、裕陵(乾隆)、定陵(咸丰)、惠陵(同治)及各后妃陵寝;清西陵位于河北易县,包括泰陵(雍正)、昌陵(嘉庆)、慕陵(道光)、崇陵(光绪)及各后妃陵寝。

四、其他陵园

(一)黄帝陵

黄帝陵古称“桥陵”,位于陕西黄陵县城北,是中华民族始祖轩辕黄帝的陵寝,是《史记》记载的唯一一座黄帝陵,也是历代帝王和名人祭祀黄帝的场所。黄帝陵所在的桥山上林木茂密,古柏覆盖面积为89.1公顷,有古柏81 600多株,其中千年以上古柏3万多株,是中国最古老、覆盖面积最大、保存最完整的古柏群。从严格意义上讲,黄帝陵属于纪念性陵墓。

(二)成吉思汗陵

成吉思汗陵简称“成陵”。是蒙古帝国第一代大汗成吉思汗的衣冠冢,位于内蒙古自治区鄂尔多斯市伊金霍洛旗草原上,距鄂尔多斯市区40千米。陵园占地面积约55 000平方米,主体建筑由三座蒙古式的大殿和与之相连的廊房组成,建筑雄伟,具有浓厚的蒙古民族风格。建筑分正殿、寝宫、东殿、西殿、东廊、西廊6个部分。成吉思汗陵的主体是由三个蒙古包式的宫殿一字排开构成。三个殿之间由走廊连接,在三个蒙古包式宫殿的圆顶上,金黄色的琉璃瓦熠熠闪光。圆顶上部有用蓝色琉璃瓦砌成的云头花,即蒙古民族所崇尚的颜色和图案。中间正殿高达26米,平面呈八角形,重檐蒙古包式穹庐顶,上覆黄色琉璃瓦,房檐则为蓝色琉璃瓦;东西两殿为不等边八角形单檐蒙古包式穹庐顶,亦覆以黄色琉璃瓦,高23米,整个陵园的造型,犹如展翅欲飞的雄鹰,极显蒙古民族独特的艺术风格。

(三)孔林

孔林位于曲阜城北,是孔子及其家族的专用墓地,也是目前世界上延续时间最久、面积最大的氏族墓地。自汉代以后,历代统治者对孔林重修、增修过13次。林墙全部用灰砖砌成,高达三四米,长达7.3千米,占地200万平方米,墙中古木参天,茂林幽深,林中墓冢累累,碑碣林立。孔林对于研究中国历代政治、经济、文化的发展以及丧葬风俗的演变也有着不可替代的作用。

第 4 节　园林旅游资源

园林就是出于游乐赏玩、读书修养、起居理事等需要而修建的包括山、水、石、动物、植物和各种建筑在内的风景综合体。中国古典园林被公认为世界风景式园林的源头，在世界上享有“园林之母”的美称。

一、中国园林基本类型及特征

一般来说，中国古典园林分为四大类型。

（一）皇家园林

皇家园林一般建在京城里面，与皇宫相毗连，大多数建在郊外风景优美、环境幽静的地方，供皇帝短期居住之用。

皇家园林一般规模宏大，在艺术风格上以庄重华丽为主，具有浓重的皇权象征寓意，全面吸收了江南园林的诗情画意。皇家园林从密集而庄严的宫殿建筑群的园林逐渐演变为自然的山水型园林风格。典型代表：颐和园、承德避暑山庄、圆明园、北海。

（二）私家园林

私家园林最早出现汉代，和皇家园林在内容上没有大的区别，只是规模较小。后来由于文人参与造园，园林与文学、绘画关系密切，更加抒情写意。园林常用假山假水，各建筑小巧别致，艺术水平较高，尤其以江南私家园林为优。典型代表：苏州四大名园、北京恭王府等。

（三）寺观园林

寺观园林常选择在风景如画、自然景观较美的山水胜地，建筑与自然环境巧妙结合，一般种植松柏、银杏等特定品种树木，以造就肃穆、庄严、神秘的意境。寺观园林通常对所有人开放，因此具有公共园林的功能。典型代表：杭州灵隐寺、南京栖霞寺、苏州寒山寺等。

（四）自然风景园林

自然风景园林是人们把具有天然景观特点的地区，经过逐渐开发建设而形成的著名游览点。古代称其为景并赋予诗意的名称，一个风景园林往往有多个景，建筑的布置和设计以突出自然环境和景观特点为目的。如杭州西湖十景、扬州瘦西湖二十四景等。

二、中国古典园林的艺术风格

中国古典园林从艺术的角度来看，主要是追求三种境界。

第一层次是生境：注重师法自然的布局，强调自然美，因地制宜，突出重点。

第二层次是画境：强调艺术美，通过艺术的构思，使整个园林布局、建筑风格充满诗情画意，形如画卷。

第三层次是意境：凸显理想美，用小中见大的手法表达主人的理想与追求，这主要是通过花木、题额、命名、楹联等手段来实现。

当然，中国古典园林的造园理念还是追求自然美，要求园林建造应该达到“虽由人作，宛若天开”“清水出芙蓉，天然去雕饰”的境界。

三、中国古代园林造园技法

(一)寻求天然意趣,胜在自然

古人造园时,讲究充分利用园址的自然条件,尊重园址的地形地貌,一方面顺应自然,另一方面师法自然。造园家在洞悉自然特性、提炼山水意境的基础上再造自然。

(二)园林设计精致,妙在艺术

古典园林在有限的园林空间中,运用多种艺术手法,将园林空间进行分割、组合,以增加风景的层次感和艺术感。常见的艺术手法有以下几种。

1. 借景

借景是古典园林建筑中常用的构景手段之一,包括:借山水、动植物、建筑等景物;借人为景物;借天文气象景物等。如北京颐和园的"湖山真意",远借西山为背景,近借玉泉山,在夕阳西下、落霞满天的时候赏景,景象曼妙。

2. 障景

中国传统艺术是讲究含蓄美的,园林造景也是先藏后露,使园林显得更有艺术魅力。园林风景在空间景物设置上常常欲扬先抑,欲露先藏,障景即为此而设。障景多可用山石、树丛或建筑等,凡能抑制视线、引导空间转变方向的屏障景物均为障景。如拙政园进门就是一座怪石峥嵘的假山,绕过山去,小桥流水,花木掩映中可见远香堂、香洲等景。

3. 框景

中国古典园林中建筑的门、窗、洞或者乔木树枝抱合成的景框,往往把远处的山水美景或人文景观包含其中,这便是框景。其中漏窗是最富艺术魅力的,它是在窗内由各式的窗格或砖瓦拼成各式图案,因而使窗外的风景依稀可见但又不甚清晰,具有一种"似实而虚,似虚而实"的模糊美,同时,漏窗本身也有一定的欣赏与审美价值。漏窗则主要是沟通内外空间,造型上精致小巧,本身极具观赏性,通常在无景可借时运用。在我国的传统园林中基本都有漏窗的存在。

(三)寄情于景,贵在情感

园林造景并不能直接创造意境,但能通过园林的形象所反映的情意使游赏者触景生情,产生情景交融的一种艺术境界。不是所有园林都具备意境,更不是随时随地都具备意境,然而有意境更令人寻味,所以意境是中国千余年来园林设计的名师巨匠所追求的核心,中国园林艺术是自然环境、建筑、诗、画、楹联、雕塑等多种艺术的综合。例如《红楼梦》对大观园内处所的命名、楹联等的描写,无一不现出了意境。

中国园林追求"生境""画境""意境"三种艺术境界,而以"意境"作为最终目标。

四、中国古代著名园林

(一)颐和园

颐和园是中国清朝时期皇家园林,与承德避暑山庄、拙政园、留园并称为中国四大名园。颐和园前身为清漪园,坐落在北京西郊,是以杭州西湖为蓝本,吸取江南园林的设计手法而建成的一座大型山水园林,也是保存最完整的一座皇家行宫御苑,被誉为"皇家园林博物馆"。

(二)恭王府

恭王府位于北京市西城区柳荫街,是清代规模最大的一座王府,也是现存王府中保存最完整的王府。恭王府作为清朝亲王的府邸,其建筑布局规整、工艺精良、楼阁交错,充分体现了皇室辉煌富贵的风范和民间清致素雅的风韵。

(三)苏州四大名园

狮子林、沧浪亭、拙政园、留园统称"苏州四大名园",苏州四大名园分别代表着宋、元、明、清四个朝代的艺术风格。苏州园林吸收了江南园林建筑艺术的精华,代表了中国古典私家园林的风格和艺术水平,素有"江南园林甲天下,苏州园林甲江南"之誉。

第5节 宗教旅游资源

宗教是人类社会发展到一定历史阶段,人类思维能力发展到一定水平后产生的社会现象。它存在于人的脑海里,拥有庞大的宗教神职人员、信徒,还有众多的宗教活动场所及丰富的宗教活动内容,这些便构成了独特的宗教文化。

一、中国四大宗教

(一)佛教

1. 佛教的产生与传播

佛教创立于公元前5世纪的古印度,创始人乔达摩·悉达多,教徒尊称他为"释迦牟尼"。佛教产生后,在公元前3世纪孔雀王朝阿育王时期非常兴盛,后逐渐分裂成大乘佛教和小乘佛教两大教派,并由印度向外传播,共分为三条路线。

(1)南传佛教。南传佛教指传布于南亚的佛教,又称为上座部佛教。其所传诵的三藏经典使用的语言主要是属于巴利语系。最先从古印度向南传播传入斯里兰卡,盛行后,遍传缅甸、泰国等东南亚地区,后传入中国云南、广西等地。

(2)北传佛教。指自北印度经中亚细亚传入中国、朝鲜、日本、越南的佛教及由尼泊尔、中国西藏传入蒙古一带的佛教之总称。北传佛教多与传承地有文化融合,以大乘为主,流行梵文圣典及其翻译经典。

(3)藏传佛教。在吐蕃松赞干布时代传入西藏,上承印度晚期佛教的密宗形式。"政教合一"是藏传佛教的另一大特点。历史上,藏传佛教的多数派别都和一定的政治势力(包括地方实力集团或家族势力)结合在一起,形成政教合一制度,教依政而行,政持教而立,彼此依存。民主改革之前,西藏地方实行政教合一的神权统治。

2. 佛教圣地

佛教是在古印度产生的,留下的四大佛教圣地分别是释迦牟尼出生地蓝毗尼、成道地菩提伽耶、初转法轮地鹿野苑、涅槃地拘尸那迦。而中国常常把佛教四大名山(山西五台山、浙江普陀山、四川峨眉山、安徽九华山)称为中国佛教的四大圣地。

3. 佛教建筑

佛教建筑包括寺院、塔、经幢及石窟寺等与佛教活动相关的所有建筑。

(1)佛寺。佛教僧侣供奉佛像、舍利(佛骨),进行宗教活动和居住的处所。不同时代、不同宗派的佛寺在建筑上存在着差异,但大体都是以佛殿或佛塔为主体,辅以讲堂、经藏、僧舍、斋堂、库厨等建筑,布局上沿袭中国传统的庭院形式,建在山林的佛寺则多与风景名胜相结合。

其中著名的寺庙有:河南白马寺、少林寺,浙江灵隐寺、国清寺,江苏大明寺、栖霞寺,江西东林寺,陕西法门寺,福建南普陀寺等。

(2)石窟。石窟原是印度的一种佛教建筑形式。佛教提倡遁世隐修,因此僧侣们选择崇山峻岭的幽僻之地开凿石窟,以便修行之用。甘肃敦煌莫高窟、山西大同云冈石窟、河南洛阳龙门石窟和甘肃天水麦积山石窟被称为“中国四大石窟”。

(3)佛塔。又名浮屠,最初是用于珍藏佛家的舍利子和供奉佛像、佛经之用的。佛塔样式有覆钵式塔、亭阁式塔、楼阁式塔、密檐式塔等。我国著名的佛塔有:北京北海白塔、山西五台山塔院寺大白塔、山西应县木塔、西安大雁塔、西安小雁塔、云南大理千寻塔等。

(二)道教

1. 道教的产生与发展

道教是中国本土宗教,主要宗旨是追求长生不死、得道成仙、济世救人。一般认为道教产生于东汉时期,发源地在四川鹤鸣山。道教尊老子为道祖,以《道德经》为经典,后逐步发展为天师道。

2. 道教圣地

道士的理想是修练成仙,因此一般选择深远幽静、奇峰异石、花木繁茂之地作为修行处所。四川的青城山、陕西的终南山为道教的发源地。湖北武当山、四川青城山、江西龙虎山、安徽齐云山被称为四大道教名山。

3. 道教建筑

道教建筑一般称为观、庙、道院,有特殊地位的道观称宫。道教建筑与仪式多参照佛教,但以墙壁、柱子、门窗等皆用红色为特点。其布局也与佛教相近,中轴线上主要殿堂依次为山门、灵官殿、三清殿、玉皇殿、三官殿等。我国较著名的道家宫观有:鹿邑太清宫、西安重阳宫、龙虎山天师府、北京白云观、天津天后宫、山西芮城永乐宫、解州关帝庙等。其中西安重阳宫、北京白云观和芮城永乐宫并称全真道三大祖庭。

(三)基督教

1. 基督教的产生、传播及分布

基督教大约在公元 1 世纪中期产生于罗马帝国统治下的巴勒斯坦一带,脱胎于犹太教的一个支派。基督教信仰上帝,崇奉耶稣为“救世主”(希腊语称“基督”),并由此得名。基督教的经典为《圣经》,包括《旧约》《新约》两部分。基督教伴随着欧洲资本主义的殖民扩张,传播到世界各地,有天主教、东正教、新教三个不同教派。其主要集中于欧洲、美洲和大洋洲。

2. 基督教的建筑

基督教建筑为教堂,是基督教举行礼拜和重要宗教仪式的场所。欧洲的教堂主要分为四种建筑风格,分别为罗马风格、哥特风格、巴洛克风格和现代主义教堂,也有少数其他风格的教堂。但总体来讲,都讲究立面效果,采用复杂而精致的结构,使用高耸尖细的塔楼。教堂内部空间巨大,流光溢彩,充满神秘的宗教色彩。我国基督教教堂是指基督教三大主流教派在中国建的教堂,天主教教堂也称天主堂,新教教堂也称礼拜堂。著名的教堂有:①始建于 1605 年的北京南堂,是北京现存最古老的天主教堂,现存古碑和铁十字架,铁十字架高 4 米,是明代旧堂遗物;②哈尔滨圣·索菲亚教堂,是远东地区的最大的东正教堂;③青岛天主教堂,由德国设计

师毕娄哈依据哥特式和罗马式建筑风格而设计，是中国唯一的祝圣教堂；④ 上海徐家汇天主教堂是上海最大的天主教教堂，也是远东地区最大教堂之一，现为天主教上海教区主教座堂。

(四)伊斯兰教

1. 伊斯兰教的产生及分布

伊斯兰教产生于公元7世纪初的阿拉伯半岛，由穆罕默德所创。伊斯兰教信仰唯一真神“安拉”，奉穆罕默德为“安拉的使者”，伊斯兰教教徒称“穆斯林”。伊斯兰教以麦加为宗教圣地和朝拜中心，以《古兰经》为宗教经典。伊斯兰教大约在唐贞观年间传入我国，教徒主要分布在我国西北地区，与回族、维吾尔族、哈萨克族等少数民族的历史、文化及习俗息息相关。

2. 伊斯兰教的建筑

伊斯兰教建筑是包括了从伊斯兰教建教开始至今，所有受伊斯兰文化影响的一切建筑样式，所涉及的范围很广，包括清真寺以及其他类型的建筑，如陵墓、城堡、皇宫，甚至是一些较民间的公众场所，受地域文化的影响，伊斯兰教建筑在不同地区和民族呈现出不同的特点。

现存中国的清真寺绝大多数为元、明、清以来创建或重建，一般采用中国传统的四合院并且往往是一连串四合院制度。其特点是沿一条中轴线有次序、有节奏地布置若干进四合院，形成一组完整的空间序列：每一进院落都有自己独具的功能要求和艺术特色，而又循序渐进，层层引深，共同表达着一个完整的建筑艺术风格。代表作有：西安化觉巷清真寺、北京东四清真寺、牛街礼拜寺、云南大理老南门清真寺、河南沁阳清真北寺等。

二、宗教与旅游

宗教是人类社会发展进程中一种特殊的文化现象，宗教文化影响着人们的思想意识、生活习俗，进而形成独特的宗教艺术，包括绘画、雕塑、音乐、舞蹈等，是旅游资源的重要组成部分。

(一)宗教场所

我国佛教、道教往往选择风景优美的名山大川为佛寺、道观所在，这些地域本身就有众多的旅游资源吸引游客。如著名的“三山五岳”“四大佛教名山”“四大道教名山”等。

(二)宗教节日

随着宗教文化的传播，宗教节日由于符合人们心理要求，不仅是信徒的节日，也成了民间流行的节日。基督教的圣诞节、复活节等流行全球，傣族的泼水节、伊斯兰教的古尔邦节也逐渐被人们所接受，每到这些节日，当地政府或者民众都会举行丰富多彩的活动，这些都成为旅游资源吸引着众多的游客参与或观赏。

(三)宗教建筑

人们出于对神佛的崇拜，所修建的宗教建筑一般都体现了时代建筑的艺术最高峰。宗教建筑在处理建筑与环境方面，往往形成强烈、神秘的宗教色彩，通过建筑艺术来感染民众，引导人们依赖宗教。著名的佛寺、道观、教堂，甚至宗教的陵墓等，都作为一种旅游资源强烈地吸引着人们去参观游览。

(四)宗教艺术

宗教艺术涉及绘画、音乐、舞蹈、雕刻等方面，尤其是宗教雕塑更是我国艺术宝库中的璀璨明珠。这些精美绝伦的佛教雕塑艺术，不仅展现出极高的艺术造诣，而且对于当时的历史、文化、习俗等研究均有极高的价值。如敦煌莫高窟、洛阳龙门石窟、甘肃麦积山石窟、大同云冈石窟等。

第6节　民俗旅游资源

民俗是指一个民族或一个社会群体在长期的生产实践和社会生活中逐渐形成并世代相传、较为稳定的文化事项，可以简单概括为民间流行的风尚、习俗。我国是一个多民族国家，各民族由于生产、生活方式的不同以及受历史发展的影响，形成了各具特色的民族民俗风情，这些独特的风俗对其他区域的游客有着巨大的吸引力，旅游者通过参与不同的民俗活动，可以得到新鲜有趣的生活体验，也能更深入了解其他民族的文化，有利于促进各民族地区的交流融合。

一、节气民俗

（一）岁时节日

我国的岁时节日随着一年四季的变化和农作物安排的需要，逐渐形成了一系列丰富多彩的节俗活动，表现出鲜明的农业文化特色。例如：元旦前后的立春节，看风云，占天候，预测年岁丰欠；八月中秋节赏月、拜月、赏桂，有喜庆丰收的习俗等。

（二）少数民族节日

中国少数民族众多，各民族的节日也丰富多彩，著名的有蒙古族的那达慕、傣族的泼水节、傈僳族的刀杆节、彝族的火把节、白族的三月街、哈尼族的扎勒特、藏族的酥油花灯节等等。

二、生活习俗

我国众多民族在各自文化发展中，由于道德传统、社会形式的不一样，造就了各式的生活习俗。

（一）服饰

民族服饰的差异反映了不同民族的文化信息和审美差异。

1. 旗袍

旗袍原为清朝满族妇女所穿用的一种服装，两边不开衩，袖长八寸至一尺，衣服的边缘绣有彩绿。辛亥革命以后为汉族妇女所接受，并改良为：直领，右斜襟开口，紧腰身，衣长至膝下，两边开衩，袖口收小。20世纪20年代之后成为最普遍的女子服装，1929年由当时的中华民国政府确定为国家礼服之一。

2. 藏族服饰

藏族人民不分男女普遍穿长袍，系腰带。男士们在长袍后摆打褶，女士们在长袍后摆左右两边打褶。也有不分男女一样在长袍后摆的两边打褶的装束习惯。藏袍的特点是大襟、束腰。藏服之中必不可少的东西是腰带，除了腰带之外，西藏藏族妇女的邦典也极具特色。另外，藏族人也喜欢戴帽，多为毡帽、皮帽和金花帽，而藏族人穿的鞋被称为藏靴。藏族人的饰品以发饰、耳饰、胸饰、腰饰和手饰为主。

3. 傣族服饰

傣族服饰淡雅美观，既讲究实用，又有很强的装饰意味。各地男子的服饰差别不大，一般常穿无领对襟或大襟小袖短衫，下着长管裤，以白布、水红布或蓝布包头。傣族妇女的服饰，因地区而异。西双版纳的傣族妇女上着各色紧身内衣,外罩紧无领窄袖短衫,下穿彩色统裙,长及脚面,并用精美的银质腰带束裙;德宏一带的傣族妇女,一部分也穿大统裙短上衣,色彩艳丽,一部分(如潞西、盈江等地)则穿白色或其他浅色的大襟短衫,下着长裤,束一绣花围腰,婚后改穿对襟短衫和统裙。

(二)婚嫁习俗

中国自古注重礼仪,结婚的习俗更是多不胜数。如汉族传统婚姻礼仪讲究"六礼":纳采(说媒)、问名(合八字)、纳吉(正式提亲)、纳征(送彩礼、嫁妆)、请期(定娶亲吉日)、亲迎(娶亲)。汉族婚俗繁文缛节较多,在"六礼"各个环节又有相应的习俗。不过,更为独特和新奇的是部分少数民族的婚俗。

1. 哭嫁

哭嫁是汉族、土家族、藏族、彝族、壮族、撒拉族等民族的传统婚姻习俗,即新娘出嫁时履行的哭唱仪式活动。哭嫁的缘由主要有:①对闺门生活的不舍,对父母恩情的感念;②新娘不愿离开父母家人,对娘家的留恋,对婆家的恐惧等。哭嫁最初是源于妇女婚姻的不自由,她们用哭嫁的歌声来控诉罪恶的婚姻制度。现代土家族姑娘在结婚时也还要哭嫁,但仅是一种仪式。

2. 抢亲

抢亲,指少数民族中的一种婚姻风俗。所谓抢,并非都是野蛮的掠夺婚。一般都是男女到达婚龄,由于旧俗婚礼礼仪烦琐,又耗资甚巨,男女双方都有意省钱,在婚期临近之前暗中约定,男方不出聘礼,女方也不陪嫁妆,就采用了抢亲的方法。新郎率先冲进女家,表面上女家左拦右拦,装出种种反抗的情状,实际上总予以配合和支持。被抢时,未婚妻的哭爹叫娘声和抢亲者的嬉笑声混成一团,女方家里人追赶时大呼小叫、虚张声势,却不当真营救。人们以为此举是对女方的尊敬,说明新娘不是嫁不掉送去的,而是被人抢走的,女家脸上有光。

(三)丧葬习俗

我国不同的民族由于历史背景、文化状况、社会形态等因素不同,也形成了奇特的丧葬习俗。

1. 天葬

天葬是蒙古族、藏族等少数民族的一种传统丧葬方式,人死后把尸体拿到指定的地点让鹰(或者其他的鸟类、兽类等)吞食,认为可以被带到天堂。

2. 崖葬

又名悬棺葬,是我国古代南方的濮越民族的一种特殊葬俗,被认为是世界文化史上的一大奇迹。其葬法是利用天然岩缝或人工木桩把棺木悬置在悬壁之上,或者将棺木放在天然或人工凿成的岩洞之中,悬棺葬的葬地都是选在面临江河的绝壁高岩上,其葬具多为船棺。

3. 树葬

古代树葬在中国东北和西南的少数民族地区颇为常见,是一种非常古老的葬法,它的主要形式是把死者置于深山或野外的大树上,任其风化;后来,有的稍作改进的方式是将死者陈放于专门制做的棚架上。由于置放尸体后任其风化,故树葬也称"风葬"。

三、特色民居

中国疆域辽阔、民族众多,各地的地理气候条件和生活方式都不相同,各地人居住的房屋的样式和风格也不相同。这些民居既可以作为旅途中的特色旅舍，又是旅游者观光的对象，对旅游者产生极强的吸引力。在中国的民居中，最有特点的是北京四合院、西北黄土高原的窑洞、福建和广东等地的客家土楼和蒙古的蒙古包。

1. 四合院

中国汉族地区传统民居的主流是规整式住宅，以采取中轴对称方式布局的北京四合院为典型代表。四合院的大门一般开在东南角或西北角，院中的北房是正房，正房建在砖石砌成的台基上，比其他房屋的规模大，是院主人的住室。院子的两边建有东、西厢房，是晚辈们居住的地方。在正房和厢房之间建有走廊，可以供人行走和休息。四合院的围墙和临街的房屋一般不对外开窗，院中的环境封闭而幽静。

2. 窑洞

生活在黄土高原上的人们利用那里又深又厚、立体性能极好的黄土层，建造了一种独特的住宅——窑洞。窑洞又分为土窑、石窑、砖窑等几种。土窑是靠着山坡挖成的黄土窑洞，这种窑洞冬暖夏凉，保温、隔音效果最好。石窑和砖窑是先用石块或砖砌成拱形洞，然后在上面盖上厚厚的黄土，既坚固又美观。另有一种窑洞，向地下挖巨坑，再挖黄土窑洞，这种更为舒适。由于建造窑洞不需要钢材、水泥，所以造价比较低。

3. 客家民居

土楼是广东东北、福建西南等地的客家人的住宅。客家人居住地大多偏僻，为了防范盗匪骚扰，保护家族的安全，就创造了这种庞大的民居——土楼。一座土楼里可以住下整个家族的几十户人家、几百口人。土楼有圆形的，也有方形的，其中，最有特色的是圆形土楼。圆楼由两三圈组成，外圈十多米高，有一二百个房间。他们不分贫富、贵贱，每户人家平等地分到底层至高层各一间房，其用途十分统一，一层是厨房和餐厅，二层是仓库，三层、四层是卧室。第二圈两层，有 30～50 个房间，一般是客房；中间是祖堂，能容下几百人进行公共活动。土楼里还有水井、浴室、厕所等，就像一座小城市。

4. 蒙古包

蒙古包古称穹庐，又称毡帐、帐幕、毡包等，是蒙古等游牧民族为适应游牧生活而创造的一种居所，易于拆装，便于游牧。自匈奴时代起就已出现，一直沿用至今。蒙古包分固定式和游动式两种。半农半牧区多建固定式，周围砌土壁，上用苇草搭盖；游牧区多为游动式。游动式又分为可拆卸和不可拆卸两种，前者以牲畜驮运，后者以牛车或马车拉运。

四、风味美食

在商周时期中国的膳食文化已有雏形，到春秋战国的齐桓公时期，饮食文化中南北菜肴风味就表现出差异。到唐宋时，南食、北食各自形成体系。到了南宋时期，南甜北咸的格局形成。发展到清代初期时，鲁菜、川菜、粤菜、苏菜，成为当时最有影响的地方菜，被称作“四大菜系”。到清末时，浙菜、闽菜、湘菜、徽菜四大新地方菜系分化形成，共同构成中国传统饮食的“八大菜系”。

五、手工艺商品

手工制作工艺在我国民间有着悠久的制作历史，是中华民族文化艺术的瑰宝，几千年来，传统手工艺产品始终是代表中华民族的一大特色产业。手工艺品的品种非常繁多，如宋锦、竹编、草编、手工刺绣、蓝印花布、蜡染、手工木雕、泥塑、剪纸、民间玩具等。由于各地区、各民族的社会历史、风俗习尚、地理环境、审美观点的不同,各地的手工艺品具有不同的风格特色,充分地展示了中国手工艺术的风采。

本章小结

中国是一个有着几千年历史的文明古国,人文旅游资源丰富多彩,是中华民族文化极其珍贵的遗产,也是中国传统审美观、价值观的深刻体现,更是我国旅游资源重要的组成部分。

思考与实训

1. 中国古代宫殿建筑布局有什么特点？以故宫为例,简单阐述。
2. 古代帝陵有几种封土形式？其代表陵寝有哪些？
3. 古代伟大的水利工程有哪些？各有哪些独特之处？
4. 列举几个熟悉的宗教节日,并谈谈其对旅游的促进作用。
5. 查询即将到来的传统节日有什么特殊的仪式或活动,并模拟设计这些仪式或活动。

第4章　中国旅游交通

学习目标

1. 掌握旅游交通的概念和特点，理解旅游交通在现代旅游业中的作用。
2. 了解主要旅游交通运输方式的特点及其组合。
3. 熟悉我国各大旅游交通网的格局。
4. 掌握旅游线路设计的基本原则，熟悉我国主要的旅游线路。

第1节　旅游交通概述

旅游交通是为旅游者由客源地到旅游目的地的往返以及在旅游目的地各处旅游活动而提供的交通设施及服务，是旅游经营者为旅游者提供旅行游览所需交通运输服务而产生的一系列社会活动与现象的总称。同时，旅游交通又是构成现代旅游业的三个基本要素之一，被称为是旅游业的三大支柱产业（饭店业、旅行社业、旅游交通业）之一。

一、旅游交通的特点和作用

（一）旅游交通的特点

旅游交通是整个国民经济交通运输业的重要组成部分，具有交通运输业的基本特征，但旅游交通又有其特殊性。主要表现在以下几方面。

1. 游览性

旅游交通不仅要求快捷、安全、舒适，还要求方便、经济和具有娱乐性。特别是特种旅游交通工具，其满足旅游者娱乐、享受、游览需求的功能更是上升到第一位。旅游交通在线路安排上，十分注意将各旅游景区（景点）连接起来，为的是让旅游者在旅行过程中游览多个景点、领略沿途风光。

2. 舒适性

旅游者外出旅游就是为了休闲、享受，所以，旅游交通不仅仅是将旅游者送到目的地，而且要使旅游者在旅行中感到舒适。因此，旅游交通在设施、服务质量、服务项目等方面较一般的交通运输更讲究其舒适性。如旅游列车、旅游船内的设施、设备优于一般的交通客车、交通客轮。在一些国际旅游专列和巨型远洋游船上，不仅拥有星级客房、风味餐厅，而且还有各类娱乐、健身设施。这些都体现了旅游交通的舒适性。

3. 季节性

旅游者的旅游活动具有明显的淡旺季，这使旅游交通也有旺季和淡季之分。旅游旺季，特别是节假日期间，旅游交通客运量急剧增加，求大于供；旅游淡季，则交通运送量明显下降，供大于求。所以,旅游交通为适应这种季节性,也往往在旅游旺季集中运送旅游者,而在旅游淡季则以运送一般旅客为主,不断地根据季节作相应的调整。

4. 层次性

旅游交通按涉及的空间尺度和旅行过程可以分为三个层次。第一层次是外部交通,是指从旅游客源地到目的地所依托的中心城市的交通,所涉及的是跨国、跨省的大尺度空间;交通方式主要是航空和铁路交通。第二层次是由旅游中心城市到风景地或度假区内的交通,它所涉及的一般是中小尺度的空间,其交通方式主要是铁路、公路和水路交通。如昆明到石林的铁路或公路,重庆到三峡的长江水路。第三层次是内部交通,指风景区的交通,风景区内部主要靠步行或特种旅游交通,如滑竿、轿子、马车、游船、电瓶车、索道等。

(二)旅游交通的作用和意义

旅游交通是沟通客源地与目的地的桥梁,是旅游行为得以实现的先决条件,其对旅游业发展的作用和意义主要表现在以下方面。

1. 旅游交通是发展旅游业的先决条件

旅游行为是旅游者从常住地向旅游目的地的空间移动。因此,只有解决好旅游目的地的可进入性,避免出现游客"进不来、散不开、出不去"的局面,才能使旅游者能够大量地、经常地前来访问,该地的旅游业才会有不断扩大和发展的可能。现代旅游业之所以有今天这样的规模,其活动范围之所以会扩展到世界各地,一个重要原因便是现代交通运输的发展。

2. 旅游交通本身构成富有吸引力的旅游特殊形式

旅游交通不仅解决了旅行的空间转移,同时也丰富了旅游活动的内容。交通工具的多样性使旅游活动的内容更为丰富。尤其是旅游景区景点中的渡船、索道、缆车、轿子、滑竿、马匹、骆驼等特种交通形式,其本身就具有很大的旅游价值,带给人们一种特殊的感受。

3. 旅游交通是旅游业收入的重要组成部分

在旅游活动中,旅游交通费用占有相当大的比重。交通运输业作为旅游业的重要组成部门,本身也是旅游收入和旅游创汇的重要来源。就国内旅游而言,在任何国家的旅游收入中,旅游交通运输收入都占有突出的比重。

二、主要旅游交通运输方式

(一)铁路旅游交通

在现代交通运输体系中,铁路交通是发展较早的一种交通运输,它在历史上对经济、社会的发展曾发挥过辉煌的作用,并且是古代旅游演进到近代旅游的关键性因素之一。目前,铁路交通在各国交通运输中仍具有重要地位。对中短途旅客来说,与其费时去机场搭飞机,还不如乘高速火车方便。所以,人们乘火车旅游的热情正持续升高。

铁路运输成本低,运输量大,连续性强,受自然条件(气候)限制小,能保证一年四季、昼夜不停地运输。铁路网是一个互相衔接的整体,便于统一管理和指挥,运输过程安全、准时。但铁路造价高、建设周期长、消耗钢铁多,且铁路短途运输成本高。因此,铁路运输是国内中长途游客选择的主要交通方式。

(二)公路旅游交通

汽车在旅游交通中发挥着非常大的作用。在美国、西欧和日本,80% 以上的假日旅游者是乘坐家用小汽车出行的。由于汽车运行所要求的条件比较少,因此,它运行的范围非常广。汽车是中短距离较理想的交通工具。

公路运输适应自然环境的能力强,有较强的灵活性和机动性,可深入各旅游点,送达速度快。因此,公路多作为铁路、水路、航空运输的辅助线,承担短途游客的运送。随着高速公路里程的增多,公路将在中距离游客的运送中发挥日益重要的作用。但公路运输也存在一些缺点,如载运量小、耗能大,运输成本高,不宜远距离运输。

(三)水路旅游交通

水路运输包括内河和海洋运输,是各种运输方式中发展历史最悠久的一种。古代人们就懂得充分利用天然水道和人工运河运输物资,并作为古代旅游最主要的交通运输方式。它与铁路、公路运输比较,优点是经济舒适,最宜在旅途中观赏山水风光,但速度慢,并受自然条件和季节限制大,灵活性和连续性较差。它主要承担长江、运河沿岸和沿海各城市、风景区之间的中长途游客的运输。

(四)航空旅游交通

航空运输比其他的交通运输发展较迟,但是,它的发展速度很快。由于航空交通具有快捷、舒适的特点,乘坐飞机旅行的人数在不断增加。对许多旅行者来说,如果距离在400千米以上的,大都选择乘坐飞机。

航空作为一种现代化的、先进的运输方式,它的主要优点是快速、省时、方便、舒适。它运行速度快、灵活,能跨越各种地面障碍,容易开辟航线,可以到达其他运输方式不易达到的地方,是长途、远距离旅行的理想运输方式。尤其能满足现代化旅游者惜时如金的心理需求。但飞机造价昂贵,运输耗能大,成本高,运量小,受天气影响较大。

(五)特种旅游交通

民间运输包括马、驴、骆驼、牦牛、轿子、竹筏、木帆船等。虽然运量小、速度慢,但具有灵活方便、联系面广的特点,并富有生活情趣,本身就是一个极有特色的旅游项目。如峨眉山的“滑竿”、北方的马车、西北的沙漠之舟——骆驼、乘竹筏在武夷山九曲溪上的游览等。许多风景山地还备有轿子,以解游人登山的劳苦。

高架索道是现代化登山过海的交通工具。它既减轻了游客的徒步之劳,方便了广大旅游者的观光游览,尤其为老弱病残者登山游览提供了方便,又提高了客运量,加快了游客的集散速度。索道是节省时间和充分利用有限的山区旅游资源的一条有效途径。目前,在全国主要的风景名山都建有高架索道。但有些索道、缆车的景观与风景名胜不协调,甚至造成了对景观的破坏。

第2节 中国旅游交通网

一、铁路交通网

(一)南北铁路干线

1. 京沪线

京沪铁路北起北京,经天津、德州、济南、济宁、徐州、蚌埠、南京、常州、无锡、苏州,南达上海，纵贯北京、天津、河北、山东、安徽、江苏和上海七省市，跨越海河、黄河、淮河和长江四大水系，全长1 462千米，是我国东部沿海地区的南北交通大动脉。所经地区人口稠密、工农业发达，人员和物资交流频繁。京沪线在天津交汇了京沈线，衔接天津港；在德州交汇了石德线，与京广线相连通；在济南交汇了胶济线，可达青岛港和烟台港；在兖州交汇了焦石线，接通石臼所港；在徐州交汇了陇海线；在南京交汇了宁芜线，进而与皖赣线相连通；在上海交汇了沪杭线。

2. 京广线

京广线北起北京，南止广州，横贯我国中部，经过河北、河南、湖北、湖南、广东等省，跨越海河、黄河、淮河、长江、珠江五大流域，连接华北平原、长江中下游平原、珠江三角州，全长2 324千米。京广线是我国关内地区主要的南北向铁路，为我国铁路网的中轴。在北端北京交汇了京秦、京包、京原、京通、京承、京沈等铁路线。在南端广州交汇了京九线、广茂线和广梅汕线，可达香港、茂名和汕头。

3. 京哈线

京哈线起于北京，经天津、河北、辽宁、吉林、黑龙江等省市，终点在东北北部最大城市哈尔滨，全长1 388千米，是东北通往首都和全国各地的一条铁路干线。

4. 京九线

京九线北起北京，经天津、河北、山东、河南、安徽、湖北、江西、广东，南至香港九龙，跨越9省市，全长2 364千米。京九线是我国铁路建设史上规模最大、投资最多、一次性建成里程最长的铁路干线。它的建设对完善我国铁路布局、缓和南北运输紧张状况、带动沿线地方资源开发、推动革命老区经济发展、加快老区人民脱贫致富、促进港澳地区稳定繁荣，具有十分重要的意义。

5. 焦柳线

同蒲线横贯山西的南北，从山西的大同到陕西的孟塬，北接京包线，南连陇海线。北同蒲线是指大同到太原这一段铁路。太焦线从太原经长治、晋城到焦作。焦柳线自焦作月山站经济源、襄阳、枝城、怀化到柳州。北同蒲—太焦—焦柳线，北起大同，南到柳州，是一条与京广线平行的南北向的交通大动脉，全长2 395千米。

6. 宝成成昆线

宝成成昆线起于陕西宝鸡，穿秦岭山地，达“天府之国”成都，它是联系关中与川内西北与西南的重要干线。后北起成都，南至“春城”昆明，是我国西南的又一重要干线。

（二）东西铁路干线

1. 京秦—京包—包兰—兰青—青藏线

这是我国北部地区一条重要的东西向铁路干线。东起秦皇岛，经丰润到北京的铁路线为京秦线；从北京向西经张家口、大同、集宁、呼和浩特到达包头的铁路线为京包线；从包头向西经银川到兰州的铁路线为包兰线；自兰州到西宁的铁路线为兰青线；从西宁经格尔木到拉萨的铁路线为青藏线。

2. 陇海—兰新线

陇海线东起黄海之滨的连云港，西止于黄土高原的兰州，全长1 754千米，连通江苏、安徽、河南、陕西、甘肃五省，沿线经过徐州、商丘、开封、郑州、洛阳、西安、咸阳、宝鸡、天水等重要城市。兰新线起自兰州,向西经张掖、酒泉、嘉峪关、吐鲁番、乌鲁木齐、昌吉、石河子、乌苏、博乐至阿拉山口,全长 2 459 千米。陇海—兰新线横贯我国中部地带,把经济发达的东部沿海地区与西北边疆地区连接起来,是一条具有重要经济、政治、国防意义的铁路干线。

3. 沪杭线—浙赣线—湘黔线—贵昆线

沪杭线—浙赣线—湘黔线—贵昆线组成了一条横贯我国江南地区的东西向交通大动脉。它东起东海之滨的上海,西到云贵高原的昆明,全长 2 598.5 千米,贯通上海、浙江、江西、湖南、贵州和云南五省一市。这条铁路线对加强华东、中南和西南地区的经济联系具有重要的作用。

(三)中国高速铁路网

中国高速铁路网分骨干网、重要的区域网、大城市之间的城际高铁等三种类型,骨干网就是指规划的四纵四横干线网,即武广高铁、京沪客运专线、京港台高铁、京港客运专线、京哈客运专线、徐兰客运专线等。重要的高速铁路支线有贵广客运专线、西成客运专线等,城际高铁有京津城际铁路、沪宁城际等。

中国高速铁路发展以客车速度 200 千米 / 小时以上"四纵四横"客运专线为重点,加快构建快速客运网的主骨架。"四纵"是指:北京—上海客运专线;北京—武汉—广州—深圳(香港)客运专线;北京—沈阳—哈尔滨(大连)客运专线;上海—杭州—宁波—福州—深圳客运专线。"四横"是指:徐州—郑州—兰州客运专线;上海—杭州—南昌—长沙—昆明客运专线;青岛—石家庄—太原客运专线;上海—南京—武汉—重庆—成都客运专线。中国是全球率先把高铁产业化并建成完善的"高铁网络"的国家。截至 2017 年底,中国的高铁通车里程超过 2.5 万千米,占全球的 60%。

1. 京沪高速铁路

途径主要站点:北京南站—天津南站—济南西站—徐州东站—蚌埠南站—南京南站—上海虹桥站。全长约 1 318 千米,设计时速为 350 千米 / 小时,并有提速至 380 千米 / 小时的预留空间。京沪高速铁路于 2011 年 6 月 30 日正式开通运营,动车组以最高时速 300 千米 / 小时运行,京沪之间最短运行时间缩减为 4 小时 48 分钟。另外亦有蚌埠—合肥支线(合蚌客运专线),此线为京福客运专线的重要组成部分,设计时速为 350 千米 / 小时,纵贯京津沪和冀鲁皖苏四省,连接环渤海和长江三角洲两大经济区。全线已于 2012 年 10 月 16 日开通。

2. 京港客运专线

途径主要站点:北京西站—石家庄站—郑州东站—武汉站—长沙南站—广州南站—深圳北站—香港西九龙站。京港客运专线由京石客运专线、石武客运专线、武广客运专线、广深港客运专线组成,连接华北、华中和华南地区,设计时速为 350 千米 / 小时。其中广深段于 2011 年 12 月 26 日开通,深港段预计于 2018 年开通。

3. 京哈客运专线

京哈客运专线由京沈客运专线、哈大客运专线、盘营客运专线组成,全长约 1 612 千米,连接东北和关内地区,设计时速为 350 千米 / 小时。哈大客运专线已于 2012 年 12 月 1 日开通。盘营客运专线于 2013 年 9 月 12 日开通运营。京沈客运专线, 2014 年 3 月 1 日正式开工,预计 2019 年开通。

4. 杭福深铁路

途径主要站点：杭州东站—宁波站—台州站—温州南站—福州站 / 福州南站—厦门北站—深圳北站，杭福深客运专线（东南沿海客运专线）由杭甬客运专线、甬温铁路、温福铁路、福厦铁路及厦深铁路组成，连接长江三角洲、珠江三角洲和东南沿海地区。杭福深客运专线已于 2013 年 12 月 28 日开通。

5. 沪汉蓉铁路

途径主要站点：上海虹桥站—南京南站—合肥南站—汉口站—重庆北站—成都东站。沪汉蓉高速铁路由沪宁城际、合宁铁路、合武客运专线、汉宜铁路、宜利铁路、渝利铁路、成渝高铁构成，连接西南、华东地区。沪汉蓉高速铁路已于 2014 年 7 月 1 日开通。

6. 徐兰客运专线

途径主要站点：徐州东站—商丘站—郑州站 / 郑州东站—洛阳龙门站—西安北站—宝鸡南站—兰州西站。徐兰客运专线由郑徐客运专线、郑西客运专线、西宝客运专线、宝兰客运专线组成，全长约 1 606 千米，连接西北和华东地区，全线时速 250～350 千米 / 小时。郑徐客运专线，已于 2016 年 9 月 10 日通车；郑西客运专线，已于 2010 年 2 月 6 日开通；西宝客运专线，已于 2013 年 12 月 28 日开通；宝兰客运专线，已于 2017 年 7 月 9 日开通。

7. 沪昆高速铁路

途径主要站点：上海虹桥站—杭州东站—南昌西站—长沙南站—贵阳北站—昆明南站

沪昆高速铁路由沪杭客运专线、杭长客运专线、长昆客运专线组成，连接华东、华中和西南地区，设计时速 350 千米 / 小时。杭长客运专线，2013 年 12 月底铺轨完成。南昌西站—长沙南站，已于 2014 年 9 月 16 日开通。南昌西站—杭州东站，已于 2014 年 12 月 10 日开通。长昆客运专线，2010 年 3 月开工建设，长沙南站—新晃西站，已于 2014 年 12 月 16 日开通；新晃西站—贵阳北站，已于 2015 年 6 月 18 日开通；贵阳北站—昆明南站，已于 2016 年 12 月 28 日开通。

8. 青太客运专线

途径主要站点：青岛站 / 青岛北站—济南站 / 济南西站 / 济南东站—德州东站—石家庄站—太原南站。青太客运专线由胶济客运专线、石济客运专线及石太客运专线组成，全长约 906 千米，连接华东和华北地区。全线设计时速为 200～250 千米 / 小时。

2016 年 7 月，国家发展改革委、交通运输部、中国铁路总公司联合发布了《中长期铁路网规划》，勾画了新时期“八纵八横”高速铁路网的宏大蓝图。“八纵八横”高速铁路网，即以沿海、京沪等“八纵”通道和陆桥、沿江等“八横”通道为主干，城际铁路为补充的高速铁路网。“八纵八横”可实现相邻大中城市间 1～4 小时交通圈、城市群内 0.5～2 小时交通圈。“八纵”通道包括沿海通道、京沪通道、京港（台）通道、京哈—京港澳通道、呼南通道、京昆通道、包（银）海通道、兰（西）广通道。“八横”通道包括绥满通道、京兰通道、福银通道、青银通道、陆桥通道、沿江通道、沪昆通道、厦渝通道、广昆通道。

二、公路交通网

全国公路网由国道、高速公路和省道构成，已实现县县通公路，其中国道是全国公路的主骨架。国道是指具有政治、经济意义的全国性主要干线公路，包括重要的国际公路、国防公路，连接首都与各省、自治区、直辖市首府的公路,连接各大经济中心、港站枢纽、商品生产基地和战略要地的公路。国道中跨省的高速公路由交通部批准的专门机构负责修建、养护和管理。在中国,国家公路网的框架由以下公路线组成:①首都通向省、市、自治区政治、经济中心和30万人口以上城市的干线公路;②通向各大港口、铁路枢纽、重要工农业生产基地的干线公路;③大、中城市通向重要对外口岸、开放城市、历史名城、重要风景区的干线公路;④具有重要意义的国防干线国道以1、2、3开头。

以下1开头的是连接首都和重要城市的国道,共12条,约2.4万千米:

国道101线(北京—承德—沈阳);

国道102线(北京—山海关—沈阳—长春—哈尔滨);

国道103线(北京—天津—塘沽);

国道104线(北京—济南—徐州—南京—杭州—福州);

国道105线(北京—九江—南昌—赣州—广州—珠海);

国道106线(北京—兰考—黄州—广州);

国道107线(北京—石家庄—郑州—武汉—长沙—广州—深圳);

国道108线(北京—太原—西安—成都—昆明);

国道109线(北京—银川—兰州—西宁—拉萨);

国道111线(北京—通辽—乌兰浩特—加格达齐);

国道112线(北京环线、宣化—唐山—天津—涞源)。

以2开头的则为南北走向的国道,共28条,约39万千米。

以3开头的是东西走向的国道,共30条,约53万千米。

这些国道主干线几乎连接了全国所有的城市,形成了我国公路网的骨架。西藏自治区内,公路运输仍是最主要的运输方式。川藏公路、青藏公路、新藏公路、滇藏公路是进出西藏的主要交通线。

中国国家高速公路网采用放射线与纵横网格相结合布局方案,由7条首都放射线、9条南北纵线和18条东西横线组成,简称为“7918”网,总规模约8.5万千米,其中主线6.8万千米,地区环线、联络线等其他路线约1.7万千米。

中国高速公路建设起步于1984年,最早开工的是沈大高速公路,最早完工的是广佛高速公路。至2017年年3月,我国高速公路的通车里程达到12.5万千米,是世界上规模最大的高速公路系统。

三、水路交通网

我国有发展内河航运、近海及远洋运输的优良条件,现已基本形成了一个相当规模的水运体系。我国内河航运里程达12.34万千米,主要内河干线航线有长江航线、珠江航线、京杭大运河航线、松花江航线等。这些航线沿途风光秀丽、景色迷人。沿海航线有20多条,分南、北航线。从鸭绿江口到厦门之间为北方航线,以大连和上海为中心;厦门以南到广西北仑河口为南方航线。

远洋航线有30多条,与世界150多个国家和地区的400多个港口相联系。我国主要港口有:天津的天津港;辽宁的大连港、营口港、丹东港、旅顺港;山东的青岛港、烟台港、威海港、蓬莱港、龙口港；上海的上海港；江苏的南京港、连云港、太仓港；浙江的宁波港、温州港、舟山港；福建的厦门港；广东的广州港、深圳港、珠海港、湛江港、江门港、中山港；广西的北海港；海南的海口新港、海口港；香港港；湖北的武汉港、荆州港、宜昌港；重庆的重庆港。其中上海港和香港港为世界著名港口。

四、航空交通网

20世纪80年代以来，我国民航进入到全面发展时期。我国民航形成了以北京为中心，连接国内主要大中城市和重要旅游区，以及通往100多个国家的空中运输网。一些边远地区和新开发的旅游地，如喀什、西双版纳、九寨沟、喀纳斯湖等地，都相继开辟了航空线。

随着国际交往和旅游事业的高速发展，我国民航国际航线和国际业务发展迅速。未来，中国民航将以年均8.3%的全球较高速率继续高速增长，预计到2020年，中国机队规模将达到1 900架左右，其中大型飞机1 270架，支线飞机600多架。目前，中国有中国国际、东方、南方、北方、西南和西北6家骨干航空公司和20多家多层次的航空运输企业。

第3节　旅游线路设计

旅游线路是指在一定的区域内，为使游人能够以最短的时间获得最大的观赏效果，由交通线把若干个旅游景点或旅游城市合理地连接起来，并具有一定特色的线路。它是联系旅游主体（游客）和客体（对象）的中间环节，起到输送和集散游客的纽带作用。旅游线路的形成受到旅游点、交通条件、旅游市场、旅游时间等因素的制约，可以在一个旅游区或行政区内自成体系，也可进行旅游区域之间的协作共同安排。

一、旅游线路的类型

按照不同的分类标准，旅游线路有不同的类型。

（一）按旅游者活动行为划分

1. 周游观光型旅游线路

该旅游线路主要为观光游览型旅游者设计，线路中包括多个旅游目的地，同一旅游者重复利用同一旅游线路的可能性很小，其成本相对较高，在设计此类旅游线路时应从单纯的周游性向线性化转移。

2. 度假逗留型旅游线路

该旅游线路主要为度假旅游者设计，度假旅游者的目的主要是为了休息和娱乐，不在于景点的多样性，旅游线路目的地相对较少，有时只是一两个旅游点，同一旅游者重复利用同一旅游线路的可能性较大。

（二）按旅游线路的结构划分

1. 环状旅游线路

该线路适用于中长距离的旅游活动。一般跨度较大，主要由航空交通连接，铁路或公路交通主要用于连接点相对密集的区段，所选择的旅游目的地往往是知名度大的旅游城市和风景名胜区，基本不走“回头路”。

2. 节点状旅游线路

该线路是一种小尺度的旅游线路,适用于近距离的旅游活动,这种旅游线路在国内游客的短程出游中比较常见。这类旅游线路的设计多以一个旅游地或旅游点所依托的城市为中心,向四周旅游点扩散,游程短,交通方便,经济适用。

(三)按旅游活动的内容划分

1. 综合性旅游线路

该旅游线路将不同旅游地的风格和特色结合在一起,表现出综合性特点。旅游者在旅游活动中能够得到更多的体验和经历,具有更广的大众化特点,如"华东五市游"等线路。

2. 专题性旅游线路

该线路是以某一主题为基本内容串联各景点而形成的旅游线路。整个旅游线路的各地旅游景物或活动具有很强的文化性、知识性和趣味性,受到爱好不同的游客欢迎。如"长城游""丝绸之路游"等线路。

(四)按旅游组织的形式划分

1. 全包价旅游线路

该旅游线路是目前旅行社经营的主要产品形式,主要面向团队游客,在设计中包含了旅游者的整个旅游过程。

2. 小包价旅游线路

该旅游线路面向散客旅游,在设计中只涉及游客的旅游过程中的某些部分,其余由旅游者个人自行决定。

(五)按旅游者旅游目的划分

这类旅游线路可以划分为观光旅游线、探险考察旅游线、文化旅游线、宗教旅游线、度假休闲旅游线、民族风情旅游线、节庆活动旅游线、高校游学旅游线等。

1. 观光旅游线路

该旅游线路是利用旅游目的地的自然旅游资源和人文旅游资源,组织旅游者参观游览及考察。观光旅游线路的内容包括文化观光、自然观光、民俗观光、生态观光、艺术观光、都市观光、农业观光、工业观光、科技观光等。观光旅游线路一般具有资源丰富、可进入性强、服务设施齐全、安全保障强等条件。

2. 度假旅游线路度

该旅游线路是指组织旅游者前往度假地区短期居住,进行娱乐、休憩、健身、疗养等消遣性活动。度假旅游线路内容包括海滨度假、山地度假、湖滨度假、温泉度假、滑雪度假、海岛度假、森林度假、乡村度假等。度假旅游线路中的旅游者在旅游目的地的停留时间较长、消费水平较高且大多以散客的形式出行。度假旅游产品适应了散客旅游、自助旅游日益增多的潮流,是值得开发的旅游产品。

3. 专项旅游线路

该旅游线路又称特种旅游线路,具有主题繁多、特色鲜明的特点。专项旅游线路包括:探险旅游、烹饪旅游、保健旅游、考古旅游、漂流旅游、登山旅游、自驾车旅游、品茶旅游、书画旅游、朝圣与祭祀旅游等。专项旅游线路适应了旅游者个性化、多样化的需求特点,广受旅游者的青睐，具有较好的发展前景。

此外，旅游线路还可按旅游活动时间分为一日游线、二日游线、多日游线；按旅游目的分为观光旅游线、探险旅游线、文化旅游线、宗教旅游线、民俗风情旅游线等；按旅游线路的跨越空间分为国际旅游线、国内旅游线、省内旅游线等。

二、旅游线路设计的原则

旅游线路的设计是一项复杂的技术性工作。它一方面要尽量满足旅游者的旅游需要，另一方面还要便于旅游经营者的组织和管理。因此，在进行旅游线路设计时应遵循以下原则。

（一）市场性原则

旅游线路设计是否成功，关键在于它是否适应了旅游客源市场的需要，最大限度地满足了旅游者的需要。旅游者对旅游线路选择的基本出发点是以最短的旅游时间和最少的旅游花费获得最多的旅游体验。因此，旅游线路的设计必须符合旅游者的意愿和行为规则，以市场需求为导向，遵循市场性原则。

（二）特色性原则

旅游者的旅游动机、旅游活动形式及各地旅游资源的属性是各不相同的，每一条旅游线路都有特定的游览内容，应尽量避免与其他旅游线路雷同，要有自己的特色，做到“人无我有，人有我优”。旅游线路设计一般应突出某个主题，并且针对不同性质的旅游团确定不同的主题。同时，还要围绕主题安排相关的旅游项目，让旅游者通过各种活动，满足其休息、娱乐和求知的欲望。

（三）效益性原则

旅游线路的设计要注重经济效益。一方面要满足旅游者出游的最大效益，尽可能地做到游客在途时间短、游览时间长、重复地点少、旅游费用低。另一方面要将旅游热点、温点和冷点进行科学合理的搭配，组织到旅游线路中去，提高旅游地的整体经济效益。

（四）季节性原则

旅游活动具有明显的旺季、淡季，不同的季节客流量差别悬殊。旅游线路的设计要充分考虑旅游活动的季节性特点，做到热点、冷点兼顾，保持客源的时空平衡，提高整体经济效益。

（五）安全性原则

安全因素是旅游者和旅游线路设计者必须考虑的重要因素。在旅游线路设计中，一方面要尽量避免容易造成游客拥挤、阻塞的地段，防止事故的发生；另一方面要避免气象灾害区、地质灾害区、人为灾害区的影响。同时，还要设置必要的安全保护措施和救护措施，充分保障游客的人身和财产安全。

三、我国十大精品旅游线路

1. 丝绸之路游

丝绸之路已有 2000 余年的历史了，她的魅力是永恒的。今天，古老的丝绸之路沿线众多的历史文物、古迹以及壮丽的自然风光和多姿多彩的各民族风土人情仍然吸引着成千上万来自世界各地的旅游者。历史上，被誉为沙漠之舟的骆驼曾是丝绸之路上的主要交通工具；今天，游客可乘飞机、火车、汽车沿丝绸之路旅行，既快捷便利，又舒适安全。这条线路跨越河南、陕西、甘肃、宁夏、青海和新疆六省区，是一条典型的国际旅游线路，在海内外形成了较大市场影响。

2. 长城游

中国的长城是人类文明史上最伟大的建筑工程，它始建于2000多年前的春秋战国时期，秦朝统一中国之后联成万里长城。汉、明两代又曾大规模修筑。其工程之浩繁、气势之雄伟，堪称世界奇迹。岁月流逝，物是人非，如今当您登上昔日长城的遗址，不仅能目睹逶迤于群山峻岭之中的长城雄姿，还能领略到中华民族创造历史的大智大勇。

3. 长江三峡游

长江是中国第一大河流，也是世界上最长的河流之一。长江三峡的景色久负盛名，被喻为大自然造就的"天然画廊""人间仙境"。其中，瞿塘峡雄伟险峻，巫峡秀丽深幽，西陵峡滩多水急，礁石林立，更有小三峡葱郁苍翠、水清见底。两岸众多的名胜古迹和优美动人的传说，令人神往。如今，三峡大坝已建成，呈现出"高峡出平湖"的美景，三峡游已成为中国对外推广的经典旅游线路。

4. 黄河风情游

黄河像一条金色的巨龙，奔腾不息，横亘在中国中部大地上。几千年来，她孕育了中华民族的文化，凝聚了华夏子孙的精神和力量。沿着黄河线游览，不仅可以领略黄河的磅薄气势，峡谷平湖等胜景和两岸独特风光，更能饱览沿途众多的名胜古迹，体察独特的乡风民俗，探究中华民族之源。旅游重点是陕西、河南、山西、山东等中原黄河文化旅游区。

5. 奇山异水游

中国广袤的土地上，众多的奇山异水为我们展现了一幅幅大自然的美景。有的气象万千，险峻奇特，有的秀丽深幽、绚丽多彩，当您置身其中，定会被这些鬼斧神工般的自然景色所陶醉。如福建的武夷山天游峰、厦门鼓浪屿日光岩、广西桂林水上漓江、安徽黄山、贵州黄果树瀑布、湖南张家界金鞭溪、吉林长白山天池、四川九寨沟等。

6. 江南水乡游

"江南好，风景旧曾谙；日出江花红胜火，春来江水绿如蓝。能不忆江南?"这首唐词，总是把人们的思绪牵到风景如画的江南。长江以南的江浙两省，自古就有人间天堂之美誉。这里：河湖交错，水网纵横，小桥流水，古镇小城，田园村舍，如诗如画；古典园林，曲径回廊，魅力无穷；吴侬细语，江南丝竹，别有韵味。

7. 中原民俗游

黄河中下游地区是中华民族的发祥地，这里的中原文化，是中华传统文化的瑰宝；这里的民风民俗，无一不是中华文化的生动体现。

虽然山西、河南、山东、天津、北京的民俗风情同出一源，有许多共同之处，但各地域又有明显的不同。考察各地的风土人情、城街巷陌，或许您会在发现中国传统文化源远流长的同时，也体会到居住在不同地域的炎黄子孙用不同方式追求美好的生活。

8. 宗教文化游

产生于古印度而又扎根于中国大地的中国佛教，中国故有的道教，在长达2000多年的历史过程中，对中国的政治、经济、社会生活、文学艺术、音乐舞蹈、绘画、建筑甚至人们的思维方式都产生了或多或少的影响。而保留至今的寺院、道观，多建于名山之上，形成了天下名山僧

(道)占多的现象。为今天的游客提供了宗教人文景观与自然景观相结合的绝好去处。

9. 穆斯林风情游

唐高宗永徽二年(651 年),大食国即阿拉伯帝国遣使朝见唐高宗,介绍了该国习俗和伊斯兰教情况。自此,伊斯兰教正式传入中国。一千多年来,随着伊斯兰教的传播,我国许多地方留下了伊斯兰教建筑的古迹。我国现有十余个少数民族信奉伊斯兰教,在生活起居、饮食习惯、婚丧嫁娶等方面仍保留着浓郁的穆斯林风情。

10. 西南少数民族风情游

中国拥有 56 个民族,位于中国西南的云南、贵州、广西、四川、西藏,都是多民族省区,共有 30 多个少数民族生活在这里。淳朴的民风、独特的地域文化,诸如农耕、游牧、节庆、服饰、饮食起居、婚丧、建筑、语言文字、宗教信仰等,构成了一幅浓郁而又色彩斑斓的中国民俗风情图画,而西南地区雄浑壮观的地域风光,也为您的西南之行增添情趣。如云南西双版纳傣族村寨、贵州贵阳红枫湖侗寨等。

本章小结

1. 旅游交通是为旅游者由客源地到旅游目的地的往返以及在旅游目的地各处旅游活动而提供的交通设施及服务,是旅游经营者为旅游者提供旅行游览所需交通运输服务而产生的一系列社会活动与现象的总称。同时,旅游交通又是构成现代旅游业的三个基本要素之一,被称为是旅游业的三大支柱产业(饭店业、旅行社业、旅游交通业)之一。

2. 旅游交通是整个国民经济交通运输业的重要组成部分,具有交通运输业的基本特征,但旅游交通又有其特殊性。旅游交通是发展旅游业的先决条件,是旅游业收入的重要组成部分,旅游交通本身构成富有吸引力的旅游特殊形式。

3. 旅游线路是指在一定的区域内,为使游人能够以最短的时间获得最大的观赏效果,由交通线把若干个旅游景点或旅游城市合理地连接起来,并具有一定特色的线路。它是联系旅游主体(游客)和客体(对象)的中间环节,起到输送和集散游客的纽带作用。旅游线路的形成受到旅游点、交通条件、旅游市场、旅游时间等因素的制约,可以在一个旅游区或行政区内自成体系;也可进行旅游区域之间的协作共同安排。

4. 旅游线路的设计是一项复杂的技术性工作。它一方面要尽量满足旅游者的旅游需要,另一方面还要便于旅游经营者的组织和管理。因此,在进行旅游线路设计时应遵循市场性、特色性、效益性、季节性和安全性等原则。

思考与实训

1. 什么是旅游交通?旅游交通有哪些特点?

2. 影响旅游交通方式选择的因素主要有哪些?

3. 在设计旅游线路时应遵循哪些原则?

4. 根据不同的交通方式和线路组合,设计出几条专题旅游线路,并对其进行评价。

第5章 中国旅游区划

学习目标

1. 了解旅游区划的意义和任务。
2. 掌握旅游区划的基本原则。
3. 理解中国旅游区划的基本分区方案。

第1节 旅游地理区划概述

一、旅游区的概念和特性

旅游区是指含有若干共性特征的旅游景点和旅游接待设施的地域综合体。其中不仅包括旅游资源,也含有为旅游者实现旅游目的而建设的不可缺少的各种基础设施。旅游区以旅游资源特征为基础,是一个具有组织旅游活动的相应机构、设施和旅游点的完整体系的旅游地域单元,有一定的区域范围。在旅游区内部,各旅游点组成一个有序的网络结构,每个旅游点都有相应的层次、地位和功能,各旅游点之间相互依托,组成旅游区的整体功能,而且整体功能大于各旅游点功能之和。

从旅游区的概念出发,一般而言,旅游区具有下列特性。

(1)系统性。旅游区不论是职能上还是空间布局上,都是相对完整的地域单位。从实质上说,旅游区就是一个在社会、经济、文化、历史、自然地理条件上相统一的大旅游地域系统,旅游区必须具有相应的旅游经济中心,同时在旅游资源、旅游活动、旅游产业等方面,以点、线、面相结合的方式,构成旅游经济地域网络系统。

(2)地域性。旅游区的地域性首先表现在旅游资源特征的地域差异性。不同旅游区因受自然地理分异和人文历史发展差异的影响,在旅游资源的形成和开发、利用等方面,表现出鲜明的区域特色。如我国北方的冰雪世界、江南的山水佳园、西南的民族风情、西北的黄沙古道,都是因地域不同而风格迥异。正是这种鲜明的区域特色,造就了各个旅游区不同特色的旅游功能并形成了相应区域的产业结构特征。

(3)层次性。旅游区有不同的功能类型和不同等级的层次之分,各个层次的旅游区组合成为一个完善的旅游区系统。

(4)优化性。旅游区的优化是指组织建立旅游区以及旅游区的经营管理都达到最佳程度、从而可以最大限度地发挥旅游区的功能、顺利地达到理想的目的、取得最佳效果的过程。旅游区由于加入了人的干预,是一个具有预定目的、可控的自然人工复合系统,因此可以从整体上达到最优设计、最优控制、最优管理和使用,实现综合最优化。

二、旅游区划的意义和任务

(一)旅游区划的目的意义

旅游具有明显的区域性特征,为了便于组织旅游活动,也为了合理开发利用和保护旅游资源、突出区域资源特点、规划建设旅游点与旅游地、统筹交通运输与接待服务设施、组织协调与管理活动、促进区域旅游业的发展,必须进行旅游区划。通过旅游区划,宏观上可以了解全国各地旅游资源和旅游媒介的总体分布情况、利弊条件和开发途径,微观上可以指导旅游对象和旅游项目的选择以及旅游日程的安排。旅游区划的直接目的就是要确定各个旅游区的范围和界线,研究各旅游区内旅游资源的结构与层次,以便确定旅游区的性质、发展规模和全国旅游区的合理布局,从而为研究各地的旅游发展战略提供指导和依据。

区划是地理科学基础性工作,运用地理科学的基本理论和方法。根据区划的目的和服务对象的不同,有类型地划分旅游区即旅游地域的划分,这是认识旅游地理环境的一项重要工作,是旅游地理系统中的区域子系统及其时空变化的具体化,同时也是旅游地理的重要组成部分。每个旅游区都有独特的、明显的地域性,正确地划分旅游区对旅游区的建设和发展有着重要的意义。

(1)有利于旅游业有计划按比例发展。任何一个国家、地区旅游资源的开发,都必须统筹安排,制定总体规划。而旅游区的划分,则为制定总体规划提供科学依据。国家、地区正是在旅游区划的基础上,本着全局的观点,根据市场需要、旅游资源的种类和质量来确定开发的是重点旅游区还是一般旅游区。划分旅游区,还可进行区域规划,制定发展战略,设计旅游项目和活动,充分发挥旅游区的特点和长处。

(2)有利于旅游区的建设,可以做到合理开发利用旅游资源,也便于统一安排旅游服务系统,统一设计旅游产品,组织旅游客源。

(3)有利于形成和突出区域特色旅游活动,增加对游客的吸引力,增强区域旅游产业的竞争力。

(4)有利于旅游业和其他经济部门的协调发展。旅游者在旅游过程中的吃、住、行、游、购、娱等方面的需求,应由旅游区中的各部门综合协调,满足其多种旅游需求,建设好各具特色的旅游区,便于组织区域旅游。

(二)旅游区划的主要任务

(1)确定各个旅游区比较合理的范围和界线,以及区内各级旅游经济中心。这是旅游区划的直接任务。

(2)明确各旅游区的性质、特征、功能、地位和优势,提出区域旅游发展方向和规划建设重点,为研究各地的旅游发展战略提供指导和依据。这是旅游区划最基本的任务。

(3)阐明不同区域的主要旅游路线,明确各区域的主要和代表性旅游点及其主要功能特征,以便发挥旅游"热点"的优势,促进旅游"冷点"的开发,提高旅游区的整体功能效益。

(4)阐明不同区域的旅游地理环境状况,摸清不同区域旅游资源的赋存状况和主要资源特色。

三、旅游区划的原则

1. 相对一致性原则

旅游环境、旅游资源等方面在地域空间上虽千差万别，但在某一范围内总可以把若干相似程度较大、差别较小的区域合为一个旅游区，以示同其他旅游区的差别。相对一致性原则包括旅游资源成因的共同性、形态的类似性和发展方向的一致性三重含义。旅游区划就是要把旅游资源类型一致性程度最大者列在同一旅游区内。在各旅游区内部，旅游资源相似性最大而差异性最小；在旅游区之间，则差异性最大而相似性最小。

2. 地域完整性原则

旅游资源的形成、开发和利用，因受自然条件和人文因素的影响，在分布上具有明确的地域性，形成各具特色的客观存在的旅游区；同时，各个等级的旅游地理区，都是相对独立的地域综合体，能独立承担一定的职能。因此，旅游区划应保证每一等级的旅游区在地域和职能上的完整性。在实际旅游区划中，一、二级旅游区往往覆盖全国，而三级旅游区则由于是在某些较大的空间地域内、旅游资源丰度小等原因，彼此间可以相连，也可不相连。为了对旅游区进行有效的管理，在进行旅游区划时，还需要尽可能照顾行政区域的完整性，不要轻易打破行政区界限。同时，进行旅游区划时，还要适当照顾旅游区内交通线网的完整性。

3. 综合性原则

旅游区划应综合分析自然与人文各要素间的相互关系和组合结构，并据此合理划分旅游区。旅游区的区内相似性和区际差异性也是其旅游资源综合性结构特征的反映。每个旅游区也需要发挥旅游资源的综合优势，以系统整体效益为主要目标。因此，要求旅游区划既综合考虑纵向的历史基础、发展现状和长远目标、方向，又要综合考虑横向的旅游资源类型、组合，也要考虑开发利用的自然、社会、经济等多方面的条件以及由结构性因素形成的旅游资源的相似性和差异性。一般而言，区划单位的等级由高到低，相似性逐渐增大，差异性逐渐减小。因此，只有按照一定的层次等级划分旅游区，才能真实地反映出不同等级层次旅游区的区内相似性和区际差异性程度的大小以及客观从属关系。旅游区一般可分为三个层次：一级旅游区、二级旅游区和三级旅游区。

4. 主导因素的原则

旅游区内部分布着多种类型的旅游资源，各类型的旅游资源在旅游区内所起的作用是不同的，经常是其中某种类型的旅游资源起着长期或主导的作用，制约着旅游区的属性、特征、功能和利用方式，表现出旅游区强烈的个性和独有的特色。因此，在区划时，要突出某种类型的旅游资源作为划分旅游区的主要依据。同时，要注意区划的多样性，满足人们旅游行为多层次、多类型的需要。另一方面，必须建立功能各异、一主多辅的旅游区，以满足旅游者各种层次和类型的需要，合理划分旅游区。

5. 旅游中心地的原则

旅游区有无旅游中心地是衡量其完整性的首要条件，每个完善的旅游区至少要有一个旅游中心地（旅游风景名胜区或旅游中心城市）作为区域旅游活动的核心。作为旅游中心地，其资源数量丰富、类型齐全，能代表整个旅游区的旅游资源特色。旅游区还必须以中心城市为依托，中心城市是区内政治、经济、文化中心，拥有较好的食宿、交通、购物等必备的旅游设施，并具有行政、交通和旅游综合服务的优势。旅游区范围的划分应尽可能考虑到相应中心城市旅游综合服务功能的基本辐射范围。

第 2 节　中国旅游地理区划

一、中国旅游地理景观地域分异特征

旅游地理景观地域分异特征是旅游地理分区的自然基础，中国旅游地理景观地域分异十分显著，既有南北纬度的地带性分异，也有距离远近的东西差别。大致沿大兴安岭—古长城—贺兰山—乌鞘岭—岷山—大雪山、怒山、高黎贡山一线，将中国分为东部和西部两部分。此线与干旱、半干旱（干燥度 =15 等值线）地区的分界线大致相当。

1. 东部区

东部区与自然地理上的东部季风区大体相当，占全国总面积的 45%。总的特征：一是东临海洋，地势较低，季风气候，多名山大川和风景地貌；二是历史悠久，名人荟萃，古迹众多；三是人口密度大，城市集中，经济、科技发达，交通方便；四是旅游资源开发利用程度高，旅游业起步早，发展快，但不同省区旅游业发展不平衡。东部区内旅游地理也有明显的南北分异，其中有东西延伸的南岭、秦岭—淮河和长城这三线，大致把我国东部又分为风光各异、历史文化有别的四个旅游地理带。

1）华南热带—亚热带风光：岭南文化旅游地理带

地处北纬 25° 左右的南岭东西横亘于粤、桂北部一带，冬季西北寒流在此受阻，夏季海洋季风在迎风坡抬升致雨，故南岭是我国一条明显的地理界线。岭南旅游地理特征：四季常绿的热带风光，冬季气候温和，是理想的冬季避寒地；濒临南海，海岸线曲折，海岸类型多样，多岛屿，受海洋影响显著，多海滨浴场和海岸地貌景观。

2）长江中下游亚热带风光：长江文化旅游地理带

位于南岭与秦岭—淮河（北纬 35°）之间，旅游地理特征：温暖湿润的亚热带气候，山地、平原、丘陵相间分布，河网密布，湖泉众多，且多名山大川；开发历史比较悠久，物产丰富，人口稠密，加上优越的自然环境，形成以“秀”为特色的江南（含吴越、荆楚）和巴蜀。由于历史上三次中原人口大规模南迁和优越的自然条件以及比较稳定的社会等原因，长江流域经济文化逐渐形成。

3）黄河中下游暖温带：黄河文化旅游地理带

位于秦岭—淮河以北，大致到古长城一线，黄河、海河流域是我国古代文明的摇篮，其旅游地理特征：黄土高原、华北平原及其周围山脉构成本带的地貌格局，自然条件比较优越。本带不仅史前文化遗址众多，且多古都、古城，是中华民族的摇篮、华夏文明的发祥地，并且逐渐形成了以“雄”为特征的黄河文化。历史上经济文化发达，名人辈出，人口密集，工农业较发达。

4）东北温带：关东文化旅游地理带

该旅游地理带位于大兴安岭以东、长城以北地区，白山黑水，气候冬长夏短，以北国林海冰雪风光和冷湿自然环境为特征，历史上地广人稀，开发较晚，是清代满族统治者的发祥地，近代因以山东人为主的闯关东移民以及近代沙俄和日本的入侵，形成了独特的关东文化。有漫长

的国境线，边境贸易旅游发展很快，旅游开发潜力很大。

2. 西部区

西部区旅游地理特征：一是深居内陆，多大山、高原和盆地，气候干旱，形成草原、荒漠景观；二是开发历史较晚，多为少数民族聚居区，民族风情异彩纷呈，具有极大吸引力；三是人口稀疏，经济、文化、交通都比较落后，但旅游资源比较丰富，特色明显，且开发程度低，具有很大的发展潜力。在西部区，大致以青藏高原北缘、昆仑山、巴颜喀拉山一线为界，分为青藏区和西北区。青藏区是以青藏高原为主体，包括周围山地在内的独立的旅游地理单元，其面积约占全国总面积的四分之一，其旅游地理特征突出。西北区包括新疆、甘肃、宁夏、内蒙古自治区，约占全国总面积的30%。区内高山、高原、盆地相间分布，气候属于干旱或半干旱的大陆性气候，风多雨少，多为荒漠草原景观。区内西部地区历史上曾为西域的一部分，北部为蒙古族聚居区，无论从自然景观上看，还是从历史文化上讲，都有明显的独特性。

二、中国旅游地理区划的方法

中国旅游地理区划是一项涉及面很广、细致复杂、科研性很强的工作，国家至今尚未进行正式的旅游地理区划。由于教学和科研的需要，不少学者进行了有益的探索，提出了一些不同的旅游方案及相应的分区体系。其中，八大旅游区、三级分类的旅游区划方案最引人注目。三级分类的旅游区划方案是把全国分为八个旅游大区，每个大区是由二至多个省级行政区域组成，其特点是地理上集中连片，自然条件相近，社会经济环境和历史文化相似，旅游资源具有共性特征。每个旅游大区内又分为若干旅游亚区，旅游亚区是由完整的省级行政区域组成的。在旅游亚区内又有若干个基本的旅游区组成，基本的旅游区是由一个或几个旅游发达城市共同组成的最基层的旅游地理单元。

三、中国旅游地理区划的方案——八大旅游区

1. 东北旅游区

本区包括黑龙江、吉林、辽宁三省。气候因子相似，以冰雪、林海、火山、海滨、边境为主要特色。地形以平原为主，东北平原为中国最大平原，又称松辽平原。平原东西两侧为长白山地和大兴安岭山地，北部为小兴安岭山地，南端濒辽东湾，森林多，植物种类多，动物种类多，野生动物多。东北平原有很多珍贵的药材，土壤肥沃，资源丰富，石油、煤田、铁矿丰富，有著名的重工业基地——辽中南工业基地。旅游发展前景广阔，可以以老工业基地、老革命根据地等一些历史背景为目的开发，形成东北关东文化、林海雪原、火山熔岩风光。

2. 京津冀旅游区

本区包括北京、天津和河北二市一省。本区为京畿要地，区位优势明显，历史文化厚重，既有著名的山岳风光，又有风光旖旎的海滨景观，特别是以北京为中心辐射至各旅游地的交通非常便捷，是我国以人文旅游资源为主并兼具多种旅游资源的旅游大区，也是我国最为发达的旅游区。

3. 黄河中下游旅游区

本区包括陕西、山西、河南和山东四省。这里是中华民族的发祥地，拥有仰韶文化、半坡遗址、商朝殷墟、三大古都、两大石窟等举世闻名的名胜古迹，是我国人文旅游资源种类最多、数量最丰富、分布最集中、质量最高的旅游大区。该区著名山岳云集，海滨优美，名山众多，人文

旅游资源博大精深，是一个以人文景观为主、兼备多种旅游资源的旅游大区，也是我国旅游业发展的核心区域。

4. 长江中下游旅游区

本区包括湖南、湖北、江苏、浙江、安徽、江西、上海六省一市。该地处长江中下游，河湖胜景众多，名山峡谷特色鲜明。文化古迹丰富多彩，交通便捷，经济发达。本区有现代化大都市上海，有苏州中国古典园林，有举世闻名的长江三峡，有神秘的神农架风景名胜区、神奇的武陵源风景名胜区、壮丽的武当山风景名胜区等，有风景优美的黄山、庐山、九华山、普陀山、井冈山等，有太湖、鄱阳湖、西湖、千岛湖、长江、钱塘江等众多的河湖水域景观。

5. 东南沿海旅游区

本区包括福建、广东、海南、台湾四省及香港和澳门两个特别行政区。该区位于我国最南端，有热带和南亚热带山海风光，是我国冬季的避寒胜地，也是著名的侨乡，区内海岸线漫长，多优质沙滩，是旅游休闲的理想之处。该区动植物资源丰富，文物古迹和革命胜迹众多，民族风情别具一格。该区位于我国改革开放的前沿，经济发达，是海外游客的主要入境口岸，旅游业发展优势突出。

6. 西南旅游区

本区包括重庆、四川、云南、广西、贵州四省一市。该区岩溶景观发育典型、分布广泛，热带亚热带高山高原及峡谷风光独特，动植物种类丰富，少数民族众多，民族风情浓郁。该区旅游资源丰富多彩、特色鲜明，有峨眉山、青城山、九寨沟、黄果树瀑布、西双版纳、滇池、洱海、石林、乐山大佛、大足石刻、丰都鬼城等旅游资源。

7. 西北旅游区

本区包括内蒙古、宁夏、新疆、甘肃三自治区一省。该区深居内陆。呈现出与众不同的自然人文景观，有沙漠戈壁、草原、雪山、森林等自然景观，有丝路风情、石窟艺术、民族风情等人文景观。该区有鸣沙山、月牙泉、天山天池、香妃墓、成吉思汗陵、麦积山石窟、火焰山、楼兰古城等丰富多彩的人文旅游资源。

8. 青藏旅游区

本区包括青海省和西藏自治区。该区位于西南部的青藏高原上，有地球第三级之称的“世界屋脊”珠穆朗玛峰，终年积雪，是登山探险、科学考察的理想之地。高原上有独特的冰雪世界，高寒草原、湖泊热泉、高原峡谷、原始森林，构成了本区奇异的自然旅游资源。原始色彩的藏族风情和宗教文化以及礼制建筑，又构成了该区神秘诱人的人文旅游资源。该区有布达拉宫、大昭寺、小昭寺、罗布林卡等人文旅游资源；有雅鲁藏布江大峡谷、雅砻河风景名胜区、羊八井、纳木措、神山圣湖等自然旅游资源。该区是一个极具魅力、前景广阔、有待开发的旅游区。

本章小结

1. 旅游区是指含有若干共性特征的旅游景点和旅游接待设施的地域综合体。其中不仅包括旅游资源，也含有为旅游者实现旅游目的而建设的不可缺少的各种基础设施。旅游区以旅游资源特征为基础，是一个具有组织旅游活动的相应机构、设施和旅游点的完整体系的旅游地域单元，有一定的区域范围。

2. 旅游地域的划分，是认识旅游地理环境的一项重要工作，是旅游地理系统中的区域子系统及其时空变化的具体化,同时也是旅游地理的重要组成部分。每个旅游区都有独特的、明显的地域性,正确地划分旅游区对旅游区的建设与发展有着重要的意义。

3. 旅游区划应遵循相对一致性原则、地域完整性原则、综合性原则、主导因素的原则、旅游中心地原则。

4. 旅游区划的八大旅游区、三级分类的旅游区划方案最为引人注目。三级分类的旅游区划方案是把全国分为八个旅游大区、每个大区由二至多个省级行政区域组成,其特点是地理上集中连片,自然条件相近,社会经济环境和历史文化相似,旅游资源具有共性特征。

思考与实训

1. 旅游区的含义是什么? 它有哪些特性?

2. 旅游区划的目的和任务是什么?

3. 简述旅游区划的基本原则。

4. 在地图上画出八大旅游区的分布图,找出你所在省份所属的旅游区,并谈谈本区的旅游特色。

下篇

区域旅游地理

第6章　东北旅游区

学习目标

1. 了解东北旅游区的自然环境特征。
2. 熟悉东北旅游区的人文环境特性。
3. 了解东北旅游区主要的旅游景区景点。
4. 根据本地区旅游交通的状况设计本区主要的旅游线路。

东北旅游区包括黑龙江、吉林、辽宁三省，因地处山海关以东，俗称关东。这一地区位于中国的最东北，总面积 80.21 万平方千米，北、东、东南三面与俄罗斯、朝鲜为邻，拥有一亿多人口。该区民族以汉族为主体，满族占有特殊的重要地位，另外还有蒙古族、回族、朝鲜族、达斡尔族及鄂伦春族等少数民族。林海、雪原、黑土地及农耕、渔猎文化等交织在一起，形成独具特色的旅游资源。

第1节　旅游环境特征

一、旅游自然环境特征

(一)山水环绕，平原辽阔，火山熔岩地貌典型

我国东北地区地形是由半环状向南敞开的三个地带组成。最外是水绕边界，由黑龙江、乌苏里江、图们江、鸭绿江等河流冲击而成的河谷谷地。中部为高度不大的山体，西部为兴安山地，东部为长白山和千山山地，海拔大多在 500～1 000 米之间，内层为松嫩平原、辽河下游平原、三江平原组成的东北平原，是我国最大的平原。三江平原上有大面积的沼泽、湿地。松嫩平原也有不同程度的沼泽化，沿河湿地呈带状分布，很多小湖泊形成盐碱“泡子”。辽河下游平原河流河曲发育，内涝积水多沼泽。

长白山为东北之巅，主峰为白头山。这里火山活动频繁，白头山就是一座休眠火山，其顶部的天池为火山口湖。东部山地被大规模的火山熔岩覆盖，对地形发育颇有影响。镜泊湖为第四季晚期形成的熔岩堰塞湖。长白山山地往南延续到辽东半岛南端的老铁山，称为千山山脉，为辽东半岛的脊柱。

本区是我国火山熔岩地貌类型最丰富、数量最多、分布最广的区域。全区有火山锥 230 座，组成了 20 来个火山群，主要集中分布于吉林和黑龙江两省。

(二)林海风光，冰雪世界，避暑胜地众多

本区除辽宁南部属于暖温带外，大部分属于中温带，北部一部分属于寒温带。东北旅游区属于温带大陆性季风气候类型，冬季寒冷漫长，受冬季风的影响大、时间长，形成长冬严寒，冬

季长达半年以上，各地一月平均最低气温在 -20 ℃以下，漠河极端气温曾达 -52.3 ℃。 夏季温暖湿润而短促，最热的七月平均气温也不过 20 ℃左右。本区春秋二季很短，春季多风且多风沙，秋季秋高气爽。

本区的气候资源是一项宝贵的旅游资源。夏季气候凉爽，是避暑的好地方；冬季气温比较低，银装素裹，玉树琼花，是一片冰雪世界。人们可以欣赏雾凇、冰雕，还可以乘坐雪橇，进行溜冰、滑雪等各种冰雪运动。雪期长、雪量大、雪质好，以及北极村的“白夜”奇景，吸引了大量国内外游客。

大面积郁郁葱葱的针叶林和针阔混交林，以及繁茂如茵的草甸草原，是东北自然景观最主要的特色。因此，人们常以“林海”来概括东北的自然景色。茂密的森林和广阔的草原为多种野生动物提供了适宜的生长和繁殖条件，因此，本区是我国目前最重要的野生动物产地和狩猎区。该区珍贵禽兽很多，如东北虎、紫貂、熊、麝香、梅花鹿等。人参、貂皮、鹿茸被称为“东北三宝”。东北还有四野味：熊掌、飞龙、麒面、猴头。它们也是长白山和小兴安岭山林的特产。为了保护自然生态和珍贵的动植物资源，目前本区已建成十余个自然保护区。

本区另一个重要景观特征就是湿地景观广泛分布。湿地是一种独特的景观，是冷湿环境的重要组成部分和标志。我国约 70% 的湿地分布在本区，其中黑龙江省为沼泽湿地分布最广、类型最丰富的地区。沼泽湿地为鸟类生息繁育提供了良好的环境，一些湿地还栖息着丹顶鹤、野天鹅等珍贵美丽的禽类，因而为发展观鸟旅游创造了极好的条件。目前东北已建成的著名自然保护区有长白山、扎龙、蛇岛、三江湿地等十余处。

本区南部有漫长的海岸线，夏季海滨气候凉爽宜人，是著名的避暑胜地，以大连最为著名。大连景色秀丽，气候宜人，环境优雅，建筑风格奇特，是我国北方著名的海滨避暑胜地，每年都吸引着大量的国内外游客观光疗养。

二、旅游人文环境特征

（一）民俗风情特色鲜明

东北是我国少数民族聚居地之一，有满族、朝鲜族、蒙古族、鄂伦春族、鄂温克族、赫哲族等。每个民族都有自己的独特风俗习惯。满族人擅长骑射，民间流行抽陀螺、秧歌舞和二人转；朝鲜族人能歌善舞，喜欢荡秋千、跳板、摔跤等，民间流行长鼓舞、扇子舞等；鄂温克族人世代以狩猎为生，以饲养驯鹿闻名，民歌曲调独具风格；赫哲族人以渔猎为主，喜欢在衣物上绣各种鸟兽花草图案；等等。众多的民族及多样的生产生活方式相交织，形成了本区典型的多元文化民族风情。

东北由于地理因素、文化的发展，构成了以纯朴、憨直为代表的关东文化，“二人转”这一艺术形式突出体现了东北人直率、豪爽的心理气质，地方特色鲜明。

（二）名胜古迹众多

本区是少数民族聚居的地区，各个民族在不同的历史时期留下了很有价值的文物古迹。如：牛河梁红山文化遗址的出现将中华文明史提前了 1 000 多年；五女山城是中国古代东北地区少数民族高句丽创建的第一个都城；吉林集安是高句丽早中期的都城，也是高句丽政权延续使用时间最长的都城。

清代末年以后，此处曾是各帝国主义国家侵占中国的前沿阵地，故而这段时期留下了大量的欧式及日式或多种文化融合的建筑,其中最典型的是素有“东方莫斯科”“东方小巴黎”之称的哈尔滨市的建筑。

本区是清朝的发祥地，所以清朝的古迹很多，比较著名的有清朝关外三陵(福陵、昭陵和永陵)和沈阳故宫等。该区众多的佛教、道教建筑大部分始建于辽、金或更早的时代,但现存建筑几乎全为清朝时期的建筑,寺庙内的清代文物众多。

(三)交通运输网稠密

东北地区具有发达的交通运输网,形成以铁路为主,包括公路、航运、内河运输、海上运输的综合性交通风格。全区共有铁路70多条，总长度和密度在各大区居首位,总长度约1.4万千米,铁路密度1.04千米/百平方千米，相当于全国铁路网密度的2倍。内河运输以黑龙江和松花江的航运为主。海上运输以大连和营口为重要港口。航空运输以沈阳、长春、哈尔滨为中心,可通北京、上海、广州、西安、昆明等大城市。本区公路运输也较发达,以短途为主，多为铁路的辅助线或城乡之间的联系线。在交通不便的边远地区,公路起到干线运输的作用。特别是近几年为满足本地区的交通需要,又修建了很多高等级公路,使人们的出行方式有了更多的选择。便利的交通为本区旅游业的发展打下了良好的基础。

第2节　主要旅游目的地

一、黑龙江省

黑龙江省,简称“黑”,省会哈尔滨,位于中国最东北部,中国国土的北端与东端均位于省境,因省境北面有黑龙江而得名。黑龙江是亚洲与太平洋地区陆路通往俄罗斯远东和欧洲大陆的重要通道,西部与南部分别与内蒙古和吉林省相邻,东部近日本海。黑龙江省地势大致是西北部、北部和东南部高,东北部、西南部低,主要由山地、台地、平原和水面构成。黑龙江省属于寒温带与温带大陆性季风气候。全省从南向北,依温度指标可分为中温带和寒温带。从东向西,依干燥度指标可分为湿润区、半湿润区和半干旱区。全省气候的主要特征是春季低温干旱,夏季温热多雨,秋季易涝早霜,冬季寒冷漫长,无霜期短,气候地域性差异大。

黑龙江旅游资源丰富,包括:国家历史名城——哈尔滨市；国家重点风景名胜区——镜泊湖风景名胜区和五大连池风景名胜区;国家重点自然保护区——扎龙、红河、丰林、五大连池等共9处。

黑龙江人在过去有关东三大怪,分别是“窗户纸糊在外,大姑娘叼着个大烟袋,养活孩子吊起来”。他们在冬季也经常不戴帽子在室外工作,喜欢在冬天里吃冰点,喜欢冬泳。黑龙江人性格较为豪爽、热情、幽默,说话直来直去。

黑龙江省旅游资源特色明显。有哈尔滨市、齐齐哈尔市、牡丹江市、佳木斯市、大庆市、黑河市等中国优秀旅游城市;有国家级自然保护区15处,其中扎龙国家级自然保护区是我国第一个大型水禽保护区;有五营国家森林公园、哈尔滨国家森林公园等国家级森林公园;有国家重点风景名胜区2处,即五大连池、镜泊湖。

(一)哈尔滨

哈尔滨,简称“哈”,别称“冰城”,是黑龙江省省会、副省级市、特大城市、中国东北地区中心城市之一。哈尔滨是中国纬度较高、气温较低的大城市。四季分明,冬季漫长寒冷,而夏季则显得短暂凉爽。春、秋季气温升降变化快,属于过渡季节,时间较短。1998年被国家旅游局评选为首批中国优秀旅游城市。区内有圣·索菲亚教堂、中央大街、哈尔滨极地馆、防洪纪念塔、文庙、极乐寺、萧红故居、苏联红军烈士纪念碑等文物古迹和东北林园、亚布力滑雪旅游度假区、原始森林等500余处人文自然景观。

1. 哈尔滨国际冰雪节

哈尔滨国际冰雪节是哈尔滨人特有的节日,是世界上活动时间最长的冰雪节,从每年的1月5日开始,一直持续到2月底冰雪活动结束为止,期间包含了新年、春节、元宵节、滑雪节四个重要的节庆活动,内容丰富,形式多样,如在松花江上修建的冰雪迪士尼乐园——哈尔滨冰雪大世界、斯大林公园展出的大型冰雕、在太阳岛举办的雪雕游园会、在兆麟公园举办的规模盛大的冰灯游园会等皆为冰雪节内容。冰雪节期间会举办冬泳比赛、冰球赛、雪地足球赛、高山滑雪邀请赛、冰雕比赛、国际冰雕比赛、冰上速滑赛、冰雪节诗会、冰雪摄影展、图书展、冰雪电影艺术节、冰上婚礼等。冰雪节已成为向国内外展示哈尔滨社会经济发展水平和人民精神面貌的重要窗口。

2. 太阳岛风景名胜区

太阳岛风景名胜区是中国唯一坐落于城市中心的江漫湿地型风景名胜区,是国家级风景名胜区、国家AAAAA级旅游景区、国家水利风景区,被国家建设部评为"中国人居环境范例奖",被联合国友好理事会评为"联合国FOUN生态示范岛"。中国·哈尔滨国际雪雕艺术博览会及许多国际国内的雪雕比赛都在此举办。2009年7月,哈尔滨太阳岛被联合国授予"联合国人居环境奖",是亚洲唯一获此殊荣的岛屿型公园

3. 亚布力滑雪旅游度假区

亚布力滑雪旅游度假区由风车山庄、国家体委、交通山庄、大青山滑雪场、通信山庄、电力山庄、云鼎山庄、好汉泊雪场以及农家院共同组成,位于哈尔滨尚志市境内,最高峰海拔1 374.8米,亚布力滑雪场共有11条初、中、高级滑雪道。滑雪场内还有长达5 000米的环形越野雪道及雪地摩托、雪橇专用道,设有3条吊椅索道、3条拖牵索道及1条提把式索道。雪场还拥有多台造雪机、压雪机、雪上摩托车等现代滑雪场机械设备,雪道设有多条吊椅式和牵引索道,滑雪者可以从任何一处乘索道,不需要脱掉雪板,滑遍场内全部雪道。

4. 中央大街

中央大街始建于1898年,大街北起松花江防洪纪念塔,南至经纬街。全街建有欧式及仿欧式建筑71栋,并汇集了13幢文艺复兴、巴洛克、折衷主义及现代多种风格的市级保护建筑。1997年6月1日成为全国第一条商业步行街。2005年中央大街被建设部评为"中国人居环境范例奖"。2008年3月哈尔滨中央大街被联合国授予"联合国建筑成就奖",同时,哈尔滨中央大街被国家授予"建筑艺术博物馆"称号。2009年,中央大街被评为首批中国历史文化名街。

5. 圣·索菲亚教堂

圣·索菲亚教堂始建于1907年3月,原为沙俄东西伯利亚第四步兵师的随军教堂。同年,由俄国茶商出资,在随军教堂的基础上重新修建成全木制结构教堂。1932年重建,成为远东地区最大的东正教教堂。教堂具有浓郁的异国情调,成为哈尔滨市一道独具特色的风景线,是

沙俄入侵东北的历史见证和重要遗迹。它是第四批全国重点文物保护单位,现为哈尔滨市建筑艺术馆。

(二)齐齐哈尔

齐齐哈尔,别称"鹤城",位于黑龙江省西部 。"齐齐哈尔"源自达斡尔语,是"边疆"或"天然牧场"之意。

1. 扎龙国家级自然保护区

扎龙国家级自然保护区是中国最大、世界闻名的扎龙湿地,位于黑龙江省齐齐哈尔市东南30千米处。总面积21万公顷,为亚洲第一、世界第四,也是世界最大的芦苇湿地,是中国首个国家级自然保护区,被列入中国首批《国际重要湿地名录》。扎龙景区是国家AAAA级旅游景区,景区内湖泽密布,苇草丛生,是水禽等鸟类栖息繁衍的天然乐园。世界上现有鹤类15种,中国有9种,扎龙有6种;全世界丹顶鹤不足2 000只,扎龙就有400多只。

2. 五大连池风景区

五大连池风景区位于黑龙江省黑河市五大连池市,距五大连池市区18千米,地处小兴安岭山地向松嫩平原的过渡地带,总面积为1 060平方千米,其中林地32.1万亩、草原5.73万亩、湿地15万亩。1719年—1721年间,火山喷发,熔岩阻塞白河河道,形成五个相互连接的湖泊,因而得名五大连池。

五大连池风景区由五大连池湖区(莲花湖、燕山湖、白龙湖、鹤鸣湖、如意湖)组成的串珠状的湖群以及周边火山群地质景观、相关人文景观、植被、水景等组成。植物618种,野生动物397种,与同纬度地区相比,动植物种类十分丰富,成为生态演变过程的主要见证,展示了大自然顽强的生命力,是世界上研究物种适应和生物群落演化的最佳地区。

(三)牡丹江游览区

该区内主要有镜泊湖、宁古塔城、兴隆寺等名胜古迹。

镜泊湖位于黑龙江省牡丹江市宁安市,地处松花江支流牡丹江干流上,距宁安城50千米。湖面海拔351米,湖水平均深度40米,一般水位最高353米,最低345米,年平均流量9.2～10立方米/秒,蓄水量16.25亿立方米。注入湖泊的河流除牡丹江干流外,还有大梨树沟河、尔站西沟河等小河流。唐代,满族先民——靺鞨人称镜泊湖为忽汗海,辽称扑鹭水,金称必尔腾湖,清初,自宁古塔流入以湖水照人如镜而命名的镜泊湖。镜泊湖国家级风景名胜区由百里长湖景区、火山口原始森林景区、渤海国上京龙泉府遗址景区三部分组成,总体规划面积为1 726平方千米。以湖光山色为主,兼有火山口地下原始森林、地下熔岩隧道等地质奇观及唐代渤海国遗址为代表的历史人文景观,是可供科研、避暑、游览、观光、度假和文化交流活动的综合性景区。

镜泊湖的吊水楼瀑布名震中外,是国内流量最大的瀑布。它是由镜泊湖湖水在熔岩堤岸缺口处下泻,形成高20米、宽40米的瀑布,注入牡丹江。火山口地下森林神奇壮阔,奇峰险峻,怪岩迷离,古树参天。

二、吉林省

吉林省地处中国东北中部,东北亚地理中心,因清初建吉林乌拉城而得名,简称"吉",省会长春。地势由东南向西北倾斜,呈现明显的东南高、西北低的特征。吉林省属于温带大陆性季风气候，四季分明，雨热同季，夏季高温多雨，冬季寒冷干燥。

吉林省现有两座历史文化名城吉林市和集安市，有两个国家风景名胜区净月潭和松花湖。长白山和向海也是我国重要的自然保护区。吉林省冰雪资源丰富，像长白山和松花湖等地均有滑冰场和滑雪场。吉林省的雾凇在国内具有很高的知名度，每年都要举行盛大的雾凇冰雪节。吉林省素有“人参之乡”的美称，是东北三宝——人参、貂皮和鹿茸的主要产地。

（一）长春市

长春市是吉林省的省会，有“森林之城”“汽车之城”“电影之城”的美称，长春享“北国春城”之美誉。

1. 伪满皇宫

位于长春市东北角的光复路上，是伪满洲国傀儡皇帝爱新觉罗·溥仪居住的宫殿，从1932年到1945年间，溥仪在日本当局的指使下，建立了满洲帝国，在这里从事过政治活动并做日常起居。

2.“八大部”——净月潭风景名胜区

净月潭景区位于吉林省长春市东南部长春净月经济开发区，距市中心人民广场仅18千米，景区面积为96.38平方千米，其中水域面积为5.3平方千米，森林覆盖率达到96%以上。净月潭因形似弯月状而得名，与台湾日月潭互为姊妹潭。潭水清澈碧透，岸边游动的小鱼清晰可见，是进行游泳、划船、垂钓及冬泳、滑冰和风帆等活动的极好场所。净月潭周围的人工林包括红松、黑松、樟子松、落叶松等30多个树种，公园树种之多、面积之大、距城市之近，在亚洲实属罕见，被国内外游客称为“绿色明珠”。

3. 长影世纪城

长影世纪城位于吉林省长春市东南侧净月潭西畔，为国家AAAAA级旅游景区，国际十大影视城榜首、中国第一家世界级电影主题娱乐园，是长影改革、二次创业的标志性工程，被誉为“东方好莱坞”“世界特效电影之都”。长影世纪城是长春电影制片厂推进体制改革、机制创新，依据自身深厚的电影文化底蕴，把现代电影工业与旅游业结合起来，借鉴美国好莱坞环球影城和迪士尼游乐园的精华，延伸电影产业链，打造出的中国第一家世界级电影主题娱乐园，开创了中国大电影时代的新模式。

（二）吉林市

吉林市是我国唯一一个与省重名的城市，境内居住汉族、满族、蒙古族、回族、朝鲜族等35个民族。吉林是一个依山傍水的美丽城市，有“江城”之称，是雾凇之都。环绕的群山和回转的松花江水，使吉林形成“四面青山三面水，一城山色半城江”的天然美景。

吉林雾凇与桂林山水、云南石林和长江三峡同为中国四大自然奇观。雾凇俗称树挂，是大自然中较为常见的现象，冬季的吉林在零下20 ℃以下的天数达到60～70天，奇妙的是穿城而过的松花江水有几十千米江面却临寒不冻，江水与空气之间巨大的温差，将松花江源源不断释放出的水蒸气凝结在两岸的树木和草丛之间，形成厚度达到40～60毫米的树挂，远远超过通常为5～10毫米的普通树挂的厚度。每当雾凇来临，吉林市松花江岸十里长堤“忽如一夜春风来，千树万树梨花开”，柳树结银花，松树绽银菊，把人们带进如诗如画的仙境。

1. 松花湖风景名胜区

松花湖地处长白山脉的西侧，是吉林省最大的人工湖，是拦截松花江水、建设丰满水电站、叠坝成湖形成的，距吉林市约20千米。松花湖是中国重点风景名胜区，与太湖、洞庭湖同被列为国家重点开发的三大湖泊。

2. 吉林北大壶滑雪场

吉林北大壶滑雪场位于吉林北大湖开发区，距吉林市区53千米。走进滑雪场，迎面是亚运村酒店。北大壶滑雪场气温、雪情都好。冬季平均气温为-10 ℃，整个区域三面环山，冬季风力弱，有很多时候近似静风。现已承办多次大型比赛。

（三）长白山风景区

长白山景区位于吉林省东南部，东南与朝鲜毗邻，坐落于长白山北坡，距长白山34千米，距双目峰中朝边境65千米，区域面积52.42平方千米，是国家AAAAA级旅游景区，主峰长白山因多白色浮石与积雪而得名，素有“千年积雪万年松，直上人间第一峰”的美誉。景区是享有“神山、圣水、奇林、仙果”等盛誉的旅游胜地，也是满族的发祥地，在清代有“圣地”之誉，皇帝须亲自或委派大臣到吉林乌拉（今吉林市）望祭长白山。

景区内分布着河谷、沼泽、台地、山坡、高原、高山湖泊、火山口等地貌类型。保护区主要以火山熔岩构造地貌、典型完整的动植物资源、富有北国情趣的冰雪风光而闻名。长白山中心火山锥体属于复合层状截顶火山锥体，是一座休眠火山。在这一巨型火山锥体上，还分布着寄生的小火山体，据记载长白山在近代有过三次大型喷发。长白山天池位于长白山主峰火山锥体的顶部，由火山口经过漫长的年代积水成湖。天池海拔2 194米，是我国海拔最高的火山湖，波光粼粼的湖水像一块蓝宝石镶嵌在群山之中。天池北侧的天文峰与龙门峰之间有一缺口，池水由此缺口溢出，穿流在悬崖峭壁之间的乘槎河向北流经1 250米处的断崖飞流直下，以雷霆万钧之势，跌向深谷，形成落差68米高的长白瀑布。长白山是欧亚大陆北半部最具有代表性的典型自然综合体，是世界少有的“物种基因库”和“天然博物馆”。山区有动植物300多种，从山下到山顶，几乎是欧亚大陆从温带到寒带各种主要植被类型的缩影。林中还栖息着名贵的珍禽异兽，有濒临绝灭的东北虎及马鹿、紫貂、水獭、黑熊等。鸟类中鸳鸯、黑鹳、绿头鸭等候鸟占70%。长白山的密林深处盛产人参、北五味子等药材。长白山是东北三宝的产地。长白山多温泉，主要有长白温泉群、天池湖边温泉群等。长白温泉群的水温在60 ℃以上，最高可达80 ℃，属高热温泉，旅游者可以把鸡蛋拿到温泉边，边煮边吃，其乐无穷。此处的温泉还含有硫化氢，可用于治疗关节炎、皮肤病等，具有很高的医疗价值。

三、辽宁省

辽宁省位于中国东北地区的南部，南临渤海、黄海，隔鸭绿江与朝鲜为邻，东南隔海与日本相望，东、北、西三面与吉林、内蒙古、河北等省区接壤，靠近俄罗斯，是连接欧亚大陆桥的要冲，是中国东北地区进行对外贸易和国际交往的重要通道。全省地形概貌大体是“六山一水三分田”。地势大致为自北向南、自东西两侧向中部倾斜，东部山地丘陵区为辽宁省主要林区；西部山地丘陵区东缘的临海狭长平原，习惯上称为“辽西走廊”，是中国东北地区沟通华北地区的主要路上通道，中部辽河平原是东北平原的一部分。辽宁属于温带大陆性季风气候区。境内雨热同季，日照丰富，积温较高，冬长夏暖，春秋季短，四季分明，雨量不均。

辽宁省旅游资源丰富,借助发达的城市群和海陆空立体交通网络,其旅游业发展迅速。辽宁省现有文物古迹 1.13 万处,其中国家级重点文物保护单位 19 处、省级重点文物保护单位 159 处、国家级风景名胜区 7 处、省级风景名胜区 7 处。辽宁省各地每年都举办丰富多彩的旅游节庆活动,如大连国际服装节、沈阳冰雪节、丹东凤凰山节、抚顺满族风情节等,为其旅游业的发展注入了活力。

(一)沈阳

沈阳,简称"沈",别称盛京、奉天,是国家历史文化名城,素有"一朝发祥地,两代帝王都"之称。沈阳是中国最重要的以装备制造业为主的重工业基地,有着"共和国长子"和"东方鲁尔"的美誉。

1. 沈阳故宫

沈阳故宫位于辽宁省沈阳市,是中国仅存的两大宫殿建筑群之一,又称盛京皇宫,为清朝初期的皇宫,距今近 400 年历史,始建于后金天命十年(1625 年)。清朝入关前,其皇宫设在沈阳,迁都北京后,这座皇宫被称作"陪都宫殿""留都宫殿",后来就称之为沈阳故宫。沈阳故宫占地面积 6 万多平方米,有古建筑 114 座、500 多间,至今保存完好,是一处包含着丰富历史文化内涵的古代遗址。在宫廷遗址上建立的沈阳故宫博物院是著名的古代宫廷艺术博物馆,藏品中包含十分丰富的宫廷艺术品。

沈阳故宫按照建筑布局和建造先后,可以分为东路、中路和西路三个部分。东路为努尔哈赤时期建造的大政殿与十王亭,是皇帝举行"大典"和八旗大臣办公的地方,为清代独创的八旗制度在建筑上的反映;中路为清太宗时期续建的大中阙,是皇帝进行政治活动和后妃居住的地方,包括大清门、崇政殿、凤凰楼以及清宁宫、关雎宫、衍庆宫、永福宫等建筑,雕梁画栋,富丽堂皇;西路则是乾隆时期增建的文溯阁,配以戏台、斋堂等,整个建筑设计和布局反映了皇帝的所谓"尊严"和严格的封建等级制度。建筑艺术集汉、满、蒙古族建筑艺术为一体,具有很高的历史和艺术价值。沈阳故宫博物院不仅是古代宫殿建筑群,还以丰富的珍贵收藏而著称于海内外。故宫内陈列了大量旧皇宫遗留下来的宫廷文物,如努尔哈赤用过的剑、皇太极用过的腰刀和鹿角椅等。其现为全国重点文物保护单位、AAAA 级旅游单位和世界文化遗产。

2. 沈阳世博园

沈阳世博园位于风景秀丽的沈阳棋盘山国际风景旅游开发区,占地 246 公顷,园内建有 53 个国内展园、23 个国际展园和 24 个专类展园,是迄今世界历届园艺博览会中占地面积最大的场馆。在沈阳世博园的建设中,许多设计方案、建设手法都是首次被使用。如三层夹胶玻璃建桥面、凤之翼建筑的斜塔,而百合塔则为中国最大的雕塑体建筑。通过举办各类丰富多彩的活动吸引国内外游客,包括庆典活动、馆日活动、文艺演出、展示交易、学术交流、竞赛评奖和休闲娱乐活动等。

(二)大连

大连市别称滨城,位于辽东半岛最南端,交通发达,为哈大铁路的终点,又是港阔水深的不冻港,以"山围辽海水围市""山有弯环水有态"而闻名,有"东北之窗""北方明珠""浪漫之都"之称,是中国东北对外开放的窗口和最大的港口城市,先后获得"国际花园城市""中国最佳旅游城市""国家环保模范城市"等荣誉。大连属暖温带海洋性气候,终年温和,四季分明,景色秀丽。市区地处丘陵,许多房屋依山而建,鳞次栉比。这里有许多罗马式、哥特式、巴洛克式建筑,红顶教堂和绿顶住宅参差错落,市街各处分布数十所街心花园和广场,像一朵朵硕大的花朵,呈放射状连接条条马路,使大连真正成为一座花园城市。

大连的主要旅游节庆有大连烟花爆竹迎春会、大连赏槐会、中国大连进出口商品交易会、大连樱花节、大连软件交易会、中国国际啤酒节、大连沙滩文化节、大连国际服装节、中国国际马拉松邀请赛等。

1. 大连海滨—旅顺口风景名胜区

大连海滨—旅顺口风景名胜区为国家重点风景名胜区,位于辽宁省辽东半岛南端,东临黄海,西濒渤海,包括大连海滨、旅顺口两个景区,有陆域,有岛屿。大连海滨以碧海、蓝天、青山、礁石、沙滩、岛屿为特色,形成优美的旅顺口景区,山连水绕,风光秀丽。有闻名世界的蝮蛇王国自然画面,蛇岛、老铁山候鸟站、黄海和渤海的自然分界奇观作为消暑避夏的海滨浴场的有效补充部分。旅顺口群山环抱,风光清幽,有大连市南部海滨最大的景区——白玉山。这里有许多甲午战争和日俄战争留下的遗迹。例如:1897年中日甲午战争遭受屠杀的两万无辜同胞合葬墓——万忠墓;1904年日俄战争主要的战场遗址——东鸡冠山北堡垒和望台炮台等。白玉山山顶有一座白玉山塔,是日本帝国主义侵华的罪证,它是日俄战争结束后,为祭祀侵略者亡灵,日本人发起并强抓2万多名中国劳工修建的,登上山顶,旅顺军港和旅顺市区的风光尽收眼底,山顶还有海军兵器馆和高达110米的电视塔。

2. 金石滩风景名胜区

金石滩度假区位于辽东半岛、黄海之滨,距大连市中心50千米。1988年,被确定为国家级风景名胜区,总面积约110平方千米,分为玫瑰园、龙宫、南秀园、鳌滩、三叶虫化石园等五个景区。景区内浓缩了距今5～7亿年的地质历史,堪称"天然地质博物馆"。景区内多变的海蚀造型地貌又为它博得"神力雕塑公园"的美誉,现已被辟为国家旅游度假区。

(三)鞍山

鞍山市位于沈阳市南90千米处,在哈大铁路线上,因市南有东鞍山和西鞍山而得名。鞍山市周围铁矿丰富,现为我国重要的钢铁基地之一,号称"钢都"。

1. 千山

千山位于辽宁省鞍山市东南17千米处,总面积44平方千米,素有"东北明珠"之称,是国家重点风景名胜区、国家AAAAA级旅游景区。它南临渤海,北接长白山,群峰拔地,万笏朝天,以峰秀、石峭、谷幽、庙古、佛高、松奇、花盛而著称,具有景点密集、步移景异、玲珑剔透的特色。千山为长白山支脉,主峰高708.3米,总面积72平方千米。山峰总数为999座,其数近千,故名"千山",又名"积翠山""千华山""千顶山""千朵莲花山",千山"无峰不奇,无石不峭,无庙不古,无处不幽"。古往今来,一直是吸引众多游人的人间胜境。

千山,以奇峰、岩松、古庙、梨花组成四大景观。按自然地形划分为北部、中部、南部、西部四个景区。包括20个小景区和228处风景点,分布在几条沟谷内。景色秀丽,四季各异,是集寺庙、园林于一山的风景旅游胜地。盛夏时节,这里气候极为凉爽,空气特别清新,到千山避暑度假绝对是您的明智选择。

2. 汤岗子温泉

汤岗子温泉位于辽宁省鞍山以南 7.5 千米，是中国四大温泉康复中心之一，占地面积 45 万平方米。温泉泉水无色无味，清澈透明，温度达 72 ℃，并含有钾、镁、氢、钠等 30 余种微量元素。

汤岗子有一处长 110 米、宽约 100 米、全国最大的天然热矿泥区。矿泥为花岗石经过漫长的水文地质条件作用下的风化产物，受其下部 72 ℃温泉水的浸泡、滋养而获得，不受气温影响。疗效颇佳，特别是对风湿性和类风湿性关节炎、止痛、解除痉挛均有显著作用。这里流传着这样一句话，“到汤岗子来，不被泥埋等于白来”。

（四）丹东

丹东地处辽宁省东南部，是中国海岸线的北端起点，位于东北亚的中心地带，是东北亚经济圈与环渤海、黄海经济圈的重要交汇点，是一个以工业、商贸、物流、旅游为主体的沿江、沿海、沿边城市。

1. 鸭绿江风景名胜区

鸭绿江风景名胜区位于辽宁省丹东市鸭绿江下游浑江口至江海分界处的大东港之间。陈运和在诗《鸭绿江与丹东》中忆历史道：“甲午风云的残留，抗美援朝的怒吼，仍被记录在黄海波涛，仍被讲述在鸭绿江口。”鸭绿江为中朝两国界河，源于吉林省中朝边境长白山主峰白云峰，西南流至丹东市东港市入海，全长 795 千米，景区段 210 千米，面积约 400 平方千米，分水丰湖、太平湾、虎山、鸭绿江大桥、东港 5 个景区。

2. 虎山长城

虎山长城是中国明长城东端起点。位于距丹东市 20 千米处，南临中朝界河鸭绿江，隔江与朝鲜的于赤岛和古城义洲相望。据考古专家考证，虎山长城大约始建于 500 多年前的明成化五年，即公元 1469 年。20 世纪 90 年代初，经罗哲文等一大批长城专家学者实地考察，认定此地为万里长城东端起点，这一发现使中国万里长城延长了 1 000 多千米，使教科书中的传统说法得以改写，并认定其为明代万里长城的东端起点。长城以虎山长城为起点，经辽宁、河北、天津、北京、山西、陕西、宁夏，最后抵达甘肃嘉峪关。

3. 凤凰山国家重点风景名胜区

凤凰山位于丹东市西北 60 千米，距凤城市区东南 3 千米处，是一个融自然美与人文美于一身的山岳型风景名胜旅游区。古为“辽宁第一名山”，清朝时列入奉天省四大名山，现被称为“国门名山”“万里长城第一名山”“中国历险名山”。

本章小结

1. 东北旅游区山水环绕，平原辽阔，火山熔岩地貌典型。本区的气候资源是一项宝贵的旅游资源。夏季气候凉爽，是避暑的好地方；冬季气温比较低，银装素裹，玉树琼花，是一片冰雪世界。人们可以欣赏雾凇、冰雕，还可以乘坐雪橇，进行溜冰、滑雪等各种冰雪运动。雪期长、雪量大、雪质好以及北极村的“白夜”奇景吸引了大量国内外游客。

2. 黑龙江省旅游资源特色明显。有哈尔滨市、齐齐哈尔市、牡丹江市、佳木斯市、大庆市、黑河市等中国优秀旅游城市；有国家级自然保护区 15 处，其中扎龙国家级自然保护区是我国第一个大型水禽保护区；有五营国家森林公园、哈尔滨国家森林公园等国家级森林公园；有国家重点风景名胜区 2 处，即五大连池、镜泊湖。

3. 吉林省现有两座历史文化名城吉林市和集安市，有两个国家风景名胜区净月潭和松花湖。长白山和向海也是我国重要的自然保护区。吉林省冰雪资源丰富，像长白山和松花湖等地均有滑冰场和滑雪场。吉林省的雾凇在国内具有很高的知名度，每年都要举行盛大的雾凇冰雪节。吉林省素有“人参之乡”的美称，是东北三宝———人参、貂皮和鹿茸的主要产地。

4. 辽宁省旅游资源丰富，借助发达的城市群和海陆空立体交通网络，其旅游业发展迅速，辽宁省现有文物古迹 1.13 万处，其中国家级重点文物保护单位 19 处，省级重点文物保护单位 159 处。国家级风景名胜区 7 处，省级风景名胜区 7 处。辽宁省各地每年都举办丰富多彩的旅游节庆活动，如大连国际服装节、沈阳冰雪节、丹东凤凰山节、抚顺满族风情节等，为其旅游业的发展注入了活力。

思考与实训

1. 试分析东北旅游区的旅游环境特征。
2. 东北旅游区有哪些特色旅游活动？试举例加以说明。
3. 东北旅游区有哪些著名的火山地貌景点？
4. 黑龙江省有哪些著名旅游景区景点？
5. 概述长白山自然保护区的特色。
6. 广东省王先生暑期要到东北旅游，请你为其设计一旅游方案。

第7章　京津冀旅游区

学习目标

1. 了解京津冀旅游区的自然环境特征。
2. 熟悉京津冀旅游区的人文环境特性。
3. 了解京津冀旅游区主要的旅游景区景点。

京津冀旅游区包括北京、天津、河北二市一省，是全国的政治、经济、文化、交通和国际交往中心，全区总面积约22万平方千米。其中北京是我国首都，是本旅游区所依托的中心城市，也是当前我国接待游客最多的城市。

第1节　旅游环境特征

一、旅游自然环境特征

(一)位置优越，地貌类型多样

京津冀旅游区地处我国心脏地带，位于华北大平原的中北部，北枕燕山，西倚太行山，东临渤海。地势西北高、东南低，从西北向东南呈半环状逐级下降。高原、山地、丘陵、盆地、平原，地貌类型齐全。从西北向东依次为坝上草原、燕山和太行山地、河北平原(华北平原的中北部)三大地貌单元。

坝上高原属蒙古高原的南缘，分为张家口地区的张北高原和承德地区的围场高原，面积约1.60万平方千米，占河北省总面积的8.5%。地貌特征以丘陵为主，湖泊点缀其间。

燕山山地包括燕山山脉和辽西一带山地，由山地和许多山间盆地组合而成，总称燕山，海拔在1 000米左右。山海关是燕山山地和渤海间的一处隘口。燕山在北京市境内叫军都山，峰为八达岭，海拔800余米。西部的太行山地从晋豫交界处向东北延伸，绵延在山西、河北二省交界线上，长达500千米。

河北平原为燕山和太行山东南的平原，是华北平原位于黄河以北的地区，南界黄河，北至燕山，西邻太行山，东濒渤海，主要由黄河和海河等冲积而成，地势低平，大部分在河北省境内。四季变化明显，农作物大多一年两熟，盛产粮棉和果品，石油和天然气蕴藏丰富，名胜古迹多，旅游资源丰富。

(二)大陆性季风气候显著，旅游业淡旺季较明显

本区具有典型的温暖带大陆性气候特征：春旱多风，夏热多雨，秋高气爽，冬寒少雪。春秋短而冬夏长，冬冷夏热，对比悬殊。降水量偏少且集中于夏季。春、夏、秋三季自然景观丰富多彩，而冬季略显单调。因此，本区旅游业淡旺季明显。4—5月气候温和宜人，此时为旅游业旺

季。但干旱、少雨、多风沙等灾害性天气,对旅游活动产生了不利影响。6—8 月炎热多雨,避暑度假备受旅游者青睐。9—10 月秋高气爽,常能出现连续晴朗的天气,是一年中旅游的黄金季节。11 月到次年 3 月晴朗寒冷,干燥少雪,因而是旅游淡季。

(三)河流湖泊较多,海滨多为避暑度假胜地

京津冀旅游区的河流主要有海河和滦河。海河是中国华北地区的最大水系,海河和上游的北运河、水定河、大清河、子牙河、南运河五大河流及 300 多条支流组成海河水系。滦河发源于张家口市境内的巴彦古尔图山北麓,向东南流入渤海,全长 885 千米,基本都在河北省境内。滦河沿岸风景秀丽。此外,该旅游区还包括两大水库,即密云水库及官厅水库。本区海滨旅游资源丰富,海水湛蓝清澈,沙滩柔和洁净,气候宜人是消夏避暑和海水沐浴的良好场所。秦皇岛的北戴河、南戴河,昌黎黄金海岸,都已成为我国著名的避暑度假胜地。

二、旅游人文环境特征

(一)人文历史悠久

早在 69 万年前即有北京人生活在周口店附近,之后各个历史阶段,该区都有文化遗存,是人类发展史的博物馆。春秋战国时期,本区为燕、赵等国之地。自 12 世纪以来,金、明、清等朝代均以北京为都城,长达 800 多年,现在北京依然是我国首都。悠久的历史,灿烂的文化,孕育出了无数的历史名胜和文物古迹。

(二)交通网络发达

北京是全国铁路、民航总枢纽,有京沪、京广、京哈、京包等 8 条铁路干线及几十条民用航空线通往全国各地和世界各大城市。天津港是中国北方最大的国际贸易口岸,有国内最大的集装箱码头和散货码头。京津塘高速公路把北京和天津市区、滨海新区连成一线。河北省拥有众多优良海港:秦皇岛港、唐山港、南堡港等。本区发达的交通为旅游业的发展创造了良好的条件。

(三)文化艺术繁荣

特定的历史和环境孕育出了独特的燕赵文化,元杂剧兴盛于此,近代独具风韵的京剧、评剧、河北梆子等备受观众喜爱。本区又是中华武术的摇篮之一,是"南拳北腿"之"北腿"的故乡。自古就尚武成风,逢年过节,常会进行武术表演。另外,本区还有丰富多彩的民间艺术,主要包括杂技、马戏、吹歌、舞蹈、皮影、剪纸、石雕、泥人、草编、陶瓷等。

(四)旅游商品众多

本区生产的民间工艺品和特种工艺品历史悠久,做工精细,风格独特,深受广大旅游者欢迎。其主要品种有玉雕、牙雕、景泰蓝、金漆镶嵌、雕漆、内画壶、风筝、杨柳青年画、泥人张彩塑、金石篆刻等。名菜和风味小吃有北京烤鸭、仿膳宫廷菜、谭家菜、北京涮羊肉、蜜饯果脯、小窝头、茯苓饼、六必居酱菜、萨琪玛,以及天津的狗不理包子、十八街麻花和耳朵眼炸糕等,深受中外旅游者的喜爱。

第2节 主要旅游目的地

一、北京市

北京市简称“京”,是中国首都、直辖市和国家中心城市,是我国的政治、文化中心,是经济、金融的决策和管理中心,中央人民政府和全国人民代表大会所在地,具有重要的国际影响力,也是世界上最大的城市之一。面积16 410.54平方千米,主要有汉、回、满、蒙古等民族。

北京位于华北平原西北边缘,与西部的西山与北部的军都山相交,形成一个向东南展开的半圆形大山弯,人们称之为“北京湾”。它所围绕的小平原为北京小平原。地势西北高、东南低。北京是一座历史悠久的古城。远在70万~50万年前,早期人类“北京猿人”就在房山地区周口店等地繁衍生息。商周时期为蓟国都城,燕国灭蓟后迁都蓟城,从此“燕京”之名流传至今。1153年,金朝设中都,是北京建都之始,开始了北京作为全国政治中心的历史, 2013年是北京建都860周年。

北京旅游资源极为丰富,不但以皇家文物古迹取胜,而且自然风光优美。不仅有天下奇观的万里长城、世界上最大的皇宫紫禁城、祭天神庙天坛、皇家花园北海以及世界上最大的四合院恭王府等名胜古迹,而且有十渡、松山、龙庆峡等迷人的自然景观。

(一)东城区

东城区,北京市的一个市辖区,地处北京市中心城区的东部,东、北与朝阳区接壤,南与丰台区相连,西与西城区毗邻。东西最大距离5.2千米,南北最大距离13千米。2010年,东城区与崇文区合并,成立新东城区,辖区面积扩大到41.84平方千米。

东城区是北京文物古迹最为集中的区域,拥有国家级文物保护单位16处、市级文物保护单位60处、北京市历史文化保护区18.5片。

1. 故宫

北京故宫是中国明清两代的皇家宫殿,旧称紫禁城,位于北京中轴线的中心,是中国古代宫廷建筑之精华。北京故宫以三大殿为中心,占地面积72万平方米,建筑面积约15万平方米,有大小宫殿七十多座、房屋九千余间。是世界上现存规模最大、保存最为完整的木质结构古建筑之一。

北京故宫于明成祖永乐四年(1406年)开始建设,以南京故宫为蓝本营建,到永乐十八年(1420年)建成。它是一座长方形城池,南北长961米,东西宽753米,四面围有高10米的城墙,城外有宽52米的护城河。紫禁城内的建筑分为外朝和内廷两部分。外朝的中心为太和殿、中和殿、保和殿,统称三大殿,是国家举行大典的地方。内廷的中心是乾清宫、交泰殿、坤宁宫,统称后三宫,是皇帝和皇后居住的正宫。

北京故宫被誉为世界五大宫之首(中国北京故宫、法国凡尔赛宫、英国白金汉宫、美国白宫、俄罗斯克里姆林宫),是国家AAAAA级旅游景区, 1961年被列为第一批全国重点文物保护单位, 1987年被列为世界文化遗产。

2. 天安门广场

天安门广场,位于北京市中心,地处北京市东城区东长安街,北起天安门,南至正阳门,东起中国国家博物馆，西至人民大会堂，南北长 880 米，东西宽 500 米，面积达 44 万平方米，可容纳 100 万人举行盛大集会，是世界上最大的城市广场。

广场地面全部由经过特殊工艺技术处理的浅色花岗岩条石铺成，中央矗立着人民英雄纪念碑和庄严肃穆的毛主席纪念堂，天安门两边是劳动人民文化宫和中山公园，与天安门浑然一体，共同构成天安门广场。1986 年，天安门广场被评为"北京十六景"之一，景观名"天安丽日"。同时还是无数重大政治、历史事件的发生地，是中国从衰落到崛起的历史见证。

3. 人民英雄纪念碑

人民英雄纪念碑位于北京天安门广场中心，在天安门南约 463 米，正阳门北约 440 米的南北中轴线上，是中华人民共和国政府为纪念中国近现代史上的革命烈士而修建的纪念碑。

人民英雄纪念碑高 37.94 米，正面（北面）碑心是一整块花岗岩，长 14.7 米，宽 2.9 米，厚 1 米，重 60.23 吨，镌刻着毛泽东同志 1955 年 6 月 9 日所题写的"人民英雄永垂不朽"八个金箔大字。背面碑心由 7 块石材构成，内容为毛泽东起草、周恩来书写的 150 字小楷字体碑文。

4. 北京蜡像馆

位于地坛公园斋宫内，是一座陈列中国各个历史时期著名人士的蜡像馆，也是我国第一座大型蜡像馆。该馆于 1990 年对外开放，建筑面积约 800 平方米。馆舍原为明清皇帝祭地之前的斋戒之处，有正殿、西配殿和东配殿。蜡像馆利用正殿、西配殿和东配殿作为三间展室。第一间展室是历代人物馆；第二间展室是科技人物馆；第三间展室为文学艺术人物馆。三间展室共展出 56 尊蜡像，每尊蜡像均以历史图片或资料为创作依据。

5. 中国国家博物馆

国家博物馆简称国博，位于北京市中心天安门广场东侧、东长安街南侧，与人民大会堂东西对称，是在原中国历史博物馆和原中国革命博物馆的基础上组建而成，是历史与艺术并重，集收藏、展览、研究、考古、公共教育、文化交流于一体的综合性博物馆。

截至 2013 年末，中国国家博物馆总建筑面积近 20 万平方米，国博藏品数量为 100 余万件，展厅数量 48 个。它是世界上单体建筑面积最大的博物馆，是中华文物收藏量最丰富的博物馆之一，整体规模在世界博物馆中位居前列，2012 年游客接待量达到 537 万人次，2013 年达到 745 万人次，是全世界最受游客欢迎的博物馆之一。

（二）海淀区

1. 颐和园

颐和园，中国清朝时期皇家园林，前身为清漪园，坐落在北京西郊，距城区 15 千米，占地约 290 公顷，与圆明园毗邻。它是以昆明湖、万寿山为基址，以杭州西湖为蓝本，吸取江南园林的设计手法而建成的一座大型山水园林，也是保存最完整的一座皇家行宫御苑，被誉为"皇家园林博物馆"，是国家重点旅游景点。

2. 圆明园

圆明园，是清代一座大型皇家宫苑，它坐落在北京西北郊，与颐和园毗邻，由圆明园、长春园和万春园组成，所以又称圆明三园。此外，还有许多小园，分布在东、西、南三面，众星拱月般环绕周围。

园林面积 350 多公顷，建筑面积达 20 万平方米，150 余景，有"万园之园"之称。清帝每到盛夏就来到这里避暑、听政、处理军政事务，因此也称“夏宫”。

圆明园始建于1709年（康熙四十八年），1860年遭到英法联军焚毁，终变成一片废墟。在清朝150余年的创建和经营下，曾以其宏大的地域规模、杰出的营造技艺、精美的建筑景群、丰富的文化收藏和博大精深的民族文化内涵而享誉于世，被誉为“一切造园艺术的典范”，被法国作家维克多·雨果称誉为“理想与艺术的典范”。

3. 香山

香山公园位于北京西郊，地势险峻，苍翠连绵，占地188公顷，是一座具有山林特色的皇家园林。景区内主峰香炉峰俗称“鬼见愁”，海拔557米。香山公园始建于金大定二十六年，距今已有近900年的历史。香山公园有香山寺、洪光寺等著名旅游景点。香山公园于1993年被评为首都文明单位，2001年被国家旅游局评为AAAA级旅游景区，2002年被评为首批北京市精品公园。

4. 北京植物园

北京植物园位于京西香山脚下，隶属于北京市公园管理中心，距市中心23千米，有多条公交可达。北京植物园是一个集科普、科研、游览等功能于一体的综合性植物园，是国家重点建设的植物园之一。

北京植物园是国家级AAAA旅游景区、中国林业科普基地、中国野生植物保护科普教育基地、中国青少年科技教育基地、中央国家机关思想教育基地、北京市科普教育基地、首批北京市精品公园。

5. 凤凰岭

北京凤凰岭自然风景区位于海淀区苏家坨镇境内，距天安门33千米，总面积10.62平方千米。青山绿水，蓝天白云，层峦叠翠，密林曲径，奇花异草遍及山野，具有良好的生态环境，其上风上水的地理优势，使之享有京城“绿肺”之称。

（三）朝阳区

1. 国家体育馆

国家体育馆位于北京奥林匹克公园中心区的南部，总建筑面积为80 890平方米，是奥林匹克中心区的标志性建筑之一。国家体育馆俗称“折扇”，是北京奥运会三大主场馆之一。

国家体育馆该工程主要由体育馆主体建筑和一个与之紧密相邻的热身馆以及相应的室外环境组成。该场馆内设有固定座位数18 000个及临时座位数2 000个。在奥运会期间，赛时功能为竞技体操、蹦床、手球的场馆，在残奥会期间的用途则是轮椅篮球的比赛场馆。奥运会后，国家体育馆作为北京市一流体育设施，成为集体育竞赛、文化娱乐于一体，提供多功能服务的市民活动中心。

2. 北京奥林匹克公园

北京奥林匹克公园位于北京市朝阳区，地处北京城中轴线北端，北至清河南岸，南至北土城路，东至安立路和北辰东路，西至林翠路和北辰西路，总占地面积11.59平方千米，集中体现了“科技、绿色、人文”三大理念，是融合了办公、商业、酒店、文化、体育、会议、居住多种功能的新型城市区域。

3. 三里屯酒吧街

三里屯酒吧街，简称"三里屯"，位于中国北京市朝阳区三里屯北路东侧、工人体育场以东，是以酒吧众多为特色而出名的一条酒吧街，第一家酒吧成立于1983年。因为在使馆区内，所以吸引很多外国人来这里放松。

二、天津市

天津市简称"津"，是我国四大直辖市之一、国家中心城市和中国北方最大沿海开放城市。天津位于华北平原的海河各支流交汇处，东临渤海，北依燕山。天津是夏季达沃斯论坛常驻举办城市。

天津地势以平原和洼地为主，平均海拔仅3.5米，是华北平原的最低点，亦是中国海拔最低的城市。中国首个国家地质公园——天津蓟县国家地质公园，是中国唯一记录有中上元古界地球演化地质历史的国家地质公园。天津历史上因水而立，依水而兴，因此海河被称为天津的"母亲河"。市内主要河流还包括：卫津河、津河、新开河、月牙河。

天津旅游资源丰富，有始建于隋朝的大型木结构庙宇——独乐寺、素有"蓟北锁钥"之称的蓟县黄崖关长城、号称"京东第一山"的蓟县盘山、大沽口炮台、望海楼教堂等。

(一)滨海新区

滨海新区，包括塘沾区、汉沽区、大港区和天津经济技术开发区、天津港保税区、天津港以及东丽区、津南区的部分区域。是天津市的市辖区、副省级区、国家级新区和国家综合配套改革试验区，是国务院批准的第一个国家综合改革创新区。

滨海新区位于华北平原北部、山东半岛与辽东半岛交汇点上、海河游域下游、天津市中心区的东面，渤海湾顶端，濒临渤海，北与河北省丰南县为邻，南与河北省黄骅市为界，处于环渤海经济圈的中心地带，是中国北方对外开放的门户、高水平的现代制造业和研发转化基地、北方国际航运中心和国际物流中心、宜居生态型新城区，被誉为"中国经济的第三增长极"。它是中小企业知识产权战略推进工程试点城市。2014年12月12日，滨海新区获批自贸区，成为北方第一个自贸区。

1. 天津海昌极地海洋世界

天津海昌极地海洋世界，由大连海昌旅游集团投资兴建，现为AAAA级景区。项目位于天津市塘沽区响螺湾旅游板块，地处海河南岸，园区于2010年9月30日开业，由极地海洋馆、阳光海游城、酒店式公寓、城市旅游大道及嘉年华板道街等五大功能区构成。为游客提供观赏、休闲、娱乐、、餐饮、购物一站式旅游服务。

海洋馆整体投资36亿人民币，占地面积约50 000平方米，建筑面积约47 000平方米，最高建筑高度67米，是目前世界上规模最大、展示极地海洋生物品种最全的极地海洋动物馆。

2. 北塘古镇

北塘古镇是天津市有名的景点，总占地面积50万平方米，地上总建筑面积30余万平方米。目前项目一期推出住宅"盛园"以及商业"沽酒巷"，住宅总套数400余套。在阑珊的夜晚，古镇的中小桥流水潺潺，斑驳的古炮台在朦胧的月光下显得格外庄严、肃穆。伴着清凉的夜风，轻轻地吸一口气，似乎有淡淡的花香，沁人心脾，身心也是最惬意的。

3. 基辅号航空母舰

基辅号航空母舰是前苏联海军隶下的一艘航空母舰，是前苏联 1143 型航空母舰的首舰，也是前苏联发展的第二代航空母舰和第一艘搭载固定翼舰载机的航空母舰，是世界上第一艘搭载垂直、短距起降战斗机的航母，还装备了具备反舰、防空、全方位反潜、强大火力打击能力的舰载武器，主要使命是执行编队反潜和制空、防空任务，担任编队指挥舰，实施空中侦察和警戒，攻击敌航母编队和水面舰艇，并为其他水面舰艇和潜艇提供反舰导弹超视距攻击、中继制导或目标指示、支援两栖作战、实施垂直登陆等。

基辅号航空母舰以乌克兰首都基辅命名，于 1970 年 7 月 21 日在尼古拉耶夫造船厂开工，1972 年 12 月下水，1977 年 2 月服役。前苏联解体后，由俄罗斯继承该舰，但由于前苏联解体使俄罗斯经济实力不足，最终于 1993 年 6 月 30 日正式退役，之后该舰出售给中国，被改造成航母主题公园景观。

4. 洋货市场

天津洋货市场位于天津滨海新区，地处津塘公路河北路立交桥西南侧。它是华北地区首家建立的专门进行进口货交易的市场，这个市场的建筑面积已达 1.6 万平方米，固定摊位 2 000 多个，主要经营品种有汽车、摩托车、家电、照相器材、服装、手表、打火机、音响等，大都为进口原装货，经不断发展，如今名扬四海，被誉为“沽上明珠”“滨海商贸中心”，以其独特魅力吸引京津及周边的游人。滨海新区是天津开放的前沿，是天津港、开发区、保税区所在地，天津港又与 160 多个国家和地区的 300 多个港口有着贸易往来，从而形成滨海新区外向型经济蓬勃发展的局面，为洋货市场的形成、建立和发展，提供了得天独厚的环境支持和货物保证。

5. 天津大沽口炮台遗址

天津大沽口炮台遗址位于海河出海口处，以修建于明代的大沽口炮台为基础。景区内有一座大沽口炮台遗址博物馆，展示了 19 世纪旧中国那一段被列强欺辱的历史，室外古老的炮台、古炮、城墙等壮观沧桑，可以参观拍照。

大沽口炮台遗址景区的规模不大，进入景区后步行游览即可。景区是以博物馆为主体，进入景区后，游客首先参观博物馆，然后前往炮台遗址处参观拍照即可。游玩时间 1～2 小时即可。如果对历史感兴趣想要深入了解的话可以在门口处雇请一位导游讲解。

景区的大门位于西侧，在此购票进入后，左前方即可看到博物馆。博物馆建筑的造型很独特，是一个放射状的金属建筑，寓意为爆炸的炸弹，整个建筑的外表是铁锈色，显得沧桑古老。进入博物馆即可开始观看文物及资料的展示。博物馆分为序厅、京畿海门、沽口御侮、国门沦陷等几个部分，还有 3D 影院和临时展厅。通过古铁炮、古钟、炮轮、石碑等文物，展示了 19 世纪旧中国屈辱的历史，使人了解到当年国人抗击外敌的奋勇和无奈。

（二）南开区

南开区是天津中心城区之一，位于天津市城区西南部，东起海河，与河北区相望；沿荣吉大街、兴安路、南马路至南门外大街、卫津路和卫津南路，分别与和平区、河西区接壤；西、南至密云路、芥园西道、陈塘庄铁路支线，与西青区相连；北抵老铁桥大街、北马路，沿西马路至西关大街、墙子河、南运河，与红桥区毗邻。

南开区原是天津旧城以南的开洼地带，清末人称此地为天津老城“南边的开洼地”，1919

年境内成立了著名的南开大学，因此1956年始设南开区之名。南开区主要包括天津老城及城南、天津租界以西的地区。

南开既是历史文化名区，又是北方文化的重要发祥地之一。在民间工艺方面，形神兼备的"泥人张"彩塑，彩绘逼真的"风筝魏"风筝，玲珑剔透的"砖刻刘"砖雕，堪称天津工艺三绝。

南开区总面积约40.42平方千米，东西长约3.6千米，南北长约9.2千米。区境约在四千年前退海成陆，地势平坦，北高南低，平均海拔3米左右。南开区气候变化明显，春季干旱多风，冷暖多变；夏季温高湿重，雨热共济；秋季天高云淡，风和日丽；冬季寒冷干燥，雨雪稀少。夏季主要受太平洋亚热带高压影响，多偏东南风；冬季受蒙古冷高压控制，多西北风；春秋两季盛行西南风。

1. 古文化街

古文化街位于天津市南开区东北角东门外、海河西岸，系商业步行街，国家AAAAA级旅游景区。作为津门十景之一，天津古文化街一直坚持"中国味，天津味，文化味，古味"经营特色，以经营文化用品为主。

古文化街内有近百家店堂，是天津老字号店民间手工艺品店的集中地，有地道美食：狗不理包子、耳朵眼炸糕、煎饼果子、老翟药糖、天津麻花等。旅游景点有天后宫、喜马拉雅、大清邮币、泥人张彩塑等。

2. 天后宫

天后宫建于1326年（元泰定三年），原名天妃宫，俗称娘娘宫，历经多次重修，是天津市区最古老的建筑群，也是中国现存年代最早的妈祖庙之一，是著名的宗教建筑。建筑群坐西朝东，面向海河，由山门、牌坊、前殿、大殿等组成，属典型的中国传统庙宇式建筑。每年天后诞辰，以天后宫为中心举行大型民间酬神庙会活动，沿河船户、周边信众亦纷纷到来，各地商贾云集，造就了天津最著名的商业街——宫南宫北大街（今古文化街）的繁荣。

天后宫位于天津古城东门外，始建于元代。由于当时海运漕粮，漕船海难不断发生，而天津是海运漕粮的终点，是转入内河装卸漕粮的码头，所以，元泰定三年（1326年），皇帝下令建天后宫（当时叫天妃宫）于天津海河三岔河口码头附近，供人们奉祀海神天后。水工、船夫、官员在出海或漕粮到达时，都向天后祈福求安。居家百姓没钱的求财，没儿的求子，有病的祈免病灾。这是古人无法克服海洋、江河险难而求助神灵的消极表现，也反映了苦难民众古朴的文化心态。

3. 天津广东会馆

天津广东会馆位于天津旧城鼓楼南的南开区南门里大街。建于1907年，由当时的天津海关道唐绍仪倡建，是广东旅津人士设立的集会、寄寓机构。现为天津市规模最大、装修最精致的清代会馆建筑。它既体现了我国岭南的建筑风格，又融合了北方四合院的特点，是中国罕见的木结构建筑艺术珍品，是天津市至今保存最完整、规模最大的清代会馆建筑。

4. 天津之眼

天津之眼坐落在天津市海河畔，是一座跨河建设、桥轮合一的摩天轮，兼具观光和交通功用。摩天轮旋转一周所需时间为28分钟，到达最高处时，周边景色一览无余，甚至能看到方圆40千米以内的景致。摩天轮转动速度缓慢，并不刺激。你可眼见车辆从两边疾驰而过，别有妙趣。传说摩天轮上的每个盒子里都装满了幸福。与爱人相偎相依，叫人如何不想把握住此刻的幸福与浪漫。

“天津之眼”地处海河三岔河口黄金地段的核心，是天津传统文化和民俗文化最集中的区域。周边拥有大悲院、古文化街、鼓楼、意式风情区、奥式风情区等天津重要的商贸旅游资源，同时也是海河水上游船观光区的起点。游客到此，一日之间即可以享受休闲、购物、旅游观光等多重欢乐。“天津之眼”摩天轮是海河开发一桥一景的杰出代表作，是镶嵌在海河上的一颗璀璨明珠。

5. 周恩来邓颖超纪念馆

纪念馆位于天津风景秀丽的水上公园北侧，占地面积 60 000 平方米，建筑面积 7 150 平方米，是一座园林式的伟人纪念馆。建筑高 21.3 米，主体为三层，布局呈“工”字形，屋顶采取传统重檐形式并结合现代工艺，石材屋面，外檐镶嵌花岗石，色彩朴素淡雅。馆外纪念广场、巨型花岗岩雕像“高山仰止”、不染亭、纪念林、草坪花卉与主建筑相互衬托，环境幽雅，气氛庄重。馆内藏品丰富，文物价值弥足珍贵。现已征集文物、文献、照片及其他资料 8 000 余件，珍品达百余件。

纪念馆展厅包括瞻仰厅、生平厅、情怀厅以及竹刻楹联厅和书画艺术厅。瞻仰厅正面耸立着的汉白玉雕像“情满江山”，以大型壁毯“海阔云舒”作为背景，两侧浮雕墙镌刻出五四运动、南昌起义、红军长征、西安事变和开国大典、祖国建设等历史性画面。

（三）和平区

和平区，隶属于天津市，位于天津市中心，是天津市政治、商贸、金融、教育、医疗卫生中心。和平区辖六个街道，面积 9.98 平方千米，户籍人口 39.52 万人（2009 年）。

全区先后获得了“全国文明城区”“国家卫生区”“全国社会治安综合治理优秀地市”和“全国和谐社区建设示范区”等多项荣誉。

和平区以平原为主，地形平坦而开阔。属于北温带半湿润大陆性气候，四季分明，降水集中，雨热同季，日照充足。春季短促，降水少，回暖快；夏季高温多雨，空气湿润；秋季天高气爽，气候宜人；冬季长达 6 个月，寒冷干燥。年日照时间为 2 480 小时，全年无霜期为 150 天左右。

1. 庆王府

庆王府是全国重点文物保护单位，由“城市文化休闲空间”和“历史文化主题酒店”组成，是一个综合性的文化旅游、商务会议和休闲度假区。

庆王府为砖木结构二层（设有地下室）内天井围合式建筑，两层外檐均设通敞柱廊，建筑形体简洁明快。室内设有共享大厅，大气、宽敞，适应当时的西化生活。水刷石墙面与中国传统琉璃栏杆交相辉映，门窗玻璃上比利时工艺雕琢的中国传统花鸟栩栩如生。庆王府是 20 世纪 20 年代天津租借地区中西合璧建筑的典型。

2. 五大道

五大道在天津市中心城区的南部，东、西向并列着以成都道、重庆道、大理道、睦南道及马场道为名的五条街道，是迄今天津乃至中国保留最为完整的洋楼建筑群，天津人把它称作“五大道”。

五大道地区拥有 20 世纪二三十年代建成的具有不同国家建筑风格的花园式房屋 2 000

多所，建筑面积达到100多万平方米。其中典型的300余幢风貌建筑中，英式建筑89所，意式建筑41所，法式建筑6所，德式建筑4所，西班牙建筑3所，还有众多的文艺复兴式建筑、古典主义建筑、折衷主义建筑、巴洛克式建筑、庭院式建筑以及中西合璧式建筑等，被称为万国建筑博览苑。

3. 静园

天津静园位于天津市和平区鞍山道70号（原日租界宫岛街），建于1921年，占地面积约3 016平方米，建筑面积约1 900平方米，为天津市特殊保护级别的历史风貌建筑、天津市文物保护单位。

静园初名乾园，为北洋政府驻日公使陆宗舆宅邸，1929—1931年，末代皇帝溥仪在此居住，更名“静园”，寓意“静以养吾浩然之气”。园内建有西班牙式砖木结构楼房一座，两侧配有平房，后院建有附楼。

溥仪离津之后，静园几番易主，历经变迁，院内、楼内搭建违章建筑600余平方米，成了名副其实的大杂院，空间状况十分拥挤，存在严重的自然损坏和人为损坏现象。2005年10月，天津市历史风貌建筑整理有限责任公司对静园进行腾迁、整理。2007年7月，整理后的静园作为国家AAA级旅游景区对公众开放，并先后获得“中国旅游品牌魅力景区”“天津市爱国主义教育基地”“天津市科普教育基地”和“全国青年文明号”等称号。

4. 滨江道

滨江道商业街是天津市最繁华的商业街之一，它自海河边的张自忠路起，向西南方向延伸到南京路上，全长2 094米。分两段建成，其中张自忠路至大沽路一段，建于1886年；大沽路至南京路一段建于1900年。1946年将两段合并，定名滨江道。

滨江道是天津市最为繁华的商业步行街，汇集了天津市商业、餐饮业、服务业的精华，国际品牌店鳞次栉比，是最新潮流的聚集地，商业零售额居天津市第一。

天津友谊新天地周围云集了麦购休闲广场、乐宾百货、现代商城、伊都锦、米莱欧商厦等休闲购物场所，同时该位置也是通往天津伊势丹、津汇购物广场、国际商场等天津高端商业购物场所的必经之路，是天津名副其实的商业旺地。

5. 瓷房子（赤峰道）

瓷房子坐落于天津市和平区赤峰道，是每个到天津的游客都不会错过的观光胜地。这是一座用数万件古董瓷片装修而成的法式洋楼。由瓷房主人张连志亲自设计。被人们称为一座价值连城的“中国古瓷博物馆”。瓷房子所用瓷器和瓷片年代从汉代一直跨越到清代，窑址除五大名窑外还有龙泉窑、耀州窑等，中国所有官窑、民窑瓷的种类几乎都可以在这里看到。4亿多片古瓷片、5 000多个古瓷瓶和4 000多个古瓷盘碗、20多吨水晶石与玛瑙、400多件汉白玉石雕、近百只瓷猫枕，把一座法式洋楼装饰成一座价值连城的瓷房子。屋外的排水管，也用瓷片、水晶和明清瓷猫枕包装。

瓷房子所处地段原来叫作督军街，是一些将军和督军们所住的地方，像大将军张学良、段祺瑞等都在此处设有住所。据考证，瓷房子原来的主人是一位中央财政大臣，解放后天津市和平区工商局开始在此办公，后工商局迁新址，因年久失修，此处闲置很长时间。

三、河北省

河北,简称"冀",省会石家庄。河北在战国时期大部分属于赵国和燕国,所以河北又被称为"燕赵之地"。河北东临渤海、内环京津,西为太行山地,北为燕山山地,燕山以北为张北高原,其余为河北平原,面积为 18.88 万平方千米。它是中国重要粮棉产区。

河北省是中国唯一兼有高原、山地、丘陵、平原、湖泊和海滨的省份。全省地势由西北向东南倾斜,西北部为山区、丘陵和高原,其间分布有盆地和谷地,中部和东南部为平原。海岸线长 487 千米。

全省名胜古迹众多,有"天下第一关"山海关,有全国最大的皇家园林之一承德避暑庄,有气势宏伟、石雕精美的清东、西陵,有以出土金缕玉衣而闻名世界的满城汉墓群等。秦皇岛、北戴河、木兰围场都是人们熟悉的旅游名胜。承德、保定为国家历史文化名城。璀璨的历史文化与秀美的湖光山色交相辉映,构成了河北独具特色的旅游景观。

(一)石家庄

石家庄,简称"石",河北省省会,地处河北省西南部,旧称石门。截至 2016 年底,石家庄辖区总面积 15 848 平方千米,市区面积 2 206 平方千米,全市常住人口 1 078.46 万人,下辖 8 个区、11 个县,代管 3 个县级市。

石家庄地处河北省中南部,环渤海湾经济区。东与衡水接壤,南与邢台毗连,西与山西为邻,北与保定交界,距首都北京 273 千米。京石、石太、石黄、石安高速公路和 107、207、307、308 国道以及 2 条省道、42 条县道在石家庄市内纵横交错。石家庄是中国铁路运输的主要枢纽,京广、石太、石德、朔黄四条铁路干线交汇于此。

石家庄跨华北平原和太行山地两大地貌单元,是全国粮、菜、肉、蛋、果主产区之一,农业集约化和产业化水平较高,生产规模位居全国 36 个重点城市第一位,被国家确定为优质小麦生产基地,素有"北方粮仓"之称。

1. 西柏坡

西柏坡位于河北省平山县中部,是解放战争时期中央工委、中共中央和解放军总部的所在地。1947 年 5 月,刘少奇、朱德率中央工委进驻西柏坡。1948 年 5 月,毛泽东、周恩来、任弼时率中央前委和解放军总部到西柏坡与中央工委汇合,在这里召开了中国共产党全国土地会议,通过了《中国土地法大纲》,实现了耕者有其田;指挥了辽沈、淮海、平津三大战役,决定了中国的命运;召开了中国共产党七届二中全会,描绘了新中国宏伟的蓝图。1949 年 3 月 23 日,中共中央、中央军委和解放军总部离开西柏坡迁入北京。新中国从这里走来。

2. 黑山关风景区

黑山关风景区地处太行山深处,位于平山县西北部,与山西五台县接壤,距石家庄市 120 千米,因明代修有长城并在此设关而得名。景区由服务区、龙潭飞瀑区、洞天小区、穆柯寨、鸿门岩、原始森林等 20 余个景区景点组成,面积约 16 平方千米。

黑山关自然景观奇特,主峰柴托尖海拔 1 910 米,另有千米以上高峰 13 座,气势磅礴。风景区内植物种类上千种,龙骨、蛇杨等树种为国家重点保护植物,野生猕猴桃树覆盖面积一万余平方米。野杜鹃、野玫瑰、野丁香、金莲等山花异草漫山遍野。另有黄芩、大黄、芥梗、党参、柴胡、升麻、穿山龙等中药材 50 余种,有野兔、山羊、孢子、貂猫、山鸡、黄鹂等动物 20 余种。

黑山关水资源充沛，山泉从海拔 1 800 米处涌出，奔崖跌谷，全长 10 余里，形成无数个龙潭飞瀑，其中白龙瀑高百余米，远看似炼，近看是瀑，十分壮观。环境清幽，气候宜人，盛夏大约平均气温 20 ℃。日披衫、夜拥棉，不挂帐、不摇扇，是消夏避暑、休闲度假的理想之地。

3. 天山海世界

天山海世界占地 60 余亩，是集戏水、健身、休闲、餐饮、娱乐为一体的大型娱乐场所，设有漂流河、造浪池、滑道等娱乐健身设施，以水为主体，建筑风格采用中西结合、庄重典雅。

天山海世界的戏水大厅分儿童戏水区、成人戏水区、按摩区、造浪区和漂流河等几部分，采用 24 小时不间断循环水消毒，水的纯净度达到国际标准，游客可以放心戏水而不必有所担心，既可搏击海浪，也可进行峡谷漂流，有惊无险，其乐融融。另外，在天山海世界中还有一座具有阳光海岸特色的大酒店，豪华瑰丽，可让游客在戏水之余充分享受星级服务。

天山海世界内四季恒温（水温 28 ℃、室温 30 ℃）、气氛典雅，具有亚热带自然风情，可以让久居北方的人们在一年四季中都能得到江南水乡般的享受。

4. 驼梁山

驼梁山自然风景区位于平山县西北部，距石家庄市 150 千米，景区总面积 22 平方千米。主峰为平山、阜平、山西五台县三县界峰，海拔 2 281 米，为河北省五大高峰之一。驼梁山千山披翠，万瀑齐飞，茂密的原始森林和连绵不断的瀑布构成景区最具特色的景观。在三万多亩苍苍莽莽的原始森林中，共有 686 种植物和 100 多种野生动物。密林中飘舞着数百条瀑布，千姿百态、飞珠溅玉。云项草原为平山驼梁山景区独有，草碧花香、云雾缥缈。驼梁山位于河北省平山县西北端冀晋两省交界处，与佛教圣地五台山遥遥相望，因山顶恰似驼峰而得名。这里层峦叠翠，幽峡如画，瀑布成群，云海频出，气候宜人，万千景色处处引人入胜。驼梁山景区更以凉爽的气候而著称，夏季平均气温只有 19 ℃。夏日的驼梁山绿茸茸、水淋淋，仿佛刚从水中捞出，山含岚气，云带雨露。云深不见千岩秀，水涨初闻万壑流，三叠瀑、白龙瀑、人字瀑、五指瀑等近百处瀑布，飘舞在葱茏幽深的二十里长峡中，飞珠溅玉

驼梁山寒烟凝翠，冰泉、龙泉、马趵泉等数十个清泉，宛若串串明珠撒落峡中，晶莹清澈，涸旱不竭，游人畅饮。驼梁峰巅的空中草原、花海，更是大自然的神奇杰作。海拔两千多米高的山顶，宽坦如砥，草茵幽幽，隐于蓝天白云和松林绿波之间。驼梁山景区是连接西柏坡和五台山圣地最便捷的中转景区。来这里旅游不仅能充分领略大自然的韵律和景致，尽情体验典型的太行民俗风情，还可留宿山庄内宾馆、高档别墅或长寿度假村，品味特有的绿色食品莜面、烙饼、大锅菜，是居家游、情侣游、科考游、生态游、登山游等避暑览胜的极佳去处。

5. 佛光山

佛光山旅游风景区位于河北省平山县北冶乡柏树庄村，距石家庄 80 千米，距西柏坡 20 千米，就在 G207 国道旁边，交通非常便利。佛光山其实就是天桂山的后山，因经常出现佛光而得名，古有佛光寺，现已损毁，仍存旧址。现在的佛光寺为新建。

佛光山因佛光时显而得名，是佛教的祥源沃土，历史悠久，香火繁盛，其中以觉山寺、佛光寺、佛爷栈、五方佛、菩萨洞、慈悲阁景区为中心的佛门胜地更为海内外信士仰望。山峰峭壁自然形成的巨佛、达摩和领袖栩栩如生，堪称天下奇观。景区内层峦叠嶂，奇峰林立，崖壁绵长，飞泉叠瀑，深谷环套，万壑争流，林密蔽日，鸟鸣兽驰。主峰海拔 1 177 米，以沉雄、险奇、灵秀

而著称,荣膺“国家 AAAA 级风景区”“国家级风景名胜区”“佛光山省级森林公园”“河北休闲农业与乡村旅游示范点”等称号。

景区齐云飞瀑古柏悬,翠鸟争鸣戏山间,天然画廊甲天下,幽谷飞霞佛光山。景区融奇峰、峡谷、古寺、溶泉、飞瀑为一体,四季分明,气候清爽。阳春桃花满山、蝶舞蜂鸣;盛夏多雨、群山滴翠、云海频出、气候宜人;秋天枫叶流丹、万山红遍;冬日山舞银蛇、树缀琼花,是集喀斯特地貌和原始次生林为一体的原生态风景区。景点多达 100 余处,尤以亿万年海底世界形成的千米绝壁栈道内的露天溶洞为奇,洞内遍布五颜六色、奇形怪状的钟乳石,被地质学家誉为“天然画廊”“太行山最长的空中长廊”,配以齐云飞瀑、怪石奇洞,鬼斧神工,举世罕见。罗汉堂、慈悲阁、济公洞、闭关洞等佛迹活灵活现,令人神往。红河谷、回音壁、天书石、山山阁、飞来石、百米水帘、一线天、灵芝崖、松藤园、阴阳泉、千年板栗园、生态庄园度假区等诸多景点点缀山中,引人入胜。可谓处处有景、景景有典。游人至此,随处是风景,步步都精彩,堪称“人间仙境”。

(二)张家口

张家口市是河北省下辖地级市,又称“张垣”“武城”,位于河北省西北部,是冀西北地区的中心城市,是连接京津、沟通晋蒙的交通枢纽。东南毗连北京市,南邻河北省保定市,西、西南与山西省接壤,北、西北与内蒙古自治区交界。地势西北高、东南低,属温带大陆性季风气候。截至 2016 年底,张家口市辖 6 个区、10 个县,总人口 469.6 万人。

嘉靖八年(1529 年),守备张珍在北城墙开一小门,曰“小北门”,因门小如口,又由张珍开筑,所以称“张家口”。张家口市是现行长城最多的地区,素有“长城博物馆”的美称。崇礼、赤城是华北地区最大的天然滑雪场,被誉为“东方达沃斯”。2015 年 7 月 31 日,国际奥委会主席巴赫宣布北京携手河北省张家口获得 2022 年冬奥会举办权。2017 年 12 月,张家口市当选“中国十佳冰雪旅游城市”。

1. 张家口万龙滑雪场

万龙滑雪场为国内首家开放式滑雪场,占地面积约 30 平方千米,最高处海拔 2 110.3 米,垂直落差 550 米。位于张家口市崇礼县红花梁区域内,距北京市 249 千米,距张家口市 50 千米。自然滑雪期 5 个月以上,是华北地区最理想的滑雪训练基地。

2. 黄帝城

黄帝城,位于涿鹿县矾山镇西 2 千米处。黄帝城遗址呈不规则正方形,长宽各 500 米,城墙系夯土筑成。现存城墙高 3～5 米,南、西、北城墙尚在,东城墙浸于轩辕湖中。黄帝城遗址内有大量陶片,除少量夹砂泥质粗红陶外,大部分是泥质灰陶和黑陶。器物残件和陶鼎腿、乳状鬲足、粗柄豆柄等,到处都可拣到,有时还可拣到完整的石杵、石斧、石凿、石纺轮、石环等。涿鹿之野的黄帝城,这座残破的 5 000 年前的古城堡,中华民族这个东方伟大的民族就从这里起步,最初的文明就从这里开始创立。

黄帝泉,即古之阪泉,位于黄帝城东 500 米处。传说黄帝当年常在此泉“濯浴龙体”,故又称“濯龙池”。黄帝泉为自流泉,水自平地涌出,积聚成池,池围 97.2 米,直径 31 米,北有一出水口,潺潺流向千年形成的天然河道,足供矾山镇十多个村庄万余民众饮用。据国家水利部门专家测定,黄帝泉水为地下 1 700 米～5 000 米的深层水,水色清澈,泉涌如注,冬不结冰,夏不生腐,久旱而不竭。水利学家说,黄帝在涿鹿一带的统一战争,就是由寻找水源开始的。当我们手掬这水质甜润的黄帝泉水时，会自然而然地想到，涿鹿这一带是始祖文化的诞生地和中华民族的发祥地。

3. 沽源天鹅湖

天鹅湖旅游度假村位于河北省最北端，沽源县城北两千米囫囵淖湖畔处，这里是内蒙古大草原的腹地，天然淡水湖面，四周青山环绕，湖中碧波荡漾，生态环境良好，吸引上万只天鹅、灰鹤、野鸭和各类水鸟在此栖息，故拟名"天鹅湖度假村"。度假村占地面积 25.8 平方千米，其中湖面 9.5 平方千米，蓄水量为 3 800 万立方米，湖心海拔 1 375 公尺，湖周边是垦为农田的低岗梁和广袤的绿色草原，登高眺望，正如一幅双龙戏珠图，翻飞彩舞，有龙腾珠滚之意。度假村就座落在湖畔南岸的林荫之中。夏日，这里蓝天白云，青山碧水，绿草群畜，飞禽走兽。加之环境幽静，空气清新，吸引了历代帝王将相、文人墨客前来消夏、观光旅游，周边还有众多古遗址及国家级文物单位。

4. 中都原始草原度假村

中都原始草原是内蒙古高原的重要组成部分，是纬度最低、距北京最近、保护最完好的原始草原。华北最大的内流河安固里河在草原上自西向东流过，清澈的河水自古滋育着草原，保证了草原世代茂盛。

张北雄踞坝首，扼南北交通咽喉，乃兵家必争之地。古有张库大道直通大漠，今有 207 国道南北贯通，还有张化、张石、张商等省道高速，可谓阡陌交通。从北京八达岭高速出发，沿京张高速行至张家口市，再经张石高速蜿蜒而上，只需 3 个小时，即可到达张北。中都草原，海拔 1 400 米，属大陆季风型高原气候，特点是春秋时短，冬季偏长，夏季无风无暑，清凉宜人，7 月份平均气温 18℃，最炎热的天气也不超过 28 ℃，适宜消夏避暑，丰草期从 6 月至 10 月，这一时期是草原旅游的黄金季节。

它是国家 AAAA 级旅游景区，建立在中都草原腹地。草原面积 3 万亩，被称为"京西第一草原"。盛夏，草高没腰，羊草、皮碱草、冰草等 30 多种优质牧草相依而生；夏秋季节，大雁成行，野鹭驻足，牛羊成群，百鸟争鸣，跳鼠、旱獭、沙狐等在草丛中嬉戏跳跃，饶有情趣，有"沙平草远望不尽""风吹白草天无际"之咏。

5. 鸡鸣山景区

鸡鸣山位于张家口市下花园区境内，占地 17.5 平方千米，海拔 1 128.9 米，是塞外最高的孤山，有"飞来峰"之美称，元朝诗人郝经曾用"一峰奇秀高插云"的诗句来形容鸡鸣山的高峻。此山景观峻秀，伟岸挺拔，如巨人参天，又如天然屏障。每当夏秋之际，白云环绕，景色宜人，若大海波浪逶迤而动，令人叹为观止。

（三）秦皇岛

秦皇岛，简称"秦"，又称港城，旧称"临榆"，河北省省辖市，全球避暑名城，中国海滨城市，全国性综合交通枢纽，中国首批沿海开放城市，位于河北省东北部，南临渤海，北依燕山，东接辽宁，西接京津。秦皇岛是京津冀辐射东北的节点城市，中国最大铝制品生产加工基地，北方最大粮油加工基地，被誉为"车轮制造之都"。

秦皇岛是国家历史文化名城，因秦始皇东巡至此派人入海求仙而得名，是中国唯一一个因皇帝帝号而得名的城市。秦皇岛是中国近代旅游业的发祥地，汇集了丰富的旅游资源，气候温和，是驰名中外的旅游休闲胜地，有“天堂之城”的美誉。秦皇岛作为国家创新型城市试点，拥有 13 所高等院校，15 万名在校大学生，人才密度居全省首位。

秦皇岛是环渤海地区重要港口城市，是华北、东北和西北地区重要的出海口，是京津冀协同发展与振兴东北老工业基地两大国家战略的交汇点。秦皇岛港是中国最早的自主通商口岸，目前是世界最大能源输出港，有国民经济“晴雨表”之称。

秦皇岛曾获“国家园林城市”“全国十佳生态文明城市”“中国北方最宜居城市”“中国最佳休闲城市”“中国最具爱心城市”“中国最具幸福感城市”等荣誉。秦皇岛曾协办北京亚运会和北京奥运会，是中国唯一协办过奥运会和亚运会的地级市。2017 年 11 月获“全国文明城市”光荣称号。

1. 山海关

在碧波万顷的渤海之滨、绵延起伏的燕山山麓，有一座雄伟的城楼，依山临海，景色十分壮丽，这就是历史名关，万里长城东部的重要关隘，被誉为“天下第一关”的山海关，它是长城的重要组成部分。现存的山海关关城和附近长城、城堡、墩台都是明代建筑。据历史记载，明朝洪武十四年（公元 1381 年），大将军魏国公徐达见这里“襟山枕海，实辽蓟咽喉，乃移关于此”，建关设卫。“山海关”因关在山海之间而得名。

山海关位于秦皇岛市东北部，北依燕山，东临渤海，地扼东北通向华北的咽喉，地理位置十分重要。平时，这里是关内外经济、文化交流的要道，战时，则是兵家必争之地。前人曾以“两京锁钥无双地，万里长城第一关”的诗句来形容其险要。把它比作燕京（北京）、盛京（沈阳）之间的“锁”是恰如其分的。山海关之所以又称为“天下第一关”，是因为其地势险要，修筑精巧，作用重大。当年，山海关关城周长 8 里多，外有宽 5 丈、深 2.5 丈的护城河，城高 4.1 丈。城的四面各有一个关门，其东门曰“镇东”，即“天下第一关门”。在关城的东西各筑罗城，关城南北各筑翼城，以驻军队，互为犄角。关城东数里外又筑威远城、烽火台、敌台等附属工程。以上这些建筑，好像众星捧月般拱卫着主体建筑山海关关城，组成了一个完整的防御工程体系，起着长城东首要害重镇的作用，体现了我国古代劳动人民卓越的建筑艺术和军事才能。

2. 角山长城景区

角山景区拥有世界文化遗产、国家重点文物保护单位、国家 AAAA 级旅游景区、“国家级森林公园”“国家级地质公园”等一系列荣誉称号。角山景区坐落在山海关城北 3 千米处，区域面积达 3 平方千米。角山主峰海拔 519 米，系燕山余脉。因“双峰峥向宛若角立”而得名。又因它是明代万里长城从老龙头起跨越的第一座高峰，而素有“万里长城第一山”的美称。

角山景区内地质地貌景观是河北秦皇岛市柳江国家地质公园的组成部分。组成山体的主要岩石为燕山运动所形成的火山喷发岩和花岗岩。1991 年以来，每年春秋两季举办“踏青节”“登高节”，游客尽可以背起行囊来踏青登高。

这里山势嵯峨，绵延起伏，是山海关的天然屏障，又是人文荟萃之地，早在明初就建有栖贤寺，哺育了众多名人贤士，因此，被誉为“山海关文化摇篮”。同时它饱览了山海关的千古风云、沧桑变化，是很好的历史见证。1984 年邓小平提出“爱我中华，修我长城”的号召后，角山长城得到很好修复，而角山大门、游览索道、栖贤寺是在 1991 年分别修建或修复的，从而形成为角山风景区，迎接四海游客、五洲嘉宾。

3. 新澳海底世界

秦皇岛新澳海底世界由中国、澳大利亚双方合资兴建而成，是集科普教育、观赏娱乐为一体，以展示海洋生物为主的大型综合性博览馆。海底世界于 1997 年 4 月 8 日成立，注册资本 723 万美元，总投资约 1.2 亿元人民币，建筑面积约 13 万平方米，占地面积约 2.1 万平方米。海底世界建筑工程于 1997 年 11 月 1 日破土动工，1998 年 7 月 16 日竣工。海底世界引进国际最先进的设备和水族管理技术，将娱乐休闲业提高到了一个崭新的领域，并以促进秦皇岛科普教育事业作为本企业的发展宗旨。

海底世界主要包括小池区、企鹅馆、海豹馆、触摸池、娃娃鱼池、海龟池、海底隧道以及表演休息、科普教室和海洋精品店、观海餐厅等。

海豚表演馆占地面积约 3 000 平方米。三面环座的看台可同时容纳 2 000 名游客，站在看台极目远眺，表演池和大海仿佛融为一体。在优美音乐的伴随下，不仅可以欣赏到海豚的水中华尔兹、空中顶球、跳圈、跨杆、环场鞠躬跳等高难度的精彩表演，还可以领略海狮投篮、水中霹雳舞、中国功夫等出色的演技，同时还有机会亲身触摸海豚，与它握手交流，共同感受人与自然默契相通的美好境界。

4. 燕塞湖

洞山剑峰是燕塞湖内的湖心小岛，石河两支涧水汇于山前，形成深潭，其上半壁悬崖，青峰峭拔，山腰有一天然石洞，深不可测，常有蛇蟒出没。洞窟下绝壁濒临深渊，旁有樵夫小径可通山顶，传说石洞是吕洞宾斗苍龙之时，苍龙钻山撞击而成。原名石河水库，是 1974 年筑坝蓄水而成。因地处燕山要塞，故名燕塞湖。燕塞湖不仅富有佳山丽水，更有奇石异景，像一颗瑰丽的明珠镶嵌在古老的长城边。

本章小结

1. 京津冀旅游区地貌类型多样，从西北向东南依次为坝上高原、燕山和太行山地、河北平原（华北平原的中北部）。人文地理环境主要包括：京畿要地，历史悠久；经济命脉通发达；燕赵故土，艺术繁荣；旅游商品备受青睐。旅游资源特征表现为文物古迹众多，景点知名度高；开发历史早，具有极高的旅游价值。

2. 京津冀旅游区旅游资源非常丰富，其中最具代表性的就是国家 5A 级景点，具体有北京市奥林匹克公园、恭王府景区、八达岭长城、颐和园、天坛公园、故宫博物院、避暑山庄及周围寺庙景区、保定市安新白洋淀景区、秦皇岛市山海关景区、河北省石家庄市西柏坡景区、河北省保定野三坡景区、天津盘山风景名胜区。

3. 京津冀旅游区物产丰富，主要有涿州御米、唐山陶瓷、太行三珍（花椒、柿子、核桃）、沧州金丝小枣和京东板栗等。

思考与实训

1. 简述京津冀旅游区的自然地理环境。
2. 简述北京的气候特征。
3. 天津有哪些旅游胜地？各有什么特点？
4. 河北省有哪些旅游胜地？各有什么景点？

第 8 章　黄河中下游旅游区

学习目标

1. 了解黄河中下游旅游区的自然环境特征。
2. 熟悉黄河中下游旅游区的人文环境特性。
3. 了解黄河中下游旅游区主要的旅游景区景点。

黄河是我国的母亲河，是中华民族文明的发祥地，黄河中下游旅游区是我们祖先最早生存繁衍的地区之一，在我国历史上长期作为政治、经济和文化的中心。该区包括陕西、山西、河南、山东四省，地理环境复杂多样，旅游资源异常丰富，并且价值很高，是我国主要的旅游区域。

第 1 节　旅游环境特征

一、旅游自然环境特征

（一）地貌形态复杂

该区在地理上主要包括秦晋黄土高原、关中盆地、秦巴山地、豫西山地、豫鲁平原和山东丘陵等几个地貌单元。

秦晋高原包括山西高原和陕北高原两部分，是黄土高原的一部分。山西高原位于黄土高原的西缘，是黄土高原的重要组成部分，包括太行山以西、吕梁山以东的地区，自北向南有恒山、五台山、系舟山、太岳山和中条山等。五台山主峰海拔 3 058 米，是山西省最高峰。境内自东北向西南，依次排列着大同、忻州、太原、临汾、运城五大盆地，汾河从中灌流，地肥水美，五谷丰登。除河谷平原外，大部分地区海拔在 1 000～1 500 米。陕北高原即陕北黄土高原，分布在凤翔、铜川、韩城以北，是我国黄土高原的中心部分。地势西北高、东南低。基本地貌类型是黄土塬、梁、峁、沟。塬，是黄土高原经过现代沟壑分割后留存下来的高原面。

关中盆地又称渭河盆地，位于中国陕西省中部，夹于陕北高原与秦岭山脉之间，关中盆地内部的平原称为关中平原（或渭河平原）。关中盆地西起宝鸡，东到潼关，南至秦岭，北接陕北高原，西窄东宽，西高东低。这里地势低平、土壤肥沃、气候温暖、雨量适中、灌溉便利，很早就成为人类生活、生产的主要基地，春秋战国时为秦国故地，所以号称“八百里秦川”。

秦巴山地由秦岭和大巴山组成，两山之间西部有汉中盆地，东部为安康盆地。秦岭横贯中国中部的东西走向山脉。秦岭—淮河一线是中国地理上最重要的南北分界线，被尊为“华夏文明的龙脉”。秦岭主峰太白山海拔 3 771.2 米。大巴山系指绵延重庆市、四川省、陕西省、甘肃省和湖北省边境山地的总称，长 1 000 千米，为四川盆地、汉中盆地的界山。汉中安康盆地，是陕西主要的农业区和亚热带资源宝库，也是陕西水稻和油菜的主要产区。

豫西山地因位于河南省西部而得名，是秦岭向东延伸至河南境内的山地。秦岭向东南延伸，出现在鄂、豫、皖三省边界，形成桐柏山和大别山。

豫鲁平原在黄河下游区域，平原地区地表坦荡，地下水丰富，山东境内海拔更低。由于黄河多次决口泛滥、改道和修筑堤坝，地表形成许多洼地、坑塘、堤坝。

山东丘陵是山东省中、东部低山丘陵的总称，在地形上分为三部分：鲁中南低山丘陵，海拔在500～1 000米；胶东低山丘陵，海拔在200～500米；胶莱谷地，海拔在20米左右。主要的山岭有泰山、沂蒙山等。

（二）大陆性季风气候明显

本区位于中纬度欧亚大陆性季风气候区，由于距海的远近不同及地形的影响，有半湿润、半干旱、湿润等气候干湿特征。大部分地区四季分明：春季短促，干旱多风沙；夏季炎热，降雨丰沛；秋季天高气爽，风和日丽；冬季漫长，可达5个月，寒冷少雨雪。春季是旅游淡季，夏季为滨海区旺季，秋季为旅游黄金时期，冬季为旅游次淡季。

（三）水体资源丰富

本区主要河流有黄河、汾河、渭河，兼有海河、长江水系，京杭大运河北段。黄河贯穿本区四省，自山东入渤海。海河发源于豫南的桐柏山，长约1 000千米。源自陕西西南部的汉水，是长江的最大支流，流经秦巴山地，到湖北武汉市注入长江。桑干河源于晋西北，是海河支流永定河的上源头。此外，属于海河水系的较大河流还有滹沱河、浊漳河、清漳河等。

二、旅游人文环境特征

（一）历史悠久，古都众多

黄河中下游地区是中华民族的摇篮，以灿烂的华夏古文明驰誉世界。该地区自古以来气候温暖、土地肥沃、灌溉便利，适于人类的生存和繁衍。80万年前，蓝田猿人是黄河流域最早的居民，后来相继出现了丁村人、河套人。从仰韶文化到龙山文化，他们培育了高度发达的原始文化，并率先由原始氏族进入了奴隶社会。我国最早的奴隶社会夏、商、周就是在这里发展起来的。在2 000多年的封建社会，绝大多数朝代也都把都城建在中原地区，形成当时的政治、经济、文化中心。安阳、长安、咸阳、太原、洛阳、开封、临淄、商丘、曲阜等都先后作过各国都城，其中洛阳是九朝古都，开封是七朝古都，西安是十二朝古都等。在国家评定的国家级历史文化名城中，本区占了近1/4。

（二）交通便利，农业发达

本区交通以铁路运输为主，公路以豫、鲁两省密度较大，陆上交通便利。青岛、烟台是本区两大港，向南、北均有航线，可联络上海、天津、大连等城市。黄河中下游地区土地辽阔，气候温暖，是我国农业开发最早的地区。关中平原、晋中平原、豫鲁平原是我国重要的小麦和杂粮产区。本区也是全国主要的棉花、花生、芝麻产区。另外，烟台苹果、莱阳梨、德州西瓜、乐陵小枣、潍坊萝卜、临潼柿子、栾川木耳、黄河鲤鱼等物产繁多。

（三）文物古迹占有绝对优势

从三皇五帝到夏商周时期，从秦汉魏晋到隋唐末，中华民族的主流历史和文化长期在此发展延续，因此留下了数不胜数的文物古迹。古城、古建筑、古代陵墓、民俗风情、宗教等丰富的人文旅游资源成为本区旅游发展的重要物质基础。主要包括以陕西蓝田猿人遗址、河南仰韶文化遗址、山东大汶口文化遗址为代表的古文化遗址；以西安、开封、洛阳、安阳、平遥等为代表的古城；以陕西秦始皇陵、河南宋陵、山东的孔林为代表的名人陵墓；以云冈石窟、龙门石窟、少林寺、应县木塔为代表的名窟、名寺、名塔。此外，还包括许多古栈道、古战场、古道观等。尤为重要的是，该区是中国民族及其许多姓氏的发源地，具有发展寻根旅游的丰厚资源和巨大潜力。

（四）文化艺术特色鲜明，地方韵味浓厚

本区文化艺术多姿多彩，地方特色鲜明。陕西地方戏以秦腔最具代表性，激越高亢、节奏分明。民歌以信天游最有特色。陕北安塞腰鼓以其欢快奔放的表演显示了古朴淳厚的民风。山西被誉为“中国戏曲艺术的摇篮”，堪称我国戏曲黄金时代的元代杂剧最早兴盛于此，而后转入大都（北京）。山西锣鼓粗犷、剽悍、雄奇、自然，表现出黄河儿女纯朴、率直、激昂、豪放的情怀，被称为“中国第一鼓”。晋剧、蒲剧、皮影、木偶等也是山西代表性的戏剧艺术。河南以豫剧为主要戏曲，具有浓厚的地方特色，成为文化交流的载体。山东地方戏有30多种，其中吕剧、山东梆子、山东快书和秧歌影响力颇大。

（五）土特产品丰富多彩，民俗民风古朴淳厚

淄博陶器、潍坊风筝、陕西仿唐三彩、耀州的青瓷、山西新绛的云雕、平遥推光的漆器等本旅游区工艺品做工精细、风格独特，以河南洛阳唐三彩、汝瓷、汴绣最为著名。饮食方面，山东风味菜肴自成体系，鲁菜为我国四大菜系之一。山西的刀削面、陕西的泡馍、山东的煎饼、河南的烩面等都是典型的地方特色饮食代表。

黄河中下游旅游区在历史积淀中形成了独特的民俗。如山东潍坊的千里民俗游，安丘、石家庄的田园民俗游，河南巩义的民俗文化村游，开封宋都御街游，洛阳少林寺武术节，三晋民俗游，关公故里游，西安古城民俗游，国际孔子文化节等，都是比较有名的民俗旅游。

第2节　主要旅游目的地

一、陕西省

陕西省位于中国中部黄河中游地区，南部兼跨长江支流汉江流域和嘉临江上游的秦巴上地区。东隔黄河与山西省相望，北与内蒙古自治区相毗邻，西与宁夏回族自治区和甘肃省相邻，南以米仓山、大巴山主脊与四川省接界，东南与湖北省、河南省接壤。按照地貌类型划分指标，将陕西省划分为风沙过渡区、黄土高原区、关中中原区、秦岭山地区、汉江盆地区和大巴山地区等6个地貌类型区域。

陕西是中华民族的摇篮和中华文明的发祥地之一，著名古迹有：周王朝都城遗址，秦始皇陵兵马俑，汉武帝茂陵及其石刻艺术，三国遗迹五丈原、武侯祠等文物群，唐代法门寺地宫珍宝和佛指舍利，女皇帝武则天与唐高宗李治的合葬墓乾陵，中国现代化程度最高的陕西历史博物馆，艺术价值最高的“石质图书馆”西安碑林，中国现存规模最大、最完整的古城垣建筑西安城墙，革命圣地延安及其中国现代革命文物群等。

陕西现有国家历史文化名城6个，即西安、延安、韩城、榆林、咸阳、汉中，省级历史文化名城11个，即黄陵、凤翔、乾县、三原、蒲城、华阴、城固、勉县、府谷、神木、佳县。

(一)西安

西安,古称长安、镐京,是陕西省省会、副省级市,关中平原城市群核心城市,丝绸之路起点城市,“一带一路”核心区,中国西部地区重要的中心城市,是国家重要的科研、教育、工业基地。西安是中国四大古都之一,是联合国教科文组织于 1981 年确定的“世界历史名城”,也是美媒评选的世界十大古都之一。地处关中平原中部,北濒渭河,南依秦岭,八水润长安。西安下辖 11 区、2 县并代管西咸新区,总面积 10 752 平方千米, 2017 年末户籍人口 905.68 万。西安是中华文明和中华民族重要发祥地。长安自古帝王都,其先后有西周、秦、西汉、新莽、东汉、西晋、前赵、前秦、后秦、西魏、北周、隋、唐 13 个王朝在此建都。丰镐都城、秦阿房宫、兵马俑、汉未央宫、长乐宫、隋大兴城、唐大明宫、兴庆宫等,勾勒出“长安情结”。西安是中国最佳旅游目的地、中国国际形象最佳城市之一,有两项六处遗产被列入《世界遗产名录》,分别是:秦始皇陵及兵马俑、大雁塔、小雁塔、唐长安城大明宫遗址、汉长安城未央宫遗址、兴教寺塔。另有西安城墙、钟鼓楼、华清池、终南山、大唐芙蓉园、陕西历史博物馆、碑林等景点。

1. 秦始皇兵马俑博物馆

秦始皇兵马俑,是世界文化遗产、世界八大奇迹之一、国家 AAAAA 级旅游景区、全国重点文物保护单位。秦始皇兵马俑博物馆位于陕西省西安市临潼区城东,是中国第一个封建皇帝秦始皇嬴政的陵园中一处大型从葬坑,陵园面积 218 万平方米。博物馆以秦始皇兵马俑为基础,在兵马俑坑原址上建立的遗址类博物馆,也是中国最大的古代军事博物馆。

秦始皇兵马俑博物馆共有一、二、三号 3 个兵马俑坑。一号坑是一个以战车和步兵相间的主力军阵,总面积 14 260 平方米,约有 6 000 个真人大小的陶俑。二号坑是秦俑坑中的精华,面积约 6 000 平方米,由四个单元组成,四个方阵由战车、骑兵、弩兵混合编组,严整有序,无懈可击。三号坑是军阵的指挥系统,面积 524 平方米。秦兵马俑坑发现于 1974—1976 年,秦始皇兵马俑博物馆于 1979 年向国内外游客公开开放。兵马俑的发现被誉为世界第八大奇迹、20 世纪考古史上的伟大发现。

2. 大雁塔

大雁塔是唐朝为保存玄奘法师由天竺经丝绸之路带回长安的经卷佛像而建。大雁塔位于唐长安城晋昌坊(今陕西省西安市南)的大慈恩寺内,又名“慈恩寺塔”。唐永徽三年(652 年),玄奘为保存由天竺经丝绸之路带回长安的经卷佛像主持修建了大雁塔,最初五层,后加盖至九层,再后层数和高度又有数次变更,最后固定为今天所看到的七层塔身,通高 64.517 米,底层边长 25.5 米。

大雁塔作为现存最早、规模最大的唐代四方楼阁式砖塔,是佛塔这种古印度佛寺的建筑形式随佛教传入中原地区并融入华夏文化的典型物证,是凝聚了中国古代劳动人民智慧结晶的标志性建筑。

1961 年 3 月 4 日,国务院公布大雁塔为第一批全国重点文物保护单位。2014 年 6 月 22 日,在卡塔尔多哈召开的联合国教科文组织第 38 届世界遗产委员会会议上,大雁塔作为中国、哈萨克斯坦和吉尔吉斯斯坦三国联合申遗的“丝绸之路:长安—天山廊道的路网”中的一处遗址点成功列入《世界遗产名录》。

3. 小雁塔

小雁塔位于唐长安城安仁坊（今陕西省西安市南郊）荐福寺内，又称"荐福寺塔"，建于唐景龙年间，与大雁塔同为唐长安城保留至今的重要标志。小雁塔是中国早期方形密檐式砖塔的典型作品，原有15层，现存13层，高43.4米，塔形秀丽，是唐代佛教建筑艺术遗产、佛教传入中原地区并融入汉族文化的标志性建筑。

小雁塔和荐福寺钟楼内的古钟合称为"关中八景"之一的"雁塔晨钟"，是西安博物院的组成部分，为国家AAAA级旅游景区。

1961年3月4日，小雁塔被国务院公布为第一批全国重点文物保护单位。2014年6月22日，在卡塔尔多哈召开的联合国教科文组织第38届世界遗产委员会会议上，小雁塔作为中国、哈萨克斯坦和吉尔吉斯斯坦三国联合申遗的"丝绸之路：长安—天山廊道的路网"中的一处遗址点成功列入《世界遗产名录》。

4. 大明宫

大明宫，大唐帝国的大朝正殿，唐朝的政治中心和国家象征，位于唐京师长安（今西安）北侧的龙首原。始建于唐太宗贞观八年（634年），原名永安宫，是唐长安城三座主要宫殿"三大内"（大明宫、太极宫、兴庆宫）中规模最大的一座，称为"东内"。自唐高宗起，先后有17位唐朝皇帝在此处理朝政，历时达200余年。

大明宫是当时全世界最辉煌壮丽的宫殿群，其建筑形制影响了当时东亚地区的多个国家宫殿的建设。大明宫占地3.2平方千米，是明清北京紫禁城的4.5倍，被誉为"千宫之宫""丝绸之路的东方圣殿"。唐昭宗乾宁三年（896年），大明宫毁于唐末战乱。1961年，大明宫遗址被中华人民共和国国务院公布为第一批全国重点文物保护单位。

2010年，西安市在大明宫原址建立大明宫国家遗址公园。2014年6月22日，在卡塔尔多哈召开的联合国教科文组织第38届世界遗产委员会会议上，唐长安城大明宫遗址作为中国、哈萨克斯坦和吉尔吉斯斯坦三国联合申遗的"丝绸之路：长安—天山廊道的路网"中的一处遗址点成功列入《世界遗产名录》。大明宫不仅奠定了中国的宫殿建筑制度，而且对日本等亚洲国家的宫殿建筑也产生了重要影响。日本平城京、平安京宫城无论是宫殿布局还是与城郭的位置关系，在很大程度上都是模仿了唐大明宫。

（二）宝鸡

宝鸡古称陈仓、雍城，誉称"炎帝故里、青铜器之乡"，是关中平原城市群重要节点城市、关中—天水经济区副中心城市。地处关中平原西部，下辖3区9县，总面积1.81万平方千米。2017年末常住人口378.1万人。宝鸡历史悠久，是宝学（宝鸡之学）所在地，有2700余年建城史，出土了晚清四大国宝（毛公鼎、大盂鼎、散氏盘、虢季子白盘）及陈仓石鼓、何尊、逨盘、铜浮屠等文物，存有西府社火、凤翔木版年画、泥塑等中华工艺。

宝鸡是全国文明城市、中国优秀旅游城市、国家森林城市、国家生态园林城市，中国人居环境奖获得城市。拥有法门寺、太白山国家森林公园、关山草原、中华石鼓园（宝鸡青铜器博物院）、通天河国家森林公园、千湖国家湿地公园等知名景点，以及西凤酒、岐山臊子面、宝鸡擀面皮、豆花泡馍、西府扯面、醋粉等诸多特产或西府小吃 。

1. 法门寺

法门寺(Famen Temple),又名“真身宝塔”,位于炎帝故里、青铜器之乡——宝鸡市,2004年被联合国教科文组织评为“世界第九大奇迹”,全国重点文物保护单位。据传始建于东汉明帝十一年(公元 68 年),约有 1 700 多年历史,素有“关中塔庙始祖”之称,周魏以前称作“阿育王寺”,隋文帝时改称“成实道场”,唐高祖时改名“法门寺”。法门寺被誉为皇家寺庙,因安置释迦牟尼佛指骨舍利而成为举国仰望的佛教圣地。法门寺佛塔被誉为“护国真身宝塔”。寺庙所在的法门寺文化景区为国家 AAAAA 级旅游景区。

法门寺地宫是迄今所见最大的塔下地宫。宝鸡法门寺地宫出土了释迦牟尼佛指骨舍利、铜浮屠、八重宝函、银花双轮十二环锡杖等佛教至高宝物,法门寺珍宝馆拥有出土于法门寺地宫的两千多件大唐国宝重器,为世界寺庙之最。2014 年 10 月 16 日,第 27 届世界佛教徒联谊会在宝鸡法门寺举行。2018 中国西北旅游营销大会暨旅游装备展上,法门寺入围“神奇西北 100 景”榜单。

2. 太白山

太白山是国家 AAAAA 级旅游景区、国家级自然保护区、秦岭山脉主峰,也是中国大陆青藏高原以东第一高峰,如鹤立鸡群之势冠列秦岭群峰之首。自古以来,太白山就以高、寒、险、奇、富饶、神秘的特点闻名于世、称雄华中。

太白山是渭河水系和汉江水系分水岭最高地段,具有低山、中山、高山等地貌类型,界限清楚、特点各异,特别是第四纪冰川活动所雕琢的各种地貌形态保留完整、清晰可辨。

太白山南北两坡气候迥然不同,随着海拔高度递增,气候类型按一定规律呈连续的带状分布。气候立体差异,使植物、动物分布也形成相应的垂直带谱。气候、动植物的差异同时影响着地表岩石风化进程,并直接参与着不同类型土壤形成。以气候为基因,以植被、土壤为标志的自然综合体的天然景观也在垂直位置构成不同类型景观带。因此,太白山动植物资源非常丰富。山上林木茂盛,中草药遍地皆是,尤其世界上仅存的孑遗植物——独叶草在太白山独有。丰富的植物资源为野生动物提供了充足食物,雉类之血雉、红腹角雉及兽类之大熊猫、金丝猴、羚牛等珍禽异兽于太白山繁衍生息。自 19 世纪始,国内外学者纷纷来太白山考察。太白山成为多种学科盛夏时避暑旅游考察研究和教学实习的主要基地。

太白山风景优美,是旅游胜地和道家活动场所。唐宋以来,许多文人学士登临挥毫,留下脍炙人口的诗文,如《关中胜迹图志》载:道书云太白山为道家第十一洞天。因此,每逢盛夏之时,登山览胜者与朝山香客络绎不绝。2018 中国西北旅游营销大会暨旅游装备展上,太白山入围“神奇西北 100 景”榜单。

(三)咸阳

咸阳,陕西省地级市,位于陕西省八百里秦川腹地,渭水穿南,嵕山亘北,山水俱阳,故称咸阳。咸阳东邻省会西安,西接国家级杨凌农业高新技术产业示范区,西北与甘肃接壤。辖 2 区 1 市 10 县,总面积 10 189.4 平方千米(其中 644.56 平方千米被西安托管)。2016 年末全市常住人口 498.66 万,中心城区人口 91.5 万,位居陕西省第三位,仅次于西安、宝鸡。咸阳是中国甲级对外开放城市、国家级历史文化名城、全国双拥模范城市、国家卫生城市、中国魅力城市、中国地热城、全国十佳宜居城市、首批中国优秀旅游城市、全国精神文明创建工作先进市及中华养生文化名城。咸阳遍地秦砖汉瓦，境内文物景点多达 4 951 处，五陵塬上有汉高祖长陵、汉景帝阳陵、汉武帝茂陵、唐太宗昭陵、唐高宗和武则天合葬的乾陵等 28 位汉唐帝王陵寝，被誉为“中国的金字塔之都”。

1. 彬县大佛寺石窟

彬县大佛寺石窟位于陕西省咸阳市彬县城西 10 千米西兰公路旁的清凉山脚下，是陕西境内最大的石窟群，也是丝绸之路重要的地理坐标。大佛寺石窟始凿于南北朝时期，大规模开凿于唐初，唐太宗贞观二年（628 年）基本建成。寺内有 446 处佛龛，1 980 余尊精美造像，是盛唐京师长安附近重要的佛教石窟寺，其唐代大佛为关中地区规模最大，体现了石刻大佛艺术自西域东传及在关中地区的流行，被清代学者毕沅誉为“关中第一奇观”。1988 年 1 月，大佛寺石窟被国务院列入全国重点文物保护单位。2014 年 6 月 22 日，在卡塔尔多哈召开的联合国教科文组织第 38 届世界遗产委员会会议上，大佛寺石窟作为中国、哈萨克斯坦和吉尔吉斯斯坦三国联合申遗的“丝绸之路：长安—天山廊道的路网”中的一处遗址点成功列入《世界遗产名录》。

2. 乾陵

乾陵位于陕西省咸阳市乾县县城北部 6 千米的梁山上，为唐高宗李治与武则天的合葬墓。乾陵建成于唐光宅元年（684 年），神龙二年（706 年）加盖，采用“因山为陵”的建造方式，陵区仿京师长安城建制。除主墓外，乾陵还有 17 个小型陪葬墓，葬有其他皇室成员与功臣。乾陵是唐十八陵中主墓保存最完好的一个，也是唐陵中唯一一座没有被盗的陵墓。1961 年 3 月 4 日，乾陵被国务院公布为第一批全国重点文物保护单位。

3. 茂陵

茂陵是汉武帝刘彻的陵墓，位于陕西省咸阳兴平市。是汉代帝王陵墓中规模最大、修造时间最长、陪葬品最丰富的一座，被称为“中国的金字塔”。

茂陵于建元二年（前 139 年）至后元二年（前 87 年）间建成，历时 53 年。陪葬墓有李夫人、卫青、霍去病、霍光、金日磾等人的墓葬。

1961 年 3 月 4 日，茂陵被国务院公布为第一批全国重点文物保护单位。2014 年 8 月，包括茂陵在内的 29 座汉唐帝陵被列入申报世界文化遗产项目。

（四）榆林

榆林（陕西省下辖地级市），古称“上郡”，始于春秋战国，兴于明清，是明朝九边重镇“延绥镇”（又称榆林镇）驻地，康熙皇帝赐“两守孤城，千秋忠勇”刻碑，有“南塔北台中古城，六楼骑街天下名”的美誉，如此奇特城建，在神州大地实属罕见，这也是榆林成为国家历史文化名城的重要标志。

榆林是国家历史文化名城、国家卫生城市、中国爱心城市、国家新能源示范城市、国家生态保护与建设示范市、中国城市竞争力 100 强。拥有世界文化遗产万里长城第一台——镇北台、中国最具潜力的十大古城——榆林古城、红石峡、统万城遗址、红碱淖、榆林沙漠国家森林公园、石峁遗址、白云山、青云寺、悬空寺、二郎山、府州城、高家堡古城、西峰寺等各大景点。

1. 镇北台

镇北台是世界文化遗产、全国重点文物保护单位。位于国家历史文化名城榆林市城北 4

千米的红山顶上。镇北台是明代长城遗址中最为宏大、气势最为磅礴的建筑物之一,素有中国长城三大奇观之一(东有山海关、中有镇北台、西有嘉峪关)和"万里长城第一台"之称。有诗云"万里长城的一块坚硬脊椎骨镇北台永在""上台下台演王朝,进戏出戏扮将士"。镇北台据险临下,控南北之咽喉,如巨锁扼边关要隘,为古长城沿线现存最大的要塞之一,是长城的重要组成部分。

2. 红碱淖

红碱淖景区位于陕西省神木市境内,处于黄土高原与内蒙古高原过渡地带、毛乌素沙漠与鄂尔多斯盆地交汇处,海拔高度 1 100 米,大陆性季风气候。湖面 41.8 平方千米,大致呈三角形状,沿岸有七条季节性河流注入,平均水深 8.2 米,最深水位 12 米。红碱淖是全国最大的沙漠淡水湖,具有独特的自然景观。红碱淖 1995 年被陕西省人民政府评定为省级风景名胜区,现已被国家评为 AAAA 级旅游景区,是陕西省十大自然风景名胜区和十大诚信单位。2018 中国西北旅游营销大会暨旅游装备展上,红碱淖入围"神奇西北 100 景"榜单。

(五)延安

延安市,简称"延",古称肤施、延州,隶属于陕西省,是天下第一陵——中华民族始祖黄帝陵寝黄帝陵所在地,是民族圣地、中国革命圣地,国务院首批公布的国家历史文化名城。延安位于陕西省北部,地处黄河中游,黄土高原的中南地区,省会西安以北 371 千米。北连榆林,南接关中咸阳、铜川、渭南三市,东隔黄河与山西临汾、吕梁相望,西邻甘肃庆阳。延安是"双拥运动"发祥地、中国优秀旅游城市,有着"中国革命博物馆城"的美誉 。它也是 2017 中国年度文化影响力城市。

延安是中国优秀旅游城市。有中国第一号古墓葬——轩辕黄帝陵(5A)、宝塔山景区(4A)、国家级重点文物保护单位——子长钟山石窟等;在自然景观方面有延安黄河壶口瀑布(4A)、中国最大的野生牡丹群和花木兰故里万花山、黄河蛇曲国家地质公园(乾坤湾)、延安国家森林公园、洛川黄土国家地质公园等。延安是中国红色旅游景点最多、内涵最丰富、知名度最高的红色旅游资源富集区,有枣园革命旧址(4A)、杨家岭革命旧址、王家坪革命旧址、凤凰山革命旧址、南泥湾、清凉山、延安革命纪念馆、延安新闻纪念馆、中国抗日军政大学纪念馆等等,红色旅游资源数量占陕西省红色旅游资源总量的 72%,是中国保存最完整、面积最大的革命遗址群,被授予"中国红色旅游景点景区"称号。

1. 黄帝陵

黄帝陵,是中华民族始祖轩辕黄帝的陵寝,是《史记》记载的唯一一座黄帝陵、第一批全国重点文物保护单位、第一批国家 AAAAA 级旅游景区、国家级风景名胜区、第一批全国爱国主义教育示范基地。黄帝陵号称"天下第一陵",又称"华夏第一陵""中华第一陵",位于陕西省延安市黄陵县城北桥山。

2. 宝塔山

宝塔山是全国重点文物保护单位、国家 AAAA 级旅游景区,海拔 1 135.5 米,是延安的标志、中国革命圣地的象征。

宝塔建于唐代,高 44 米,共 9 层,登上塔顶,全城风貌可尽收眼底。它是历史名城延安的标志,是革命圣地的象征,是延安市的标志性建筑,是游览延安的必去之地。

山下还有历代遗留下来的多处摩岩刻字，范仲淹隶书的“嘉岭山”和“胸中自有数万甲兵”等题刻最著名。宝塔山风景区是融自然景观、人文景观、历史文物、革命旧址为一体的著名风景名胜区。

3. 壶口瀑布

壶口瀑布是国家级风景名胜区、国家 AAAA 级旅游景区。该地西临陕西省延安市宜川县壶口乡，东濒山西省临汾市吉县壶口镇，为两省共有旅游景区。南距陕西西安 350 千米；北距山西太原 387 千米。壶口瀑布是中国第二大瀑布，世界上最大的黄色瀑布。黄河奔流至此，两岸石壁峭立，河口收束狭如壶口，故名壶口瀑布。瀑布上游黄河水面宽 300 米，在不到 500 米长距离内，被压缩到 20～30 米的宽度。1 000 立方米 / 秒的河水，从 20 多米高的陡崖上倾注而泻，形成“千里黄河一壶收”的气概。2013 年 12 月，“宜川县黄河壶口水利风景区”被中华人民共和国水利部水利风景区建设与管理领导小组评为“第十三批国家水利风景区”之一。国家黄河壶口水利风景区荣誉，成为壶口景区继国家地质公园和地质遗迹保护区、国家重点风景名胜区、国家 AAAA 级旅游景区之后第四张国家级名片。壶口瀑布成为延安市唯一的国家水利风景名胜区。

二、山西省

山西省省会是太原，简称“晋”。山西大部分位于太行山之西、吕梁山和黄河以东，自古被称为“表里山河”，总面积 15.67 万平方千米，总人口 3 610.8 万人。

山西疆域轮廓呈东北斜向西南的平行四边形，是典型的黄土广泛覆盖的山地高原，地势东北高西南低。高原内部起伏不平，河谷纵横，地貌类型复杂多样，有山地、丘陵、台地、平原，山多川少，最高点为五台山主峰叶斗峰，海拔 3 061.1 米，为华北最高峰。山西河流分属黄河、海河两大水系。汾河是山西境内第一大河。山西煤炭资源储量约占全国煤炭资源储量的 20%，故而有“煤乡”之称。

山西是中华文明发祥地之一，是我国旅游资源最为富集的省份。“华夏古文明，山西好风光”，是对山西旅游的高度概括。著名景区包括北岳恒山、黄河壶口瀑布、五台山、悬空寺、晋祠、平遥古城、芮城永乐宫、解州关帝庙、云冈石窟、祁县乔家大院等。

（一）太原市

太原，山西省省会，简称“并（bīng）”，别称并州，古称晋阳，也称龙城，是中国优秀旅游城市、国家历史文化名城、国家园林城市、中部地区重要的中心城市、太原都市圈核心城市，是山西省政治、经济、文化、交通和国际交流中心，是一座具有 4700 多年历史、2500 年建城史、“控带山河，踞天下之肩背”“襟四塞之要冲，控五原之都邑”的历史古都。

太原是兵家必争之地，有无数历史遗迹，既有被岁月重新雕琢的古老石窟，还有繁华的“迎泽大街”和获得联合国环境规划署颁发的“改善人类居住环境范例奖”的汾河公园等。其中，宋代的建筑和塑像尤为珍贵，还有天龙山佛教石窟，石雕像为中原地区罕见的佳作；龙山道教石窟更是中国仅有的元代道教石窟群。

1. 晋祠

晋祠位于山西省太原市晋源区晋祠镇，原名为晋王祠，初名唐叔虞祠，是为纪念晋国开国诸侯唐叔虞（后被追封为晋王）及其母后邑姜后而建。它是中国现存最早的皇家园林，为晋国宗祠。祠内有几十座古建筑,具有中华传统文化特色。晋祠中的难老泉、侍女像、圣母像被誉为“晋祠三绝”。1961 年 3 月,晋祠被国务院公布为第一批全国重点文物保护单位,2011 年被公布为第一批国家 AAAA 级旅游景区。

2. 天龙山石窟

天龙山石窟在山西太原市西南 40 千米天龙山腰。天龙山亦名方山,海拔高 1 700 米。这里风光秀丽,历史上曾是北齐皇帝高洋之父高欢的避暑宫。四周山峦起伏,遍山松柏葱郁,山头龙王石洞泉水荡漾,山前溪涧清流潺潺。由于北齐时山下兴建了天龙寺,后人就习惯地称之为天龙山了。天龙寺,宋代易名为圣寿寺,1948 年失火,寺庙被焚毁。1981 年,搬迁太原南郊南大寺于山上,现已修葺一新。

(二)大同市

大同是中国首批 24 个国家历史文化名城之一、中国首批 13 个较大的城市之一、中国九大古都之一、国家新能源示范城市、中国优秀旅游城市、国家园林城市、全国双拥模范城市、全国性交通枢纽城市、中国雕塑之都、中国十佳运动休闲城市。

大同位于山西省北部大同盆地的中心、晋冀蒙三省区交界处、黄土高原东北边缘,实为全晋之屏障、北方之门户,且扼晋、冀、内蒙之咽喉要道,是历代兵家必争之地,有“北方锁钥”之称。

1. 云冈石窟

云冈石窟位于山西省大同市西郊 17 千米处的武周山南麓,石窟依山开凿,东西绵延 1 千米。存有主要洞窟 45 个、大小窟龛 252 个、石雕造像 51 000 余躯,为中国规模最大的古代石窟群之一,与敦煌莫高窟、洛阳龙门石窟和天水麦积山石窟并称为中国四大石窟艺术宝库。

2. 悬空寺

北岳恒山,位于大同市浑源县城南 10 千米处,恒山上古迹众多,著名的景点有悬空寺、恒山庙群、恒山十八景等。悬空寺位于恒山金龙峡西侧翠屏峰的峭壁间,素有“悬空寺,半天高,三根马尾空中吊”的俚语,以如临深渊的险峻而著称。建成于 1400 年前北魏后期,是中国仅存的佛、道、儒三教合一的独特寺庙。

(三)运城市

运城市古称河东,因“盐运之城”得名,是中华文明的重要发祥地之一。运城市文物旅游景点 1 600 余处,市级以上重点文物保护单位 178 处,其中全国重点文物保护单位 90 处,省级 57 处,市级 31 处,是全国重点文物保护单位数量最多的地级市。旅游线路以寻根祭祖游、黄河风情游、德孝文化和善文化为主。驰名中外的景点有武庙之祖“解州关帝庙”、中国四大名楼之一的鹳雀楼、道教三大祖庭之一的永乐宫、《西厢记》故事发生地普救寺、中华祭祀圣地后土祠以及西滩、李家大院、五老峰、历山、司马光墓等。

1. 解州关帝庙

解州作为关公的故乡,关帝庙兴建的历史颇早,解州关帝庙是国内始建最早、规模最大最完整的关帝庙。据有关碑刻记载,远在陈隋之际,解州关帝庙已经修建。宋元到明清,随着社会各界对关公美化、圣化和神化的浪潮不断高涨,又对解州关帝庙进行了多次大规模的修复、重建和扩建。清朝末叶,该庙曾数次失火,损失惨重,但在民国年间又予以修复和重建。中华人民共和国成立之后，人民政府对解州关帝庙这座古老的建筑群落极为重视，不仅将它列入了国家重点文物单位予以保护，而且一再拨款，对这座庙宇进行维护修复，使之基本上恢复了历史的原貌。目前的解州关帝庙，总占地面积有7.3万平方米之多，为海内外众多关帝庙占地面积之最。

2. 运城盐湖

运城盐湖是世界三大硫酸钠型内陆盐湖之一。由于其盐含量类似中东的"死海"，人在水中可以漂浮不沉，故被誉为"中国死海"。

运城盐湖是个古老而又典型的内陆咸水湖，地质研究表明，运城盐湖诞生于新生代第三纪喜马拉雅构造运动时期，约有0.5亿年历史，自东北向西南延伸，长约30千米，宽3～5千米，湖面海拔324.5米，最深处约6米，总面积132平方千米。

三、河南省

河南省简称"豫"，省会郑州市。《尚书·禹贡》将天下分为"九州"，豫州位居天下九州之中，现今河南大部分地区属九州中的豫州，故有"中原""中州"之称。全省总面积16.7万平方千米。地势西高东低，北、西、南三面由太行山、伏牛山、桐柏山、大别山沿省界呈半环形分布；中、东部为黄淮海冲积平原；西南部为南阳盆地。河南横跨黄河、淮河、海河、长江四大水系。河南早期曾是中国政治、经济、文化、交通中心，更是诞生了洛阳、开封、安阳、郑州等举世闻名的古都。河南是中华文明的核心发祥地、华夏历史文化的中心，最迟在50万年前就有人类在这里生活。河南的汉字文化、姓氏文化、诗词文化、礼仪文化、戏曲文化等博大精深；同时也是道家、墨家、法家、名家、纵横家等思想的发源地。

河南旅游资源丰富。少林寺、龙门石窟、龙亭、相国寺、殷墟等历史人文资源享誉海内外，嵩山、云台山、黄河等名山大川纵横。以古（古文化）、河（黄河）、拳（少林寺、太极）、根（寻根觅祖）、花（洛阳牡丹、开封菊花）为特色的旅游资源，是河南旅游业发展的一大优势。

（一）郑州

郑州，河南省省会，是中国中部地区重要的中心城市、国家重要的综合交通枢纽、中原经济区核心城市，地处华北平原南部、黄河下游，居河南省中部偏北，东接开封市，西依洛阳市，南与许昌市、平顶山市接壤，北隔黄河与新乡市、焦作市相望，郑州是国家历史文化名城，是华夏文明重要发祥地之一，为中华人文始祖轩辕黄帝的故里，历史上曾五次为都、八代为州，是中国八大古都之一和世界历史都市联盟成员。全市有世界文化遗产2项15处，有全国重点文物保护单位38处43项，拥有黄帝故里、商城遗址、天地之中等众多历史人文景观。

1. 嵩山少林寺

嵩山少林寺为国家AAAAA级旅游景区、全国重点文物保护单位。少林寺，位于登封县城西北13千米少室山北麓五乳峰下。若从郑州、开封、洛阳乘汽车，可直达寺院门前。少林寺创建于北魏太和二十年（496年），因此寺建于少室山麓的丛林茂密之处，故名"少林"。少林寺是我国佛教禅宗的发祥地，所以又称"少林禅寺"和"大少林"。据文献记载，北魏太和十九年（495年）印度高僧跋陀自西域跋涉来洛阳，常到嵩山，又受孝文帝尊崇，"诏于少室山阴，筑少林寺而居之"。北魏正光至孝昌年间，另一印度僧人达摩来中国，修禅于嵩山少林寺。他广集弟子，传授禅宗，使少林寺的影响日益扩大，传说达摩曾在山中面壁九年，因此留影于石。

少林寺原有建筑较多,分布较广。现在少林寺包罗的范围除主体建筑常住院外,还有离寺西不远的塔林、寺西北阜地上的初祖庵、少溪河南岸的南园、钵盂峰下的二祖庵、寺东太室山麓的三祖庵以及分散在寺周围的古塔、碑刻等。

2. 黄帝故里

黄帝故里为国家AAAA级旅游景区、文化旅游景点、爱国主义教育基地。黄帝故里景区位于河南省新郑市轩辕路,为汉籍史书中记载的熊氏的族居地,故有“熊国之墟”。庄子曰:“世之所高,莫若黄帝。”如今的黄帝故里是海内外炎黄子孙寻根拜祖的圣地。

(二)洛阳

洛阳是国家历史文化名城,中国四大古都之一,世界文化名城。该地有“十三朝古都”之称,有全国重点文物保护单位43处、馆藏文物40余万件。牡丹因洛阳而闻名于世,有“洛阳牡丹甲天下”之称,被誉为“千年帝都,牡丹花城”,中国洛阳牡丹文化节蜚声中外。著名的景点有龙门石窟、白云山、白马寺、鸡冠洞。

1. 龙门石窟

龙门石窟是中国石刻艺术宝库之一,现为世界文化遗产、全国重点文物保护单位、国家AAAAA级旅游景区,位于河南省洛阳市洛龙区伊河两岸的龙门山与香山上。龙门石窟与莫高窟、云冈石窟、麦积山石窟并称为中国四大石窟。

龙门石窟开凿于北魏孝文帝年间,之后历经东魏、西魏、北齐、隋、唐、五代、宋等朝代连续大规模营造达400余年之久,南北长达1千米,今存有窟龛2 345个、造像10万余尊、碑刻题记2 800余品。其中“龙门二十品”是书法魏碑精华,褚遂良所书的“伊阙佛龛之碑”则是初唐楷书艺术的典范。

龙门石窟延续时间长,跨越朝代多,以大量的实物形象和文字资料从不同侧面反映了中国古代政治、经济、宗教、文化等许多领域的发展变化,对中国石窟艺术的创新与发展作出了重大贡献。2000年,龙门石窟被联合国教科文组织列为世界文化遗产。

2. 白云山

白云山是世界地质公园、国家AAAAA级旅游景区、国家级森林公园、国家级自然保护区、中国十佳休闲胜地、中国最美地方之一、河南省十佳景区好去处第三名。白云山主要景区有白云峰、玉皇顶、鸡角曼(小黄山)、九龙瀑布、原始森林五大观光区和白云湖、高山森林氧吧、高山牡丹园、留侯祠、芦花谷五大休闲区。白云山融山、石、水、洞、林、草、花、鸟、兽为一体,雄、险、奇、幽、美、妙交相生辉,形成各具特色的景观区,成为中原地区集观光旅游、度假避暑、科研实习、寻古探幽为一体的复合型旅游区,被誉为“人间仙境”“中原名山”。

3. 白马寺

白马寺位于河南省洛阳市老城以东12千米、洛龙区白马寺镇内。创建于东汉永平十一年(公元68年),“中国第一古刹”,世界著名伽蓝,是佛教传入中国后兴建的第一座官办寺院,有中国佛教的“祖庭”和“释源”之称,距今已有1900多年的历史。现存的遗址古迹为元、明、清时所留。寺内保存了大量元代夹纻干漆造像,如三世佛、二天将、十八罗汉等,弥足珍贵。1961年,白马寺被中华人民共和国国务院公布为第一批全国重点文物保护单位。1983年,被国务院确定为全国汉传佛教重点寺院。2001年1月,白马寺被国家旅游局命名为首批AAAA

级景区。

（三）南阳

南阳，古称宛，河南省辖地级市，位于河南省西南部、豫鄂陕三省交界地带，因地处伏牛山以南、汉水以北而得名。南阳是国家历史文化名城，有2000多年的建城历史，为楚汉文化的发源地。三国时期，南阳是诸葛亮躬耕之地、刘备"三顾茅庐"发源地。南水北调，源起南阳淅川。南阳淅川是世界最大调水工程南水北调中线陶岔渠首枢纽工程所在地和重要的核心水源区之一。

南阳旅游资源丰富，是中国优秀旅游城市。中国西峡恐龙遗迹园、西峡老界岭为国家AAAAA级旅游景区。截至2016年，南阳拥有全国重点文物保护单位20处、省级重点文物保护单位79处、县（市）级文物保护单位580余处，有不同专题的博物院馆16处，文物藏品达10万余件。南阳拥有世界地质公园1个（中国南阳伏牛山世界地质公园）、国家和省级自然保护区7个、国家级和省级森林公园8个、国家5A级旅游景区2家、国家4A级旅游景区17家、国家3A级景区15家、星级酒店80个，为中原著名的旅游城市。

1. 中国·西峡恐龙遗迹园

西峡恐龙遗迹园为国家AAAAA级旅游景区、世界第九大奇迹，全国科普教育基地，景区以西峡恐龙蛋化石为主要展出特色，不仅有以恐龙蛋化石为主要展品的恐龙蛋化石博物馆，还有一座以恐龙蛋化石原始埋藏状态为特色的恐龙蛋遗址展馆和中原首座动感4D影院，以展示地球沧海桑田变化和生物复杂演化主题的时空隧道。

2. 南阳卧龙岗武侯祠

卧龙岗武侯祠为中国著名历史名胜古迹、全国重点文物保护单位、国家AAAA级旅游景区、河南省十大旅游景区之一，初建于魏晋，盛于唐宋，有1 800多年历史，是三国时期著名政治家、军事家诸葛亮十年躬耕隐居地和历代祭祀诸葛亮的地方，也是汉昭烈皇帝刘备"三顾茅庐"处、历史上著名的"三分天下"和"草庐对策"发源地，为豫西南历史名胜之首。

（四）开封

开封，古称老丘、大梁、陈留、汴州、东京、汴京、汴梁等，简称"汴"，河南省地级市，地处河南省中东部，西与省会郑州市毗邻，东与商丘市相连，南接许昌市和周口市，北隔黄河与新乡市相望。截至2016年，开封市总面积6 266平方千米，下辖5个市辖区、4个县。开封境内的铁塔、相国寺、包公祠、延庆观、禹王台、繁塔等重点文物古迹，具有较高的研究价值、历史文化价值及旅游价值。开封作为河南三大石刻集中地之一，境内的名胜古迹中保存以及馆藏有上自汉代、下至民国的各类石刻珍品1 000余件，是研究社会经济、历史文化、科学技术和书法艺术的宝贵文物古迹。

1. 龙亭公园

龙亭公园位于开封古城内西北隅，是国家AAAA级旅游景区，占地面积约1 300亩。全园包括午门、玉带桥、朝门、照壁、朝房、龙亭、北宋皇宫宸拱门遗址、碑亭、北门及东门等清朝万寿宫建筑群体，还有潘杨二湖、春园、盆景园、被誉为中原一绝的植物造型园及长廊水榭等园林景观。整个景区建在宋、金皇宫和明代周王府遗址上。

2. 清明上河园

清明上河园位于开封古城内西北隅，是以宋代张择端的《清明上河图》为蓝本，集中再现原图风物景观的大型宋代民俗风情游乐园，是国家AAAAA级景区。占地面积510亩，主要建筑有城门楼、虹桥、街景、店铺、河道、码头、船坊等。园区按《清明上河图》的原始布局，集中展现宋代诸如酒楼、茶肆、当铺，还有汴绣、官瓷、年画等的现场制作；荟集民间游艺、杂耍、盘鼓表演和神课算命、博彩、斗鸡、斗狗等京都风情，并根据宋代历史故事表演“文包武杨”及宋代婚礼习俗等节目。

四、山东省

山东简称“鲁”，省会是济南市。境域东临海洋，西接大陆。陆地总面积15.71万平方千米，海域面积近17万平方千米，总人口9 417.23万。

山东地形分为半岛和内陆两部分，山东半岛突出于黄海、渤海之间。西部、北部是黄河冲积而成的鲁西北平原区，是华北大平原的一部分。山东省河流较多，分属黄河、海河、淮河流域或独流入海。著名的京杭大运河横过全省。较大的湖泊有南四湖（由南而北依次为微山湖、昭阳湖、独山湖、南阳湖）和东平湖。山东的海岸线全长30 244千米，仅次于广东省，居全国第二位。山东省是全国重要的能源基地之一。胜利油田是中国第二大石油生产基地，中原油田的重要采区也在山东，山东原油产量占全国1/3。

山东历史悠久，是我国古代儒家创始人孔子、孟子的故乡，又有山、泉、湖、海等众多旅游资源。同时，山东还推出泰山国际登山节、淄博陶瓷琉璃艺术节、潍坊国际风筝会、烟台国际葡萄酒节、青岛国际啤酒节、国际孔子文化节、菏泽国际牡丹花会等专题旅游活动。丰富多彩的旅游活动加上享誉全国的特产（德州扒鸡、青岛啤酒、即墨老酒、潍坊风筝、淄博陶瓷等），使旅游业形成绚丽多彩的局面。

（一）青岛

青岛是国家历史文化名城、重点历史风貌保护城市、首批中国优秀旅游城市。国家级风景名胜区有崂山风景名胜区、青岛海滨风景区。山东省近300处优秀历史建筑中，青岛占131处。国家级自然保护区1处，即墨马山石林。2017年，青岛拥有A级旅游景区123处，其中，5A级旅游景区1处，4A级旅游景区24处，3A级旅游景区74处。著名景点有崂山风景区、栈桥、极地海洋世界、金沙滩、奥帆中心、石老人等。

1. 崂山景区

崂山景区为国家级风景名胜区、国家AAAAA级旅游景区、国家级森林公园、爱国主义教育基地。崂山古称牢山、劳山。坐落在山东半岛的东南，西靠青岛，东南两面濒临黄海。面积386平方千米，崂顶巨峰，海拔1 133米。它既是中国道教名山，又是著名的避暑游览胜地。崂山景区包括太清宫、太平宫、北九水、华楼宫、鹤山和崂顶巨峰等景区与景点。奇峰怪石，满山遍布，如狮子峰、绵羊石等。人称峻山的石峰是“天然的花岗岩群雕”。由于临海，山色海波相映，形成了紫霞云海乃至“海市蜃楼”的奇特景象。再加上闻名天下的崂山泉水，如“金液”“靛缸湾”等，构成了崂山独具一格的自然景观，如《齐记》所云：“泰山虽云高，不如东海崂。”

2. 青岛海底世界

青岛海底世界位于青岛莱阳路2号，毗邻青岛著名风景区鲁迅公园和第一海水浴场，总建筑面积7 000平方米，容纳水体4 000吨，是由青岛水族馆和山东鲁信投资集团有限公司共同投资开发的现代大型海洋生态旅游项目，总投资达2.2亿元。青岛海底世界是国家AAAA级旅游风景区，它整合了青岛水族馆、标本馆、淡水鱼馆等原有旅游资源，与依山傍海的自然美景相融合，形成山中有海的奇景。独特的地理位置和现代化的展示手段，使其成为全国独具特色的海洋生态大观园。

（二）济南

济南作为泉城，旅游资源丰富，是国家历史文化名城、中国优秀旅游城市，是山东旅游"一山一水一圣人"中的重要组成部分，每年吸引着众多的国内外游客。济南的旅游文化突出"泉城"特色，有四大泉群：趵突泉、黑虎泉、珍珠泉、五龙潭。济南市通过"保泉"计划，已经使得各大泉群全年喷涌成为现实。2013年8月，济南"天下第一泉风景区"国家AAAAA级旅游景区称号通过国家旅游局验收。著名景点有趵突泉、大明湖、芙蓉街、红叶谷、泉城广场等。

1. 天下第一泉风景区

天下第一泉风景区为国家AAAAA级旅游景区，位于山东省省会济南市市中心，位置优越、交通便利，由"一河（护城河）、一湖（大明湖）、三泉（趵突泉、黑虎泉、五龙潭三大泉群）、四园（趵突泉公园、环城公园、五龙潭公园、大明湖风景名胜区）"组成，是集独特的自然山水景观和深厚的历史文化底蕴于一体的精品旅游景区，总面积3.1平方千米，是国家重点公园、全国精神文明建设工作先进单位、省级风景名胜区。

2. 济南大明湖风景名胜区

济南大明湖风景名胜区为国家AAAA级旅游景区。大明湖是济南三大名胜之一。大明湖是天然湖泊，位于济南旧城区内，公园面积86公顷，湖面46公顷，平均水深2米。"四面荷花三面柳，一城山色半城湖"是它风景特色的写照。湖上鸢飞鱼跃，画舫穿行，岸边繁花似锦，游人如织。湖畔有历下亭、铁公祠、南丰祠、汇波楼、北极庙和遐园等多处名胜古迹，其中历下亭、铁公祠为市级文物保护单位。

（三）烟台

烟台是中国首批14个沿海开放城市之一、中国海滨城市、亚洲唯一的国际葡萄酒城、"一带一路"国家战略重点建设港口城市，是国家历史文化名城、全国文明城市，与威海市同为中国著名的"雪窝"。烟台旅游资源丰富，优美的自然风光和人文景观每年吸引了大批中外游客前来观光旅游。1998年烟台成为首批54座"中国优秀旅游城市"之一。共有A级旅游景区82处，其中5A级旅游景区3处、4A级18处。著名景点有蓬莱阁旅游景区、八仙过海风景区、三仙山风景区、长山列岛国家地质公园、张裕酒文化博物馆等。

1. 龙口南山旅游景区

龙口南山旅游景区为国家AAAAA级旅游景区，位于山东省烟台市龙口市境内景色秀丽的卢山之中，景区内的南山禅寺、香水庵、灵源观、文峰塔、南山古文化苑等景点均系晋朝、唐朝、宋朝、元朝、明朝、清朝遗迹，千年古刹，可谓圣地重光，更添新颜。古建筑群中的亭榭廊塔、山林水系，依山构造，古朴典雅，迤逦壮观，气势宏伟。

2. 烟台市蓬莱阁（三仙山·八仙过海）旅游区

烟台市蓬莱阁为国家AAAAA级旅游景区、全国重点文物保护单位。蓬莱阁景区位于胶东半岛最北端，是国家级重点风景名胜区，景区现有蓬莱阁、戚继光故里、蓬莱水城等20余处景点，每年吸引着数以百万计的游客来此观光旅游。蓬莱阁景区素有“人间仙境”之称，传说蓬莱、方丈、瀛州是海中的三座仙山，为神仙居住之所，亦是秦始皇东寻求药、汉武帝御驾访仙之地。广为流传的“八仙过海”神话传说，便源于此。蓬莱阁坐落在蓬莱城北濒海的丹崖山巅。丹崖拔海而起，通体赭红，与浩茫的碧水相映，时有云烟缭绕，蓬莱阁高居其上，“仙阁凌空”确是一幅天开的图画。蓬莱阁为双层木结构楼阁建筑，建于宋嘉佑六年，以其独特的地理位置和丰富的历史文化内涵，被誉为全国古代四大名楼之一，与滕王阁、岳阳楼、黄鹤楼齐名。它坐北朝南，东、西两侧前方各筑偏房、耳房，对称分布。耳房亦做门厅，有道路联结偏房及登阁石阶。

本章小结

1. 黄河中下游旅游区是我国北部中枢地区，本区的自然地理环境主要是地貌形态复杂，有高原、平原、丘陵，名胜景点众多。大陆性季风气候，旅游淡旺季分明。人文地理环境表现为华夏文化发祥地，历史悠久；水陆交通便利，农业发达；文化艺术、民俗风情特色鲜明；风味饮食与地方特产风格独特，别具一格。

2. 黄河中下游旅游区包括陕西、山西、河南、山东四省。旅游资源种类丰富，价值高，分布相对集中，是我国主要的旅游区域。代表性景区有：洛阳市龙潭大峡谷景区、焦作市云台山风景名胜区、洛阳市龙门石窟景区、登封市嵩山少林景区、泰安市泰山景区、济宁市曲阜明故城（三孔）旅游区、山东青岛崂山景区、忻州市五台山风景名胜区、大同市云冈石窟、山西晋城皇城相府生态文化旅游区、延安市黄帝陵景区、西安市华清池景区、西安市秦始皇兵马俑博物馆、陕西渭南华山景区等。

3. 黄河中下游地区物产丰富，具有地方特色，代表性物产包括：唐三彩、陕北剪纸、西凤酒、临潼火晶柿子、秦岭中华猕猴桃、秦椒；汾酒、竹叶青、老陈醋、清徐葡萄、晋祠大米；铁棍山药、密玉、朱仙镇木版年画、道口烧鸡、新郑大枣；青岛啤酒、潍坊风筝、淄博陶瓷、东阿阿胶、德州扒鸡。

思考与实训

1. 简述黄河中下游地区的地貌特征。
2. 概述黄河中下游的旅游资源特征。
3. 中国七大古都有哪些？
4. 简述汾酒的特征。
5. 黄河文明、华夏寻根——黄河中下游旅游区可开展哪些民俗风情游？

第9章 长江中下游旅游区

学习目标

1. 认识长江中下游旅游区的自然环境特征。
2. 熟悉长江中下游旅游区的人文环境特性。
3. 了解长江中下游旅游区各旅游地的分布状况。
4. 根据本地区旅游交通的状况设计本区主要的旅游线路。

长江中下游旅游区包括湖南、湖北、江西、安徽、江苏、浙江、上海六省一直辖市，长江贯穿东西，开发历史悠久，是我国自然条件优越、经济文化发达和人口最稠密的地区之一。全区旅游资源丰富，基础条件优越，水陆交通方便，物产丰富，园林荟萃，名山众多，水景丰富，自然风光秀丽，人文底蕴深厚，在全国旅游业中占有重要的地位。

第1节 旅游环境特征

一、旅游自然环境特征

(一)地形以平原、丘陵为主，名山众多

本区地处我国地形的第二、三级阶梯，大部分区域为最低一级的第三级阶梯。鄂西山地、湘西山地属于第二级阶梯，海拔自西向东由2 000米降至1 000米。其余属于第三级阶梯，呈现出平原和丘陵相间分布的地形结构。主要地貌类型有长江中游平原、长江下游平原、苏皖平原、江南低山丘陵等。长江中游平原包括江汉平原、洞庭湖平原和鄱阳湖平原。长江下游平原包括安徽长江沿岸平原和巢湖平原以及江苏、浙江、上海间的长江三角洲；苏皖沿江平原是指从湖口到镇江之间沿长江两岸的冲积平原；镇江以东为长江三角洲，这里依山连海，气候温和，人口稠密，是富甲全国的“鱼米之乡”；江南低山丘陵分布于长江下游平原以南，由于历史上地壳的褶皱、断层并伴有大量的岩浆活动和火山喷发而形成了低山、丘陵、盆地、河谷相间的地貌类型，这里也是本区旅游名山集中之地。

丘陵主要分布于长江中下游以南的广大地区，这里是名山集中之地，如庐山、九华山、黄山、雁荡山、莫干山、普陀山、井冈山、会稽山、紫金山、栖霞山、齐云山、龙虎山等。除常态地貌外，本区还有冰川地貌、岩溶地貌、丹霞地貌、花岗岩地貌等，都具有很高的旅游价值。

(二)典型的亚热带湿润季风气候

本区除了淮河以北为暖温带外，其余为典型的亚热带湿润季风气候，具有四季分明、冬温夏热、雨量丰沛的特征。每年从三月中旬开始，自南向北逐渐进入春季，五月进入梅雨季节，梅雨以后进入盛夏，各地普遍出现高温天气，河谷平原为高温中心，武汉、南京、杭州等地成为全

国夏季高温中心。但本区的山地气温仍较凉爽宜人,成为避暑度假的好去处。8月中下旬为秋雨期,10月秋高气爽,是本区旅游的最佳时机,冬季在无寒潮南侵时比较温暖。温暖湿润的气候使本区长江以南的植被为常绿阔叶林,长江以北为常绿阔叶和落叶阔叶混交林。本区植被茂盛,种类繁多,森林覆盖率高,形成了山清水秀的自然景色,景观丰富多彩。

(三)河流湖泊密布,水景资源丰富

本区气候湿润,降水充沛,地势低平坦荡,河网如织,湖泊众多。本区河流分属于淮河、长江和钱塘江水系。河流汛期长、泥沙少、水量大、无冰期,水流稳定,航运价值大,为开展水上旅游活动创造了十分有利的条件。本区河网密布,主要河流有长江及其支流、淮河、钱塘江、京杭大运河等。这些河流随地势的起伏创造了丰富的自然旅游资源,如长江三峡、神农溪等。

本区湖泊众多,在长江黄金水道两岸,湖泊星罗棋布。我国鄱阳湖、洞庭湖、洪泽湖、太湖和巢湖等五大淡水湖都在本区,沿岸湖光山色,风景优美。杭州的西湖、扬州的瘦西湖、淳安的千岛湖、嘉兴的南湖、南京的玄武湖、武汉的东湖等都是我国著名的风景名胜区。

本区的瀑布和名泉资源也毫不逊色。著名的瀑布有黄山的人字瀑、九龙瀑,庐山的三叠泉瀑、香炉峰瀑,雁荡山的大小龙湫瀑布。名泉有杭州虎跑泉、南京汤山泉、无锡惠山泉。本区东部濒临海洋,海岸线长,海岛数量多。

二、旅游人文环境特征

(一)经济发达,特产丰富

长江中下游地区地理位置优越,气候条件适宜,是我国的鱼米之乡。本区是我国经济最发达的地区之一,是我国重要的商品粮基地和农产品基地以及重要的工业基地。上海是全国最大的工业中心。同时,本区也是我国城市化水平最高的地区之一。

本区最负盛名、闻名中外的土特产品是茶叶和丝绸。主要名茶有杭州龙井茶、绍兴珠茶、苏州碧螺春、六安瓜片茶、祁门红茶和君山银针茶等。著名的丝绸产品有杭州的都锦、生织锦、丝绸被面、双绉,苏州的塔夫绸、宋锦,南京的云锦,湖南的湘绣。本区工艺美术品生产历史悠久,技艺精湛,著名的工艺美术品有常熟的花边、无锡的惠山泥塑、扬州的漆器和玉雕、嘉定的草编、宜兴的紫砂陶器、东阳的木雕、嵊州的竹编、黄山的徽墨、泾县的宣纸、芜湖的铁画、湖州的湖笔、景德镇的陶瓷、醴陵的彩瓷、浏阳的菊花石雕等。

(二)吴越文化与楚文化特色明显

长江流域是中华文明的发祥地之一,湿润的气候、肥沃的土地,使这里自古便是繁华之地,形成了特色鲜明的吴越文化和楚文化。

吴越文化主要形成于唐末五代时,主要在江浙一带。钱谬在杭州建立吴越国,采取保境安民的国策,促进和带动了整个吴越地区经济的发展,而且使杭州成为中国东南政治、经济和文化中心,成为中国东南人文荟萃之地。南宋迁都杭州,使这里更呈现一派繁荣景象。其核心是指吴地人的精神风貌、观念意识、心理态势和人格风范。吴越文化深厚的精神积淀,主要表现在六个方面。一是有鲜明的水乡文化特色。这里有十分明显的水乡风貌,在生活方面,衣、食、住、行都离不开水;在生产方面,渔业、蚕桑、丝绸、航运、商贸等都离不开水;在审美方面,这里的人感情细腻,偏爱淡雅、玲珑、舒缓和清丽秀美。二是有浓郁的市民文化特色。三是有外柔内刚的文化品格。四是有重文重教的文化理念。五是有精巧细腻的文化品位。六是有博采众

长的文化个性。

楚文化是先秦时代形成的一种历史悠久的区域文化,主要在两湖一带。它源于中原,随着祝融部族由中原西迁南移,融合众多的部族文化,在春秋时期,随着南方的诸侯大国——楚国的发展而成熟起来。楚文化有着自己鲜明的特色,具有浓厚的浪漫主义和神话色彩,崇尚自然,富有激情,善于想象,善歌好舞,但也信鬼好祀、重神厚巫,原始文化的味道很浓。

(三)区域位置良好,旅游交通便捷

本区旅游交通发达便捷,拥有航空、铁路、公路、水运组成的立体交通网。其中:航空以上海和各省会城市为中心,可通往北京和全国主要城市,上海还有通往世界各地的多条国际航线;铁路主干线有京沪、京九、京广、沪杭、浙赣等,这些铁路干线多数贯通各旅游城市和风景名胜;公路密度大,基本建成了通达各县市的全天候公路,大城市之间大多的省际公路或高速公路相连。立体便捷的交通,为本区旅游业的发展提供了有利条件。

本区的旅游城市数量众多,有我国最大的工商业城市上海、水巷小桥的苏州、七大古都之一的杭州、六朝古都的南京、楚风楚韵的武汉、山明水秀的长沙、曾是"富甲天下"的淮左名都扬州、名人辈出的绍兴、欧亚大陆桥的起点城连云港、以"三国旧地"闻名的合肥、历史被誉为中国四大米市之首的芜湖、近代红色革命名城南昌、素有"瓷都"之称的景德镇等,形成了一个分布密集的旅游城市群。这些旅游城市主要分布在水陆交通要冲和人口稠密地区,既具有山水之美,又有园林之胜,辅以众多的文物古迹、深厚的文化底蕴,成为我国著名的"黄金旅游区"之一。

(四)古典园林云集

本区气候温和、河流湖泊众多,常绿阔叶树和花卉种类多,为造园提供了优越的自然条件,本区古典园林居全国之冠。古典园林在我国人文旅游资源中有着重要的地位与价值。本区的古典园林归属江南园林(私家园林),素雅精致的格调与北方园林(皇家园林)的华丽壮观形成鲜明的对比,构成了我国园林艺术的主流。本区园林不仅数量丰富,而且构园造诣极高,素有"江南园林甲天下"之说,成为中外游客游览的重要内容。在六朝、五代、宋、元、明、清时期,各官僚、地主和巨富纷纷兴建园林,使本区成为江南园林荟萃之地,据《苏州府志》记载,仅苏州一地,明代园林就有 271 个,清代园林有 130 个,由此可见苏州园林之盛况,故而有"苏州园林甲江南"之美誉。至今仍有不少的精品被保存下来,苏州的沧浪亭、狮子林、拙政园、留园,无锡的寄畅园,扬州的个园、何园等为江南园林的代表,体现着江南园林精湛的造园技艺和极高的园林艺术造诣,它们都是了解和研究江南园林的首选之地。

第 2 节　主要旅游目的地

一、上海市

上海简称"沪"或"申"。春秋战国时期,上海是楚国春申君黄歇的封邑,故别称申。晋朝时期,因渔民创造捕鱼工具"扈",江流入海处称"渎",因此松江下游一带称为"扈渎",以后又改"沪",故上海简称"沪"。

上海是国家中心城市、超大城市、沪杭甬大湾区核心城市,是国际经济、金融、贸易、航运、科技创新中心,也是首批沿海开放城市。上海地处长江入海口,是长江经济带的龙头城市,隔东中国海与日本九州岛相望,东濒东海,南临杭州湾,西接江苏、浙江两省,北界长江入海,在我国南北岸线的中部。上海是长江三角洲冲积平原的一部分,地势平坦,素有“江南水乡”之称,平均高度为海拔 2.19 米左右。海拔最高点是位于金山区杭州湾的大金山岛,海拔为 103.70 米。在上海北面的长江入海处,有崇明岛、长兴岛、横沙岛 3 个岛屿。崇明岛为中国第三大岛,由长江挟带下来的泥沙冲积而成。

上海属北亚热带季风性气候,四季分明,日照充分,雨量充沛,温和湿润,春秋较短,冬夏较长,气候宜人,呈现了季风性、海洋性和局地性气候特征。由于上海城区面积大、人口密集,上海城市气候具有明显的城市热岛效应。

上海已形成由铁路、水路、公路、航空、轨道等 5 种运输方式组成的具有超大规模的综合交通运输网络。上海已拥有包括地铁、轻轨、磁悬浮及有轨电车等轨道交通线路共 16 条,营业里程 600 余千米,居全国第一位,已形成初步的网络格局。市内交通形成了由地面道路、高架道路、越江隧道和大桥以及地铁、高架式轨道交通组成的立体型交通网络。

上海位于中国南北弧形海岸线中部,交通便利,腹地广阔,是一个良好的江海港口。上海港是长江三角洲上的一个河口港,可以兼作海港,主要港区沿黄浦江分布。三角洲地势平坦开阔,为港口设备、建筑以及上海市进行合理的平面布置提供了有利条件,长江和黄浦江一方面为港口提供淡水,另一方面保证了船舶入港的宽度和大量船舶抛锚的空间。

上海是国家历史文化名城,拥有深厚的近代城市文化底蕴和众多历史古迹。江浙的吴越文化与西方传入的工业文化相融合形成上海特有的海派文化。1843 年后上海成为对外开放的商埠并迅速发展成为远东第一大城市。上海丰富的人文资源、迷人的城市风貌、繁华的商业街市和欢乐的节庆活动形成了独特的都市景观。上海有大都市中西合璧、商儒交融、八方来风的氛围,而且有人流熙攘、车水马龙、灯火璀璨的活力。上海在中国现代史上占有着十分重要的地位,它是中国共产党的诞生地,许多震动中外的历史事件都在这里发生,留下了众多革命遗迹。上海包含很多人文景观和纪念地,如一大会址、上海中山故居、外滩“外国建筑群”等,还有东方明珠电视塔、金茂大厦、环球金融中心、上海中心大厦、上海大剧院等。截至 2010 年底,上海共有 A 级景区(景点)61 家,其中 5A 级景区(景点)3 家、4A 级景区(景点)28 家、3A 级景区(景点)30 家。

上海市旅游线路主要有两条:市区现代都市风貌旅游线,包括黄浦江—外滩—南京路—浦东新区—豫园—玉佛寺—中共“一大”会址;市郊环城观光度假旅游线,包括龙华寺—淀山湖—佘山—古猗园。

(一)城市中心游览区

1. 东方明珠塔

东方明珠广播电视塔是上海的标志性文化景观之一,位于浦东新区陆家嘴,塔高约 468 米。该建筑于 1991 年 7 月兴建, 1995 年 5 月投入使用,承担上海 6 套无线电视发射业务,地区覆盖半径 80 千米。东方明珠广播电视塔是国家首批 AAAAA 级旅游景区。塔内有太空舱、旋转餐厅、上海城市历史发展陈列馆等景观和设施。直径 50 米的下球体室外观光廊标高 90 米,263 米的上球体观光层直径 45 米,是东方明珠广播电视塔的主观光层。259 米的悬空观光廊全长150米，宽2.1米，通过原第二球体观光平台的临边改造而成。该观光廊由24个可活动收放的“花瓣”状钢化透明夹胶玻璃组成，单元建筑面积17.29平方米。350米处的太空舱直径为16米，以未来主义的风格展现了太空场景的科幻魅力，是电视塔最高的观光层。东方明珠广播电视塔的空中旋转餐厅坐落于东方明珠塔267米上球体，营业面积为1 500平方米，可同时容纳350位游客用餐。陈列馆位于塔座，通过城厢风貌、开埠掠影、十里洋场、海上旧踪、建筑博览、车马春秋6个展馆的80多个景点、数百件珍贵历史文物、上百幢按比例缩小的华美建筑、117个与真人般大小的蜡像、近千个小蜡像、小泥人，反映了上海的发展过程。

2. 金茂大厦

金茂大厦又称金茂大楼，竣工于1999年，位于上海市浦东新区黄浦江畔的陆家嘴金融贸易区，楼高420.5米，是上海第3高的摩天大楼（截至2015年）。金茂大厦毗邻上海地标性建筑物东方明珠、上海环球金融中心和上海中心大厦，与浦西的外滩隔岸相对，是上海市最著名的景点以及地标之一。大厦总建筑面积29万平方米，地上88层，地下3层，集商务、观光、酒店、娱乐、购物于一体。其第88层为观光厅，可同时容纳1 000多名宾客饱览上海新貌。金茂大厦每天最多迎客15 600人。

3. 上海外滩

外滩是上海的一张城市名片，位于上海市中心区的黄浦江畔，它是上海的风景线，是到上海观光的游客的必到之地。外滩又名中山东一路，全长约1.5千米，东临黄浦江，西面为哥特式、罗马式、巴洛克式、中西合璧式等52幢不同时期、不同国家、不同风格的优美建筑，被称为“万国建筑博览群”，是近代上海历史的缩影。在19世纪后期，外滩的许多外资银行在被誉为上海的“财政街”或“东方华尔街”的外滩建立了，因此，外滩成为了鼓励财政投资的场所。由于外滩有丰富的历史价值，在外滩拥有一小块土地不仅仅是财富的标志，更是荣誉的标志。

4. 豫园

豫园位于上海市老城厢的东北部，北靠福佑路，东临安仁街，西南与上海老城隍庙毗邻。豫园原是明代的一座私人园林，始建于明代，至今已有四百余年历史。园主人四川布政使潘允端从1559年起，在潘家住宅世春堂西面的几畦菜田上建造园林。经过二十余年的苦心经营，建成了豫园。“豫”有“平安”“安泰”之意，取名“豫园”，有“豫悦老亲”的意思。古人称赞豫园“奇秀甲于东南”“东南名园冠”。

豫园园内有穗堂、铁狮子、快楼、得月楼、玉玲珑、积玉水廊、听涛阁、涵碧楼、内园静观大厅、古戏台等亭台楼阁以及假山、池塘等四十余处古代建筑。豫园的绿化布局合理，植物配置得当，层次分明，古树名木多、大盆景多、摆花多。

5. 中共“一大”会址

中国共产党第一次全国代表大会会址，简称中共“一大”会址，是中国共产党的诞生地。会址位于上海兴业路76—78号，由两幢具有20世纪20年代上海民居风格的石库门楼房组成。1921年7月23日，中国共产党第一次全国代表大会在这里召开。作为中国共产党的诞生地，中共“一大”会址被列为全国重点文物保护单位。该纪念馆陈列有出席中共“一大”的代表蜡像，其数百件展品中不乏珍贵文物和文献。

6. 上海科技馆

上海科技馆位于浦东新区世纪大道 2000 号，花木行政文化中心区，世纪广场西侧，南邻世纪公园。主馆占地面积 6.8 万多平方米，建筑面积 9.8 万平方米，分为 11 个风格各异的主题展区、4 个高科技特种影院、3 个古今中外科学家及其足迹的艺术长廊、2 个主题特展和若干个临时展厅，它们共同为四方游客生动地演绎着“自然、人、科技”的永恒话题。

上海科技馆建筑由地下一层、地面四层，附带一个办公群楼组成。整个建筑显螺旋型上升形态，表现了科学技术的不断进步。建筑的中间是一个具有标志性的巨大玻璃球体，镶嵌在一潭清水之间，它寓意着生命的诞生。

7. 上海迪士尼乐园

上海迪士尼乐园是中国内地首座迪士尼主题乐园，位于上海市浦东新区川沙新镇，于 2016 年 6 月 16 日正式开园。它是中国第二个、中国内地第一个、亚洲第三个、世界第六个迪士尼主题公园。面积 116 公顷，总规划面积 7 平方千米。

上海迪士尼乐园拥有：七大主题园区，即米奇大街、奇想花园、探险岛、宝藏湾、明日世界、梦幻世界、玩具总动员；两座主题酒店，即上海迪士尼乐园酒店、玩具总动员酒店；一座地铁站，即迪士尼站；并有许多全球首发游乐项目。

上海迪士尼乐园以核心区、发展功能区为基础，着力构建“一核、五片”的空间发展格局。核心区代表性项目是迪士尼项目；南片区是综合娱乐商业区，代表性项目有现代娱乐商业综合体、超级秀场集聚区；西片区是生态保护旅游区，代表性项目有横沔古镇、大型主题婚庆基地、旅游创意产业园区；北片区是高端总部休闲区，代表性项目有高端总部休闲基地；东片区是远期综合开发区，代表性项目有低碳智慧国际社区、国际旅游和文化艺术学院集聚区；南二片区是低密度开发区。

8. 龙华寺

龙华寺位于徐汇区，相传建于三国时期的公元 247 年，距今已有 1700 多年历史，是上海历史最悠久、规模最大、建筑最雄伟的佛教寺院，并珍藏有唐、五代、明、清年间的经书、金印、佛像等珍贵文物。龙华寺以古寺、古塔、龙华庙会、龙华晚钟等构成了宗教旅游的胜地。

（二）城郊游览区

1. 古猗园

古猗园位于上海市嘉定区南翔镇，占地 8 万余平方米，是上海五大名园之一。初建于明代嘉靖年间，至今已有 400 多年历史。因取《诗经》中“绿竹猗猗”而命名为猗园。至清代乾隆十一年重修，改名古猗园。古猗园具有苏州园林的特色，水域面积较大，亭台楼阁散立池畔，名胜古迹较多。猗园的布局以戏鹤池为中心，周围有逸野堂、梅花厅、松鹤园、湖心亭、九曲桥、长廊等。古猗园是上海市郊的著名游览胜地。

2. 淀山湖

淀山湖位于上海市青浦区，原名薛淀湖，呈葫芦形，面积 60 平方千米，是上海全市最大的水湖泊。淀山湖西岸兴建了以“大观园”仿古建筑群为主体的风景区，占地 8 万平方米，建筑面积 8 000 多平方米。建筑群以《红楼梦》小说为依据，有“怡红院潇湘馆院”“稻香村”等建筑景点 10 多组。淀山湖东岸有青少年野营基地、大型游泳场、划船俱乐部。青少年野营基地为综合性游乐场所，设有帆船、高速摩托艇、溜冰场、钓鱼台等游乐设施。淀山湖南岸有水上运动场、国际高尔夫球乡村俱乐部，是国内外游人度假的良好场所。淀山湖现已成为上海市规模最大的具有游览、体育、疗养、野营等多种功能的旅游区。

3. 方塔

方塔位于上海市西南松江区，原名兴圣教导塔，始建于北宋熙宁至元祐年间，距今已有近千年历史。塔形是继承唐代佛塔四方形建制，故称方塔。方塔砖木结构，塔高 42.5 米，共 9 层。全塔共有 177 朵“斗拱”，多用楠木制成，其中 110 朵是宋代的原物，这在我国现有的塔中是少见的。方塔造型优美，姿态雄伟，具有挑檐窜角、清秀挺拔的南方塔特色，为江南造型最美的古塔之一。

二、江苏省

江苏省简称“苏”，省会南京，以“江宁府”与“苏州府”之首字得名。地处长江经济带，位于中国大陆东部沿海中心、长江下游，东濒黄海，东南与浙江和上海毗邻，西接安徽，北接山东，长江、淮河，京杭大运河从中穿过。江苏辖江临海，扼淮控湖，经济繁荣，教育发达，文化昌盛，江苏地理上跨越南北，同时具有南方和北方的特征。江苏地形以平原为主，主要由苏南平原、江淮平原、黄淮平原和东部滨海平原组成。其地形地势低平，河湖众多，平原、水面所占比例之大，在全国居首位，成为江苏一大地理优势。江苏是著名的“鱼米之乡”。

江苏是中国古代文明、远古人类、吴越文化、长江文化的发祥地之一，自古便是中国政治、经济、文化最为发达的省区之一。江苏拥有江淮、金陵、中原、吴四大多元文化，南京、苏州、扬州、镇江、徐州、淮安、常熟、无锡被确定为国家历史文化名城。

江苏省旅游路线主要有如下几条。

(1)苏南旅游路线：以江南秀丽的山水风光和古典园林为特色的旅游线，即沧浪亭—狮子林—留园—网师园—怡园—虎丘—剑池—寒山寺—鼋头渚—锡惠公园—三国城—水浒城—瘦西湖—蜀岗—金山—焦山—北固山。

(2)南京爱国主义教育科技旅游路线：中科院紫金山天文台—中山植物园—南京航空馆—南京地质博物馆—南京博物馆。

(3)高邮湖渔家乐休闲游：包括野鸭放飞、渔船休闲、湖边垂钓、湖边烧烤、水上狩猎等项目。

(4)扬州宗教文化旅游线：大明寺—高寺—栖灵塔。

(5)秦淮河水上风光旅游线：由半池至中华门城堡，全长 1.5 千米，沿途可停靠各主要景点。

(一)南京

南京简称“宁”，古称金陵、建康，地处中国东部、长江下游、濒江近海，是长江国际航运物流中心、长三角辐射带动中西部地区发展的国家重要门户城市，是东部沿海经济带与长江经济带战略交汇的重要节点城市，也是“一带一路”战略与长江经济带战略交汇的节点城市，南京都市圈核心城市。

南京属北亚热带季风气候，四季分明，冬夏长而春秋短，雨水充沛，光能资源充足。南京又是古今文化荟萃之地。城中有玄武湖；城东有中山陵、明孝陵、紫金山天文台等；城南有夫子庙、乌衣巷、李香君故居等；城西有清凉山、石头城、莫悉湖等；城北有珍珠泉度假区、南京长江大桥。南京山、水、城、林相映成趣，景色壮丽秀美，是中国著名的风景旅游城市。

1. 中山陵

中山陵位于南京市东郊紫金山南麓，是中国近代伟大的政治家、革命先行者孙中山先生(1866—1925)的陵墓及其附属纪念建筑群，面积 8 万余平方米。中山陵于 1926 年 1 月动工兴建，1929 年 6 月 1 日举行奉安大典，1961 年成为全国重点文物保护单位。整个陵区苍松翠柏，漫山碧绿，庄严肃穆，气势雄伟，是南京最负盛名的胜地。

2. 明孝陵

明孝陵位于紫金山南麓、中山陵的西边，是明朝开国皇帝朱元璋的陵墓。明孝陵建于明洪武十四年(1381 年)，至明永乐三年(1405 年)建成，是明代皇陵中规模最大的一座，现残存正门、碑亭、明太祖墓等。2003 年明孝陵被列入《世界文化遗产名录》。2006 年 12 月被列为首批国家重点风景名胜区和首批国家 AAAAA 级旅游景区。

3. 玄武湖

玄武湖位于南京城玄武门外，三面环山，一面临城，总面积 440 万平方米，其中湖水面积 336 万平方米。玄武湖六朝时期曾是训练水师的军事基地，又是历代帝王游猎吟咏的游乐场所。玄武湖风景如画，湖光山色浑然一体，是南京最大的公园。

4. 南京夫子庙

南京夫子庙位于南京市秦淮区秦淮河北岸贡院街、江南贡院以西，即南京孔庙、南京文庙、文宣王庙，为供奉祭祀孔子之地，是中国第一所国家最高学府，也是中国四大文庙，为中国古代文化枢纽之地、金陵历史人文荟萃之地，不仅是明清时期南京的文教中心，同时也是居东南各省之冠的文教建筑群，现为夫子庙秦淮风光带重要组成部分。夫子庙是一组规模宏大的古建筑群，主要由孔庙、学宫、贡院三大建筑群组成，占地极大。有照壁、泮池、牌坊、聚星亭、魁星阁、棂星门、大成殿、明德堂、尊经阁等建筑。夫子庙因被誉为秦淮名胜而成为古都南京的特色景观区，是中国最大的传统古街市，与上海城隍庙、苏州玄妙观和北京天桥合称为中国四大闹市。

5. 莫愁湖

莫愁湖位于江苏省南京市建邺区，是一座有着 1500 年悠久历史和丰富人文资源的江南古典名园，为六朝胜迹，有“江南第一名湖”“金陵第一名胜”“金陵四十八景之首”等美誉。公园面积 58.36 公顷，其中湖面约 33.3 公顷，绿地率 93.74%，湖面标高 4 米。莫愁湖在六朝时称横塘，在宋、元时即有盛名，明朝定都南京后更是盛极一时。清乾隆年间，在园内建郁金堂，筑湖心亭。解放后，莫愁湖畔原有建筑整修一新，并扩大了游览园地，增建了长廊、水榭、湖心亭、露天舞台等设施，遍植花木。园内楼、轩、亭、榭错列有致，堤岸垂柳，海棠相间，湖水荡漾，碧波照人。

(二)苏州

苏州是我国重要的历史文化名城和风景旅游城市，自古以来就享有“人间天堂，东方水城”的美誉。它是一座拥有 2500 多年悠久历史的古城，丰厚的历史文化积淀造就了“小桥、流水、人家”的独特风貌。

1. 拙政园

拙政园位于苏州市东北街178号，始建于明朝正德年间，今园辖地面积约5.6万平方米，开放面积约4.9万平方米，其中园林中部、西部及晚清张之万住宅（今苏州园林博物馆旧馆）为晚清建筑园林遗产，约2.5万平方米。它是全国重点文物保护单位、国家AAAAA级旅游景区、全国特殊旅游参观点，被誉为"中国园林之母"。它又与北京的颐和园、承德的避暑山庄和苏州留园合称为中国四大名园。全园以水池为中心，水面约占全园面积的3/5，具有朴素开朗的自然风格。园内池广树茂，厅榭精雅，平桥低栏，景色秀美。

2. 留园

留园位于苏州西郊阊门外，苏州四大名园之一，始建于明代中叶，清嘉庆三年修建后具有清代园林建筑风格，因园主姓刘，故名留园。留园面积27 000平方米，大致可分中、东、西、北四个景区，代表清代风格，该园以建筑艺术精湛著称，厅堂宽敞华丽，庭院富有变化，太湖石以冠云峰为最，可"不出城郭而获山林之趣"。其间以曲廊相连，迂回连绵，达700余米，通幽度壑，秀色迭出，中部是原来寒碧山庄的基址，中辟广池，西、北为山，东、南为建筑。假山以土为主，叠以黄石，气势浑厚。山上古木参天，显出一派山林森郁的气氛。

3. 寒山寺

寒山寺位于苏州城西门外的枫桥，又称枫桥寺，是著名古刹，创建于南朝梁代天监年间。相传唐代高僧寒山和拾得二人曾居于此，故名寒山寺。寒山寺以诗韵钟声名扬中外。据说唐代诗人张继赴考落第，归途中于枫桥夜泊，有感而成《枫桥夜泊》，寒山寺因此而扬名中外。现在每年除夕到寒山寺聆听钟声，不仅是苏州人的习俗，日本游客也远涉重洋专程来听夜半钟声。

4. 周庄

周庄古称摇城，原系春秋时吴国太子摇的封地；又名贞半里，北宋当地人周迪功信奉佛教，舍其故宅和良田给寺庙当庙产，百姓们感其恩德，遂更名为周庄，为中国第一水乡，有900余年的历史。围绕全镇的有澄湖、白岘湖、淀山湖、南湖和30多条大小河流，镇上有四条主河道，因此周庄自古有"水乡泽国"之称，总面积36平方千米。

（三）扬州

扬州市南部濒临长江，与镇江市隔江相望，西部与滁州天长市相连，西南部与南京相连，北部与淮安市接壤，东部和盐城市、泰州市毗连，气候属于亚热带季风性湿润气候向温带季风气候的过渡区。所谓"烟花三月下扬州"，每年的春季，扬州便迎来旅游旺季，也是游览扬州的最佳时间。

1. 个园

个园位于扬州市市区，原为清代画家石涛故居寿芝园旧址。园中植竹万竿，竹叶形若"个"字，竹字半边亦为"个"字，遂以"个"为园名。个园叠石立意精妙，以不同山石巧叠四季假山，形神兼备，为天下一绝。

2. 瘦西湖

瘦西湖风景名胜区位于扬州市西北郊，由古城遗址、蜀冈名胜、瘦西湖自然风光和古典园林群等组成。蜀冈名胜有大明寺、平山学堂、鉴真纪念堂等古典园林建筑。瘦西湖南起虹桥，北抵蜀冈,为一狭长湖泊,长约8千米,六朝以来即为风景胜地。因为可与杭州西湖媲美而形体较瘦,称之为瘦西湖。沿湖布满亭榭楼台,景点达100多处,形成层次分明、曲折多变的山水园林景观,主要景点有大虹桥、五亭桥、白塔、二十四桥等。

3. 大明寺和鉴真纪念堂

大明寺为江南古刹,始建于南朝,已有1500年历史。这里曾是唐高僧鉴真居住和讲学之地。1973年为纪念鉴真逝世1200周年,在大明寺东侧兴建鉴真纪念堂。

(四)无锡

无锡位于江苏东南部,太湖北岸,是历史悠久的古城,三千年前曾是吴国所在地。相传周秦之际曾产过铅锡,西汉时锡竭,故名无锡。无锡风景秀丽,以自然风光和近代园林为主,其风光名胜大多与太湖景色相联系,因而无锡被誉为"太湖明珠"。

1. 鼋头渚

鼋头渚距无锡市区10余千米,位于太湖之滨,三面环水,因形如突入湖中的鼋头而得名,是太湖风景精华所在地。园林布局依山傍水,别具一格,是观赏太湖的最佳处。山上还有广福寺、澄澜堂、飞云阁等,可以从不同角度观赏浩渺无际的太湖景色。

2. 蠡园

蠡园位于无锡市西南五里湖畔。五里湖又称蠡湖,是太湖的一部分。相传春秋时越国大夫范蠡偕美女西施泛舟于此而得名。全园面积58 000平方米,其中水面23 600平方米。蠡园三面临湖,以水饰景,将人工修饰与自然天成结合,将北方园林的宏伟与南方园林的秀丽融为一体,独具一格,为江南名园之一。

3. 锡惠公园

锡惠公园位于无锡市西郊惠山和锡山之间,惠山是江南名山,高329米,其九峰如九条巨龙,故又称九龙山。山上有惠山寺、香花桥、大同殿等古迹。惠山东麓有明代所建的寄畅园,以精湛的造园艺术和独特的风格享有盛名。惠山泉被誉为"天下第二泉"。无锡泥塑"惠山泥人"出于此处。

三、浙江省

浙江省简称"浙",境内最大的河流钱塘江,因江流曲折,称之江、折江,又称浙江,省以江名。地处中国东南沿海长江三角洲南翼,东临东海,南接福建,西与安徽、江西相连,北与上海、江苏接壤。

浙江地形自西南向东北呈阶梯状倾斜,西南以山地为主,中部以丘陵为主,东北部是低平的冲积平原。省内有钱塘江、灵江、苕溪、甬江、鳌江、京杭运河(浙江段)等8条水系;有杭州西湖、绍兴东湖、嘉兴南湖、宁波东钱湖四大名湖及人工湖泊千岛湖。浙江属亚热带季风气候,季风显著,四季分明,年气温适中,光照较多,雨量丰沛,空气湿润,雨热季节变化同步,气候资源配制多样,气象灾害繁多。

浙江是典型的山水江南,被称为"丝绸之府""鱼米之乡"。早在5万年前的旧石器时代,就有原始人类"建德人"活动;境内有距今7000年的河姆渡文化、距今6000年的马家浜文化和距今5000年的良渚文化等文化遗存;是吴越文化、江南文化的发源地,中国古代文明的发祥地之一。

浙江省有重要地貌景观 800 多处、水域景观 200 多处、生物景观 100 多处、人文景观 100 多处;有 18 个国家级重点风景名胜区、42 个省级风景名胜区;有 6 座国家级历史文化名城,12 座省级历史文化名城;有全国重点文物保护单位 134 处、省级重点文物保护单位 279 个;有国家级自然保护区 10 个、国家森林公园 35 个。浙江省有国家级风景名胜区 127 处、国家自然保护区 65 处,是森林公园最多的省,有丝绸、茶叶、服装、南宋官窑等博物馆。

(一)杭州

杭州,简称"杭",位于中国东南沿海、浙江省北部、钱塘江下游、京杭大运河南端,是浙江省的政治、经济、文化、教育、交通和金融中心,也是长江三角洲城市群中心城市之一、环杭州湾大湾区城市、长三角宁杭生态经济带节点城市、中国重要的电子商务中心之一。

杭州自秦朝设县治以来已有 2200 多年的历史,曾是吴越国和南宋的都城。因风景秀丽,素有"人间天堂"的美誉。杭州人文古迹众多,西湖及其周边有大量的自然及人文景观遗迹,其中西湖文化、良渚文化、丝绸文化、茶文化以及流传下来的许多故事传说成为杭州文化代表。

杭州以其美丽的西湖山水著称于世。"上有天堂、下有苏杭"表达了古往今来人们对于这座美丽城市的由衷赞美。宋代大文豪苏东坡曾写道"天下西湖三十六,就中最好是杭州"。西湖有着少女般的魅力,清丽脱俗。她拥有三面云山、一水抱城的山光水色,她以"淡妆浓抹总相宜"的自然风光情系天下众生。

1. 西湖十景

"西湖十景"是指杭州市著名旅游景点西湖上的十处特色风景,最常见的说法是苏堤春晓、曲苑风荷、平湖秋月、断桥残雪、柳浪闻莺、花港观鱼、雷峰夕照、双峰插云、南屏晚钟、三潭印月。西湖十景形成于南宋时期,基本围绕西湖分布,有的就位于湖上。在南宋之后,又分别有元代钱塘十景、清代西湖十八景、清乾隆杭州二十四景、1985 新西湖十景、2007 第九届中国杭州西湖博览会西湖十景等。

2. 六和塔

六和塔位于浙江省杭州市西湖之南,钱塘江畔月轮山上。它是中国现存最完好的砖木结构古塔之一,也是世界上最高的塔。六和塔始建于北宋开宝三年(公元 970 年),僧人智元禅师为镇江潮而创建,取佛教"六和敬"之义,命名为六和塔。现在的六和塔塔身重建于南宋。六和塔又名六合塔,取"天地四方"之意。20 世纪 90 年代在六和塔近旁新建"中华古塔博览苑",将中国各地著名的塔缩微雕刻而成,集中展示了古代中国建筑文化的成就。

(二)绍兴

绍兴市位于浙江省中北部、杭州湾南岸,是具有江南水乡特色的文化和生态旅游城市。绍兴已有 2500 多年建城史,是首批国家历史文化名城、联合国人居奖城市、中国优秀旅游城市、国家森林城市、中国民营经济最具活力城市,也是著名的水乡、桥乡、酒乡、书法之乡、名士之乡。

1. 大禹庙和大禹陵

大禹庙和大禹陵位于绍兴东南 6 千米的会稽山麓,相传大禹东巡至此聚集诸侯,死后就葬在这里。大庙内现存有石刻碑文多处,称颂大禹治水的功绩,其中"峋嵝碑"最为珍贵,相传为大禹治水时所刻。

2. 兰亭

兰亭位于绍兴市南部，晋代著名书法家王羲之杰作《兰亭集序》使它成为历代名胜。现存建筑有曲水流觞亭、王右军祠。祠内有墨池，相传为王羲之当年洗毛笔的地方，鹅池边竖有“鹅池”石碑一块，相传为王羲之所书。

3. 鲁迅纪念馆

鲁迅纪念馆位于绍兴市鲁迅中路，包括鲁迅故居、百草园、三味书屋和鲁迅生平事迹陈列厅。馆内陈列着鲁迅一生革命活动的实物、信札、手稿、照片等珍贵文物。鲁迅纪念馆西有咸亨酒店，北有秋瑾纪念碑、周恩来祖居和蔡元培故居等景点。

4. 东湖

东湖位于绍兴城东 3.5 千米，它与杭州西湖、嘉兴南湖合称浙江三大名湖。东湖背靠一条高达数百米的石崖，隔断了两个岩洞，只在崖中有一桃形窟窿，小船可以从中穿行。这就是著名的仙桃洞。

5. 鉴湖

鉴湖位于绍兴城西 1.5 千米，为浙江名湖之一。鉴湖长达数千米，但宽度却很小，最宽处不到 1 千米，由东跨湖桥、快阁、三山、清水闸、柯岩、湖塘等景区组成。

（三）嘉兴

嘉兴市位于浙江省东北部、长江三角洲杭嘉湖平原中心地带，是长江三角洲重要城市之一，处于江河湖海交汇之位，扼太湖南走廊之咽喉，与沪、杭、苏、湖等城市相距均不到百千米，在上海、杭州中间，区位优势明显。

1. 南湖

南湖位于嘉兴市南部。因湖中有二小岛，使湖形呈交颈鸳鸯状，故又称鸳鸯湖。一岛上建仓圣祠，另一岛建烟雨楼。湖景素雅清丽，与杭州西湖、绍兴东湖、宁波东钱湖并称浙江四大名湖。1921 年 7 月，中共一大从上海移至南湖画舫中举行，现有仿制的纪念船。

2. 乌镇

乌镇位于桐乡市北、京杭大运河西侧，是典型的江南水乡古镇。乌镇拥有 1300 多年的历史，建镇文化底蕴深厚。区内河网纵横，民居临河而建，迤逦千余米的河岸边，水阁和廊棚透出水乡的悠悠韵味。古民居墙上多涂有类似于黑色的油漆，据说这种涂料可以起到保护墙面的作用，而黑色在江南桐乡一带被称之为“乌”，镇由此得名。

（四）宁波

宁波简称“甬”，地处我国海岸线中段、长江三角洲南翼。宁波人文积淀丰厚，历史文化悠久，属于典型的江南水乡兼海港城市，是中国大运河南端出海口、“海上丝绸之路”东方始发港。

1. 天一阁

天一阁始建于明嘉靖四十年，由当时退隐的兵部右侍郎范钦主持，是中国现存年代最早的私家藏书楼，也是亚洲现有最古老的图书馆和世界最早的三大家族图书馆之一。由于范钦八世孙范懋柱进献藏书众多，清朝乾隆皇帝敕命测绘天一阁房屋、书橱款式，兴造著名的“南北七阁”，用来收藏《四库全书》，天一阁自此名闻中国。解放后，在周恩来总理的关心和众多本地藏书家的响应下，天一阁的珍本、善本数量得到了恢复，馆藏珍版善本达到了 8 万多卷。

2. 奉化溪口

奉化溪口是中国 AAAAA 级旅游景区，以蒋介石和蒋经国父子故乡为背景，又以雪窦山和雪窦寺的佛教文化为铺垫，还有两蒋原住址及镇上古色古香民国雅韵，包含了武岭门、蒋母墓道、玉泰盐铺、文昌阁（奎阁凌霄）、小洋房、蒋氏丰镐房、摩诃殿、武岭中学、御书亭、锦镜池、妙高台、千丈岩、将军楠、中旅社原址、三隐潭、徐凫岩、亭下湖和张学良将军的第一幽禁地等等。

（五）普陀山

"海天佛国"普陀山位于杭州湾以东，与上海、宁波隔海相望，与山西五台山、四川峨眉山、安徽九华山并称为中国佛教四大名山，是观世音菩萨教化众生的道场。普陀山是舟山群岛 1 390 个岛屿中的一个小岛，形似苍龙卧海，面积近 13 平方千米，与舟山群岛的沈家门隔海相望，素有"海天佛国""南海圣境"之称，是首批国家重点风景名胜区。2007 年 5 月 8 日，舟山市普陀山风景名胜区经国家旅游局正式批准，成为国家 AAAAA 级旅游风景区。"海上有仙山，山在虚无缥缈间"，普陀山以其神奇、神圣、神秘，成为驰誉中外的旅游胜地。

（六）千岛湖

千岛湖风景区，又称新安江水库，位于浙江省杭州市淳安县境内。东距杭州 129 千米、西距黄山 140 千米，北接临安市，南接常山县，西南与开化县、衢州市为邻，东南与桐庐和建德二县市接壤，西北与安徽省交界，占地面积 982 平方千米，地处长江三角洲的腹地。

1982 年，千岛湖风景区成为首批国家级风景名胜区。1986 年 11 月，千岛湖风景区被林业部批复为国家森林公园。2001 年，千岛湖风景区被评为国家 AAAAA 级旅游风景区。2002 年，千岛湖风景区被评为中国保护旅游消费者权益示范景区和浙江青年文明号示范景区。

千岛湖湖形呈树枝形，湖中大小岛屿 1 078 个，是中国最大的人工湖。千岛湖中大小岛屿形态各异，群岛分布有疏有密、罗列有致，其主要景点有梅峰岛、猴岛、龙山岛、锁岛、三潭岛等。

（七）雁荡山

雁荡山位于浙江省乐清市境内，部分位于永嘉县及温岭市。因主峰雁湖岗上有着结满芦苇的湖荡、年年南飞的秋雁栖宿于此，因而得名"雁荡山"。

雁荡山主要有灵峰、灵岩、大龙湫、三折瀑、雁湖、显胜门、羊角洞、仙桥八大景区，有 500 多处景点，素以独特的奇峰怪石、飞瀑流泉、古洞畸穴、雄嶂胜门和凝翠碧潭扬名海内外。它以奇异的造型地貌，形成景色万千的"峰、洞、嶂、瀑"雁荡四绝，被誉为"海上名山，寰中绝胜"，史称"东南第一山"。其中，灵峰、灵岩、大龙湫三个景区被称为"雁荡三绝"。雁荡山的灵峰夜景、灵岩飞渡是其两大特别景观。

（八）杭州湾跨海大桥

杭州湾跨海大桥是一座横跨中国杭州湾海域的跨海大桥，总投资 118 亿元，北起嘉兴市海盐郑家埭，跨越宽阔的杭州湾海域后止于宁波市慈溪水路湾，是国道主干线——同三线跨越杭州湾的便捷通道。大桥建设首次引入了景观设计概念，借助"长桥卧波"的美学理念，呈现 S 形曲线，具有较高的观赏性、游览性。在南航道再往南 1.7 千米，就在离南岸大约 14 千米处，有一个面积达 1.2 万平方米的海中平台。这一海中平台是一个海中交通服务的救援平台，同时也是一个绝佳的旅游休闲观光台，名叫"海天一洲"。它以白色和蓝色为主调，外形就像一只展翅飞翔的雄鹰。海天一洲分为主体平台和观光塔两部分，主体平台一共有6层，观光塔共16层，高145.6米，站在塔上，可以远眺跨海大桥"长虹卧波"的优美姿态，还可以看钱塘江大潮和附近的嘉兴港，同时还可以欣赏杭州湾湿地，那里栖息着各种鸟类。

四、安徽省

安徽省地处长江、淮河中下游，位于长江三角洲腹地，安徽得名于"安庆府"与"徽州府"之首字。地跨长江、淮河南北，新安江穿行而过，与江苏、浙江、湖北、江西、山东、河南接壤。地形地貌由淮北平原、江淮丘陵、皖南山区组成，境内湖泊星罗棋布，是典型的山水江南、鱼米之乡。安徽全省共有河流2 000多条、湖泊110多个，著名的有长江、淮河、新安江和全国五大淡水湖之一的巢湖。

安徽省在气候上属暖温带与亚热带的过渡地区。在淮河以北属暖温带半湿润季风气候，淮河以南属亚热带湿润季风气候。其主要特点是：季风明显，四季分明，春暖多变，夏雨集中，秋高气爽，冬季寒冷。

安徽是中国史前文明的重要发祥地，拥有淮河文化、庐州文化、皖江文化、徽文化四大文化圈。安徽文化遗存丰富而别具特色，歙县、寿县、亳州、安庆、绩溪为国家级历史文化名城。其中，歙县是历史上的徽州府所在地，新安画派、新安医学、歙派篆刻、徽派版画、徽派园林建筑、徽菜和徽剧的发祥地就在于此。安徽主要旅游路线如下。

（1）奇山异水旅游路线：合肥—九华山—黄山。

（2）皖北访古文化旅游路线。

（3）皖江黄金水道旅游线路。

（4）青山秀水旅游线路：新安江—千岛湖。

（5）淮河风情旅游线。

（6）九华山和齐云山宗教朝圣旅游线。

（一）合肥

合肥，简称"庐"或"合"，古称庐州、庐阳，因东淝河与南淝河均发源于该地而得名。合肥市地处中国华东地区、江淮之间，环抱巢湖，是长三角城市群副中心、综合性国家科学中心、"一带一路"和长江经济带战略双节点城市。合肥是一座具有2000多年历史的古城，合肥素有"三国故地，包拯家乡"之称，境内名胜古迹众多，如包公祠、李鸿章故居、吴王遗踪等。合肥还诞生了周瑜、包拯、李鸿章等一批历史名人。

1. 包公祠

包公祠，全名为包孝肃公祠，位于安徽省合肥市环城南路东段的一个土墩上，是包河公园的主体古建筑群。"孝肃"二字，是宋仁宗在包公死后赐给他的谥号，以肯定包公的忠孝一生。包公祠为白墙青瓦构筑的封闭式三合院组成。主建筑是包公亭堂，端坐包拯高大塑像，壁嵌黑石包公刻像，威严不阿，表现了"铁面无私"的黑脸包公的凛然正气。亭堂西面配以曲榭长廊；东面有一六角龙井亭耸立，内有古井，号"廉泉"。

2. 三河古镇

三河古镇，古名鹊渚、鹊尾（渚）、鹊岸，是中国历史文化名镇、国家AAAAA级旅游景区，位于安徽省合肥市肥西县南端。三河古镇的基本格局是：外环两岸，中峙三洲。临水建房，沿河延伸，呈狭长型，四周环水，三水环绕三河，河湖通航，河圩相连，所谓“枝津回互，万艘可藏”。丰乐河、小南河和杭埠河三条河流成“口”字形布局环抱古镇，街区的基本格局是以小南河为中轴，沿河成街，以码头为端点、河道为边沿，辐射状衍生成数条古商业街，主要景点有三县桥、望月桥、鹊渚廊桥、万年台、忠武阁、英王府等。

（二）黄山风景区

黄山，原名黟山，因峰岩青黑、遥望苍黛而名。后因传说轩辕黄帝曾在此炼丹成仙，唐玄宗信奉道教，故于天宝六年（公元 747 年）六月十七日改为“黄山”。

黄山风景区，位于安徽省南部黄山市境内，黄山风景区距市府所在地屯溪 69 千米，南北长约 40 千米，东西宽约 30 千米，地跨市内歙县、休宁、黟县和黄山区、徽州区，山脉面积 1 200 平方千米，规划入黄山风景区面积约 160.6 平方千米，是号称“五百里黄山”的精华部分。景区内空气清新，水质优良，环境优美，生态系统平衡稳定，各项生态环境指标均达到或好于国家标准，成为名副其实的“天然氧吧”“华东动植物宝库”和“人间仙境”。黄山是中国十大风景名胜中唯一的山岳风景区，以奇松、怪石、云海、温泉的“黄山四绝”以及“黄山第五绝”——冬雪著称于世。

黄山风景区分为玉屏景区、白云景区、北海景区、松谷景区、云谷景区、温泉景区、梦幻景区。黄山集名山之大成；泰山之雄伟、华山之峻峭、峨眉之清凉、匡庐之飞瀑、雁荡之巧石、衡山之烟云，黄山无不兼而有之。黄山的特点如下。

1. 景观奇特

景区内有名可数的景点 800 多处。千米以上的山峰有 77 座，命名的有 36 大峰、36 小峰。其中莲花峰、天都峰、光明顶三大主峰，海拔均在 1 800 米以上，且各有特点：莲花峰瑰丽，光明顶高旷，天都峰险峻。黄山以变取胜，一年四季景各异。初春：繁花似锦，五彩缤纷，漫山杜鹃，争奇斗艳，十里桃花，姹紫嫣红。盛夏：涌泉池清，峭壁飞瀑，层峦叠翠，绿荫遍地，奇花异草，芳香诱人。金秋：丹枫如火，山花流芳，层林尽染，凝紫飞红，绚丽璀璨。严冬：银装素裹，玉树琼楼，雾凇冰挂，晶莹雅洁。黄山可以说是无峰不石、无石不松、无松不奇。其二湖、三瀑、十六泉、二十四溪相映争辉，奇松、怪石、云海、温泉、冬雪俗称黄山“五绝”。

奇松，“高可寻丈短尺许，寄生以石不以土”。名松一百多棵，其中列入《世界遗产名录》的有 32 棵。

怪石，有名可数的有一百二十多处，它们巧夺天工，妙趣横生。尤其是与奇松相映成趣，分外瑰奇。“黄山甲天下，松与石最奇”。

云海，是黄山的魔术大师，使山静中有动、动中有静，“只信茫茫云是海，不信茫茫海是云”。

温泉，属碳酸盐型，水质可浴可饮，水温常年保持在 42 ℃左右。“五岳若与黄山并，犹欠灵砂一道泉”。

冬雪，是游人公认的一绝。1993 年 12 月，朱镕基总理视察黄山时指出：“黄山本来就很美，冬雪更为黄山增添了无穷的魅力。”

2. 动植物资源丰富

黄山素有“华东植物宝库”之称，共有高等植物 217 科、1 664 种，其中原生植物 1 446 种，主要有黄山松、黄山杜鹃、天女花、木莲、红豆杉、铁杉等。植被覆盖率达93.6%,森林覆盖率达84.7%。珍禽异兽种类繁多,群落完整,生态稳定平衡。动物共550种,属国家一、二、三类保护动物有30多种。主要有短尾猴、四不像、小灵猫、苏门羚、梅花鹿、娃娃鱼、白鹇、八音鸟、相思鸟等。

3. 文化底蕴深厚

黄山景区地处文化历史悠久的古徽州,现有摩崖石刻200多处,古道、古桥、古寺、古亭等古建筑近百处。历代歌颂黄山的诗词歌赋2万多首(篇);以黄山为题材的书法、绘画、摄影作品难以计数。明末清初,渐江、石涛、梅清等人师法自然,创立了“黄山画派”,历数百年而不衰。近年来拍摄并在世界很多国家和地区播放的影视风光片,出版的中外科普和游览丛书、导游图、画册、影集、明信片,发行的黄山系列邮票,刊发的各类论文,也构成了黄山文化的重要组成部分。

(三)九华山风景区

九华山风景区位于中国安徽省,西北隔长江与天柱山相望,东南越太平湖与黄山同辉。它是安徽省“两山一湖”(九华山、太平湖、黄山)旅游开发战略的主景区。

九华山位于皖南断块隆起的中心部位,主体由花岗岩构成,受构造、岩性等影响,形成了以峰为主,盆地峡谷、溪涧泉流交织其中的独特地貌景观。由于其隆起幅度自核心部位向周围逐渐减小,外围山地由硬度较花岗岩小的花岗闪长岩和沉积岩组成,易被冲刷侵蚀,故整个九华山体由众多千姿百态、高低参差的中山、低山、丘陵和山间盆地等组成。九华山区的褶皱和断裂构造都十分发育,岩浆活动也很频繁。主要景点有真身宝殿、十王峰、甘露寺等。

(四)皖南古村落——西递、宏村

西递、宏村为世界文化遗产,也是国家AAAAA级旅游景区。西递、宏村位于安徽省黄山市黟县,是安徽南部民居中最具有代表性的两座古村落,以世外桃源般的田园风光、保存完好的村落形态、工艺精湛的徽派民居和丰富多彩的历史文化内涵而闻名天下,被誉为“画中的村庄”。西递始建于北宋皇佑年间,发展于明朝景泰中叶,鼎盛于清朝初期,至今已近960余年历史,因村边有水西流,又因古有递送邮件的驿站,故而得名“西递”,素有“桃花源里人家”之称。

宏村始建于南宋绍熙年间,原为汪姓聚居之地,绵延至今已有800余年。它背倚黄山余脉羊栈岭、雷岗山等,地势较高,经常云蒸霞蔚,有时如浓墨重彩,有时似泼墨写意,真好似一幅徐徐展开的山水长卷,被誉为“中国画里的乡村”。

(五)巢湖

巢湖位于皖中,地属合肥,连淮通江,东西长55千米,南北宽22千米,常年水域面积约760平方千米,是我国五大淡水湖之一,宛如一面宝镜镶嵌在江淮大地,有“八百里湖天”之称,为巢湖国家风景名胜区主体区域。

巢湖风景名胜区是长三角世界级城市群重要的区域生态基础,以巢湖辽阔水域风光为背景,以较为原生态的湖岸环境为基础,以湖岛、山林、湾咀为自然景观特征,以巢文化和典型的圩田风光为资源要素,是融风景游赏、环境保持、运动体验、科普研究、休闲康养、旅游度假等功能为一体的综合性特大型国家公园。

（六）天柱山

天柱山风景名胜区位于安庆市潜山县西部，景区因主峰如“擎天一柱”而得名，被誉为“江淮第一山”。千米以上高峰有45座，主要有天柱峰、飞来峰、天池峰等。景区内分布有名崖、奇石、异洞、涧瀑、云海等自然景观，位列安徽省三大名山（黄山、九华山、天柱山）之一。景区宗教文化积淀深厚，是中华佛教禅宗发源地之一。主要景点有天柱峰、一线天、渡仙桥、神秘谷等。

（七）八里河风景区

八里河风景区是国家AAAAA级旅游景区、环保“全球500佳”，地处安徽省阜阳市东南的颍上县，南临淮水，东濒颍河，北距颍城8千米，西迄阜阳60千米，东南距合肥170千米。其主园区即“世界风光”“锦绣中华”“碧波游览区”“鸟语林”，占地面积2.4平方千米，享有“天下第一农民公园”之美称。主要景点有世界风光、锦绣中华、碧波游览、淮河风情文化馆等。

五、江西省

江西简称“赣”，又称江右，别称赣鄱大地，省会是南昌。因公元733年唐玄宗设江南西道而得省名，又因古为干越之地和省内最大河流为赣江而简称“赣”。气候属中亚热带温暖湿润季风气候，年均气温16.3℃～19.5 ℃，水网稠密，降水充沛。

江西红色文化闻名中外，井冈山是中国革命的摇篮，南昌是中国人民解放军的诞生地，瑞金是苏维埃中央政府成立的地方，安源是中国工人运动的策源地。中国共产党领导人民群众先后在江西建立大片革命根据地：赣西井冈山革命根据地、湘赣革命根据地、赣东北革命根据地等。

（一）南昌

南昌，简称“洪”或“昌”，古称豫章、洪都，寓意“昌大南疆、南方昌盛”，是新中国航空工业的发源地、中国重要的综合交通枢纽和光电产业基地，是世界级的光伏产业基地。南昌地处长江以南，水陆交通发达，形势险要，自古有“襟三江而带五湖”之称。

1. 滕王阁

滕王阁位于沿江北路与叠山路口的南边，这里也是赣江与抚河的汇合处。自古它就与黄鹤楼、岳阳楼和蓬莱阁并称为四大名楼。唐永徽四年（公元653年），唐太宗之弟滕王李元婴任洪州都督时兴建了这幢楼，而王勃为这座富丽堂皇的楼阁所作的《滕王阁序》更加使它名满天下。

滕王阁在历史上的兴废更迭达29次之多，现在的滕王阁主阁落成于1989年10月8日，共九层，净高57.5米，南北配有回廊连接的两个辅亭，建筑面积13 000多平方米，濒邻南浦，面对西山，视野开阔，距唐代阁址仅百余米，主体建筑为宋式仿木结构，碧瓦丹柱，雕梁飞檐，宫灯高悬，书画满堂，不失王勃《滕王阁序》中的美妙意境，且能纵览现代城市的丰采；重建后的滕王阁，其高度和面积均居于三大名楼之首，是江西省的重要旅游景点。

重修后的滕王阁，高耸于南昌城西，赣江之滨。步入新阁，仿佛置身于一座以滕王阁为主题的艺术殿堂。在第一层正厅有一表现王勃创作《滕王阁序》的大型汉白玉浮雕《时来风送滕王阁》，巧妙地将滕王阁的动人传说与历史事实融为一体。第二层正厅是23.90米×2.55米的大型工笔重彩丙衡壁画《人杰图》，绘有自秦至明的80位独领风骚的江西历代名人。这与第四层表现江西山川精华的《地灵图》,堪称双璧,令人叹为观止。第五层是凭栏骋目的最佳处。进入厅堂,迎面是苏东坡手书的千古名篇《滕王阁序》。每一层都有一个主题,亦都与阁有关。《滕王阁序》中最著名的两句是"落霞与孤鹜齐飞,秋水共长天一色"。这已作为主阁正门的巨联。暮秋之后,鄱阳湖区将有成千上万只候鸟飞临,那将构成一幅活生生的"落霞与孤鹜齐飞,秋水共长天一色"画面,成为滕王阁的一大胜景。

2. 南昌八一起义纪念馆

南昌八一起义纪念馆是全国重点保护单位,它的前身为"江西大旅社",1927年7月下旬,参加起义的部队包租下这幢旅社,成立了以周恩来为书记的中共前敌委员会,8月1日中国共产党发动震惊中外的南昌起义,后又多次在此举行会议,此地成为领导起义的指挥中心。1957年这里被定为"南昌八一起义纪念馆",鎏金馆额由陈毅元帅手书。1997年,南昌八一起义纪念馆被中宣部命名为全国百家爱国主义教育示范基地。现供参观的有会议大厅、周恩来工作和休息室、林伯渠办公卧室、军事参谋团办公室、第二十军第一师警卫连及卫生处住房,二、三楼陈列了大量的文献资料、照片、图表、绘画和文物。

(二)庐山

庐山,又名匡山、匡庐,位于江西省九江市庐山市境内,庐山是九江、江西乃至中国文化景观的代表作。该山属地垒式断块山,素有"匡庐奇秀甲天下"的盛誉。庐山自古命名的山峰便有171座。群峰间散布冈岭26座、壑谷20条、岩洞16个、怪石22处。水流在河谷发育裂点,形成许多急流与瀑布,瀑布22处,溪涧18条,湖潭14处。最为著名的三叠泉瀑布,落差达155米,有"飞流直下三千尺,疑是银河落九天"之美句。

自汉代著名史学家、文学家司马迁"南登庐山"并记之于《史记》之后,历代鸿儒名士、高僧显哲接踵而至。古今中外,各种文化流派在此交汇融合,庐山因而号称"千古文化名山"。数千年的历史文化沉淀,隐现于五老峰、含鄱口、三叠泉、仙人洞、锦绣谷、石门涧、青玉峡、龙首崖等自然奇观之中,含蓄隽永,馥郁芬芳。经过多年的开发建设,九江境内的风景名胜已经形成五区(牯岭景区、山南景区、浔阳景区、沙河景区、永修景区)、两点(石钟山、龙宫洞)、一线(鄱阳湖水上游览线)的整体格局。1982年8月,以庐山为中心包括九江市区及星子、湖口、彭泽等县主要景点组成的庐山风景名胜区,被国务院批准并公布为第一批国家重点风景名胜区,此后又获一系列殊荣:全国风景名胜区先进单位,中国首批AAAAA级旅游景区,全国文明风景区,全国卫生山,全国安全山,中华十大名山,世界遗产——我国第一个世界文化景观,我国首批世界地质公园。

(三)三清山风景名胜区

三清山是一座道教名山,1600余年的道教历史孕育了三清山丰厚的道教文化内涵,堪称"中国古代道教建筑的露天博物馆"。《中国国家地理》杂志推选三清山为"中国最美的五大峰林"之一。三清山是西太平洋边缘最美丽的花岗岩,是全人类的瑰宝。三清山素有"天下第一仙山,世上无双福地"之美誉,因玉京、玉虚、玉华三峰峻拔,宛如道教玉清、上清、太清三位最高尊神列坐山巅而得名,1988年被评为国家级重点风景名胜区,为世界自然遗产地、国家自然遗产地、国家AAAAA级旅游景区、国家地质公园。三清山景区总面积756.6平方千米,中心景区71平方千米,主要有南清园景区、三清宫景区、玉京峰景区、西海岸景区、东海岸景区(阳光海岸景区)、万寿园景区、玉灵观景区、西华台景区、石鼓岭景区、三洞口景区十大景区,有司春女神、巨蟒出山、观音赏曲三大绝景。

(四)井冈山风景名胜区

井冈山地处湘赣边界、万洋山(为罗霄山脉中段)的北支,是经国务院1982年11月批准的40个国家重点风景名胜区之一,是国家自然与文化双遗产,它集人文景观、自然风光和高山田园为一体,具有社会科学和自然科学的多学科研究价值,是进行爱国主义教育、革命传统教育的大课堂,是天然的博物馆,也是一个优美的疗养胜地。

井冈山景观分为八大类:峰峦、山石、瀑布、气象、溶洞、温泉、珍稀动植物及高山田园风光,其中10处被列为中国重点文物保护单位。井冈山属山岳型风景名胜区景观景点,汇雄、奇、险、峻、秀、幽的自然风光特点。

井冈山风景名胜区范围213.5平方千米,海拔最高处1 779.4米。有11大景区、76处景点、460多个景物景观,其中革命人文景观30多处、被列为国家重点文物保护单位有10处、省级重点文物保护单位2处、市级重点文物保护单位17处。主要景区(景点)有黄洋界、茨坪革命旧址群、井冈山革命烈士陵园、大井毛泽东旧居、井冈山革命博物馆、茅坪八角楼、会师纪念馆、龙潭、主峰、水口、杜鹃山(笔架山)等。

(五)鄱阳湖长江景区

鄱阳湖长江景区位于鄱阳湖及长江周边的彭泽、都昌、湖口诸县。这里湖光山色,四时宜人。雄峙长江南岸鄱阳湖口的石钟山,襟江带湖,气吞万里;地处彭泽境内乌龙山下的龙宫洞,洞内遍布钟乳石,形状奇特,变化无穷,堪称充满神话色彩的地下迷宫;位据鄱阳湖东岸的老爷庙,负山临湖,依势而构,附近水域充满神奇色彩,有鄱阳湖"魔鬼三角"之称。另外,长江下游名矶之一的澎浪矶、第四纪冰川的杰作大孤山、鄱湖之滨的南山等名胜,似珍珠点点,撒落四周。古往今来,许多名人、学士都曾在这里留下了足迹,赞咏者千年不绝。

(六)婺源

婺源,今属江西省上饶市下辖县,是古徽州一府六县之一,具备东方的、历史的、文化的、生态的、艺术的特质,可开展观光、考察、体验、度假、休闲、疗养等活动。婺源的山水保存完好,婺源的乡村与山水融合一体。婺源乡村的格局宜人聚居,这里氏族繁盛,人脉兴隆。显赫宗祠蕴含着东方伦理的精奥,宏丽豪宅体现了农耕社会的理想和积聚的财富。山灵水秀之地必有村落民居,民居村落无不占尽山水风光。婺源是东方特有的、吐纳天地阴阳、富有历史文化底蕴、绕过了工业文明而留存给今人的精品生态宝地。

(七)景德镇

景德镇,别名"瓷都",位于江西省东北部,是中外著名的瓷都,制瓷历史悠久,文化底蕴深厚。史籍记载,"新平冶陶,始于汉世",可见早在汉代就开始生产陶瓷。宋景德元年(1004年),宫廷诏令此地烧制御瓷,底款皆署"景德年制",景德镇因此而得名。自元代开始至明清历代皇帝都派官员到景德镇监制宫廷用瓷,设瓷局、置御窑,创造出无数陶瓷精品,尤其是青花瓷、粉彩瓷、玲珑瓷、色釉瓷四大传统名瓷著称于世。景德镇瓷器享有"白如玉、薄如纸、声如磬、明如镜"的美誉。郭沫若先生曾以"中华向号瓷之国,瓷业高峰是此都"的诗句盛赞景德镇灿烂的陶瓷历史和文化,陶瓷把景德镇与世界紧密相连。

景德镇市旅游资源内涵丰富、独具优势，包括陶瓷文化人文景观、生态环境等，尤以陶瓷资源独具优势。全市现已发现30多处陶瓷历史遗址，如古代著名的瓷用原料产地及世界通称制瓷原料高岭土的命名地高岭、湖田古窑遗址、明清御窑厂遗址等，分别被列为国家级、省级文物保护单位，具有世界性的影响力和吸引力。景德镇市的风景名胜和景观众多，景德镇也是具有光荣革命传统的地区，著名的新四军瑶里改编就在浮梁县瑶里镇，红十军的诞生地在乐平市众埠镇。

六、湖南省

湖南地处我国中南部、长江中游，因地处洞庭湖以南得名“湖南”，又因湘江贯穿全境而简称“湘”，省会为长沙。全境以中低山和丘陵为主，国土面积21.8万平方千米，洞庭湖平原为省内最大的平原，长江水系的湘江、资水、沅水和澧水为省内四大河流。湖南矿产资源丰富，是我国著名的“有色金属之乡”和“非金属之乡”。湖南为大陆性中亚热带季风湿润气候，四季分明，农业发达，是有名的“鱼米之乡”。湖南历史悠久，旧石器时代即有人类活动。绮丽的自然风光和悠久的历史文化，使湖南具有独特的旅游资源，湖南共有10大旅游区和100多处旅游点。

(一)长沙市

长沙市位于湖南省东部偏北、湘江下游和湘浏盆地西缘，是一座有3000余年悠久文化历史的古城，是湖南省政治、经济、文化、交通中心。

1. 岳麓山

岳麓山风景名胜区位于古城长沙湘江西岸，总面积约36平方千米。唐宋以来，岳麓山即以林壑幽美、山幽涧深闻名。风景区内气候温和，雨量充沛，土壤肥沃，自然资源和人文资源十分丰富，2002年被国务院审定为第四批国家重点风景名胜区。景区由麓山、天马山、桃花岭、石佳岭、橘子洲头五大景区及新民学会旧址、土城头遗址两个独立景点组成。其中，麓山景区是其核心景区。爱晚亭、清风峡、蟒蛇洞、禹王碑、岳麓书院等景观闻名遐迩，自然动植物以及文化古迹、近代名人墓葬、革命纪念遗址遍布其中。

2. 马王堆汉墓

马王堆汉墓位于长沙市东风路湖南省博物馆院内，因传为楚王马殷的墓地，故名马王堆。1972年至1974年先后挖掘出土。马王堆三座汉墓共出土珍贵文物3 000多件，绝大多数保存完好，对我国的历史和科学研究均有巨大价值。其中一号汉墓出土的女尸，时逾2100多年，形体完整，全身润泽，是一具特殊类型的尸体，堪称世界防腐学上的奇迹，吸引了不少学者、游人观光。马王堆汉墓的发掘，对我国的历史和科学研究均有巨大价值，其出土文物异常珍贵。

(二)韶山

韶山位于湖南省湘潭县境内，距长沙市108千米，是长株潭城市群中一颗美丽的明珠，是毛泽东同志的故乡，也是他青少年时期生活、学习、劳动和从事革命活动的地方。韶山历史源远流长，古属荆楚，因舜帝南巡至此演奏韶乐而得名，更因孕育一代伟人毛泽东而蜚声中外。韶山主要景点有毛泽东故居、毛泽东铜像、毛泽东纪念馆、毛泽东遗物馆、毛泽东诗词碑林、毛泽东纪念园等人文景观，以及充满神秘色彩的西方山洞、滴水洞、黑石寨、五龙山大杰寺、仙女山等自然景观。

(三)岳阳楼

岳阳楼耸立在湖南省岳阳市西门城头、洞庭湖畔,自古有“洞庭天下水,岳阳天下楼”的美誉,因范仲淹“先天下之忧而忧,后天下之乐而乐”而声名远扬。岳阳楼是以三国“鲁肃阅军楼”为基础沿袭发展而来的,现在的岳阳楼为1984年重修,是江南三大名楼中唯一的一座保持原貌的古建筑,其建筑艺术价值无与伦比。全楼高25.35米,占地251平方米。楼内陈列了许多古今的名人楹联,附近还有保存完整的明清建筑三醉亭和仙梅亭。1988年1月该景区被国务院确定为全国重点文物保护单位,同年8月被列为国家重点风景名胜保护区。岳阳楼是长江黄金旅游线上湖南境内的唯一景点,是岳阳市对外开放的重要窗口和岳阳旅游业的龙头。

(四)衡山

衡山又名南岳,是我国五岳之一,位于湖南省中部衡山县,由长沙岳麓山、衡阳回雁峰在内的72座山峰组成,绵延400千米,有“青天七十二芙蓉”之称,气势磅礴。主峰祝融峰,海拔1 300米,历来是朝山和游览的中心。衡山是中国最主要的神山和宗教圣地之一,也是著名风景游览区。山上除有宗教古建筑外,还有历代名士登临时留下的胜迹和大量的碑记石刻、神话传说,组成了衡山丰富的人文景观。衡山自然风光绮丽迷人,其特点可用势雄、景秀、境幽来概括,素有“衡山天下秀”之说。祝融峰之高、藏经楼之秀、方广寺之深、水帘洞之奇,合称“衡山四绝”。衡山宛如一个辽阔的人文与山水文化和谐统一、水乳交融的巨型公园,吸引着人们。1982年,衡山被国务院批准列入第一批国家级风景名胜区名单。2007年8月1日,衡山经国务院批准列为国家级自然保护区。

(五)武陵源风景区

武陵源风景名胜区位于桑植、慈利与武陵源区的交界区,由张家界国家森林公园、索溪峪风景区、天子山自然保护区三部分组成,以自然风光为主,总面积369平方千米。武陵源集山峻、峰奇、水秀、峡幽、洞美于一体,属世界上罕见的砂岩风林地貌,整个景区沟壑纵横、岩峰高耸、绿树翠曼、兽鸟成群,是资源丰富的绿色植物宝库和野生动物乐园,有“大自然迷宫”“天下第一奇山”“立体的山水画”“天然氧吧”之美誉,现被列入《世界文化遗产名录》,也是世界地质公园。

(六)东江湖

东江湖位于湖南省郴州市东北部的资兴市境内,是南岭和罗霄山脉南部(八面山脉和诸广山脉)合围的一个湖,是耒水的源头之一,西距郴州市30千米。它是国家级风景名胜区、国家AAAAA级旅游景区、国家生态旅游示范区、国家湿地公园、国家水利风景区,是湖南省唯一一个同时拥有国家AAAAA级旅游景区、国家级风景名胜区、国家生态旅游示范区、国家森林公园、国家湿地公园、国家水利风景区“六位一体”的旅游区。

东江湖纯净浩瀚,湖面面积160平方千米,碧波万顷,景象万千,其水质达到了国家一级饮用水标准。东江水库水位海拔为280米,比长沙50米的海拔高出230米,是个“地上水库”,湖水可自流至耒阳、衡阳、衡山、株洲、湘潭,运营成本低。境内主要景观有雾漫小东江、东江大坝、龙景峡谷、兜率灵岩、东江漂流、三湘四水、东江湖文化旅游街(含东江湖奇石馆、摄影艺术馆、人文潇湘馆),还有仿古画舫以及豪华游艇游湖和惊险刺激的水上跳伞、水上摩托等游玩项目。东江湖融山的隽秀、水的神韵于一体,挟南国秀色、禀历史文明于一身,被誉为“人间天上一湖水，万千景象在其中”。

（七）桃花源

桃花源位于湖南省常德市桃源县县城西南15千米处的水溪附近，因东晋诗人陶渊明所写《桃花源记》而得名，距今已有1600多年的历史。桃花源面临涛涛沅江水，背倚巍巍武陵山，特殊的地理位置使其得以吞洞庭湖色、纳湘西灵秀、沐五溪奇照、揽武陵风光，旅游价值极高。历史上，桃花源就是中国古代道教圣地之一，有第三十五洞天、第四十六福地的美誉。千百年来，名人雅士如陶渊明、孟浩然、王维、李白、韩愈、陆游、苏轼都留下了许多珍贵的墨迹。其诗文碑刻、历史传说均具有很高的旅游价值、历史价值和文化价值。桃花源是湖南省重点文物保护单位、国家森林公园，每年一届的桃花源游园会，是湖南省“三节两会”的重要活动之一。

（八）炎帝陵

炎帝陵风景名胜区位于湖南省炎陵县城西19千米的鹿原陂，陵区面积5平方千米。史载汉代以前就有炎帝陵，后几经破坏。新中国成立后，多次进行修复，1988年10月陵殿修复竣工。修复后的炎帝陵按清皇宫建筑格局布置，共分五进：一进为午门，二进为行礼亭，三进为主殿，四进为墓碑亭，五进为陵墓。到目前为止，已恢复或新建开放的自然、人文景观20多处，主要有炎帝陵殿、御碑园、皇山碑林、天使公馆、圣火台、神农大殿、朝觐广场、神农大桥、白鹭亭、崇德坊、鹿原陂、龙埫石、龙爪石、洗药池、邑有圣陵等自然景观，均是引人入胜的去处。炎帝陵是集炎黄子孙寻根谒祖、旅游观光、研究炎帝文化、开展爱国主义教育等多种活动于一体的胜地，现为全国重点文物保护单位和全国爱国主义教育示范基地。

（九）崀山风景名胜区

崀山风景名胜区位于湖南省邵阳市新宁县境内，与广西资源县八角寨景区连为一体（八角寨是一边属新宁县，一边属资源县），包括天一巷、辣椒峰、夫夷江、紫霞峒、天生桥六大景区，18处风景小区，已发现和命名的重要景点有500余处，有三大溶洞和一个原始森林，总面积108平方千米，属典型的丹霞地貌，是难得的环保型山水自然风景区。“崀”见于《辞海》，曰：“崀，地名，在湖南新宁县境内”。“崀”，山之良也，可见崀山之美。崀山并不是个别的山体，而是当地山水的统称。当地的神话乃至方志说：相传当年舜帝南巡路过新宁，见这方山水美丽，便脱口而出，“山之良者，崀山”。因此，舜帝就造了这个“崀”字。

（十）凤凰古城

凤凰古城位于湘西土家族苗族自治州的西南部，为少数民族聚居区。凤凰古城始建于清康熙四十三年（1704年），历经300年风雨沧桑，古貌犹存，是湖南省保存最好的一座古城，著名作家沈从文故居即在此。现东门和北门古城楼尚在。城内青石板街道、江边木结构吊脚楼以及朝阳宫、天王庙、大成殿、万寿宫等建筑，无不具古城特色。新西兰著名作家路易·艾黎称赞其为中国最美丽的小城。古城历史悠久，现存文物古迹68处，古遗址116处，明清民居120余处，极具历史价值和景观美学价值。苗寨的织锦、蜡染、扎染、银饰等做工独特，具有浓郁的地方特色和较高的艺术价值。

七、湖北省

湖北省简称“鄂”，位于祖国的中部，因地处长江中游的洞庭湖以北，故称为湖北，湖北地势高低相差悬殊，西、北、东三面环山，中南部为江汉平原，多湖泊，有“千湖之省”的称谓。湖北属亚热带季风气候，气候湿润，利于农业生产，有“湖广熟，天下足”的民谚。湖北历来为中国水陆交通运输枢纽，省会武汉有“九省通衢”之称。湖北是中国开发较早的省份之一，亦是长江流域“楚文化”的中心，山水名胜与文物古迹二者兼备，其人文旅游景观具有时代跨度大、历史价值高的特点。

（一）武汉

武汉，简称“汉”，是中国湖北省的省会，位于江汉平原东部、长江与汉水的交汇处。属华中地区的最大都市，是大陆七大中心城市之一。市区由武昌、汉阳、汉口三镇组成，南北飞跨的武汉长江大桥将其联为一体。武汉历史悠久，经济发达，清初时汉口为全国四大名镇之一，近年来黄金水道的开发，更使武汉成为极具潜力的旅游城市。

1. 黄鹤楼

黄鹤楼位于武汉市武昌蛇山峰岭，北临长江。与湖南岳阳楼、江西滕王阁并称为“江南三大名楼”，享有“天下江山第一楼”的美誉。原址在湖北武昌蛇山黄鹤矶头。相传它始建于三国吴黄武二年（223 年），最初出于军事上的需要，但后来逐渐成为文人荟萃及宴客、会友、吟诗、赏景的游览胜地。其中，唐代《黄鹤楼》一诗，更是为诗人崔颢和黄鹤楼赢得不朽盛名。1700 多年来黄鹤楼屡建屡毁，1957 年建长江大桥武昌引桥时，占用了黄鹤楼旧址。现黄鹤楼在距旧址约 1 000 米左右的蛇山峰岭上。楼共 5 层，高 50.4 米，攒尖顶，层层飞檐，四望如一。在主楼周围还建有胜象宝塔、碑廊、山门等建筑，整个建筑具有独特的民族风格。登楼远眺，万里长江、三镇风光尽收眼底，“极目楚天舒”。

2. 东湖风景区

位于武汉市武昌东郊，取其方位命名。东湖风景区是国家 AAAAA 级旅游景区、首批国家重点风景名胜区，由郭郑湖、水果湖、喻家湖、汤湖、牛巢湖 5 个湖泊组成。总面积 88 平方千米，其中湖面 33 平方千米，是杭州西湖的 6 倍。东湖烟波浩渺、碧水粼粼、水鸟翻飞、轻舟荡漾、湖岸曲折、港汊交错，素有九十九湾之称。游览区域分为听涛、磨山、落雁、白马、珞洪、吹笛六大景区。点缀其间的景观有泽畔行吟、碧潭观鱼、水天一色、曲堤凌波、湖光浮阁、朱碑耸翠、雪海香涛、翠帷蕴谊、常春花苑等。景区内磨山南麓的中科院磨山植物园内有许多珍稀植物，极具观赏价值。

3. 归元寺

归元寺位于汉阳城内翠微路，是武汉佛教四大丛林之一。1983 年归元寺被国务院确定为汉地全国重点佛教寺院，现在是湖北省佛教协会和武汉市佛教协会的所在地。归元寺创建于清代，后又多次修建。1922 年建的新阁是归元寺的一大宝藏，除藏经外，还有佛像、法物、石雕、木刻、书画碑贴及外国友人赠品。这里古树参天，花木繁茂，泉清水绿，曲径通幽，是“汉西一景”，其名取佛经“归元性不二，方便有多门”之语意。归元寺是湖北省重点文物保护单位。

4. 武昌起义纪念馆

武昌起义纪念馆位于武汉市武昌区阅马场广场北端，是依托全国重点文物保护单位武昌起义军政府旧址建立的以纪念辛亥革命为主题的专题性博物馆。它的主体建筑是一幢西式两层楼房，俗称“红楼”。1911 年 10 月 10 日，武昌起义胜利后，在这里建立革命军政府，开启了划时代的“民国之门”。因其在中国历史上的特殊地位，该馆是国家重点文物保护单位、著名的爱国主义教育基地。

5. 古琴台

古琴台位于汉阳龟山西麓、月湖南侧。为纪念楚国钟子期、俞伯牙而建,又有"伯牙台"之称。千年传颂的"高山流水觅知音"的故事就发生在这里。琴台建于南北朝,几经兴废。现主体建筑是高山流水殿堂和琴台,配以庭院、茶室、假山、水池,缀以腊梅、丁香、月桂、苍松,雕刻、回廊、曲径与环境浑然一体。古琴台是湖北省、武汉市重点文物保护单位。

(二)赤壁

赤壁是三国古战场遗址,位于长江中游南岸赤壁市境内,古名石头关,因为有岩石突出像城壁一般,颜色呈赭红色,所以称之为赤壁。中国历史上著名的赤壁大战就发生在这里。赤壁山临江悬崖,上有"赤壁"二字,传为周瑜所书,是今日赤壁景区的标志性景观。赤壁素有"风景如画"之美誉,古往今来,有无数名人游览过赤壁。今天,赤壁大战的烈火早已熄灭,但那赤色的悬崖绝垄、不尽的滔滔大江、大战时的处处阵迹、赞美赤壁的碑刻和诗篇,却一直吸引着无数的金甲武将、文人墨客。

(三)武当山

武当山位于湖北省西北部丹江口市,背倚神农架原始森林,面临丹江口水库,这里方圆八百里,是道教名山之一。武当二字源自一句话:"非真武而不足以当此山。"武当山上的武当派也是中国古代有名的教派之一。其道教建筑规模宏大,技艺精湛,金殿、紫霄宫、玉虚宫等遗址被列为国家重点文物保护单位。除古建筑外,武当山尚存珍贵文物 7 400 多件,尤以道教文物著称于世,故被誉为"道教文物宝库"。武当山是著名的山岳风景旅游胜地,高险幽深,飞云荡雾,胜景有 72 峰、36 岩、24 涧、11 洞、10 石、9 台等。主峰天柱峰,海拔 1 612 米,被誉为"一柱擎天",四周群峰海拔也在千米左右,形成了"七十二峰朝大顶,二十四涧水长流"的壮丽画卷。由于拥有奇特绚丽的自然景观和丰富多彩的人文景观,武当山被誉为"亘古无双胜境,天下第一仙山"。武当山是国家重点风景名胜区、全国武术之乡,其古建筑群被列入《世界文化遗产名录》。

(四)襄樊市

襄樊市地处湖北省西北部,居汉水中游,自古即为交通要塞。素有"南襄隘道""四省通衢"之称。1987 被评为全国历史文化名城,已查明的遗址有 200 多处,有些文物古迹堪称世界之最。悠久的历史、灿烂的文化、众多的英才,留下了大量的名胜古迹和轶闻传说,这里是发展旅游的理想地方。

1. 襄阳古城

襄阳古城位于汉江南岸、襄樊市中心。这里三面环水,一面靠山,是一座山清水秀、景色宜人的古城。城墙始筑于汉,时兴时废,保留至今的是明洪武年间(1368—1398 年)重筑的新城。全城周长 7 322 米,原有城门 6 座,每座城门外又有瓮城,也叫屯兵城。护城河最宽处 250 米,堪称华夏第一城池,自古就有"铁打的襄阳"之美称。襄阳城在明清时,古建筑较为完整。襄樊市政府近年来下了很大功夫修复古城,采取了一系列的措施,保持了襄阳古城墙古朴的原貌。漫步古城,可一览江山之秀。

2. 古隆中

古隆中位于襄阳城以西 15 千米处,是三国时期著名政治家、军事家诸葛亮隐居的地方。三国“刘备三顾茅庐”的故事就发生在这里,脍炙人口的“隆中对”的出典就在这里。隆中从晋代起就有纪念性建筑,现存的多为明清建筑。现在的古隆中是一个以诸葛亮故居为主体的文物风景区,总面积 12 平方千米,景区内群山环抱、松柏参天,景色颇为优美。主要景点有诸葛亮故居、武侯祠、古柏亭、抱膝亭、躬耕田、小虹桥、六角井、观星台等,是国家 AAAA 级旅游景区。

(五)神农架

神农架位于湖北省西北部,横卧于三峡以北的长江、汉水之间,方圆 3 250 平方千米,它是我国著名的原始林区和自然保护区,以丰富的动植物资源而闻名,相传上古时代神农氏曾在此伐木搭架、采得药草、为民除病,并因此而得名。神农架最高峰神农顶海拔 3 105.4 米, 其中 3 000 米以上山峰有 6 座,被誉为“华中屋脊”。 这里有得天独厚的地理条件, 有山川交错的奇丽景色, 有优美动人的神话传说。景区内林海茫茫,物华地灵,尤以“雄、秀、幽、野”为特色而生美感,吸引着众多的游人来访古览胜。神农架自然保护区属国家级森林和野生动物的自然保护区,已被联合国教科文组织人与生物圈计划接纳为成员。

(六)宜昌市

宜昌市位于湖北省西南部,古称夷陵,素以“三峡门户、川鄂咽喉”著称。宜昌历史悠久,是古代巴蜀文化的摇篮、楚文化的发祥地,也是伟大的爱国诗人屈原、民族和睦使者王昭君的故乡。宜昌水利资源丰富,因为三峡大坝的建设,宜昌市成为了名副其实的水电旅游名城、世界水电之都。

1. 三峡大坝旅游区

三峡大坝旅游区位于西陵峡中段的湖北省宜昌市境内的三斗坪,是当今世界上最大的水利枢纽工程。三峡大坝工程包括主体建筑物工程及导流工程两部分,工程施工总工期自 1993 年至 2009 年共 17 年,分三期进行,到 2009 年工程全部完工。大坝为混凝土重力坝,坝顶总长 3 035 米,坝顶高程 185 米,正常蓄水位 175 米,总库容 393 亿立方米,其中防洪库容 221.5 亿立方米,能够抵御百年一遇的特大洪水。配有 34 台发电机的两个电站年均发电量约 1 000 亿度。可通过 3 000 吨级船舶、万吨级船队直达重庆,同时运输成本也将降低 35%。三峡大坝建成后,形成长达 600 千米的巨型水库,成为世界罕见的新景观。随着沿江山脉间人造湖泊的形成和通航条件的改善,原本分散在三峡周围的许多景点更容易到达,如小三峡、神农溪等,游客可欣赏到千姿百态的仙境画廊。

2. 葛洲坝水利枢纽工程

葛洲坝水利枢纽工程位于长江三峡的西陵峡出口即南津关以下 2 300 米处,距宜昌市镇江阁约 4 000 米。葛洲坝工程主要由船闸、发电厂、泄水闸、冲沙闸及挡水大坝组成。1974 年动工,工程分两期进行,第二期工程于 1988 年完工。葛洲坝工程主要由电站、船闸、泄洪闸、冲沙闸等建筑物构成,大坝全长 2 561 米,坝顶高 70 米、宽 30 米,每秒可排泄 11 万立方米特大洪水,年平均发电量为 157 亿度,是世界大型水电站之一。葛洲坝水利枢纽工程是我国已建和正在建的水利工程中最大的一座,也是举世瞩目的大型水利枢纽工程。工程还建有全长 280

米的现代化大型船闸,可通过万吨级的轮船,为当今世界最大的船闸之一。这座巨大的现代建筑,已成了宜昌市的一个主要的参观点,每年都要接待数以万计的参观者。

(七)荆州古城

荆州古城位于湖北省中南部,又名江陵城,人们时常说的俗语"大意失荆州",出典就在这里。古城垣相传为1700多年前关羽所筑。现存城垣为1644年重建,城高8.3米,厚10米,长10.5千米,共6座城门。境内文物古迹甚多,有30多处三国遗踪和文化景点供游客探寻,已成为我国三国旅游线上的一个重要的旅游区。该城保存完整,里面有玄妙观、关帝庙及铁女寺等。作为楚文化的发源中心之一,荆州古城的周围出土了大量珍贵文物,属于国宝级文物的有西汉古尸、战国丝绸、越王勾践剑等。这里自然风光优美,松滋风景区内湖山掩映、溶洞成群。城外江边还有一座万寿宝塔,据说塔基是低于长江水平面的。荆州是国务院首批公布的全国历史文化名城,保存着众多的名胜古迹,其中最有名的就是荆州古城。

(八)屈原祠文化旅游区

屈原祠文化旅游区位于秭归县东1.5千米长江北岸的向家坪,又称清烈公祠,为纪念屈原而建。始建于唐元和十五年(820年),元、明、清屡毁屡建,才得以保存。1978年建葛洲坝水利枢纽时,将它迁至今址,且按原貌重建。屈原祠包括山门、大殿和左右配殿等建筑。山门为四柱三楼式碑坊,高14米,正中额题"清烈公祠"四字,两侧榜颞"孤忠""流芳"四字。大殿后的屈原墓,乃人们营建的衣冠冢。屈原祠依山面江,景色秀美。每逢端午佳节,这里都举办龙舟竞渡。秭归城附近的屈原故里是屈原的出生地,可作为屈原祠的辅游点。

本章小结

1. 长江中下游旅游区包括湖南、湖北、江西、安徽、江苏、浙江、上海六省一直辖市,长江贯穿东西,开发历史悠久,是我国自然条件优越、经济文化发达和人口最稠密的地区之一。全区旅游资源丰富,基础条件优越,水陆交通方便,物产丰富,园林荟萃,名山众多,水景丰富,自然风光秀丽,人文底蕴深厚,在全国旅游业中占有重要的地位。

2. 上海是国家历史文化名城,拥有深厚的近代城市文化底蕴和众多历史古迹。江浙吴越文化与西方传入的工业文化相融合形成上海特有的海派文化。江苏自古便是中国政治、经济、文化最为发达的省区之一。江苏拥有江淮、金陵、吴、中原四大多元文化,南京、苏州、扬州、镇江、徐州、淮安、常熟、无锡被确定为国家历史文化名城。浙江是典型的山水江南被称为"丝绸之府""鱼米之乡",是吴越文化、江南文化的发源地,也是中国古代文明的发祥地之一。

3. 安徽是中国史前文明的重要发祥地,拥有淮河文化、庐州文化、皖江文化、徽文化四大文化圈。安徽文化遗存丰富而别具特色,歙县、寿县、亳州、安庆、绩溪为国家级历史文化名城。江西红色文化闻名中外,井冈山是中国革命的摇篮,南昌是中国人民解放军的诞生地,瑞金是苏维埃中央政府成立的地方,另外还有西井冈山革命根据地、湘赣革命根据地、赣东北革命根据地等。

4. 湖南省为大陆性中亚热带季风湿润气候,四季分明,农业发达,是有名的"鱼米之乡"。绮丽的自然风光和悠久的历史文化,使湖南具有独特的旅游资源。湖南共有10大旅游区和100多处旅游点。湖北历来为中国水陆交通运输枢纽,省会武汉有"九省通衢"之称,亦是长江流域楚文化的中心,山水名胜与文物古迹二者兼备,其人文旅游景观具有时代跨度大、历史价值高的特点。

思考与实训

1. 概述长江中下游旅游区的旅游环境特征。
2. 上海的旅游优势表现在哪些方面？其特色旅游资源有哪些？
3. 江南水乡古镇有哪些典型代表？
4. 简述苏州四大名园及其特点。
5. 试分析长江三角洲的旅游区位优势。
6. 为什么会有“上有天堂，下有苏杭”的说法？试用苏、杭两地的美景加以说明。
7. 安徽有哪些名山？各有什么特点？
8. 湖南有哪些特色旅游资源？
9. 湖北的旅游资源有什么特点？其主要的旅游景区有哪些？
10. 试分析吴越文化与楚文化两种不同的地域文化特征。
11. 试设计一条江西省境内的红色旅游线路。

第10章　西南旅游区

学习目标

1. 认识西南旅游区的自然环境特征。
2. 熟悉西南旅游区的人文环境特性。
3. 了解西南旅游区各旅游地的分布状况。
4. 根据本地区旅游交通的特点设计本区主要的旅游线路。

西南旅游区包括重庆、四川、云南、贵州、广西五省(自治区、直辖市),本区是我国旅游资源最丰富、最优越的地区之一,地形地貌、河湖分布、气候状况都有较大差异,植被种属十分丰富。这种自然环境造就了长江三峡、虎跳峡、九寨沟、黄龙、云南石林、西双版纳等奇特的自然景观。本区是少数民族聚居地区,因浓厚的少数民族风情,具备发展旅游业得大独厚的条件。

第1节　旅游环境特征

一、旅游自然环境特征

(一)地形以高原、山地、盆地为主,岩溶地貌发育典型

本区的地形分为五个部分,自西向东为川西高原、四川盆地、滇西与滇南山地、云贵高原和广西丘陵盆地。

川西高原位于"岷山—邛崃山—大凉山"一线以西,其北部是青藏高原的组成部分,南部属广义的横断山脉。其地势北高南低,与金沙江、雅砻江等平行南流,河流下切侵蚀强烈,越往南河流下切越深;反之,越向北高原平面保存越好,切割侵蚀越轻。山脉呈南北走向,与河流交替排列,主要有金沙江、雅砻江、大雪山、大渡河、邛崃山、岷江、岷山等。川西高原南部的主要特点是河谷深切,尤其是大雪山、锦屏山、小相岭、大凉山一带,湍急的河流沿两山峡谷向南奔入金沙江,形成举世闻名的高山峡谷区。山岭与河谷高低悬殊,差值超过千米,形成"一山有四季,十里不同天"的山地气候和"见面能说话,握手需半年"的峡谷景观。

四川盆地是我国四大盆地之一,面积约为20多万平方千米。盆地四周有海拔1 000～3 000米的山地高原环绕,盆地内地势北高南低,海拔70～200米,分布着许多低矮的浅丘。其中堆积了厚达数千米的紫色或红色岩层,故有"红色盆地"之称。

云贵高原海拔在1 000～2 000米,地表崎岖,因此有"天无三日晴,地无三尺平"之说。同时分布有许多断裂湖和高山跌水、瀑布,如滇池、洱海、黄果树瀑布等著名景观。广西的地形大体是从西北向东南方向倾斜的盆地,东南部为丘陵地貌,海拔多在1 000米以下。滇西和滇南山地为横断山脉南段,大部分地面海拔为1 000～1 500米,地势起伏大,山高谷深,有贡嘎山、

梅里雪山、玉龙雪山、虎跳峡等众多神秘莫测的高山峡谷旅游资源。

本区岩溶地貌奇观荟萃，堪称世界岩溶地貌发育最典型、最完美的自然博物馆。云贵高原东部的滇东高原和贵州高原均有大面积的碳酸盐类岩石分布。广西盆地石灰岩分布广泛，占全自治区面积的51%，是我国碳酸盐类岩石分布最广、岩溶地貌发育最典型的地区。孤峰、石林、峰林、峰丛、天生桥、溶洞、岩洞瀑布等无所不有，是本区宝贵的旅游资源，也是闻名于世的岩溶风景游览胜地。

（二）以亚热带季风气候为主，地域差异明显

西南旅游区气候处于太平洋东南季风、印度洋西南季风向高原非季风的过渡带，除川西高原属高寒气候、川西南横断山地垂直气候明显外，其余绝大部分属于湿润的亚热带季风气候。其主要特征是：冬温夏热，四季分明；降水丰沛，季节分配比较均匀。云南南部的西双版纳为热带气候。由于所处位置和海拔高度不同，各地区之间又有差异。其中，四川盆地虽然大部分在长江以北，但因北部有高山阻挡寒潮，故盆地内始终温暖，霜雪少见，其热量条件同广西、广东的许多地方相差无几。然而夏季既长又酷热，为全国著名炎热中心之一。

云南高原冬季受热带气团控制，气温较高。夏季受海拔高度影响，天气凉爽，气候四季如春。昆明是我国著名的“春城”，春秋季长达9～10个月，冬季长约2个月。云贵高原温度变化小，但干、湿季的区分十分明显。每年11月至次年4月为干季，5—10月为雨季。贵州高原大部分降水也集中在下半年，但全年雨日分布均匀，平均雨日162～220天，故有“天无三日晴”之说。

横断山脉气候受地形影响，垂直变化明显，低地为热带、亚热带气候，随着地势升高气温随之下降，一些高山常年积雪，从而形成气候垂直变化，故有“一山有四季，十里不同天”之说。

广西北部属于亚热带季风气候，温暖湿润；南部为湿热的热带气候，没有真正的冬季，夏季炎热，但雨后较凉爽，因此有“四季皆为夏，一雨便成秋 ”之说。

（三）河流众多，水景资源丰富

本区有珠江、长江、怒江、澜沧江等水系，河流众多，纵横交错，地表水资源十分丰富。珠江水系最重要干流北江和西江流入广东。长江水系主要河流有湘江上游支流、资江，灵渠沟通长江和珠江两大水系。独流入海水系较大河流有钦江、北仑河等，均注入北部湾。这些河流多形成许多著名的风景河段，有漓江、灵河、盘阳河等，流泉、飞瀑点缀其间，景色奇丽壮美。

云南有怒江、澜沧江、金沙江、红河、南盘江和伊洛瓦底江六大水系和以著名的滇池、洱海、抚仙湖、泸沽湖为代表的天然湖泊构成的云南河湖体系。云南的河流干流在滇西北受地势的影响，呈南北流动，金沙江、澜沧江、怒江靠近并平行南下，形成“三江并流”奇观。

（四）动植物资源丰富，自然保护区众多

本区因地形复杂，地势高低悬殊，气候垂直和水平分异显著，环境千差万别，为多种动植物的生存提供了适宜的条件。区内动植物资源十分丰富，植物种类达15 000种以上，其中云南占12 000多种，几乎占全国植物种数的一半，居全国第一。有无数的奇花异草和众多的珍禽异兽。如：大熊猫、小熊猫、金丝猴、扭角羚、梅花鹿、黑颈鹤、大鲵等珍稀动物；水杉、银杉、珙桐、红豆杉等珍稀植物。其中云南西南部为我国最大的热带植物宝库，西双版纳是我国最大的热带植物基地。本区建有多处自然保护区，如王朗、梵净山、西双版纳等。

二、旅游人文环境特征

(一)少数民族众多,民俗风情浓郁

本区是我国少数民族聚居人口最多的地区，其中云南少数民族最多,有彝族、白族、哈尼族、纳西族等 25 个少数民族。贵州共有 9 个少数民族,占全省人口的 1/4。广西有壮族、瑶族、苗族等 11 个少数民族,占自治区总人口的 37%。少数民族的服饰、礼仪、习惯、建筑、美食及喜庆活动等均对旅游者具有极大的吸引力，如苗族的斗牛会、芦笙节、龙舟节,侗族的花炮节,白族的三月街,傣族的泼水节,彝族的火把节,傈僳族的刀杆节,壮族的山歌会等。

(二)边境贸易逐渐繁荣,跨国旅游潜力巨大

本区西南和南部与缅甸、老挝、越南近邻,并且山水相连、一脉相承,这些为发展边境贸易和跨国旅游提供了便利条件,尤其是位于本区的怒江、澜沧江和元江等分别与邻国的萨尔温江、湄公河、红河同为一江水,具有旅游开发的潜力和优势。如澜沧江—湄公河流经 6 个国家,沿岸有 90 多个民族居住,这些丰富的自然和人文旅游资源是大湄公河次区域旅游合作开发的基础,而山水相连的地缘关系也为次区域发展国际旅游提供了优越条件。随着中国—东盟自由贸易区建设和澜沧江—湄公河国际次区域经济合作的进一步深入,滇、黔、桂所特有的区域优势将进一步凸显,边境贸易、跨国旅游等方面也必将得到迅速发展。

(三)巴蜀文化特色鲜明

3000 多年前重庆即为巴国首府, 2400 多年前成都即为蜀国王都，四川历来以“蜀”见称,因而成长发育于四川盆地的区域文化被称为巴蜀文化。四川盆地的汉族人大多是元朝末年和明末清初移入的湖北人和湖南人,其文化特色多与两湖平原类似。而位于湘鄂西和川东北的土家族人却是古代巴人的后裔,因此较多地保留了巴蜀文化特色,如崇尚白虎、民间体育气息浓厚、无事不歌舞以及独特的婚俗——哭嫁等。

第 2 节 主要旅游目的地

一、重庆市

重庆位于中国西南部、长江上游地区,因嘉陵江古称渝水,故简称“渝”,是我国中西部唯一的直辖市、国家中心城市、超大城市、国际大都市,是长江上游地区的经济、金融、科创、航运和商贸物流中心,也是西部大开发重要的战略支点、“一带一路”和长江经济带重要联结点以及内陆开放高地,既以江城、雾都著称,又以山城扬名。

重庆地处盆地东部,地形由南北向长江河谷倾斜,地貌以丘陵、山地为主,其中山地占 76%;气候冬暖春早,夏热秋凉,长江自西向东横贯境内。夏季炎热,最佳旅游季节为春、秋两季。重庆域内水系丰富,流经的重要河流有长江、嘉陵江、乌江、涪江、綦江、大宁河等,长江干流自西向东横贯全境。重庆是中国西南地区融贯东西、汇通南北的综合交通枢纽。其江北机场居中国内陆“十大空港”之一,果园港为渝新欧大通道的起点。

重庆旅游资源丰富,由于地貌结构复杂、地势起伏大、地形多样等特点,构成了集山、水、林、泉、瀑、峡、洞等为一体的壮丽自然景色和熔巴渝文化、民族文化、移民文化、三峡文化、“陪都”文化、都市文化于一炉的浓郁文化色彩。1986 年,国务院确定重庆为国家历史文化名城,

其古文化遗址、古人文景观众多。作为旅游城市,重庆城以梦幻之都、不夜山城为主题,以山上园林城市景观为主体,以动感的现代大都市氛围、丰富的抗战历史遗迹、浓郁的巴渝文化风情为主要特色。

(一)解放碑

解放碑位于重庆渝中区,通高 27.5 米,有旋梯可达顶端。作为重庆的标志性建筑物之一,解放碑经常出现在各种商品及场所的徽标之中。该建筑最初落成于 1940 年 3 月 12 日孙中山先生逝世纪念日,为低矮木质结构,称"精神堡垒"。1945 年抗战胜利后重建,题名为"抗战胜利纪功碑"。1950 年由刘伯承改题为"重庆人民解放纪念碑"。以解放碑为中心,形成了重庆城最繁华的商贸中心地带。这里高楼大厦林立,交通四通八达,百货商店、影剧院、歌舞厅、副食品市场、书店、宾馆、饭店等鳞次栉比,一应俱全。游客至此,既可观光巴渝风物人情,又可品尝地方名特小吃,还可购买纪念品和其他物品。

(二)山城夜景

雄伟的山城重庆,以辉煌的夜景闻名海内。重庆市区三面临江,一面靠山,倚山筑城,山城夜景的特色之一就得益于起伏的地势和依山而上的重重楼房。初夜时分,以繁华区灯饰群为中心、干道和桥梁华灯为纽带、万家民居灯火为背景,层见叠出,构成一片错落有致、远近互衬的灯的海洋。倒影江中,则犹如满天繁星闪烁,山水交相辉映,构成十分壮观的山城夜景。山城夜景自古雅号"字水宵灯",为清乾隆年间"巴渝十二景"之一。"不览夜景,未到重庆"。游客可登临南山"一棵树"、鹅岭公园瞰胜楼等处,一览山城夜景风采。而乘船夜游两江,也更有一番风味。

(三)武隆喀斯特旅游区

武隆喀斯特旅游区位于重庆市武隆区境内,拥有罕见的喀斯特自然景观,包括溶洞、天坑、地缝、峡谷、峰丛、高山、草原等,形态全面;兼具丰富多彩的度假、休闲、娱乐、运动项目,以及土家族、苗族、仡佬族等少数民族独特的民俗风情。2011 年,它被评为国家 AAAAA 级旅游景区。武隆喀斯特旅游区包括重庆武隆旅游景点天生三桥、仙女山、芙蓉洞这三部分。

(四)酉阳桃花源景区

酉阳桃花源景区距重庆市主城 300 千米,景区总面积 50 平方千米,由世外桃源、太古洞、酉州古城、桃花源国家森林公园、桃花源广场、桃花源风情小镇、二酉山世外桃源文化主题公园和梦幻桃源实景剧等八大部分组成,集岩溶地质奇观、秦晋农耕文化、土家民俗文化、自然生态文化、休闲养生文化、运动康体文化于一体,它是现代人远离尘世喧嚣、步入秦晋田园、探寻科学奥秘、回归绿色天堂的好去处。

因自古武陵山地区"蛮不出洞、汉不入境"的皇命戒律,景区在武陵大山中沉睡了千年,被广泛认为是陶渊明笔下《桃花源记》原型地。呈现着"其中往来种作,男女衣着,悉如外人,黄发垂髫,并怡然自乐"的绝美"世外桃源"景观。

(五)洪崖洞民俗风貌区

洪崖洞传统民俗风貌区北临解放碑沧白路,南接江滨路,项目沿江全长约 600 米,商业总建筑面积约 50 000 平方米,以最具巴渝传统建筑特色的"吊脚楼"风貌为主体,配合建筑的高低错落,依山就势,通过分层筑台、吊脚、错叠、临崖等山地建筑手法,把餐饮、娱乐、休闲、保健和特色文化购物等 5 大业态有机整合在一起，形成了别具一格的“立体式空中步行街”商业格局，是目前重庆市范围内最具层次、质感和商业景观的大型商业建筑。

（六）四面山

江津四面山位于重庆市江津区境内，距重庆市区 140 千米。四面山系地质学上所谓“倒置山”，因山脉四面围绕，故名“四面山”。山势南高北低，最高峰蜈蚣岭海拔 1 709.4 米，最低处海拔 560 米。景区景观以原始森林为基调，众多溪流、湖泊、瀑布点染于苍山绿树之间，丹霞地貌丰富其自然色彩，目不暇接的动、植物更为景区增添盎然生机。

四面山的瀑布最为壮观。有大、小瀑布 100 多处。瀑布倾泻激荡，掀起满天烟雾，轰然鸣响，数里之外也能感受到其威势。望乡台瀑布高 152 米，宽 40 米，居我国高瀑之首；水口寺瀑布高 94 米，悬挂在一个天然洞穴之下，景象奇特；鸳鸯瀑布比翼齐飞，撩人遐思。

风景区内的洪海湖，湖水晶莹清澈，静如明镜，蜿蜒逶迤于深山峡谷、莽莽森林之中。荡舟湖上，心旷神怡。四面山原始绿阔叶林带在同纬度中保存较好，有植物 1 500 多种，珍稀濒危植物 19 种，其中刺桫椤是 3.5 亿年前的史前残遗植物。四面山有动物 207 种，其中属国家级重点保护动物 16 种，省级保护动物 8 种。四面山不愧为我国“物种基因的宝库”。

（七）大足石刻

大足县是我国著名的石刻艺术之乡，位于重庆市西北大足县境内，距市中心 130 千米。大足石刻为摩崖造像的石窟艺术的总称，素有“北敦煌，南大足”之称。其开凿于唐景福元年（892 年），终成于南宋末年，以佛教造像为主，儒、道教造像并陈，汇集了中国唐、宋时期的石刻造像艺术，它是中国晚期石窟艺术中的优秀代表。石刻规模宏大，有石刻造像 70 余处，共有造像 6 万余躯，石刻铭文 10 万余字，其中以宝顶山和北山摩崖石刻最为著名，大足石刻在我国古代石窟艺术史上占有举足轻重的地位，被国内外誉为“神奇的东方艺术明珠”，是一座独具特色的世界文化遗产的宝库。大足石刻代表了古代石刻艺术的最高水平，与敦煌莫高窟、云冈石窟、龙门石窟、麦积山石窟等中国四大石窟齐名。1999 年它被列入《世界文化遗产名录》。

（八）金佛山

金佛山位于南川市境内，距重庆约 177 千米，系大娄山东段支脉的突异山峰，古称九道山。金佛山由金佛、柏枝、箐坝三山共 108 峰所组成，海拔 800～2 251 米，主要景点有风吹岭、玛瑙城、凤凰寺等，“白雾晴岚”“龙岩飞瀑”等景观美不胜收。由于独特的地形和气候条件，景区以珍稀的植物而著称。景区总面积 1 300 平方千米，原始森林占三分之一，有各种植物 5 000 多种，其中药用植物就有 2 000 余种，早就有“中草药库”之誉。山上还有野生动物共计 523 种，属于国家一类保护动物之列有 10 种，二类保护动物 11 种。金佛山北麓还有冷、热、烫三泉，相去不远而水温悬殊，实为难得一见的胜景。金佛山为国家级重点风景名胜区。

（九）长江三峡风景区

长江是中国第一大河流，也是世界上最长的河流之一。长江三峡位于重庆、鄂西的巫山山脉中，是瞿塘峡、巫峡和西陵峡的总称。它西起重庆奉节县白帝城，东到湖北宜昌南津关，全长 193 千米（即常说的“大三峡”），其中峡谷段 90 千米。这里两岸高峰夹峙，港面狭窄曲折，港中滩礁棋布，水流汹涌湍急，是“长江上最为奇秀壮丽的山水画廊”。瞿塘峡又称夔门，全长 8 千米，雄伟险峻，有“夔门天下雄”之称，古迹有巴人悬棺、白帝城等。巫峡全长 46 千米，以幽深秀丽擅奇于天下。巫峡之中,巫山十二峰最享盛名,古人留有“曾经沧海难为水,除却巫山不是云”的千古绝唱。巫峡内有著名的三台、八景、十二峰以及孔明碑等景点。西陵峡全长66千米,滩多水急,礁石林立,其中的泄滩、青滩、崆岭滩为三峡著名的三大险滩。兵书宝剑峡、牛肝马肺峡、灯影峡、黄牛峡并称为西陵四峡。长江三峡风景区是集游览观光、科考怀古、艺术鉴赏、文化研究、民俗采风、建筑考察等为一体的国家级旅游风景名胜区。它是中国10大风景名胜之一,是中国40佳旅游景观之首。

（十）大宁河小三峡

大宁河小三峡即为著名的巫山小三峡,由龙门峡、巴雾峡和滴翠峡组成。南起巫山县,北至大昌古城,全长约60千米,也称大宁河小三峡,以峰秀、景幽、滩险、石美为特色。与长江三峡的宏伟壮观、雄奇险峻相比,小三峡则显得秀丽别致、精巧典雅,故人们赞誉小三峡可谓“不是三峡,胜似三峡”“神矣绝矣,叹为观止矣”。在峭壁的岩洞里,有古代神奇的悬棺;在岸边的岩壁上,人们还可以看到古代栈道的遗迹。大宁河小三峡是国家级风景名胜区,是长江三峡又一绝妙的旅游胜地。

（十一）石宝寨

石宝寨位于忠县城东45千米长江北岸玉印山上,始建于明万历年间,为12层塔形楼阁,高56米,全系木质结构。每层三方四角,逐层内收,依山取势,设计精巧,是我国仅存的几座高层木结构建筑中唯一的一座穿斗式木结构建筑,是我国南方民间建筑技术的一座标志性建筑,具有不可代替的价值,被誉为世界八大建筑奇迹之一。从江边的山脚下到山顶高60米,人们可以从寨楼迂回而上,直达顶部。各层之间都有一条迂回曲折的转梯相通,每层都有神像和纪念培修亭楼的碑。

（十二）张飞庙

张飞庙位于长江南岸飞凤山麓,离重庆市区382千米,与云阳县城隔江相望,是为纪念三国名将张飞而建的祠宇。张飞死后谥桓侯,故又名桓侯庙。张飞庙始建于蜀汉末年,后经宋、元、明、清历代扩建,已有1700多年历史。庙内塑有张飞像,珍藏有汉唐以来的大量诗文、碑刻、书画及其他文物数百件,多为稀世珍品。张飞庙先后被评为全国重点文物保护单位和中国国家风景名胜区,是长江三峡黄金旅游线上的重要景点之一,是三峡库区内全淹全迁的重点风景名胜古迹。现已在重庆市新云阳县城长江对岸大梁山下磐石镇龙安村的狮子岩,距离重庆市区350千米处,仿原庙建筑修建了一座新张飞庙。

（十三）黑山谷

黑山谷地处云贵高原向四川盆地过渡的大娄山余脉,位于重庆市万盛经济技术开发区黑山镇境内。黑山谷景区由黑山谷、龙鳞石海两个景区组成,被专家誉为“渝黔生物基因库”、重庆市独特的“生物基因库”和“西南神农架”。

黑山谷景区原始生态风景由峻岭、峰林、幽峡、峭壁、森林、林海、飞瀑、碧水、溶洞、栈道、浮桥、云海、田园、原始植被、珍稀动植物等200多个景点景观组成。景区有黑山大佛、夜郎公主峰、九曲画屏、白玉观音、石剑峰、石皇伞、隐佛崖、天王峰、骆驼西行、黑猴迎宾、鲤鱼峡、笔架山、散花瀑、灯台瀑、神龙峡、飞云瀑等独具特色的景点景观。

二、四川省

四川省地处中国西部，是西南、西北和中部地区的重要结合部，是承接华南华中、连接西南西北、沟通中亚、南亚、东南亚的重要交汇点和交通走廊。全省地貌东西差异大，地形复杂多样，可分为四川盆地、川西高山高原区、川西北丘状高原山地区、川西南山地区、米仓山大巴山中山区五大部分。四川河流众多，以长江水系为主，较大的支流有雅砻江、岷江、大渡河、理塘河、沱江、涪江、嘉陵江、赤水河。

气候区域表现差异显著，东部冬暖、春旱、夏热、秋雨、多云雾、少日照、生长季长，西部则寒冷、冬长、基本无夏、日照充足、降水集中、干雨季分明，气候垂直变化大、类型多。

四川省是全国唯一的羌族聚居区、最大的彝族聚居区和全国第二大藏区。少数民族主要聚居在凉山彝族自治州、甘孜藏族自治州、阿坝藏族羌族自治州及木里藏族自治县、马边彝族自治县、峨边彝族自治县、北川羌族自治县。

四川省旅游资源极为丰富，是我国拥有自然文化遗产和国家重点风景名胜区最多的省区，素有“风景省”的美称，历来有“天下山水在于蜀”之说，并有“峨眉天下秀，夔门天下雄，剑门天下险，青城天下幽”之誉。

（一）成都

成都，简称“蓉”，别称蓉城、锦城，是四川省省会、西南地区唯一一个副省级市、特大城市，是国家重要的高新技术产业基地、商贸物流中心和综合交通枢纽，是西部地区重要的中心城市。成都位于四川盆地西部、平原腹地，境内地势平坦、河网纵横、物产丰富、农业发达，属亚热带季风性湿润气候，自古享有“天府之国”的美誉。成都是国家历史文化名城、古蜀文明发祥地。成都拥有武侯祠、杜甫草堂、永陵、望江楼、青羊宫、文殊院、明蜀王陵、昭觉寺等众多历史名胜古迹和人文景观。成都也是四川大熊猫栖息地，拥有名扬四海的大熊猫基地。

1. 武侯祠

武侯祠位于成都市南门武侯祠大街，是人们纪念蜀汉丞相诸葛亮的主要胜迹，也是成都市一个主要的旅游参观点。该祠初建于西晋末年，后毁于战火，清康熙十一年重建。武侯祠主体建筑分大门、二门、刘备殿、过厅、诸葛亮殿五重。一进大门，可见六通石碑，其中最大的一通为唐代蜀汉丞相诸葛武侯祠堂碑，有很高的文物价值，此碑由唐代名相裴度撰文、著名书法家柳公绰（柳公权之兄）书写、名匠鲁建镌刻。因文章、书法、镌刻都极为精湛，史称“三绝碑”，为国家一级文物、武侯祠的镇馆之宝。成都武侯祠博物馆于 1984 年建立，现为全国重点文物保护单位。

2. 杜甫草堂

杜甫草堂是唐代诗人杜甫成都故宅旧址，位于成都市区，是富有诗情画意和竹林风光的名园。诗人杜甫于公元 759 年移居成都，历时 3 年 9 个月，在此作诗 240 余首，其名篇《茅屋为秋风所破歌》即居草堂之作。主要建筑有大廨、诗史堂、柴门、工部祠、少陵草堂等。草堂博物馆内珍藏各种历史资料 3 万余册、文物 2 000 余件，是研究“诗圣”杜甫的珍贵资料。杜甫草堂为首批全国重点文物保护单位。

3. 青羊宫

青羊宫位于成都市区西门一环路内侧，始建于唐，现存殿宇建于清代。它是成都市内建筑年代最久远、规模最大的一座道教宫观,也是全国著名道教宫观之一。主要建筑有灵祖殿、混元殿、八卦亭、无极殿(即三清殿)、斗姆殿、唐王殿、柴荆台等。青羊宫是研究我国古代文化和道教文化的重要场所、全国重点文物保护单位。寺内有一对清代雍正年间从北京运来的铜羊,其造型奇特不凡。每年农历二月十五,是太上老君的生日,也是青羊宫的花朝节,成都人都会在那时去看庙会、逛花市。

4. 金沙遗址

金沙遗址位于成都市青羊大道,被誉为21世纪中国首项重大考古发现,被评为2001年全国十大考古新发现。遗址代表了3000多年前的灿烂辉煌的古蜀文化。在出土的3 000余件文物中,大都是工艺精美的金玉饰品和翡翠饰品以及大量的陪葬品。该遗址文化与广汉三星堆遗址文化一脉相承,前后衔接,是中国考古史上继三星堆之后又一重大成就,属国家重点文物保护单位。

5. 西岭雪山

西岭雪山位于距离成都105千米的大邑县境内,总面积483平方千米。山顶终年积雪,千年不化。海拔3 200多米的阴阳界为高原气候与盆地气候的分界线,一边晴空万里,一边云雾缭绕,酷似阴阳太极的构图。景区植物种类繁多,森林覆盖率达90%,大熊猫、牛羚、金丝猴、弥猴、云豹等40余种珍稀动物也分布其中。景区集林海雪原、高山气象、险峰怪石、奇花异树、珍禽稀兽、激流飞瀑等景观于一体,是国家级风景名胜区,区内还有道教天师正一教的发源地鹤鸣山以及闻名全国的刘文彩地主庄园。

6. 望江楼公园

望江楼公园位于成都市东门外九眼桥锦江南岸一片茂林修竹之中,面积176.5亩,园内岸柳石栏,波光楼影,翠竹夹道,亭阁相映,主要建筑有崇丽阁、濯锦楼、浣笺亭、五云仙馆、流杯池和泉香榭等,是明清两代为纪念唐代著名女诗人薛涛而先后在此建起来的。民国时辟为望江楼公园,成为市内著名的风景点,现为全国重点文物保护单位。

7. 古船棺遗址

古船棺遗址位于成都市中心商业街的古船棺遗址,发掘于2000年7月,距今已有2500多年历史,每具船棺均以特大圆木造成船形,其墓葬规模堪称全国之最。同时出土的文物有制作精美的陪葬陶器,将蜀人船棺的"出生时间"整整提前了500年,这对研究当时成都乃至四川地区的生活、丧葬等习俗具有重要意义。

(二)宜宾市

宜宾位于四川省南部,金沙江和岷江在此交汇,万里长江由此奔向大海,故宜宾也有"万里长江第一城"之称。宜宾依山临水,形势险秀,自古为川南重镇,是著名历史文化名城。这里有享誉天下的五粮液酒厂,有"酒都"的美誉。宜宾又是国内知名的旅游城市,有被称为"蜀南三绝"的蜀南竹海、巴人悬棺、石海洞乡等著名景点。

1. 蜀南竹海

蜀南竹海又称万岭箐,位于四川长宁、江安两县毗连的南部连天山余脉中。它是以竹景为主要特色的国家重点风景名胜区,中心景区7万余亩楠竹绵延起伏,逶迤苍莽,宛若烟波浩渺的绿色海洋,故名"竹海"。蜀南竹海1991年被评为"中国旅游胜地四十佳"。

2. 石海洞乡

石海洞乡位于宜宾地区兴文县境内，景区面积 136 平方千米，是一个以岩溶地貌为主的景区。地表石林、怪石、雄峰同地下充满幻景的龙空神洞形成独特风貌，故称“石海洞乡”。石海洞乡是我国喀斯特地貌发育最完善的地区之一。地面怪石林立，如云南路南石林；地下溶洞纵横，似桂林芦笛迷宫。天下奇观集于一地，上下相映，与竹海、恐龙、悬棺并列为川南四绝。

（三）青城山

青城山位于四川省都江堰市内，地处四川成都平原西缘，是四川盆地与青藏高原的结合部，也是中国西部两大地形阶梯的转折点，主峰海拔 2 434 米，有“三十六峰”“八大洞、七十二小洞”“一百八景”之说。因为山上树木茂盛，四季常青，故历来享有“青城天下幽”的美誉。青城山有“日出、云海、圣灯”三大自然奇观和洞天乳酒、苦丁茶、道家泡菜、白果炖鸡“四绝”。青城山是中国道教的发源地之一，属于道教名山，其名胜古迹、文赋墨迹极为丰富，是中国著名的历史名山和国家重点风景名胜区。

（四）都江堰

都江堰建于公元前 256 年秦昭王时期，是秦国蜀郡太守李冰及其子率众修建的一座大型水利工程，是全世界至今为止年代最久、唯一留存、以无坝引水为特征的宏大水利工程。两千多年来一直发挥着防洪灌溉作用，是我国古代四大水利工程之一，也是中华民族文明史上与长城比肩而立的伟大工程。都江堰水利工程历史悠久、规模宏大、布局合理、运行科学，与环境和谐结合，在历史和科学方面具有突出的普遍价值，并在 2000 年联合国世界遗产委员会第 24 届大会上被确定为世界文化遗产。都江堰是全国重点文物保护单位，是国家级重点风景名胜区，也是国际游客和我国人民了解伟大中华文明的极好处所。

（五）峨眉山

峨眉山位于四川省的中南部，又称“大光明山”，以自然风光优美、佛教文化浓郁而驰名中外，有“峨眉天下秀”的赞誉。峨眉山层峦叠嶂，山势雄伟，景色秀丽，气象万千，主峰金顶的最高峰万佛顶，海拔 3 099 米，“佛光、云海、神灯”，是峨眉金顶的三大自然奇观。峨眉山动植物资源极为丰富，终年常绿，素有“古老的植物王国”和天然的动物种质基因库之美称。据统计，峨眉山森林覆盖率达 87%，植物多达 3 700 余种，已知动物 2 300 多种。峨眉山野生自然生态猴区是我国目前最大的野生自然生态猴区，猴群见人不惊、与人同乐，以峨眉山中独具一格的“活景观”而闻名中外。峨眉山是“中国佛教四大名山”之一，宗教文化特别是佛教文化，构成了峨眉山历史文化的主体。峨眉山上寺庙林立，其中以报国寺、万年寺、仙锋寺、清音阁、洪椿坪、洗象池、金顶华藏寺等最为著名。1996 年 12 月，峨眉山被列为世界文化与自然双重遗产之列，现为国家重点风景名胜区。

（六）乐山大佛

乐山大佛位于峨眉山市东 31 千米的岷江、大渡河、青衣江三江汇流处，古称“弥勒大佛”“嘉定大佛”。佛像始凿于 8 世纪初，建造历时 90 年，是世界现存最大的一尊摩崖石像。大佛为弥勒倚坐像，坐东向西，面相端庄，通高 71 米，为世界最高弥勒石刻大佛，有“山是一尊佛，佛是一座山”的称誉。佛座南北两壁，尚有唐代石刻造像 90 余龛，其中“净土变”龛、“三佛”宝堪称艺术佳品，极具艺术价值。乐山大佛现为国家重点保护文物，与峨眉山一起被列为世界文化与自然双重遗产之列。

（七）九寨沟

九寨沟位于四川省阿坝藏族羌族自治州九寨沟县境内，是白水沟上游白河的支沟，因沟内有九个藏族村寨（又称何药九寨）而得名。九寨沟海拔在2 000米以上，独特的高原气候、莽莽的原始森林，孕育了被誉为"童话世界"的九寨沟五绝的雪峰、彩林、翠海、叠瀑和藏情，因其独有的原始景观、丰富的动植物资源，被誉为"人间仙境"。九寨沟的精华在水，以三沟一百一十八海为代表，包括五滩十二瀑、十流数十泉等水景为主景，与九寨十二峰联合组成高山河谷自然景观。九寨沟景区，为全国重点风景名胜区，被列入《世界自然遗产名录》，为国家AAAAA级旅游景区。

（八）黄龙寺

黄龙寺风景区位于四川省阿坝藏族羌族自治州松潘县境内，景区由黄龙寺、牟尼沟、雪山梁、雪宝顶、丹云峡等景点组成，面积700平方千米。黄龙寺景区是自然保护区、国家级风景名胜区，与九寨沟同时列为世界自然遗产名录。景区以其奇、绝、秀、幽的自然风光而蜚声中外，被誉为"人间瑶池"。每年农历6月15日，在黄龙寺举办庙会，各方民众聚集，热闹非凡，有"帐篷分布如连营，羌歌氐舞杂喧嗔"的描述。

（九）剑门蜀道

剑门蜀道风景名胜区是国务院首批批准的国家级风景名胜区，主要是指广元经剑门关、剑阁到绵阳这一线的风景名胜。蜀道北起陕西汉中宁强县，南到四川成都，全长450千米，入川经广元、剑阁、梓潼、绵阳、德阳等地。沿线地势险要，山峦叠翠，关隘众多，唐代李白有"蜀道难，难于上青天"的形容。景区范围广大，山水林泉等自然景观丰富，沿蜀道分布着众多的名胜古迹，主要有古栈道、三国古战场遗迹、武则天庙皇泽寺、唐宋石刻千佛岩、剑门关、古驿道翠云廊、七曲山大庙、李白故里等。蜀道上最重要的关隘剑门关位于景区中段，有"剑门天下雄"之说。

（十）阆中古城

阆中古城位于四川盆地东北缘、嘉陵江中游，是国家AAAAA级旅游景区，总面积达4.59平方千米，古城核心区域2平方千米。截至2015年，古城已有2300多年的建城历史，为古代巴国蜀国军事重镇。阆中古城有张飞庙、永安寺、五龙庙、滕王阁、观音寺、巴巴寺、大佛寺、川北道贡院等8处全国重点文物保护单位；有邵家湾墓群、文笔塔、石室观摩崖造像、雷神洞摩崖造像、牛王洞摩崖造像、红四方面军总政治部旧址、华光楼等22处省级文物保护单位。2010年2月阆中市获得"中国春节文化之乡"称号。

（十一）卧龙自然保护区

卧龙自然保护区位于四川省汶川县西南部，距成都130千米，交通便利。卧龙自然保护区地理条件独特、地貌类型复杂，风景秀丽、景观多样、气候宜人，集山、水、林、洞、险、峻、奇、秀于一体，还有浓郁的藏、羌民族文化。保护区始建于1963年，是我国建立最早、栖息地面积最大、以保护大熊猫及高山森林生态系统为主的综合性自然保护区，是2006年7月世界遗产大会批准列入世界自然遗产名录的"卧龙·四姑娘山·夹金山脉"四川大熊猫栖息地最重要的核心保护区。卧龙自然保护区以"熊猫之乡""宝贵的生物基因库""天然动植物园"享誉中外，是国家和四川省命名的“科普教育基地”和“爱国主义教育基地”。

（十二）稻城亚丁风景区

稻城亚丁风景区位于四川省甘孜藏族自治州稻城县香格里拉镇亚丁村境内，主要由仙乃日、央迈勇、夏诺多吉三座神山和周围的河流、湖泊和高山草甸组成，它的景致保持着在地球上近乎绝迹的纯粹，因其独特的地貌和原生态的自然风光，被誉为“香格里拉之魂”和“最后的香格里拉”，被国际友人誉为“水蓝色星球上的最后一片净土”，是摄影爱好者的天堂。

稻城亚丁有仙乃日、央迈勇、夏诺多吉三大雪山，她们被视为守护亚丁藏民的守护神山。雪山被五彩的森林映衬着，山谷的湖泊倒影在稻城亚丁随处可见，这便是传说中的香格里拉，这便是让你犹如走进油画一般的仙境。稻城亚丁还有三个著名的海子，即牛奶海、五色海、珍珠海，雪水汇成的湖泊总是美得让人心醉。

（十三）海螺沟

海螺沟位于四川省泸定县磨西镇、贡嘎山东坡，是青藏高原东缘的极高山地。海螺沟位于贡嘎雪峰脚下，以低海拔现代冰川著称于世。晶莹的现代冰川从高峻的山谷铺泻而下；巨大的冰洞、险峻的冰桥，使人如入神话中的水晶宫。特别是举世无双的大冰瀑布，高达1 000多米，最宽约1 100米，比著名的黄果树瀑布大出十余倍，瑰丽非凡，是中国至今发现的最高大冰瀑布。海螺沟是亚洲最东低海拔现代冰川发现地，海拔2 850米。沟内蕴藏有人流量沸热温冷矿泉、人面积原始森林和高的冰蚀山峰和大量的珍稀动植物资源，金山、银山交相辉映，蔚为壮观。2017年2月25日，海螺沟景区被评为国家AAAAA级旅游景区。

三、贵州省

贵州省，简称“黔”或“贵”，地处中国西南腹地，与重庆、四川、湖南、云南、广西接壤。贵州地貌属于中国西南部高原山地，境内地势西高东低，自中部向北、东、南三面倾斜，平均海拔在1 100米左右。贵州高原山地居多，素有“八山一水一分田”之说。全省地貌可概括为高原、山地、丘陵和盆地四种基本类型。贵州的气候温暖湿润，属亚热带湿润季风气候。气温变化小，冬暖夏凉，气候宜人。贵州河流向南、北、东方向顺地势呈扇状流动，全省河流分为乌江和南北盘江两大水系。苗岭以北的乌江属长江水系，苗岭以南的南北盘江属珠江水系。乌江流域河流景观优美，河流落差较大，瀑布峡谷众多，形成了许多著名的旅游景区，如黄果树瀑布群、沅阳河三峡、马岭河峡谷等。

贵州省省会贵阳是中国西南铁路枢纽，以贵阳为中心，黔桂铁路、川黔铁路、贵昆铁路、湘黔铁路四条铁路干线贯穿贵州。2015年6月18日，沪昆高铁贵州东段正式开通，贵州全面融入高铁网。

贵州省旅游资源丰富，截至2017年底，贵州省有风景名胜景区71个，其中，国家级风景名胜景区18个、省级风景名胜景区53个、5A级旅游景区5个。

（一）贵阳

贵阳，贵州省省会，简称“筑”“金筑”，有“林城”之美誉，因境内贵山之南而得名，是西南地区中心城市之一，是全国生态休闲度假旅游城市、全国综合性铁路枢纽，境内有30多个少数民族，有山地、河流、峡谷、湖泊、岩溶、洞穴、瀑布、原始森林、人文、古城楼阁等32种旅游景点。

1. 红枫湖风景名胜区

红枫湖风景名胜区位于清镇市城区以西，距市 32 千米。红枫湖横跨清镇市、安顺市平坝区，风景区总面积为 200 平方千米，水域面积达 57.2 平方千米，是贵州高原上最大的人工湖泊之一。红枫湖风景名胜区上有大大小小 178 个岛屿，这些岛屿有的似巨礁，有的像屏障，有的如浅渚。湖中有山，山中有洞，登高远望，只见湖面上星星点点、浩浩渺渺，美不胜收。红枫湖最深处达数十米。两岸的石山或高耸天际，可望而不可及；或茂林绵延，望无尽头。湖面碧波荡漾，四周青山隐隐。泛舟游弋于危崖幽谷、群凫乱飞的汊湾，或换乘小橡皮船驶入湖边的桃湖洞寻幽探奇，别有一番情趣。

2. 甲秀楼

甲秀楼是贵阳市的标志。在建楼以前，王阳明的再传弟子马廷锡曾在此建栖云亭讲学传道，张三丰真人曾云游至此，赞叹此地气象万千，将来必是藏龙卧虎之地。明万历二十六年（1598 年），贵州巡抚江东之在此地建楼，名“甲秀楼”，取“科甲挺秀”之意。此后贵州果然出了 3 位状元。甲秀楼是三层三檐四角攒尖顶阁楼，这种构造在中国古建筑史上是独一无二的。楼高约 20 米，飞檐翘角，12 根石柱托檐，护以白色雕花石栏杆，翘然挺立，烟窗水屿，如在画中。历代骚人墨客对甲秀楼题咏甚多，其中清人刘玉山所撰 206 字长联脍炙人口，此联比号称天下第一联的昆明大观楼长联还多 26 字。

3. 黔灵山

黔灵山位于贵阳市西北约 1.5 千米处，集贵州高原灵气于一身，素有“黔南第一山”之称。它由象王岭、檀山、白象山、大罗岭等群山连接而成。山上古树参天、泉石奇特，有 1 500 多种高等植物、1 000 多种名贵药材，常见鸟类有 50 多种，还有成群栖息的猕猴，或游聚在长廊、水榭，或蹲跳于道旁、树梢，追逐嬉闹，悠然自得，令闹市中人顿生无限情趣。山顶呈凹形，系第四纪冰川期遗迹。沿“九曲径”登山可到达弘福寺。弘福寺建于清代初期，是一个殿、堂、庙、廊齐备的古建筑群。登上山顶望筑亭，贵阳市全景尽入眼帘。山前有麒麟洞、古佛洞、洗钵池及“虎”字摩崖等古迹多处。山后有动物园，饲养具有观赏与科研价值的动物近 100 种。山麓有碧波粼粼的黔灵湖，湖畔建有解放贵州革命烈士纪念碑。

4. 文昌阁

文昌阁位于贵阳城区东隅，始建于明万历三十七年（1609 年），占地 1 200 平方米，以设计巧妙、结构独特而著名，是国家级重点文物保护单位。文昌阁是中国一种传统祭祀建筑，许多地方都有修建，但各地文昌阁内所祀神祇数目不一。一般来说，文昌阁都是四角形、六角形、八角形，但贵阳文昌阁却是九角形楼阁，建筑风格奇特：文昌阁底层呈正方形，第二层和第三层是不等度数 9 个角；文昌阁共有 81 根梁、54 根柱，都是 9 的倍数；二、三层的椤木，各为 9 根。“九”在易经里意味着至高无上，代表崇高的地位。文昌阁坐落在贵阳城老东门的月城上，地势较高，视野辽阔，登阁远眺，山川城郭尽收眼底，是欣赏贵阳风景的好去处。

（二）安顺

安顺位于贵州省中部，历史文化底蕴十分丰厚。安顺素有“西部之秀”的称谓，汇集了黄果树、龙宫国家级风景名胜区和关岭古生物化石群国家地质公园、夜郎湖等，是国家最早确定的甲类旅游开放城市之一，是世界著名的喀斯特风光旅游中心。

1. 黄果树风景名胜区

黄果树风景名胜区以黄果树大瀑布景区为中心，分布有石头寨景区、天星桥景区、滴水滩瀑布景区、坝陵河峡谷三国古驿道景区、陡坡塘景区、郎宫景区等几大独立景区。它是全国第一批国家重点风景名胜区和首批获得国家评定的 AAAAA 级旅游景区。

黄果树景区内风景秀丽、环境优美、空气清新（经省级环保部门测定每立方厘米的空气含负氧离子 2.8 万个以上）、气候宜人（每年平均气温 16 ℃左右），有着悠久的历史文化，设施完善，是休闲、度假、观光、疗养、吸氧、“洗肺”的理想胜地。风景区内瀑布成群，洞穴成串，峰峦叠翠，植被奇特，伏流、溶洞、石林、石壁、峡谷比比皆是，呈现出层次丰富的喀斯特山水旖旎风光。黄果树瀑布落差 74 米，宽 81 米，河水从断崖顶端凌空飞流而下，瀑布对岸高崖上的观瀑亭上有对联曰：“白水如棉不用弓弹花自散，虹霞似锦何须梭织天生成”，此乃黄果树瀑布的真实写照。但黄果树瀑布的形态因季节而有变化，冬天水小时，它妩媚秀丽，轻轻下泻；到了夏秋，水量大增，那撼天动地的磅礴气势，简直令人惊心动魄。有时瀑布激起的雪沫烟雾，高达数百米，漫天浮游，竟使其处于纷飞的细雨之中。瀑布后的水帘洞相当绝妙，134 米长的洞内有 6 个洞窗、5 个洞厅、3 个洞泉和 2 个洞内瀑布。游人穿行于洞中，可在洞窗内观看洞外飞流直下的瀑布；每当日薄西山，凭窗眺望，犀牛潭里彩虹缭绕，云蒸霞蔚，苍山顶上绯红一片，迷离变幻，这便是著名的“水帘洞内观日落”；洞内还有一个冰制金箍棒。

2. 龙宫

龙宫位于安顺市南郊，与黄果树风景区毗邻，距省会贵阳市 116 千米。龙宫总体面积达 60 平方千米，有着全国最长、最美丽的水溶洞，还有着多类型的喀斯特景观，被游客赞誉为“大自然的大奇迹”。龙宫是贵州接待条件最成熟、景观最精华的黄金旅游点之一。贵州龙宫景区以溶洞、洞穴、瀑布为主体，由卧龙湖、迎宾洞、龙门飞瀑、龙潭天池、龙宫暗湖、蚌壳岩、虎穴洞等景点组成，上下辉映，别有洞天，宛如神话中龙王所居的水晶宫殿。

（三）西江千户苗寨

西江千户苗寨位于贵州省黔东南苗族侗族自治州雷山县东北部的雷公山麓，距离县城 36 千米，距离黔东南州州府凯里 35 千米，距离省会贵阳市约 200 千米。它由 10 余个依山而建的自然村寨相连成片，是目前中国乃至全世界最大的苗族聚居村寨。

西江千户苗寨是一个保存苗族“原始生态”文化完整的地方，是一座露天博物馆，展览着一部苗族发展史诗，成为观赏和研究苗族传统文化的大看台，它是领略和认识中国苗族漫长历史与发展之地。西江每年的苗年节、吃新节及十三年一次的牯藏节等均名扬四海。西江有远近闻名的银匠村，苗族银饰全为手工制作，其工艺具有极高水平。

（四）织金洞

织金洞位于贵州省织金县官寨苗族乡，地处乌江源流之一的六冲河南岸，距省城贵阳 120 千米。织金洞长 6.6 千米，最宽处 175 米，相对高差 150 多米，全洞容积达 500 万立方米，空间宽阔，有上、中、下三层，洞中遍布石笋、石柱、石芽、钟旗等 40 多种堆积物，形成千姿百态的岩溶景观。洞道纵横交错，石峰四布，流水、间歇水塘、地下湖错置其间。

织金洞规模宏大，形态万千，色彩纷呈，是织金洞景观的显著特色。洞内长度达 12.1 千米，相对高差 150 多米，已勘最宽跨度 175 米，一般宽高在 60 米～100 米，总面积达 70 多万平方米,堆积物平均高度为40米左右,最高的达70米,囊括了全世界溶洞堆积物类别的40多种堆积形态,呈现出万千气象、无限风光。

(五)遵义会议旧址

遵义是贵州北线的旅游中心,是国家历史文化名城之一。遵义是1982年国务院首批公布的全国24个历史文化名城之一。它的历史悠久,唐代即称遵义县,南宋时播州治所迁于此地并修筑城垣。1935年1月,中国工农红军长征到达遵义,中共中央在这里召开了具有伟大历史意义的政治局扩大会议,遵义从此作为革命历史名城而载入了中国革命的光辉史册。会址是一座坐北朝南的二层楼房,为中西合璧的砖木结构建筑,分主楼、跨院两部分。房屋原是黔军二十五军第二师师长柏辉章的私人官邸,是遵义城30年代最宏伟的建筑。遵义会议会址1954年1月开始复原陈列,1961年3月国务院公布为全国第一批重点文物保护单位。1964年年底,毛泽东主席为纪念馆手书"遵义会议会址"六个大字。

(六)小七孔景区

小七孔景区位于贵州荔波县西南部,距县城28千米,至麻尾火车站36千米。景区北首有一座建于道光十五年(1835年)的小七孔古桥,景区之名由此得之。小七孔景区是国家级风景名胜区,是樟江风景名胜区的四大风景片区之一,于2007年成为世界自然遗产地,是中国最美丽的地方之一。该景区在宽仅1千米、长12千米的狭长幽谷里,集洞、林、湖、瀑、石、水多种景观于一体,玲珑秀丽,令游客耳目常新,有"超级盆景"的美誉,具有多处景点可供游人观赏。现已经向游客开放的景点有铜鼓桥、小七孔古桥、涵碧潭、拉雅瀑布、68级跌水瀑布、野鸭池、龟背山、一龙戏九珠、飞云洞、野猪林、水上森林、天钟洞、鸳鸯湖、卧龙潭、卧龙河生态长廊漂游等。

(七)梵净山

梵净山国家级自然保护区位于贵州省铜仁地区江口、印江和松桃三县交界处,是地球同一纬度上生态保持最完好的原始生态地带,是联合国"人与生物圈保护区网"成员。梵净山由于地质年代形成的特殊地质结构,塑造了它千姿百态、峥嵘奇伟的山岳地貌。梵净山区域众多的历史遗址和文物、浓郁的地方民俗风情更为其增添色彩。巍然屹立于群山之巅的红云金顶、奇特的蘑菇石、雄伟的万卷书、罕见的金刀峡与剪刀峡、神奇的仙人桥、栩栩如生的老鹰岩、百丈深谷中拔地而起的太子石以及佛光幻影、云海波涛、山花红叶、山涧清泉等景观,可谓"独一无二、惊世骇俗"。

四、云南省

云南省位于中国西南的边陲,北回归线横贯云南省南部,属低纬度内陆地区。云南省有25个边境县分别与缅甸、老挝和越南交界,国境线长4 060千米,是中国通往东南亚、南亚的窗口和门户。云南以独特的高原风光,热带、亚热带的边疆风物和多彩多姿的民族风情而闻名于海内外。旅游资源丰富,建成一批以高山峡谷、现代冰川、高原湖泊、石林、喀斯特洞穴、火山地热、原始森林、花卉、文物古迹、传统园林及少数民族风情等为特色的旅游景区。全省有景区、景点200多个,国家A级以上景区有134个,著名旅游景点有丽江古城、三江并流、石林、哈尼梯田、大理古城、崇圣寺三塔、玉龙雪山、洱海、滇池、抚仙湖、普达措国家公园、西双版纳热带雨林等;省内主要旅游线路有滇中高原观光度假旅游线、滇西北"香格里拉"生态文化精品旅游线、滇西南热带雨林跨国旅游线、滇西边境旅游线及地热火山旅游线、滇东南喀斯特地貌景观及民族文化旅游线、滇东北红色旅游线等。省内主要旅游产品有观光旅游、会展度假旅游、特种旅游3个层次以及生态、民俗边境、商务会展、休闲度假、体育健身、科考和探险等8大类。

(一)昆明

昆明地处云贵高原中部,南濒滇池,三面环山,气候温和,夏无酷暑,冬无严寒,四季如春,气候宜人,享"春城"之美誉,是中国重要的旅游、商贸城市,是西部地区重要的中心城市之一。昆明是全国十大旅游热点城市、首批中国优秀旅游城市,旅游资源十分丰富,有石林世界地质公园、滇池、安宁温泉、九乡、阳宗海、轿子雪山等国家级和省级著名风景区,还有世界园艺博览园和云南民族村等100多处重点风景名胜、10多条国家级旅游线路,形成以昆明为中心,辐射全省,连接东南亚,集旅游、观光、度假、娱乐为一体的旅游体系。

1. 滇池

滇池位于昆明市南的西山脚下,其北端紧邻昆明市大观公园,南端至晋宁县内,距市区5千米,历史上这里一直是度假观光和避暑的胜地。滇池形似弦月,南北长39千米,东西宽13.5千米,平均宽度约8千米。湖岸线长约200千米;湖面面积300平方千米,居云南省首位,湖水最大深度8米,平均深度5米,蓄水量15.7亿立方米,素称"五百里滇池",是中国第六大内陆淡水湖。

2. 大观楼

大观楼位于昆明市区西部,距市中心约6千米。始建于康熙年间,因其面临滇池,远望西山,尽揽湖光山色而得名。入园后可游览涌月亭、凝碧堂、揽胜阁、观稼堂等楼台亭榭。园中最具观赏价值的大观楼临水而建,楼高三层,其中题匾楹联佳作颇多。由清代名士孙髯翁所作180字的长联,垂挂于大观楼临水一面的门柱两侧,号称"古今第一长联"。

3. 石林风景名胜区

石林风景名胜区位于路南县境内,距昆明市86千米,景区由大石林、小石林、乃古石林、大叠水、长湖、月湖、芝云洞、奇风洞7个风景片区组成。全县共有石林面积400平方千米,是一个以岩溶地貌为主体的、在国内外知名度较高的风景名胜区,被人们誉为"天下第一奇观"。

4. 昆明世界园艺博览园

昆明世界园艺博览园是1999年昆明世界园艺博览会会址,园区整体依山就势、错落有致、气势恢弘,集全国各省、区、市地方特色和95个国家风格迥异的园林园艺精品、庭院建筑和科技成就于一园,体现了"人与自然,和谐发展"的时代主题,是一个具有"云南特色、中国气派、世界一流"的园林园艺精品大观园。

(二)丽江

丽江市共有旅游风景点104处,具有代表性的有二山(玉龙雪山、老君山)、一城(丽江古城)、一湖(泸沽湖风景名胜区)、一江(金沙江)、一文化(纳西东巴文化)、一风情(摩梭人风情)。2016年,有A级旅游景点20家,其中5A级景点2家、4A级景点7家,有红色旅游基地6个。

1. 玉龙雪山

玉龙雪山位于丽江市区北面约15千米处,南北长35千米,东西宽25千米,雪山面积960

平方千米，景区面积263平方千米，有著名的阳春白雪、绿雪冰川奇观，是国家级风景名胜区、省级自然保护区和省级旅游开发区，区内有冰川公园、云杉坪、甘海子、牦牛坪、玉峰寺、万朵茶花树等景点。

2. 丽江古城

丽江古城位于云南省丽江市古城区，又名大研镇，坐落在丽江坝中部，始建于宋末元初（公元13世纪后期），面积为7.279平方千米，是中国以整座古城申报世界文化遗产获得成功的两座古城之一。丽江古城内的街道依山傍水修建，以红色角砾岩铺就，有四方街、木府、五凤楼等景点。丽江古城有着多彩的地方民族习俗和娱乐活动，纳西古乐、东巴仪式、占卜文化、古镇酒吧以及纳西族火把节等，别具一格。丽江古城体现了中国古代城市建设的成就，是中国民居中具有鲜明特色和风格的类型之一。

3. 泸沽湖

泸沽湖古称鲁窟海子，又名左所海，俗称亮海，位于四川省与云南省交界处，为川滇共辖。泸沽湖旅游景区四周崇山峻岭，一年有三个月以上的积雪期。森林资源丰富，山清水秀，空气清新，景色迷人，泸沽湖被当地摩梭人奉为“母亲湖”，也被人们誉为“蓬莱仙境”。身临其境，水天一色，水平如镜，缓缓滑行于碧波之上的猪槽船和徐徐漂浮于水天之间的摩梭民歌，使其更增添几分古朴、几分宁静，是一个远离嚣市、未被污染的处女湖，每逢晴天，蓝天白云，倒映湖中，水天一色，景象奇丽。这里古朴的民风、秀丽的山光水色与浓郁的传奇风情，充满了神秘的色彩。

（三）大理

大理白族自治州地处云南省中部偏西，海拔2 090米，东邻楚雄州，南靠普洱市、临沧市，西与保山市、怒江州相连，北接丽江市。

1. 崇圣寺三塔

崇圣寺三塔位于大理古城西北部1.5千米处，西对苍山应乐峰，东对洱海，距山脚约为1 500米。三塔由一大、二小、三阁组成。大塔又名千寻塔，当地群众称它为“文笔塔”，通高69.13米，底方9.9米，共16级，为大理地区典型的密檐式空心四方形砖塔。南北小塔均为10级，高42.17米，为八角形密檐式空心砖塔。三座塔鼎足而立，千寻塔居中，二小塔南北拱卫。1961年3月4日，它被国务院公布为第一批全国重点文物保护单位。

2. 大理古城

大理古城简称“叶榆”，又称紫城，位于云南省西北部，横断山脉南端，居于苍山之下、洱海之滨，古城占地面积3平方千米。大理古城为方形城池，每边约1.5千米，城区总面积约3平方千米。古城四周有城墙，城墙内层为夯土，外拔石块、大砖各一层，城设四门及四门楼。自明代建城以来历600多年，古城的规模、布局基本无大的改变。城内街道纵横、交错有致，为典型的棋盘式布局。城内保存有大量的清、民国时期的民居及武庙、杜文秀帅府、西云书院、考试院、城隍庙、清真寺、天主教堂、基督堂等古建筑。大理古城现已成为大理旅游发展的核心景点。

3. 苍山洱海

苍山又名点苍山，苍山山脉由十九峰自北向南连脊屏列组成，最高点海拔4 122米（马龙峰），最低点海拔1 360米（漾濞江与西洱河交汇处），4 000米以上山峰有7座。苍山东坡两峰夹一溪，形成了十九峰夹十八溪的梳状地貌。西坡的鸡邑铺有温泉出露，水温约为 36 ℃。苍山东坡的洱海盆坝区年均气温 15 ℃。

洱海，古称昆明池、洱河、叶榆泽等。因其状似人耳，故名洱海。它南北长 42 千米，东西宽 3～9 千米，湖岸线长 117 千米，面积 250 多平方千米；平均水深 10.5 米，最深 21.5 米，蓄水量 28.8 亿立方米，面积与蓄水量均列云南湖泊第二，在全国淡水湖中居第 7 位。洱海南有弥洱河等注入，西纳苍山十八溪水，东汇波罗江、挖色河，南面的西洱河是唯一出海门，经漾濞江绕入澜沧江。洱海属构造湖，湖岸东西多崖壁，北、西、南三面为沙洲。

4. 蝴蝶泉

蝴蝶泉位于大理市喜洲镇周城村以北 1 千米处、滇藏公路西侧、苍山的云弄峰下，原名无底潭。公园内有郭沫若手书“蝴蝶泉”石碑，左侧刻有郭沫若咏蝴蝶泉诗的手迹，碑的背面，刻着徐霞客游大理蝴蝶泉的一段日记。徐霞客在其游记中记述说：“泉上大树，当四月初即发花如峡蝶，须翅栩然，与生蝶无异。又有真蝶千万，连须钩足，自树巅倒悬而下，及于泉面，缤纷络绎，五色焕然。游人俱从此月，群而观之，过五月乃已。”蝴蝶泉公园建有蝴蝶楼、八角亭、六角亭、望海亭、月牙池、咏蝶碑，1985 年 12 月建立了蝴蝶标本馆。

（四）西双版纳

西双版纳风景名胜区位于云南南部西双版纳傣族自治州境内，距昆明 740 千米。景区包括景洪县风景片区、勐海县风景片区、勐腊县风景片区三大块。每一块内又有若干景区，共有 19 个风景区、800 多个景点，总面积 1 202.13 平方千米。该区有种类繁多的动植物资源，被称之为“热带动物”王国。其中许多珍稀、古老、奇特、濒危的动植物又是西双版纳独有的，引起了国内外游客和科研工作者的极大兴趣。景观以丰富迷人的热带雨林、亚热带雨林、季雨林、沟谷雨林风光及珍稀动物和绚丽多彩的民族文化、民族风情为主体。该区景观独特，知名度高，经国务院 1982 年批准定为第一批国家重点风景名胜区。

（五）腾冲

腾冲古称腾越，位于云南省西部，西与缅甸为邻，是古代西南丝绸之路的要隘，是著名的侨乡、文献之邦和翡翠集散地，故有“翡翠城”的美称。腾冲素有“天然地质博物馆”之誉，是我国最为著名的火山密集区之一。区内共有休眠期火山 97 座，其中火山口保存较完整的达 23 座，其火山类型多样，火山堰塞湖、火山口湖、熔岩堰塞瀑布、熔岩巨泉等景观十分丰富，是名副其实的中国规模最大的天然火山博物馆。腾冲也是中国著名的地热风景区，这里是我国三大地热区之一，以温泉遍布、热力强大、外部显示奇特著称于世。腾冲也素有“天然植物园物种基因库”之称，国内和世界上的稀有树种在腾冲得到了很好的保存，著名的如生长于腾冲县北部大塘乡的一种杜鹃花，是目前发现的世界上多种杜鹃花中树最大、花朵最大、枝干最粗的一种，被科学家称为大树杜鹃王。

（六）香格里拉

香格里拉语意为“心中的日月”，是云南省迪庆藏族自治州下辖市及首府所在地，位于云南省西北部、青藏高原横断山区腹地，是滇、川、藏三省区交界地，也是世界自然遗产“三江并流”景区所在地。除主体民族藏族外还有汉族、纳西族、彝族、白族等十几个民族，人口密度为 10 人 / 平方千米，这里是云南省面积最大、人口密度最低的市份之一。香格里拉于 20 世纪 30

年代出现于英国作家詹姆斯·希尔顿的著名小说《Lost Horizon（消失的地平线）》中而为世人所向往，不久便被拍成同名电影并荣获多项奥斯卡奖，更使其为世人熟知。香格里拉藏区历史悠久，自然风光绚丽，拥有普达措国家公园、独克宗古城、噶丹松赞林寺、虎跳峡等景点。

（七）元阳梯田

元阳梯田位于云南省元阳县的哀牢山南部，是哈尼族人世世代代留下的杰作。元阳梯田是红河哈尼梯田的核心区。元阳哈尼族开垦的梯田随山势地形变化，因地制宜，坡缓地大则开垦大田，坡陡地小则开垦小田，甚至沟边坎下石隙也开田，因而梯田大者有数亩，小者仅有簸箕大，往往一坡就有成千上万亩。元阳哈尼梯田主要有 3 大景区：坝达景区，包括箐口、全福庄、麻栗寨、主鲁等连片 1.4 万多亩的梯田；老虎嘴景区，包括勐品、硐浦、阿勐控、保山寨等近 6 000 亩梯田；多依树景区，包括多依树、爱春、大瓦遮等连片上万亩梯田。如此众多的梯田，在茫茫森林的掩映中，在漫漫云海的覆盖下，构成了神奇壮丽的景观。

（八）建水风景名胜区

建水风景名胜区位于建水县境内，距昆明 299 千米。景区包括建水古城和燕子洞两大部分。建水古称临安，自元代以来就是滇南的政治、文化、交通中心，文化发达，人才辈出。这里有保存完好、规模宏大的文庙以及朝阳楼、双龙桥、指林寺、朱家花园等一大批古建筑。全县有古寺庙近百所，还有许多保存完好的古式民居，堪称是“古建筑博物馆”。燕子洞是亚洲最大、最壮观的溶洞之一，春夏有百万只雨燕飞舞巢居。1994 年经国务院批准，它被定为第三批国家风景名胜区，建水古城也被定为国家级历史文化名城。

五、广西壮族自治区

广西壮族自治区，南临北部湾，是中国唯一沿海的自治区。地处中国地势第二级台阶中的云贵高原东南边缘、两广丘陵西部，南临北部湾海面。西北高、东南低，呈西北向东南倾斜状。山岭连绵，山体庞大，岭谷相间，四周多被山地、高原环绕，中部和南部多丘陵平地，呈盆地状，有“广西盆地”之称。

广西历史悠久，古人类、古建筑、古文化遗址、古水利工程、石刻、墓葬等古文物及革命斗争纪念遗址众多，民族文化绚丽多彩、独具特色。广西素有“歌海”之称，民俗节日主要有壮族的三月三歌节、瑶族的达努节、苗族的踩花山节和芦笙节、仫佬族的走坡节、侗族的花炮节以及别具风味的打油茶节等，其中农历三月三的壮族传统歌节最为隆重。广西旅游资源非常丰富，已开发的景区、景点有 400 多处，其中列为国家级的风景名胜区 3 个、旅游度假区 1 个、历史文物保护单位 7 个、森林公园 11 个。

在广西 1 595 千米海岸线上，拥有北海银滩、涠洲岛、斜阳岛、冠头岭国家森林公园、外沙岛、海洋之窗、北海海底世界，有防城港的江山半岛、京岛、天堂滩、怪石滩、火山岛、竹山北仑河口跨国生态旅游景区，有钦州的三娘湾等。涠洲岛是中国 7 000 多个岛屿中最大、最年轻的火山岛。

（一）南宁

南宁简称“邕”，别称绿城、邕城，是广西壮族自治区首府，是北部湾城市群核心城市、中国面向东盟十国国际大通道、西南出海综合交通枢纽城市，是中国东盟博览会暨中国东盟商务与投资峰会的永久举办地，也是国家“一带一路”海上丝绸之路有机衔接的重要门户城市。南宁是一座历史悠久的边陲古城，同时也是一个以壮族为主的多民族和睦相处的现代化城市。得天独厚的自然条件，使得南宁满城皆绿，四季常青，有“绿城”的美誉。

1. 青秀山

青秀山风景区位于南宁市区往东南约 9 千米处的邕江江畔，青秀山风景区包括凤凰岭、凤翼岭和青秀山，海拔高度 82～289 米，气候宜人，奇山异卉，四季常开。古诗曰：“青山四时常不老，游子天崖觉春好，我携春色上山来，山花片片迎春开。”因此在古代，青秀山已经是邕南著名的避暑游览胜地。

青秀山顶上耸立的宝塔叫龙象塔，俗称青山塔，它是青秀山的象征，始建于明万历年间，共有九层，高 60 米，塔基直径 12 米，有 207 级旋梯，为广西最高的塔。山腰上有天池和瑶池两个巨大的人工湖。另有海天一览、塔影凌虚、狮林、荷花伴月、翠屏飞瀑、子夜松风、泰青远眺、山间花港、古榕抱石、千步廊等风景名胜景点。

2. 德天瀑布

德天瀑布位于广西壮族自治区崇左市大新县硕龙镇德天村，在中国与越南边境处的归春河上游。瀑布气势磅礴、蔚为壮观，与紧邻的越南板约瀑布相连，是亚洲第一、世界第四大跨国瀑布，年均水流量约为贵州黄果树瀑布的 3 倍。德天瀑布与越南的板约瀑布连为一体，就像一对亲密的姐妹，袅袅婷婷，携手而立，这实在是一个如诗般浪漫清雅的所在，步步是景，处处含情。人在其中，若画中游，心无旁骛，更无纤尘。 除了瀑布以外，德天景区一带还有明仕田园风光、沙屯的多级叠瀑、奇峰夹峙的黑水河、绮丽多姿的那岸奇景、雷平石林、恩城山水、中越边境 53 号界碑等景点。

3. 友谊关

友谊关位于广西凭祥市西南端， 322 国道终端，穿过友谊关拱城门，与越南公路相接，是通往越南的重要陆路通道和国家一类口岸，距凭祥市区 18 千米。友谊关是我国九大名关之一。关楼左侧是左弼山城墙，右侧是右辅山城墙，犹如巨蟒分联两山之麓，气势磅礴，是我国保存比较完整的明、清时期的南疆边关要塞。友谊关景区包括关楼、城墙、左辅山炮台（镇关炮台）、右辅山炮台（金鸡山炮台）、清末广西全边对讯署（法式楼）以及大清万人坟等。

4. 大明山

大明山位于广西壮族自治区武鸣县东北部，自然保护区总面积约 65 000 公顷，北回归线正好穿过大明山中部，大明山是全国最大最高的北回归线标志园。

大明山四季景色迥然不同。春季百花盛开，色彩斑斓；夏季烟雨蒙蒙，瀑布飞舞；秋季红叶满山，如霞似火；冬季下雪结冰，银装素裹。大明山景色如此迷人，被人们称作“广西庐山”。其主要游览景点有：奇峰幽谷，河谷以甘南大河谷最为壮观，烟雾缭绕，难以见底，两岸奇峰陡峭；高山草坪，大明山主脉群峰之顶有六片天然大草坪，草坪四周古木环绕，中间长草不长树，人称天坪山圩；深山飞瀑，连冲三级，如龙尾摆动，人称“三滩龙尾瀑布”。

（二）桂林

桂林昔称八桂、桂州，是首批国家历史文化名城，是华夏文明重要发祥地之一。神姿仙态的峰林、幽深瑰丽的溶洞和神秘莫测的地下河，这些特殊的地貌与景象万千的漓江及其周围美丽迷人的田园风光融为一体，形成了独具一格、驰名中外的“山青、水秀、洞奇、石美”，故自南宋桂林就享有“桂林山水甲天下”的美誉。2003年,世界旅游组织将桂林与北京、上海、西安一起列为中国最佳旅游城市,向世界旅游者郑重推荐。截至2017年12月31日,桂林共有A级旅游景区60家,其中5A级景区4家(分别是桂林漓江景区、桂林乐满地休闲世界、桂林独秀峰—王城景区、桂林两江四湖·象山景区)、4A级景区25家、3A级景区31家。

1. 象鼻山

象鼻山位于广西桂林市内桃花江与漓江汇流处,山因酷似一只站在江边伸鼻豪饮漓江甘泉的巨象而得名,被人们称为桂林山水的象征。象山以神奇著称,其神奇,首先是形神毕似,其次是在鼻腿之间造就一轮临水明月,构成“象山水月”奇景。因此,象鼻山是桂林的城徽山,是桂林旅游的标志山,它形似一头巨象,象鼻和象腿之间是面积约150平方米的圆洞,江水穿洞而过,如明月浮水。坐落于西岸的象山水月与漓江东岸的穿月岩相对,一挂于天,一浮于水,形成“漓江双月”的奇特景观。象鼻山主要景点有水月洞、象眼岩、普贤塔、宏峰寺及寺内的太平天国革命遗址陈列馆等

2. 漓江

漓江又名桂水、桂江、癸水、东江,流经广西壮族自治区桂林市,其风景秀丽,山清水秀,洞奇石美,是驰名中外的风景名胜区。漓江的特点概括为清、奇、巧、变四个字,主要景点概括为一江(漓江)、两洞(芦笛岩、七星岩)、三山(象鼻山、叠彩山、独秀峰),是桂林山水的精华所在。漓江像一条青绸绿带,盘绕在万点峰峦之间,奇峰夹岸,碧水萦回,削壁垂河,青山浮水,风光旖旎,犹如一幅百里画卷。乘舟泛游漓江,可观奇峰倒影、碧水青山、牧童悠歌、渔翁闲钓,古朴的田园人家、清新的呼吸,一切都那么诗情画意。

3. 阳朔

阳朔位于广西东北部、桂林市区南面。“桂林山水甲天下,阳朔堪称甲桂林”,此句高度概括了阳朔的自然风光在桂林所占有的重要位置。 山青、水秀、洞奇、石美四大景观特色,造就了阳朔这方人间仙境。全县拥有各种奇特山峰2万多座、蜿蜒于万山丛中的大小河流17条以及8大景区、250多个自然景点和人文景观。1982年阳朔被国务院列为全国首批风景名胜区。在阳朔县,有传说中的壮族歌仙刘三姐抛绣球定情的千年古榕,有国内外游客叹为观止的月洞奇观以及被誉为“小漓江”的遇龙河。 阳朔名胜古迹、人文景观遍布,诸如县城碧莲峰下古道石刻摩崖及县城古朴的街道。

4. 两江四湖景区

两江四湖景区指由漓江、桃花江两条江与杉湖、榕湖、桂湖、木龙湖四个湖泊构成的桂林市环城水系。江湖烟波淼淼,岸畔绿柳依依,山光水色无不令人感慨万千。入夜灯火璀璨,更是美不胜收、妙不可言。徒步其间,可观赏各式精美的大、小桥28座、精典景观100处。两江四湖环城水系是桂林城区的灵魂,绸缎似的江、翡翠般的湖,给中外游客的感受是“舟行碧波上,人在画中游”。得天独厚的优势,使得两江四湖成为桂林城区的主打名片:中国人居环境范例奖,国家AAAA级旅游景区,广西十佳景区。

5. 芦笛岩

芦笛岩位于桂林市西北郊,距市中心5千米,是一个以游览岩洞为主、观赏山水田园风光为辅的风景名胜区。芦笛岩洞深240米,游程500米。洞内有大量绮丽多姿、玲珑剔透的石

笋、石乳、石柱、石幔、石花，琳琅满目，组成了狮岭朝霞、红罗宝帐、盘龙宝塔、原始森林、水晶宫、花果山等景观，令游客目不暇接，如同仙境，被誉为“大自然的艺术之宫”。从唐代起，历代都有游人踪迹，现洞内存历代壁画 77 则。自 1959 年发现并开发后，如今已建有餐厅、茶室、水榭、湖池、曲桥，并设游船，广植花木，此地成为中外游客游览桂林时必去的旅游景点。

6. 灵渠

灵渠古称秦凿渠、零渠、陡河、兴安运河、湘桂运河，是古代中国劳动人民创造的一项伟大工程，位于广西壮族自治区兴安县境内，于公元前 214 年凿成通航。灵渠流向由东向西，将兴安县东面的海洋河（湘江源头，流向由南向北）和兴安县西面的大溶江（漓江源头，流向由北向南）相连，是世界上最古老的运河之一，有着“世界古代水利建筑明珠”的美誉。

7. 龙脊梯田

龙脊梯田地处海拔 1 916 米的崇山峻岭深处，梯田海拔最高处 1 180 米，最低 380 米，垂直落差 800 米，面积 71.6 平方千米；分为金坑和大寨瑶族梯田观景区、平安壮族梯田观景区，主要景点十几个。它以磅礴的气势、流动的线条、变幻的神韵和独特的民俗风情而享誉中外，为天下梯田所望尘莫及，堪称“世界之最”和“天下一绝”，是桂林旅游的重要组成部分。

8. 八角寨

八角寨又名云台山，位于广西资源县梅溪镇大坨村和湖南新宁县崀山镇的崀山景区交接处（八角寨一边属资源县，一边属新宁县，因此名称上有新宁八角寨和资源八角寨），地处五岭山脉里最长的越城岭山脉腹地区域的西北侧余脉（以崀山为代表的广义崀山即大崀山）。资源八角寨—新宁崀山已经形成了一个优势互补的复合型整体景区。主峰海拔 818 米，因主峰有八个翘角而得名。其发育丰富程度及品位世界罕见，被有关专家誉为“丹霞之魂、国家瑰宝”，是中国最美的七大丹霞之一。

（三）北海

北海市位于广西南部、北部湾东北岸。北海市的旅游资源丰富，海洋旅游资源综合优势更为突出。国家 4A 级景区景点有北海银滩、海洋之窗、海底世界。其他景区景点有：市区的北部湾广场——珍珠魂、海滩公园、海滨公园、还珠堂世界贝类珊瑚馆、南珠宫、珠海老街、大江埠旅游风景区、外沙海鲜岛等；合浦县的星岛湖旅游度假区、山口红树林自然保护区、璋嘉自然景观旅游区；海城区涠洲岛的国家地质森林公园、涠洲盛塘天主堂旧址、海底珊瑚、猪仔岭和滴水岩；银海区的下窑窑群；铁山港区的白龙珍珠城遗址。北海市现已成为中国南方重要的滨海旅游城市。

1. 银滩

北海银滩为国家 AAAA 级旅游景区，位于风景秀丽的北海银滩国家旅游度假区内，分为海滩公园和银滩公园。北海银滩 1992 年被列为国家级旅游度假区，为中国 35 个“王牌景点”之一，享有“天下第一滩”的美誉。东西绵延 24 千米，特点是滩长平、沙细白、水温净、浪柔软、无鲨鱼、无污染、空气清新自然。负氧离子含量是内陆城市的 50～100 倍，年平均气温 22.6 ℃。

2. 涠洲岛

涠洲岛位于广西北海市正南面 21 海里的海面上，距北海市区 36 海里，是中国最年轻的火山岛，也是广西最大的海岛。涠洲岛与火山喷发堆积和珊瑚沉积融为一体，使岛南部的高峻险奇与北部的开阔平缓形成鲜明对比，其沿海海水碧蓝见底。2014 年《中国国家地理》评选出的中国最美十大海岛，涠洲岛位列第二名。

3. 北海海底世界

北海海底世界是国家 AAAA 级旅游景区、全国海洋科普教育基地、中国西部地区最大的海底观光景区，以展示海洋生物为主，是集观赏、旅游、青少年科普教育为一体的大型综合性海洋馆，分为 A、B 两区。

（四）柳州

柳州，简称"柳"，又称壶城、龙城，中国五大汽车城之一，市区内、外由石灰岩构成的奇山峻峰拔地而起，千姿百态，具有丰富独特的旅游资源和自然景观。"柳州奇石甲天下"，柳州还被誉为"中华石都"。柳州的民族风情独具神韵，与壮族的歌、瑶族的舞、苗族的节和侗族的楼一起，堪称"四绝"。柳州和毗邻的桂林市共同构成了享誉世界的大桂林旅游风景区。

1. 柳侯公园

柳侯公园位于柳州市中心，是为纪念唐代大文豪、曾任柳州刺史的柳宗元所建的公园，占地 15.52 公顷，始建于 1906 年。公园内有柳侯祠、柳宗元衣冠墓、罗池、柑香亭等与柳宗元有关的古迹。公园中有近 7 公顷的人工湖，碧水曲桥，相映成趣，湖边林木葱茏，凉亭假山，景色怡人。园中还有盆景园、动物园和儿童乐园等多姿多彩的游玩场所和设施，是广西旅游主要名胜之一。柳侯公园犹如闹市中的一块绿洲，是人们公休假日和茶余饭后散步游玩的好场所。

2. 龙潭公园

龙潭公园位于柳州市区南部，距市中心仅 3 千米，规划面积约 544 公顷，是一个集喀斯特自然山水景观、中国南方少数民族风情文化、亚热带岩溶植物景观为一体的大型风景浏览区，园中有柳州八贤之一的张翀的摩崖石刻诗"山下清泉出，林间百发来。寒云如可卧，不必问蓬莱"。龙潭公园林木苍翠、群山环抱、自成屏障，卧虎山、美女峰、孔雀山等二十四峰形态各异，耸立于一湖（镜湖）、二潭（龙潭、雷潭）、四谷地之间。

3. 程阳风雨桥

程阳风雨桥，又叫永济桥、盘龙桥，位于广西壮族自治区柳州市三江县城古宜镇的北面 20 千米处的林溪镇，是广西壮族地区众多具有侗族韵味的风雨桥中最出名的一个。大多数的侗寨修在河溪两旁，跨水而居，因此凡侗族人聚居的地区，有河必有桥，桥上有廊和亭，既可行人，又可避风雨，故称风雨桥。程阳风雨桥为石墩木结构楼阁式建筑，有 2 台 3 墩 4 孔。墩台上建有 5 座塔式桥亭和 19 间桥廊，亭廊相连，浑然一体，十分雄伟壮观。它的建筑惊人之处在于整座桥梁不用一钉一铆，用大小条木凿木相吻，以榫衔接，其技艺巧夺天工。桥上有栏杆和屋顶，还有 5 个多角亭，具有独特的侗族韵味。

4. 鱼峰山

鱼峰山位于柳州市鱼峰路。鱼峰平地崛起，山高 88 米，从山脚沿盘山小径登 392 级石阶，便可到达山顶。从山顶往北眺望，江水碧绿、六桥飞架、大厦林立、车水马龙。鱼峰山上绿树成荫，亭台楼阁互相掩映，七个岩洞相互贯通，石碑石刻琳琅满目。山上建有翠松亭、冠山亭、观美阁。半山腰有崖刻"柳江砥柱"四个大字。山中有清凉洞、玉洞、盘古洞、纯阳洞、阴风洞、螽斯岩、三姐岩等七个岩洞，彼此相连贯通。

本章小结

1. 西南旅游区是我国旅游资源最丰富、最优越的地区之一。地形地貌、河湖分布、气候状况都有较大差异，植被种属十分丰富。这种自然环境，造就了长江三峡、虎跳峡、九寨沟、黄龙、云南石林、西双版纳等奇特的自然景观。本区是少数民族聚居地区，因浓厚的少数民族风情，具备发展旅游业得天独厚的条件。

2. 重庆旅游资源丰富，由于地貌结构复杂、地势起伏大、地形多样等特点，构成了集山、水、林、泉、瀑、峡、洞等为一体的壮丽自然景色和熔巴渝文化、民族文化、移民文化、三峡文化、“陪都”文化、都市文化于一炉的浓郁文化色彩。四川旅游资源极为丰富，是我国拥有世界自然文化遗产和国家重点风景名胜区最多的省区，素有“风景省”的美称，历来有“天下山水在于蜀”之说，并有“峨眉天下秀，夔门天下雄，剑门天下险，青城天下幽”之誉。

3. 贵州省旅游资源丰富，截至 2017 年底，贵州省有风景名胜景区 71 个。其中，国家级风景名胜景区 18 个、省级风景名胜景区 53 个、5A 级旅游景区 5 个。云南以独特的高原风光、热带亚热带的边疆风物和多彩多姿的民族风情而闻名海内外。旅游资源丰富，建成一批以高山峡谷、现代冰川、高原湖泊、石林、喀斯特洞穴、火山地热、原始森林、花卉、文物古迹、传统园林及少数民族风情等为特色的旅游景区。

4. 广西历史悠久，古人类、古建筑、古文化遗址、古水利工程、石刻、墓葬等古文物及革命斗争纪念遗址众多，民族文化绚丽多彩、独具特色。拥有北海银滩、涠洲岛、斜阳岛、冠头岭国家森林公园、外沙岛、海洋之窗、北海海底世界以及防城港的江山半岛、京岛、天堂滩、怪石滩、火山岛、竹山北仑河口跨国生态旅游景区和钦州的三娘湾等。

思考与实训

1. 简述西南旅游区的旅游环境特征。
2. 四川省有哪些主要旅游资源？
3. 长江三峡游线路有哪些著名的旅游景点？
4. 云南省的旅游资源有哪些特点？云南省发展特色旅游有哪些优势？
5. 贵州旅游环境有哪些特征？有哪些著名旅游景（区）点？
6. 桂林为什么能成为国际旅游胜地？
7. 试在本旅游区内设计几条山水风光游和民俗风情游旅游线路，并进行对比分析。

第 11 章　东南沿海旅游区

学习目标

1. 了解东南沿海旅游区的自然环境特征。
2. 熟悉东南沿海旅游区的人文环境特性。
3. 掌握东南沿海旅游区的旅游景区景点。

东南沿海旅游区包括福建省、广东省、海南省、台湾省、香港和澳门，位于我国东南部，东临太平洋，对外交往频繁，国际旅游发达。本旅游区自然资源和人文资源都有其独特之处，与其他各区差异较大。自然资源主要以海滨风光、名山温泉、热带植物为主；人文资源则侧重于岭南文化、华侨故里和现代风貌。这个区域是我国旅游经济最发达的地区之一。

第 1 节　旅游环境特征

一、旅游自然环境特征

（一）破碎的低山丘陵地形

东南旅游区地形以海拔 500 米左右的低山丘陵为主，既没有高大的山脉，也没有大面积的平原。武夷山和南岭两条山脉构成东南地形的骨架。武夷山绵延于闽、赣二省之间，位于福建西北部的黄岗山，海拔 2 158 米，是武夷山最高峰，也是东南丘陵地区第一高峰。武夷山构成福建诸水与长江水系的分水岭，也是自然地理上的重要界线。南岭横亘在广东北部至广西东北部，东接武夷山，西接云贵高原，最高峰苗儿山，海拔 2 142 米，位于广西东北部。南岭是我国自然地理上一条重要分界线，南岭以南终年草木青翠，呈现南亚热带景观。南岭还是长江水系和珠江水系的分水岭。武夷山和南岭多红层盆地和丹霞地貌，碧水丹山，形成著名的风景观赏胜地。除以上两大山地外，该区还有罗浮山、大云雾山、云开大山等。山地受岩性构造和气候的影响，侵蚀切割作用强烈，地表显得支离破碎。

（二）高温多雨的热带、亚热带季风气候

本区由于纬度低，濒临海洋，长期受夏季风影响，因此高温多雨、长夏无冬的亚热带和热带季风气候是本区自然气候的重要特征。东南地区约有 1/3 的陆地面积处于太阳直射范围内，故终年气温较高，大部分地区年平均温度高于 20 ℃，最冷月的平均温度也在 10 ℃以上，因而东南地区四季交替不明显，夏季长达八九个月，没有真正的冬季，一般年份冬季不见霜雪，特别是南部。东南旅游区一年四季皆可旅游，冬季更是我国避寒、冬泳的好地方。降水丰沛，大部分地区年降水量在 1 500 毫米以上，夏秋之交多台风。

(三)丰富的水热资源

东南旅游区水系多,水网密度大,汛期长,河流水量丰富,含沙量小。主要河流属于珠江、闽江和韩江三大水系。珠江是我国第五大河,沿途景色秀丽。闽江沿途多崇山峻岭,人文景观广布。此外,区内主要河流还有广东的榕江、黄岗溪、螺河、漠阳江,福建的漳江、九龙江、木兰溪,海南的万泉河等。本区许多湖泊与水库由于景色秀丽成为重要的旅游景点,如肇庆的星湖、广州南湖、湛江湖、光湖、潮州西湖、惠州西湖、深圳阳湖等。本区温泉和地热资源极为丰富,区内有各类温泉近 500 处,如福建福州温泉、古田汤温泉、长汀河田温泉等,都是我国著名的温泉旅游胜地。

二、旅游人文环境特征

(一)著名的侨乡

本区是我国著名的侨乡,是华侨密集区。由于闽、粤、琼是我国早期对外贸易的前沿阵地,也是历史上海外劳工最大的输出地,因此,成为华人华侨祖籍集中的地区。广东的潮汕、梅州地区、珠江三角洲地区,海南的文昌、琼海、万宁、琼山,福建的厦门、晋江、泉州、南安、漳州、永春、福清等,都是著名的侨乡。海外华侨的分布以东南亚最多,每年都有大批华侨回国观光、寻根祭祖、探亲访友,成为本区入境旅游的稳定客源之一。

(二)发达的社会经济

华南是我国最早对外开放的地区,经济发展迅速,对外贸易繁荣,雄厚的经济基础和繁荣的贸易,对旅游业有极大的促进作用。如每年春秋两季的广交会吸引了世界各国和我国各地的商人前往洽谈,促进了商务旅游和购物旅游的发展。该区城市建设新颖别致,环境优美,广州、深圳、厦门等都是现代化的国际性大都市,市内耸立着各种风格的高楼大厦,车水马龙,人流如潮,夜晚的都市更是以璀璨的夜景迷醉了无数的游客,城郊各种旅游度假、休闲、娱乐设施齐全,现代城市文化成为人文旅游资源最大的亮点。

(三)多样的民族风情

特殊的自然与人文环境形成了本区独有的岭南文化、客家文化,表现在语言、饮食、音乐、舞蹈、戏剧等方面。代表性的文化艺术有福建梨园戏、广东粤剧等。本区是我国少数民族聚居的重要地区之一,有黎族、苗族、瑶族、壮族、回族等,各民族丰富多彩的文化构成了该地区民俗文化的多样性,如黎族干阑式的船形或金字形民居、"竹筒饭",苗族的精美服装,瑶族的耍歌堂,均具有浓郁的民族风情。

(四)热带、亚热带自然景观突出

东南旅游区的自然植被为终年常绿热带雨林——季雨林和常绿阔叶林,种类繁多,成分复杂。尤其是棕榈科植物,叶片巨大,密集,高高耸立在海滨、村落上,构成特殊外貌,成为东南热带景观的标志。菠罗蜜、木奶果、青果榕等植物多有分布。鹅掌楸、银杉、银杏、罗汉松等古老植物和水仙、木兰等花卉分布甚广。该区自然保护区众多,武夷山自然保护区被称为研究亚洲两栖和爬行动物的钥匙。鼎湖山自然保护区是北回归线沙漠带上的明珠,主要保护南亚热带常绿阔叶林。福建屏南县鸳鸯溪是我国唯一的鸳鸯保护区。

(五)地貌旅游资源丰富

东南旅游区地貌旅游资源丰富,既有"丹山碧水"的丹霞地貌,又有奇岩怪石的花岗岩地貌，还路有岩溶地貌和海岸地貌，可谓样样俱全。丹霞地貌在本区发育非常典型，广东的丹霞山和福建的武夷山都是这一地貌的杰出代表。花岗岩地貌在本区分布也非常广，广东肇庆的星湖、福建永安的鳞隐石林等是其典型景观。海岸地貌是本区非常独特的景观，福建福鼎太姥山、东山岛风动石、海南东山岭均属此列。岩溶地貌主要以仪态万方的溶洞为主，海南三亚的大东海、亚龙湾海滩被誉为世界上最佳浴场，厦门、深圳等均有迷人的海滨风光和海岸地貌。

第2节　主要旅游目的地

一、福建省

福建省简称“闽”，省会福州，位于我国东南沿海，全省土地面积为12.14万平方千米，海域面积为13.6万平方千米。全省人口3 680万人，它又是著名侨乡和台胞祖籍地，旅居海外的华人、华侨达800多万人，台湾同胞中80%祖籍福建。福建地势总体上从西北向东南下降，在西部和中部形成斜贯全省的两列大山带：西列是以武夷山脉为主体的闽西大山带；东列是由鹫峰山、戴云山、博平岭等山脉组成的闽中大山带。这两大山带之间为互不贯通的河谷、盆地，东部沿海为丘陵、台地、平原地带。福建省海域辽阔，水质肥沃，浮游生物多，水产资源相当丰富，是我国主要产鱼区。

福建的旅游资源丰富而且独特，有厦门市鼓浪屿风景名胜区（2007年）、南平市武夷山风景名胜区（2007年）、福建省土楼（永定·南靖）旅游景区（2011年）、福建省三明市泰宁风景旅游区（2011年）、泉州市清源山景区（2012年）、宁德市白水洋——鸳鸯溪旅游区（2012年）、宁德市福鼎太姥山旅游区（2013年）等7个国家AAAAA级旅游景区，景色奇异秀丽。

（一）福州

福州是中国优秀旅游城市，名山、名寺、名园、名居繁多，独具滨江滨海和山水园林旅游城市风貌。拥有三坊七巷、平潭海坛、鼓山、青云山、十八重溪等国家重点风景名胜区。福州市著名的历史古迹有150多处，其中三坊七巷、林则徐墓、福州华林寺、乌塔、马尾船政遗址、福清弥勒岩、昙石山文化遗址、罗源陈太尉宫等已被列为国家重点文物保护单位。还有被誉为“福州碑林”的鼓山摩崖石刻、江南最古老的木结构建筑华林寺、“天下四大名碑”之一的“恩赐琅琊王德政碑”、李阳冰乌山摩崖石刻、记载明代郑和航海史料的“天妃灵应之记”碑等。

1. 三坊七巷

三坊七巷是国家AAAAA级旅游景区，是福州老城区经历了建国后的拆迁建设后仅存下来的一部分，它是福州的历史之源、文化之根。三坊七巷自晋、唐形成起，便是贵族和士大夫的聚居地，清至民国走向辉煌。区域内现存古民居约有270座，有159处被列入保护建筑。以沈葆桢故居、林觉民故居、严复故居等9处典型建筑为代表的三坊七巷古建筑群，被国务院公布为全国重点文物保护单位。位于福州中心城区（老城区）的三坊七巷拥有38公顷的完整保护范围。三坊七巷为国内现存规模较大、保护较为完整的历史文化街区，是全国为数不多的古建筑遗存之一，有“中国城市里坊制度活化石”和“中国明清建筑博物馆”的美称。2009年6月10日，三坊七巷历史文化街区获得文化部、国家文物局批准的“中国十大历史文化名街”荣誉称号。

2. 福州国家森林公园

福州国家森林公园是福建省首家国家级森林公园，是全国十大森林公园之一，属于国家AAAA 旅游景区。福州国家森林公园原名福州树木园，创建于 1960 年 2 月。1993 年改为"福州国家森林公园"。园内最高处的笔架山海拔 643 米。公园内有木棉树、钻天杨、南洋杉、樟树、油松、银杏、水杉等全国各地及 36 个国家 2 500 多种国内外珍贵树种。

龙潭溪自北向南流贯园中，不仅有苏铁园、棕榈园、珍稀植物园、竹类观赏园、树木观赏园、花卉盆景园及榕树景观区等多个植物专类园构成的树木观赏区，还有历史悠久的宋古驿道、清刘冰心墓、正心寺等人文景观。

3. 贵安欢乐世界

贵安欢乐世界，占地 40 万平方米，是一个全国性的超级游乐场。这个游乐场充分利用自然的地形地貌，运用梦幻唯美的装饰手法、现代休闲理念和高新娱乐科技手段，有机地把最先进、最好玩的游戏设备、演艺项目融入主题场景之中，营造出惊奇、热烈、刺激的超级游乐王国，带给游客无尽的惊奇和超凡的享受。

(二)厦门

厦门，隶属于福建省，别称鹭岛，简称"鹭"，是副省级城市、经济特区、东南沿海重要的中心城市。厦门位于福建省东南端，西界漳州，北邻南安和晋江，东南与大小金门和大担岛隔海相望，通行闽南方言，是闽南地区的主要城市，与漳州、泉州并称厦漳泉闽南金三角经济区。厦门先后获批开发开放类国家综合配套改革试验区(即"新特区")、自由贸易试验区，已成为海峡两岸新兴产业和现代服务业合作示范区、东南国际航运中心、两岸区域性金融服务中心和两岸贸易中心。厦门由厦门本岛、离岛、鼓浪屿、西岸海沧半岛、北岸集美半岛、东岸翔安半岛、大小嶝岛、内陆同安、九龙江等组成，陆地面积 1 699.39 平方千米，海域面积 390 多平方千米。21 世纪厦门逐渐成为现代化国际性港口风景旅游城市，拥有世界文化遗产、第一批国家 5A 级旅游景区——鼓浪屿。2017 年，厦门市常住人口 401 万人，全市户籍人口 231.03 万人。2018 年 1 月，厦门入选首批社会信用体系建设示范城市。2017 年，厦门在中国地级市全面小康指数排名位列第 15 位。

1. 鼓浪屿

鼓浪屿，2007 年 5 月 8 日起被正式批准为国家 AAAAA 级旅游景区，被国家地理杂志评选为"中国最美五大城区之首"，素有"海上花园"的美称。岛上完好地保留着许多具有中外建筑风格的建筑物，有"万国建筑博览会"之誉。屿上居民喜爱音乐，钢琴拥有密度高，被赞为琴岛。主要旅游景点有日光岩、菽庄花园、海滨浴场、郑成功纪念馆等，每年有数以百万计的中外游人来此观光游览。2017 年 7 月 8 日，"鼓浪屿:历史国际社区"被列入世界遗产名录，成为中国第 52 项世界遗产。

2. 南普陀寺

南普陀寺，始建于唐末五代，初称泗洲院。北宋时由僧人文翠改建，称无尽岩，元废，明初复建，更名普照寺。明末时觉光和尚迁建于山前，殿堂院舍齐备，住僧常达百余众，清初又废于兵祸。清康熙二十二年(1683 年)，靖海候施琅收复台湾后驻镇厦门，捐资修复寺院旧观，又增建大悲阁奉观音菩萨，并将其与浙江普陀山观音道场相类比，更名为南普陀寺，此后数百年来,经历代住持景峰、省己、喜参诸和尚多次重修扩建,至民国初年,已构成三殿七堂俱全的禅寺格局,成为近代闽南最具规模的名刹。

3. 厦门大学

厦门大学,依山傍海,正大门与南普陀寺景区大门紧邻,另一边则是美丽的海滨沙滩与胡里山炮台,被誉为"中国最美丽的校园之一"。包括群贤楼群、建南楼群、芙蓉楼群以及厦门大学人类学博物馆在内的厦门大学早期建筑为全国重点文物保护单位,入选"首批中国20世纪建筑遗产"名录。

4. 胡里山炮台

胡里山炮台,系国家级文物保护单位、国家AAAA级旅游景区,始建于清光绪二十年,总面积7万多平方米,城堡面积1.3万平方米,分为战坪区、兵营区和后山区,炮台结构为半地堡式、半城垣式,具有欧洲风格,又有我国明清时期的建筑神韵。胡里山炮台是中国洋务运动的产物,历史上被称为"八闽门户、天南锁钥"。

(三)漳州

漳州,福建省下辖地级行政区域,是海峡西岸城市之一、中国"田园都市,生态之城",生态竞争力位居福建前列,也是国家闽南文化生态保护区。漳州地处"闽南金三角",中心城区为芗城区、龙文区、漳州台商投资区、漳州高新技术产业开发区,是厦深铁路、龙厦铁路、鹰厦铁路、福厦高铁交汇的重要枢纽地区,是国家区域级流通节点城市。

漳州有:世界文化遗产,如国家5A级旅游景区南靖土楼;国家4A级旅游景区、号称"闽南碑林"、朱熹题称"溪山第一"的云洞岩;国家4A级旅游景区、有天下第一奇石美誉的东山风动石;国家4A级旅游景区、省级风景名胜区三平风景区;国家地质公园漳州滨海火山国家地质公园;全国重点文物保护单位、全国首批涉台文物白礁慈济宫;全国重点文物保护单位、被史学界和建筑界的专家学者称为"国之瑰宝"、载入了《中国旅游名胜大辞典》的赵家堡;保存着53座完整的土楼的云水谣古镇;国家级自然保护区漳江口红树林保护区等旅游景区景点;明代旅游家徐霞客二度漂游的九龙江北溪;被誉为"东方的夏威夷"的东山岛;黄道周赞誉其"与黄山相似,或有过焉,无不及者"的灵通岩;此外,还有长泰天柱山国家森林公园、东山乌礁湾国家海滨森林公园、南靖乐土亚热带原始雨林保护区等。

1. 福建土楼(南靖)旅游景区

福建土楼(南靖)旅游景区为国家AAAAA级旅游景区、全国重点文物保护单位、世界文化遗产。

客家土楼,也称福建圆楼,是中华文明的一颗明珠,是世界上独一无二的神话般的山村民居建筑,是中国古建筑的一朵奇葩,它以历史悠久、风格独特、规模宏大、结构精巧等特点独立于世界民居建筑艺术之林。

土楼民居种姓聚族而群居特点和它的建造特色都与客家人的历史有密切相关。客家人每到一处,本姓本家人总要聚居在一起,加之客家人居住的大多是偏僻的山区,当时不但建筑材料匮乏,豺狼虎豹、盗贼嘈杂,加上惧怕当地人的袭扰,客家人便营造"抵御性"的城堡式建筑住宅,这样也就形成了客家民居独特的建筑形式——土楼。土楼主要分布在福建省的龙岩、漳州等地区。

福建土楼产生于宋元时期，经过明代早、中期的发展，明末、清代、民国时期逐渐成熟，并一直延续至今。20 世纪 80 年代，福建漳州市南靖县、龙岩市永定县的土楼被美国人误以为是蘑菇状的核武设备，殊不知这独一无二、从宋元时期就已经产出的大型夯土民居建筑，早在第一枚原子弹蘑菇云腾云驾雾之前，就已经在闽西南一块 600 多平方千米的土地矗立了几个世纪了。中国"福建土楼" 2008 年 7 月 6 日在加拿大魁北克城举行的第 32 届世界遗产大会上，被正式列入《世界文化遗产名录》。

2. 漳州东南花都花博园景区

漳州东南花都花博园景区位于漳州百里花卉走廊黄金地段的漳浦马口、国道 324 线旁，是历届"海峡两岸（福建·漳州）花卉博览会"举办地，是国家 AAAA 级旅游景区和全国农业旅游示范点，也是福建漳州国家农业科技园区的核心区，总面积 520 万平方米。区内有 180 万平方米的花卉博览园（内设有棕榈园、锦绣漳州园、沙生植物园、榕树盆景园、荫生植物馆、花卉长廊、花卉培育基地、大地艺术展区、纪念林植物区等功能区域等）、100 万平方米的闽南花卉生产科技园区，还有 2 万平方米的主展厅。花博园设有六园六馆、一市一庄。"六园"即锦绣漳州园、棕榈园、榕景园、沙生植物园、闽南瓜果园、儿童娱乐园；"六馆"即萌生植物馆、沙漠植物馆、奇石馆、盆景精品馆、洋兰馆、国兰馆；一市即花卉超市；一庄即花博园紫溪山庄。这是一处集观光、观赏、休闲、娱乐、生产、商贸、加工为一体的现代农业旅游胜地。

二、广东省

广东省简称"粤"，省会广州，是我国大陆南端沿海的一个省份，珠江三角洲东西两侧分别与香港、澳门特别行政区接壤，西南部雷州半岛隔琼州海峡与海南省相望。

广东省旅游资源丰富，类型多样，在这里，抱着不同愿望而来的旅游者都能找到自己的需要。广东的国家级历史文化名城广州、佛山、潮州、梅州、雷州，各自都有自己的精彩之处，文物古迹不胜枚举。广东是山水风光旅游的度假胜地，气候温和，阳光明媚，一年四季均适宜旅游。西江上的羚羊峡（肇庆）、北江上的飞来峡（清远）和被誉为"有桂林之山、西湖之水"的肇庆七星岩均为国内著名风景区。粤北的丹霞山、南海的西樵山、博罗的罗浮山和肇庆的鼎湖山是广东的四大名山，其中，韶关丹霞山是四大名山之首，该风景区是世界地质公园、国家地质地貌自然保护区。而广州的"世界大观"，则在有限的空间领略世界风貌；移步"民俗文化村"，又可以领略到中国各个民族多姿多彩的风土人情；连绵数千千米的海岸线，不乏出色的海滨浴场，还有温泉、度假村，都是人们休闲放松的场所。

（一）广州

广州，简称"穗"，别称羊城、穗城、穗垣、仙城、花城，地处中国南方，位于广东省南部、珠江三角洲的北缘，西江、北江、东江水道在此汇合，濒临南中国海、珠江入海口，毗邻港澳，地理位置优越，广州也是海上丝绸之路的起点，被称为中国的"南大门"。广州的旅游业具有集旅游、饮食、住宿、购物、娱乐为一体的多功能、多层次、全方位服务的格局。众多的文物古迹、风景名胜和人文景观，使游客流连忘返。

春季的广州潮湿多雨，夏季稍稍炎热，时常会有台风；秋季温度适宜，凉爽多风，好天气可持续到 11、12 月份，最适宜旅游，因此 10 至 12 月是旅游的最佳季节；冬季稍寒但时间短，当北方大雪纷飞时，在广州穿一件毛衣即可过冬。

1. 白云山风景区

广州白云山为国家级风景名胜区、国家 AAAAA 级旅游景区、爱国主义教育基地。它位于广州市北部,是南粤名山之一,被称为“羊城第一秀”,由 30 多座山峰组成,登高可俯览全市、遥望珠江。每当雨后天晴或暮春时节,山间白云环绕,山名由此得来。

白云山自古以来就是有名的风景胜地,“蒲间濂泉”“白云晚望”“景泰僧归”等均被列入“羊城八景”。近年来又开辟了山顶和山北公园,修建了庭院式山庄旅舍、双溪别墅、松涛别院及观鸟园。每年的农历 9 月 9 日重阳节,会有许多人去登白云山。

白云山很早就知名于世。战国时已有名士出入,晋朝时已风景宜人,唐朝便以胜地著称。宋代以来的”羊城八景”,白云山就占多处。羊城人们一向喜欢到此登高游览,尤其在九九重阳,更以登白云山为乐事,每逢此时,扶老携幼、熙熙攘攘的热闹场景便构成羊城一幅独特的风情画。

2. 白水寨风景名胜区

白水寨风景名胜区位于增城区派潭镇,面积约 170 平方千米,北回归线穿越其中,被誉为北回归线上的瑰丽翡翠,属山岳型风景名胜区。景区内崇山峻岭、群峰挺拔,海拔在 1 000 米以上的山峰就有 9 座,其中最高峰为海拔 1 088 米的牛牯嶂,山体高大、山势险峻、线条挺直,集雄、奇、险、秀于一身。白水寨风景名胜区拥有原始森林、浅滩湿地、峡谷天池等广东罕见的自然生态资源,其中最令人瞩目的当属落差高达 428.5 米的全国内地落差最大瀑布——白水仙瀑。其形态优美,仿如仙女下凡,相传乃八仙之中何仙姑的化身。白水寨还是一个天然氧吧,山林飞瀑区域空气负氧离子含量高达 11.25 万个 / 立方厘米,位列广东景区之首。

3. 长隆旅游度假区

广州长隆集团是一家集旅游景点、酒店餐饮、娱乐休闲于一体的大型企业集团,旗下拥有长隆欢乐世界、长隆国际大马戏、长隆香江野生动物世界、长隆水上乐园、广州鳄鱼公园、长隆酒店、香江酒店、长隆高尔夫练习中心和香江酒家等 9 家子公司。长隆旅游度假区是全国首批、广州唯一的国家 AAAAA 旅游景区。

长隆集团地处南广州中心腹地,东连华南快速干线,西接 105 国道,北临珠江。根据广州市的南拓发展战略,未来长隆版块将成为广州市的中心区域。2006 年通车的星光快速干线贯穿集团版图;2006 年底开通的地铁三号线经过长隆集团,该地铁站被命名为长隆站;亚洲最大的火车站——广州火车站距长隆不到 5 千米。

(二)深圳

深圳是中国的第一个经济特区,现在已成为全国第四大城市、全球第五大金融中心。深圳是中国口岸最多和唯一拥有海陆空口岸的城市,是中国与世界交往的主要门户之一,有着强劲的经济支撑与现代化的城市基础设施。经过几十年的建设和发展,深圳由昔日的一个边陲小镇发展成为具有一定国际影响力的新兴现代化城市,创造了举世瞩目的“深圳速度”,创造了世界城市化、工业化和现代化的奇迹。

游深圳四季皆宜,尤以冬天和早春最佳。深圳冬天时间很短,且温暖宜人,有“秋春相连”的说法。冬春时节深圳降水较少,是旅游旺季,此时旅游,出行更加方便,可以到特色各异的主题公园观赏游玩。深圳夏日的海滩颇具吸引力,大梅沙、小梅沙,碧水蓝天、阳光明媚。

1. 华侨城旅游度假区

华侨城旅游度假区为国家 AAAAA 级旅游景区，位于深圳华侨城杜鹃山，是华侨城集团继锦绣中华、中国民俗文化村、世界之窗后兴建的国内最新一代大型主题公园，占地面积 32 万平方米。深圳华侨城充分运用现代休闲理念和高新娱乐科技手段，满足人们参与、体验的时尚旅游需求，营造清新、惊奇、刺激、有趣的旅游氛围，带给人们充满阳光气息和动感魅力的奇妙之旅。

2. 观澜湖旅游度假区

观澜湖旅游度假区为国家 AAAAA 级旅游景区，位于深圳观澜镇。其实观澜湖并没有湖，而是横跨深圳、东莞的观澜湖高尔夫球会。

观澜湖由骏豪集团全资投资兴建和运营管理，整个项目横跨深圳和东莞两个城市，由观澜湖深圳组团、观澜湖东莞组团和观澜湖黎光组团组成。项目从 1992 年开始兴建，先后投资逾 100 亿港币，发展了集运动休闲、商务休闲、养生休闲、会议旅游、文化娱乐、美食购物、长居短憩七大功能为一体的观澜湖国际休闲旅游度假区，其中包括世界第一大观澜湖高尔夫球会、亚洲最大的网球乡村俱乐部、多家酒店、国际会所、国际会议中心、生态休憩园以及丰富的运动、餐饮、文娱、游乐设施。

3. 世界之窗

世界之窗为国家 AAAAA 级旅游景区，毗邻“锦绣中华”和“中国民俗文化村”，占地 48 万平方米，是香港中旅集团在深圳华侨城创建的又一大型文化旅游景区，将世界奇观、历史遗迹、古今名胜、自然风光、民居、雕塑、绘画以及民俗风情、民间歌舞表演汇集一园，再现了一个美妙的世界。

景区按世界地域结构和游览活动内容分为世界广场、亚洲区、大洋州区、欧洲区、非洲区、美洲区、现代科技娱乐区、世界雕塑园、国际街九大景区，内建有 118 个景点，其中包括世界著名景观埃及金字塔、阿蒙神庙、柬埔寨吴哥窟、美国大峡谷、巴黎雄狮凯旋门、梵蒂冈圣彼得大教堂、印度泰姬陵、澳大利亚悉尼歌剧院、意大利比萨斜塔等，这些景点分别以 1∶1、1∶5、1∶15 等不同比例仿建，精致绝伦，惟妙惟肖。有些景点气势非常壮观，如缩小为三分之一比例的法国埃菲尔铁塔，高 108 米，巍然耸立，游人可乘观光电梯到塔顶，饱览深圳市和香港风光。缩小的尼亚加拉大瀑布面宽有 80 多米，落差十几米，水流飞泻，吼声震天，声势浩大。喷吐岩浆的夏威夷火山以及百米喷泉，令游客叹为观止。

4. 东门老街

东门老街为国家 AAAA 级旅游景区。所谓老街，其实不是一条街，而是指深南东路以北、立新路以南、新园路以东、东门中路以西 17.6 万平方米范围内的 17 条街道和所有商业设施。

老街的历史可以追溯至明代中期。当时，罗湖一带相继出现了赤勘村（今蔡屋围）、罗湖村、隔塘村（今水贝村）、湖贝村、向西村、黄贝岭村和南塘村，几个村的族人在村落之间建起了集市，名为“深圳墟”，最早由民缝街、上大街、鸭仔街、养生街等几条街市构成，初具一个小镇的规模。自明朝后期，老街一直是方圆数十里名声显赫的商业墟市。

根据清康熙勒文谟《新安县志》，“深圳墟”是对深圳最早的历史记载。1913 年，广九铁路建成通车，罗湖车站启用，深圳成为内地与香港的交通门户，卖农产品的谷行街（今解放路）、卖小吃和杂货的维新路(今人民北路)、永新街、南庆街等商业街迅速发展起来,形成了今天的罗湖旧城。深圳建特区后,老街又理所当然地成为最早的商业中心,长期引导和左右着深圳的消费潮流。透过林立的店铺、熙攘的客流、摆满街面的各色传统商品和曲折幽深的小巷,可见具有鲜明岭南特色的民居、骑楼、庙宇、书院、祠堂、古钟、石板路和有百年生命的古树。街街成市、家家有店,最高峰时,日客流量达到了几十万人次,品种齐全、价廉物美的商品使"不逛老街等于没来深圳"成了人们的共识。

5. 小梅沙

小梅沙为国家 AAAA 级旅游景区,位于深圳特区东部大鹏湾畔,距市中心区 30 千米,是深圳市十大旅游景点之一、深圳市最大的海滨度假胜地。小梅沙依山傍海,周围是一片热带雨林景区,洁白的沙滩一望无际,与香港遥遥相对。新落成的"海洋世界"里,每天都有海豚、海狮、海豹的精彩表演,令人眼界大开。小梅沙度假村建在绵延千米的沙滩旁,不仅有辽阔的海滨浴场,还有海上降落伞、摩托艇、潜水艇等娱乐项目,别墅、餐饮、商场、帐篷、烧烤等服务一应俱全。

(三)珠海

珠海因毗邻澳门使它成为经济特区,典型的亚热带风光、宁静休闲的生活方式使人们对它流连忘返。珠海温泉不错,空气非常好,市民生活很悠闲,还有浪漫的情侣路。

珠海自然环境优美,山清水秀,海域广阔,有一百多个海岛,素有"百岛之市"的美称。城市规划和建设独具匠心,突出旅游意识,自然和谐,优雅别致,极富海滨花园情调和现代气息。1991 年,珠海以整体城市形象为景观被国家旅游局评为"中国旅游胜地四十佳"之一。这里气候宜人,冬夏季风交替明显,终年气温较高,属南亚热带与热带过渡型海洋性气候。宁静、休闲是人们对珠海的第一印象。在珠海,每两年举办一次国际航空航天博览会和珠海电影节,两大盛事在国内外影响极大。珠海还建有国际赛车场,每年都有国际性的汽车赛事举办,对广大汽车运动爱好者具有极大的吸引力。

美丽的珠海全年温暖湿润,冬天不冷,夏天也不会特别热,再加上清新的空气和整洁的城市环境,一年四季都让你流连忘返。不过,每年的 5 至 10 月是珠海的雨季,全年的雨水都集中在这个时期,所以 3、4、10、12 月是珠海的最佳旅游季节。

1. 珠海渔女

珠海市风景秀丽的香炉湾畔,矗立着一尊巨型石雕——珠海渔女,她领戴珍珠,身披渔网,裤脚轻挽,双手高擎着一颗璀璨夺目的珍珠,带着喜悦而又含羞的神情,向世界召示着光明,向人类奉献上珍宝。由中国著名雕塑家潘鹤根据南海渔民的美丽传说而设计制作的这座大型石雕,身高 8.7 米,重量达 10 吨,用花岗岩石分 70 件组合而成。如今,这座石雕已成为珠海市的象征,一条美丽整洁的环海大道从她身旁穿过,更使她显得纯洁而大方。

2. 外伶仃岛

外伶仃岛为国家 AAAA 级旅游景区,位于珠海香洲东南部。因该岛伶仃孤立,且在内伶仃之外,故名"外伶仃岛"。你如果没听说过外伶仃岛可以理解,但你一定听说过文天祥的《过零丁洋》吧,尤其是其中那句"人生自古谁无死,留取丹心照汗青",该诗即写于如今外伶仃岛所在海域,岛上还有纪念文天祥的摩崖石刻。

从珠海香洲码头坐船，需要一个半小时到达外伶仃岛码头。天空晴朗的时候，在岛上登山望远，即可远眺香港及周边各岛的概貌。岛不大而绮丽，山不高而峻秀，尤以水清石奇为人称道，岛上沙滩沙质细腻，海水湛蓝清澈，岛上民风纯朴、治安良好。

3. 珠海圆明新园

珠海圆明新园为国家 AAAA 级旅游景区、爱国主义教育基地。坐落于珠海九州大道石林山下，占地面积为 1.39 平方千米，以北京圆明园为原型，按 1∶1 比例精选圆明园四十景中的十八景修建而成，是我国首批 AAAA 级旅游景区。它以其浓厚的清文化、精雅别致的亭、台、楼、阁和气势磅礴的大型舞蹈表演吸引了无数国内外游客。圆明新园融古典皇家建筑群、江南古典园林建筑群和西洋建筑群为一体，为游客再显了清朝的盛世风华。

4. 珠海御温泉度假村

珠海御温泉度假村为国家 AAAA 级旅游景区，是国内露天温泉旅游度假胜地之一，传说百姓因温泉而受恩，后称宋帝所浴之温泉为“御温泉”。珠海御温泉度假村是珠海斗门镇嵌在珠海斗门的一颗璀璨明珠，柴门木屋，假山飞瀑，小桥流水，暂别喧闹的都市，一派恬淡宁静的诗情画意。整个珠海御温泉度假村都是日式风格，以养生温泉为主，放松身心，洗去疲惫，而这里也处处透着热情、周到、温柔、细腻的家庭式服务，令你仿佛在自己家一样。除了优质的服务以外，特色温泉也是这里的一大亮点，有天然温泉、花草温泉、木温泉、咖啡温泉等数十种不同类型的温泉。

（四）佛山

佛山，简称“禅”，广东省第三大城市，省辖市，位于广东省中部，地处珠江三角洲腹地，东接广州，南邻中山，历史上是中国“天下四聚”、四大名镇之一，如今发展为中国先进制造业基地、广东重要的制造业中心并创造其独特的佛山模式 使佛山制造响誉海内外。佛山与广州地缘相连、历史相承、文化同源，是广佛都市圈、广佛肇经济圈、珠三角经济圈、粤桂黔高铁经济带的重要组成部分，在广东省经济发展中处于领先地位。

佛山是国家级历史文化名城，中国龙舟龙狮文化名城 。是粤剧的发源地，岭南文化分支广府文化发源地和兴盛地之一，崇文尚武彰显佛山精神。

佛山享有全国文明城市及世界美食之都、品牌之都、最具浪漫城市等美誉。

1. 西樵山

西樵山风景名胜区位于广东省南海市西南部，面积约 14 平方千米，西樵山有七十二峰，以山青、水奇著称，享有“岭南佳境”之盛名。1988 年，它被定为国家重点风景名胜区。西樵山是七八千万年前由海底火山喷发岩浆、火山灰后形成的死火山，山体外陡内平，状若莲衣复合，大秤峰居群峰之首，九龙岩、冬菇石、石燕石等峰岩形态万千。西樵山岩石节理发育，裂隙纵横，富有潜水，形成多处水景，有 232 口泉眼、28 处瀑布。

2. 顺德长鹿农庄

顺德长鹿农庄为国家 AAAAA 级旅游景区，位于顺德伦教三洲，毗邻珠江干流，占地 40 万平方米，是一个以岭南历史文化、顺德水乡风情、农家生活情趣为特色，集吃、住、玩、赏、娱、购于一体的综合性景区，主要由“长鹿休闲度假村”“机动游乐主题公园”“水世界主题公园”“农家乐主题公园”和“动物主题公园”等五大园区组成，各具特色，精彩纷呈，是休闲娱乐、旅游度假、商务会议的最佳场所,更是团队拓展、集体旅游的首选基地。

3. 平洲玉器街

平洲玉器街为国家 AAAA 级旅游景区,位于南海区桂城街道,是中国珠宝首饰特色产业基地、中国四大玉器市场之一和三大缅甸翡翠加工生产批发基地之一。景区内有翠宝园、璞玉园、玉器老街、玉器大楼、翡翠精品展厅、赌石文化体验中心、琢玉展示区等主题游览区域以及中华玉雕大师园、会展中心、主题会馆休闲餐饮区等设施。

三、海南省

海南省,简称"琼",位于中国最南端,是我国国土面积(陆地面积加海洋面积)第一大省,是中国目前唯一的省级经济特区,省会海口市。海南岛四周低平,中间高耸,由山地、丘陵、台地、平原构成环形层状,地貌梯级结构明显。山地和丘陵是海南岛地貌的核心,占全岛面积的38.7%,山地主要分布在岛中部偏南地区,丘陵主要分布在岛内陆和西北、西南部等地区。海南岛地处热带北缘,属热带季风气候,素来有"天然大温室"的美称,这里长夏无冬,年平均气温22～26 ℃,雨量充沛,年平均降雨量为 1 639 毫米。海南生物资源十分丰富,素有"绿色宝库"之称,是我国最大的热带自然博物馆、最丰富的物种基因库。海南岛生长着丰富多彩的热带林木、热带花卉、热带水果和天然药材。

海南旅游基础设施良好,旅游配套接待业已形成体系,旅游区位优势明显。依托于独特的生态旅游资源和优越的地理区位优势以及国家赋予的独一无二的入境旅游优惠政策,海南省确立了旅游国际化发展的道路,旅游增长方式已呈现出由数量规模型向质量效益型转变,旅游产品从观光旅游型向休闲度假型转变,旅游客源结构由低端向高端转变,旅游产业步入了发展加速、质量提高的转型升级时期,呈现出国际化、度假化、品牌化、高端化的发展趋势,尤其是高尔夫、温泉康体、中医理疗等旅游新业态发展迅速,个性化度假旅游产品在国内外独树一帜。

(一)海口

海口又称"椰城",是中国最大经济特区海南省的省会,全省政治、经济、文化、商贸和交通中心。海口市年平均气温 23.8 ℃,长夏无冬,气候宜人,空气、水质、生态指标居全国前列,城市绿化覆盖率达 42%,被世界卫生组织选定为中国第一个"世界健康城市"试点城市,是首批中国优秀旅游城市、人居环境极佳的中国优秀园林城市、国家历史文化名城。

1. 海口假日海滩旅游区

海口假日海滩旅游区有海南岛最大的热带温泉滨海海岸之称,位于海口市区西北部,北邻琼州海峡,东依西秀海滩,西靠贵族游艇会,南临滨海大道,全长 7 千米,占地面积约 33 公顷(不包括沙滩和海域)。距秀英区 3 千米,距海口市中心区 10 千米,属于热带景观滨海带状型地带,海岸线绵长,沙细水清,景点丰富,视野开阔,拥有热带岛屿景观的代表元素——阳光、海水、沙滩、绿色、新鲜空气以及椰林树影。

2. 热带海洋世界

热带海洋世界为国家 AAAA 级旅游景区,是中国第一个集中表现海洋旅游文化的大型综合性主题公园,位于海口市滨海西路。在海南热带海洋世界,登上千年塔,可以远眺海口的市容市貌;置身演艺广场,可欣赏高水准的歌舞表演;激光水幕电影利用高科技技术呈现壮丽的声、光、音画面。

进入海洋公园,还可领略大海的神秘和海洋生物的多姿多彩。走上踏浪桥和人工岛,临风、观海、听涛;在沙滩上,可享受阳光、海浪、椰风;在温泉康体中心,优质的服务让人流连忘返并留下温馨回忆;海岛童话是专为孩子们设计的儿童乐园,给孩子们一个难忘的童年;火箭蹦极、热气升空、海盗船、宝藏岛、漂流河、空中飞人将满足您寻求刺激、雨林探险的愿望;还有风情快餐、热带瓜果园等。园中最著名的就是被载入吉尼斯世界纪录的"海南千年塔",该塔是为庆祝人类进入2000年而建造的标志性建筑,是千禧年当中全世界最高的景观纪念塔。千年塔的形状像一条腾空跃起的银白色巨鱼,象征着人类与海洋的久远渊源和未来。登上千年塔,可以看到世界著名的琼州海峡全貌,也可以看到海口市的市容全貌。

3. 海口火山口国家地质公园

海口火山口国家地质公园为国家AAAA级旅游景区、国家地质公园,位于海口市秀英区石山镇,离海口市区约20千米,园内及附近有距今2.7万年至100万年间火山爆发所形成的休眠火山口群。其中最大者海拔222.2米、深90米,是世界上最完整的死火山口之一,因形似马鞍,又名马鞍岭,是琼北地区至高点,周围还有几十个小的死火山口或死火山眼。

火山口国家地质公园是海南独一无二的火山奇观,火山遗迹天然壮观,乃世界上保存最完整的火山口之一。方圆10里由36座火山口形成的火山群带,其中马鞍岭尤为突出。地下溶洞72个,尤其卧龙洞、仙人洞盛名悠久。这里热带果林和原始植被漫落丛生,自然完美,人类不可复现的火山仙景与建筑大师精心设计的六角形蜂房园林体系巧妙结合,气势宏伟,值得一看。

(二)三亚

三亚地处中国南疆边陲,东邻陵水县,北依保亭县,西毗乐东县,南临南海。全境北靠高山,南临大海,地势自北向南逐渐倾斜,形成一个狭长状的多角形。境内海岸线长209.1千米,有大小港湾19个。主要港口有三亚港、榆林港、南山港、铁炉港、六道港等。主要海湾有三亚湾、海棠湾、亚龙湾、崖州湾、大东海湾、月亮湾等。有大小岛屿40个,主要岛屿10个,面积较大的有西瑁洲岛、蜈支洲岛。三亚是我国东南沿海对外开放黄金海岸线上最南端的对外贸易重要口岸,是中国通向世界的门户之一,地处亚热带地区,是海南最美丽的旅游胜地。三亚涌现出一批旅游景点,创造和打破了中国世界纪录协会多项世界纪录、中国纪录,获得多项世界之最、中国之最,因此是旅游的好去处。

1. 大小洞天

三亚大小洞天为国家AAAAA级旅游景区,位于三亚市以西40千米处的南山山麓,始创于南宋(1187年),是海南省历史最悠久的风景名胜,是中国最南端的道家文化旅游胜地,自古因其奇特秀丽的海景、山景、石景与洞景被誉为"琼崖八百年第一山水名胜"。

三亚大小洞天依托得天独厚的生态资源、天工造化的山海形胜和深厚的历史文化底蕴,目前已形成了6个游览区域,分别是彰显古代道迹仙踪的"洞天福地"区域、发掘长寿文化的"福寿南山"区域、宣传中华龙文化的"南海龙王"区域、揭示古崖洲文化渊流的"摩崖题咏"区域、以滨海自然风貌为主题的"山海奇观"区域以及展现1.4亿年前生命世界的"三亚自然博物馆",共有50多个游览景点。三亚大小洞天年接待游客逾百万人次,是一个以古崖洲文化为脉络、汇聚中国传统的道家文化与龙文化的融滨海风光、科普教育、民俗风情、滨海休闲于一体的国际化旅游风景区。

2. 三亚南山文化旅游区

三亚南山文化旅游区为国家 AAAAA 级旅游景区，是国家旅游局确定的"中国旅游业发展优先项目"，位于中国唯一的热带海滨城市三亚市的西部，是全国罕见的超大型文化和生态旅游园区。园区规划面积 50 平方千米，其中海域面积 10 多平方千米，由美国纽约国际城市设计公司统筹规划、美国经济咨询公司提供可行性报告。项目内容策划分别由中国佛教文化研究所、中国民俗学会、中国历史博物馆、中央民族大学、中国环境科学院、中国科学院生态中心完成。该项目是海南省的重点建设项目，同时被海南省授予"海南省生态建设示范工程""海南省生态旅游示范景区"，并得到了中央有关部门、佛教界、文化界的高度重视。它的建成填补了海南历史文化旅游的空白，进一步突出了海南大生态旅游优势。

3. 亚龙湾

亚龙湾为国家 AAAA 级旅游景区，位于三亚市东南约 25 千米处，距海南省首府海口市约 326 千米。亚龙湾东、北、西三面环山，呈月牙形南抱中国南海。亚龙湾国家旅游度假区地处亚龙湾中心地带，其面积为 18.6 平方千米，度假区内交通主干线与海口至三亚的环岛高速公路相接，距三亚凤凰国际机场 34 千米，相邻三亚榆林港，是海南省货运、客运的重要水上通道，交通方便，海、陆、空四通八达。

亚龙湾是中国最南端的滨海旅游度假区，与"天涯海角"齐名，并享有"天下第一湾"之美誉。1992 年 10 月，经国务院批准为中国唯一具有热带风情的国家旅游度假区。亚龙湾属低纬度热带季候风海洋性气候，全年长夏无冬，阳光充足，冬可避寒，夏可消暑，集休闲旅游五大要素——海洋、沙滩、空气、阳光和绿色于一体。亚龙湾的开发不仅是海南省旅游业的重点项目，而且是促进海南经济腾飞的重要一环，因此受到海内外的热切关注。

4. 天涯海角

天涯海角为国家 AAAA 级旅游景区，位于三亚市区西南 23 千米处，以美丽迷人的热带海滨自然风光、悠久独特的历史文化而驰名中外，同时，它也是海南建省 20 周年第一亮丽品牌、新中国成立 60 周年海南第一品牌。

文化的厚重与美丽的风光使天涯海角游览区成为人们心目中的圣地。1982 年，一曲《请到天涯海角来》唱响大江南北，"天涯海角"也正式成为海南及三亚旅游绕不过的地标景观。1990 年的北京亚运会南端火炬传递、2008 年的北京奥运火炬传递三亚首传终点站传递、世界华人运动会南端圣火采集仪式及"爱国歌曲大家唱——海南篇"等大型庆典盛会均在天涯海角举行。天涯海角真正走向了世界，走向了国际。如今，"天涯海角国际婚庆节"和"新丝路中国模特大赛"等大型赛事，又使这里成为情侣们表达忠贞爱情的圣殿和模特们展示美丽风采的舞台。

四、台湾省

台湾省简称"台"，是我国大陆东南的海上屏障，也是与太平洋地区各国联系的交通枢纽。

台湾本岛是一个多山的海岛，高山和丘陵面积占 2/3，平原不到 1/3。岛上的五大山脉——中央山脉、雪山山脉、阿里山脉、玉山山脉和台东山脉由东北向西南作带状分布。由于高山多集中在中部偏东地区，造成东部多山地，西部多平原、盆地、丘陵和台地等。

台湾四周沧海环绕,境内山川秀丽,到处是绿色的森林和田野,加上日照充足,四季如春,所以自古以来就有“美丽宝岛”的美誉,早在清代就有“八景十二胜”之说。作为著名的世界旅游胜地,台湾岛上的风光,可概括为“山高、林密、瀑多、岸奇”等几个特征。

(一)台北

台北位于台湾岛北部的台北盆地,被新北市环绕,西界淡水河及其支流新店溪,东至南港附近,南至木栅以南丘陵区,北包大屯山东南麓。

台北是台湾地区的六个"直辖市"之一,全台湾地区的政治、经济、文化、旅游、工商业与传播中心。

台北历史悠久,历史遗迹众多,于旧石器时代晚期即有人类居住,1875 年(清光绪元年)钦差大臣沈葆桢在此建立台北府,意为台湾之北从此有"台北"之名,统管台湾军民政务,从此逐渐成为台湾的政治中心。

以台北为中心与周边市镇所连结而成的台北都会区,是台湾人口最多的都会区,作为台北都会区的发展核心,台北是台湾的核心城市,全岛规模最大的公司、企业、银行、商店的总部均设在这里。

1. 五分埔

五分埔位于台北市信义区,范围为忠孝东路五段、松仁路以东、中坡北路一带的永吉里;在中国古代清朝时,五分埔是台湾原住民平埔族麻里锡口社的活动范围,在清乾隆三十四年(1769 年)时,祖籍福建安溪县的何、周、沈、杜、李五姓人家,向平埔族人买下这块地开垦,并以五分埔为庄名。在台湾,到台北的演艺明星也经常要忙里偷闲来此一游,因为松山火车站对面,永吉路两边的巷、弄里,深藏着一千多家服装饰品摊档,只要走进这个街区,无论站在哪个角度,抬眼都是望不到边的服装。

20 世纪 80 年代以后,由于劳工成本提高,许多加工厂纷纷外移到人工低廉的地区,五分埔的成衣也由生产兼批发,改为以批发为主,商店亦会由大陆等地进口成衣。至今,有将近一千家的成衣业者在此聚集,五分埔已成为台北最大的成衣批发市场,货源来自全省及港、泰、韩、新等地,流行且物美价廉的服饰批发、零售,吸引不少年轻族群前来血拼。款式流行,价钱便宜,依照个人风格随意搭配,创造最引人目光的时尚流行。

2. 中正纪念堂

中正纪念堂位于台北市中心,是台北市最宏伟的纪念性建筑。25 公顷大的园区里,坐落着中正纪念堂、中正公园、牌楼、围墙、瞻仰大道、“国家”剧院、音乐厅,是台北市最重要的大型活动广场、文艺表演中心。

纪念堂建筑采用天坛之顶、金字塔之体,主体部分为白色大理石墙,蓝瓦金黄琉璃宝顶,整座建筑气势庞大。走进大厅,入口即见两部过去“御用”的凯迪拉克轿车;厅内的文物展示室主要陈列蒋介石的衣冠、文献;蒋介石纪念室则完整呈现原来的蒋介石办公室形貌。此外,每天上午 10 时至下午 4 时整点的仪队交接,也是中正纪念堂引人注目的“节目”之一。堂内上层有蒋介石铜像,下层则设文物展示室、电影室、怀恩艺廊、中正艺廊、中正纪念图书馆、视听中心、蒋介石纪念室及儿童教室。

3. 京华城

京华城是一个位于台北市松山区八德路四段的大型购物中心，这座购物中心内已经进驻了近千家知名厂商，并突破传统业者的经营手法，提出“无时间障碍”的概念，让各阶层的消费者不因时间的限制而被剥夺享受休闲生活的权利。

京华城是一座全新的国际级观光休闲购物中心，其首创的“L”形主体建筑结合全球最大的球体结构设计，是中国传统的“双龙抱珠”意念的完美体现。商城内共有地上 12 层、地下 7 层，其中 15 层为商场，以每 3 个楼层为一主题规划，创造出 5 个不同主题的购物街景。此外，商场外围还环绕着 13 000 余平方米户外绿地，可将不同的主题活用于每个广场，因此吸引了很多随机消费者。京华城拥有贴心完善的服务、宽敞明亮的购物大道以及舒适的环境，每年都吸引川流不息的人潮，已成为主导台北新消费文化的时尚重镇。

4. 西门町

西门町位于台北市万华区东北方，是台北西区最重要的消费商圈。西门町的地名源自日本殖民统治时代，当时的居民大多居住于台北城内，而西门区域就是他们的休憩场所，1896 年，这里有了第一家戏院“东京亭”，1922 年时，正式以“西门町”为名。

西门町是台北著名的流行商圈，最具特色徒步区，是台北第一条专为行人设置的区域，红楼、刺青街、电影街、KTV、万年大楼、万国百货、诚品书店和各式各样的精品小店都可以在西门町看到，是台北民众假日最喜爱的去处之一。

（二）新北

新北市是中国台湾省下辖市，亦是台湾省第一大城市，设立于 2010 年，其前身为台北县。位处副热带季风气候区，全年雨量多而平均，月平均最低温为 1 月份的 12.4 ℃，月平均最高温发生于 7 月份的 33.6 ℃。截至 2015 年，全市下辖 29 个区，总面积 2 052.5 平方千米，常住人口 396.6 万人，为台湾全岛首位。

新北是台湾岛最北端的城市，历史悠久，早在旧石器时代晚期即有人类居住，1875 年（清光绪元年）设立台北府，自此始有“台北”之称，其意乃“位居台湾北部”；1895 年台湾岛沦为日本殖民地，属于台北州；1945 年，设立台北县；2010 年 12 月，台北县撤县设市，并更名为新北市，意为台北北部新设之市。2009 年 7 月，新北市与南京市结为姊妹城市。

1. 十分瀑布

十分瀑布位于新北市平溪区南山里、铁路支线大华车站和十分车站之间、十分风景区内，为台湾铁路支线平溪线的著名景点，地处基隆河上游瀑布群。十分风景区实际地理位置是在基隆河的支流上，在台湾风景区中是属于瀑布溪谷型，而且基隆河是北部地区最大也是最长的一条河流，由于源头的侵蚀作用与附近切割地形的关系，形成许多的断层与奇岩，而河水经过这些断层和奇岩后，流速快而造成许多瀑布奇观。北自侯硐至三貂岭，再延伸到十分寮、平溪一带，形成一连串此起彼落的瀑布群。十分瀑布落差高度约 20 米、宽度约 40 米，壮丽的水瀑、磅礴的气势，为台湾最大的帘幕式瀑布，更是最为著名的瀑布景点。

2. 碧潭

碧潭位于新店市北部，是大台北地区历史悠久的游览胜地，也是许多老一辈台北人旧情绵绵的约会地点。碧潭因岸边山壁陡立峻峭，又称赤壁潭，地处新店溪的中游，此处山峰回转，河岸特别宽敞，水色澄碧，平缓深广，在新店溪沿岸素享盛名，曾被誉为台湾的十二大胜景之一。

碧潭最具代表性的景观首推碧潭吊桥，建于 1937 年，长度 200 公尺的碧潭吊桥，宛若长虹卧波地点缀着碧绿的潭水，伫立桥上，俯望叶叶小舟悠游于天地间，远眺新店溪曲折迂回行来，山光水色，明丽秀朗。然而年事已高的吊桥已出现钢索断毁的老态，为安全起见，台北县政府已积极展开救援工作，依原貌整修旧桥，让碧波桥影成为碧潭恒久的标记。

北二高碧潭桥为碧潭的现代奇景之一，长 850 公尺的弧形拱桥，主孔跨径长达 160 公尺，是岛内目前最长的预力混凝土箱形桥梁，恰与老旧的碧潭吊桥形成强烈对比，为碧潭带来全新的景象。而河岸亲水公园及木屋小卖店，也增添了西岸的游憩性。

黄昏时，潭面笼罩在一片霞光之中，夕阳余晖，美景无限；夜晚的潭边则聚集了一群摊贩，构成极富乡土味的小市集。夜游碧潭，别有一番风情；若时间充裕，也可在此住上一夜，细细欣赏碧潭晨昏之美。

（三）南投

南投县位于台湾地区中部，是台湾省唯一的内陆县。

1. 日月潭

日月潭位于南投县鱼池乡，全潭面积 100 多平方千米，湖面周围 33 千米，以拉鲁岛（光华岛）为界，北半部形如日轮，南半部形如月钩，故而得名。日月潭几乎是台湾风景的代名词，四周群山环抱，林木葱茏，潭水晶莹剔透，上下天光，湖中有小岛浮现，形成“青山拥碧水，明潭抱绿珠”的美丽景观，其海拔 760 米的高度，造就日月潭宛如图画山水的氤氲水气及层次分明的山景变化，乘船游湖、亲近潭水，才能完全体会日月潭之晨昏美景。

日月潭发源于合欢山，最早日月潭只是个小湖泊，日本殖民统治时代，为了发电所需，日本人从浊水溪最靠近日月潭的武界处，拦沙截取浊水溪流水，修筑了一条 15 千米长的地下水道，穿过水社大山进到日月潭，淹没众多小山丘，形成今天的日月潭。由于日月潭是利用洼地注水而成，山峦环绕，水道蜿蜒纷岐，景观甚佳。

2. 玉山公园

玉山公园位于台湾的中央地带，群峰并峙，百岳高山多达 30 余座。横跨南投、嘉义、花莲及高雄四县，是典型的亚热带高山地质，其地形以高山及河谷为主。在高山峡谷中除了蕴含丰富的地理景观外，同时也塑造最珍贵的资源宝藏和生态环境，期许永续的生命，保持原始风貌。巍峨挺拔的玉山山脉，耸立在台湾岛中央偏南、阿里山东侧、中央山脉以西。1985 年成立的玉山森林公园，区内拥有古老的地层，与峭壁、峡谷、断崖等多变的地形，再加上高度、气候的因素，形成了丰富的生态系统，生长了许多稀有的林木、植物和野生动物。

五、香港

香港是一座高度繁荣的国际大都市，全境由香港岛、九龙半岛、新界等 3 大区域组成，截至 2017 年末，总人口约 740.98 万人。

香港是全球第三大金融中心，是重要的国际金融、贸易和航运中心，与纽约、伦敦并称为“纽伦港”，是全球最自由经济体和最具竞争力城市之一，在世界享有极高声誉，被全球化与世界级城市研究组织及网络（GaWC）评为世界一线城市。香港是中西方文化交融之地，把华人智慧与西方社会制度优势合二为一，以廉洁的政府、良好的治安、自由的经济体系及完善的法制闻名于世，有“东方之珠”“美食天堂”和“购物天堂”等美誉。

(一)港岛区

港岛区(即香港岛)的面积只有80平方千米，却是整个香港的心脏，集购物、娱乐、休闲、经济及政治于一身。港岛北的中环至铜锣湾是商业、购物及娱乐区域，港岛东的天后至柴湾是住宅区域，港岛南区则属于休闲区域。

1. 中环

中环(又称中区)位于香港的中西区，是香港的政治及商业中心，是很多银行、跨国金融机构及外国领事馆的所在地。香港政府总部、立法会大楼以及前港督府(现称礼宾府)都在中环。中环和上环一样是通往赤鱲角、元朗、屯门和边界的要区。中环的景观是殖民时期的建筑与现代高科技大厦的混合体，大型的购物商场内则满是国际知名的时装店。这里大厦如林，酒楼栉比，超级市场和摊贩市场并存，东、西文化兼蓄，被称为购物的天堂、旅游者的乐园。中环是香港的政经中心及高级购物商业区，在中环有数不尽的金融中心、各种各样的餐饮食肆和品牌时装专卖店，是游客和香港当地人最喜欢逛街的地方。此外中环有很多的新旧建筑，成为标志性的建筑，如中银大厦等，曾为亚洲最高的建筑的怡和大厦(Jardine House)也坐落在中环，这些建筑构成香港岛美丽和壮观的城市风景线。

2. 兰桂坊

兰桂坊位于香港中环区的一条L形的上坡小径。它是由德己立街、威灵顿街、云咸街、安里、仁寿里及荣华里构成的一个聚集大小酒吧与餐馆的中高档消费区，深受年轻一代、外籍人士及游客的欢迎，是香港的特色旅游景点之一。兰桂坊酒吧街缘起于20世纪70年代初期，港府在中西区开始进行市区重建。当时一位意大利籍商人在这里开设了一间意大利服装店及餐厅，部分在中环上班的“优皮士”，下班后想找一个地方聊天，这家餐厅便成为他们欢乐时光的聚脚处。此后，兰桂坊渐渐成为一处有品位的消闲之地，酒吧、食肆及娱乐场所越开越多。

3. 香港海洋公园

香港海洋公园位于香港港岛南区黄竹坑，占地面积超过91.5万平方米，在1977年1月10日开幕，是一座集海陆动物、机动游戏和大型表演于一身的世界级主题公园，也是全球最受欢迎、入场人次最高的主题公园。

公园依山而建，分为“高峰乐园”及“海滨乐园”两大主要景区，以登山缆车和海洋列车连接。2012年，香港海洋公园获国际游乐园及景点协会博览会(IAAPA)颁发顶尖荣誉大奖“2012 Applause Award”(全球最佳主题公园)，成为亚洲首个获此殊荣的主题公园。

4. 浅水湾

浅水湾位于港岛南部，是香港最具代表性的泳滩。浅水湾水清沙细、海滩绵长，滩床宽阔、波平浪静。夏季是浅水湾最热闹的时候，大批泳客蜂拥而至作日光浴或畅泳。浅水湾东端的林荫下，是富有宗教色彩的镇海楼公园。园内面海矗立着两尊巨大塑像“天后娘娘”和“观音菩萨”。附近建有七色慈航灯塔，气势雄伟，吸引着众多游客在此留影。临海的茶座，是欣赏日落及涛声拍岸的好地方。浅水湾的秀丽景色，使它成为香港著名的高档住宅区之一，区内遍布豪华住宅，这些依山傍水的建筑，构成了浅水湾独特景区。

5. 太平山顶

太平山顶雄踞香港岛的西部，海拔 554 米，是港岛最高的山峰。在夜幕降临之际，站在太平山上放眼四望，只见在万千灯火的映照下，港岛和九龙宛如镶嵌在维多利亚港湾的两颗明珠，互相辉映。香港的心脏中环地区，更是高楼林立，显示着香港的繁华兴旺。太平山也因此成为观赏香港这颗“东方之珠”美妙夜景的最佳去处，与日本函馆和意大利那不勒斯并列为世界三大夜景之一。太平山以其得天独厚的地理环境和人文景观，吸引着成千上万的海内外游客，成为人们到香港的必游景点。

（二）九龙区

九龙区是香港的一个工商业活动中心，其中油麻地、尖沙咀、旺角等地最为繁华，有许多大型商场、饭店和小的店铺、酒楼。世界最繁忙机场之一的前香港启德机场就在九龙，现在变成了游园区。九龙半岛和香港岛之间是世界三大天然深水港之一的维多利亚港。九龙东、西部为人口稠密的工业区，北部是住宅区，南部是著名的商业区。九龙最繁华的地区是著名的商业中心尖沙咀中心、帝国中心、好时中心、南洋中心等。各式商店鳞次栉比，它是游客聚集的购物天堂。著名的酒店有富豪酒店、海景假日酒店、香格里拉酒店等。

1. 星光大道

星光大道是香港尖沙咀海岸的一段海滨长廊，位于梳士巴利花园南端至新世界中心之间。香港星光大道整体仿照好莱坞星光大道，为了表扬香港电影界的杰出人士而修建。

2. 香港文化中心

香港文化中心是一个现代化的表演艺术中心，为本地市民及海外游客提供各类多姿多彩的文娱艺术节目。香港文化中心的落成和启用揭开了香港文化艺术新的一页。香港文化中心由香港建筑署负责设计，于 1979 年奠基，1984 年动工兴建，于 1989 年启用。香港文化中心位处尖沙咀傍海的优越位置，设备先进，吸引各种一流的艺术表演，包括各式音乐会、歌剧、音乐剧、大型舞蹈及戏剧、实验剧场等演出，亦是举行电影欣赏、会议及展览等活动的理想场地。

3. 黄大仙祠

黄大仙祠建于 1945 年，是香港九龙有名的胜迹之一、最著名的庙宇之一，享负盛名，无人不晓，香火鼎盛，每年农历大年初一，市民都要争头柱香。相传祠内所供奉的黄大仙是“有求必应”的，十分灵验。该祠也是香港唯一一所可以举行道教婚礼的道教庙宇。

（三）新界及离岛区

新界是香港三大地理分区之一（另为香港岛和九龙），是香港特区面积最大的部分，新界丘陵起伏，是全区地势最高的地方，海拔 957 米的大帽山为最高峰。

离岛区在全港 18 个行政区中占地最广、人口最少。全区由 20 多个大小岛屿组成，遍布香港的南面及西南面。离岛区是考古发现的宝库，考古遗址遍布大屿山、南丫岛及长洲，曾出土不少珍贵文物。此外，东涌炮台及各岛的庙宇，亦是游人爱到的热门地方。昂平一直以宝莲寺闻名，自 20 世纪 90 年代中建成了全球最大的户外青铜坐佛后，昂平更成为国际知名的旅游景点。

1. 宝莲寺

宝莲寺，寺院名称，比较著名的有香港宝莲寺和宝山宝莲寺。宝莲禅寺是香港最著名的十方丛林,位于大屿山昂坪平原,介于凤凰山与弥勒山之间。山门之前,左有木鱼峰天坛大佛、法华塔,右有莲花山与狮子石,堪称屿山胜境。宝莲寺始建于1924年,数十年来的刻苦经营,使今天寺宇建筑雄伟壮观,有宫殿式的大雄宝殿和庄严威武的天王大殿等。此寺提供留宿,以便游人赴凤凰山观看日出或作短暂清修。林丛小径,景色宜人。寺院有正殿,供奉三宝,还有观音殿及偏殿等静室40余处。正殿朱门绿瓦,金碧辉煌,浓荫覆盖,古意盎然。禅寺牌坊正对的木鱼山顶,现已新铸一座青铜释迦牟尼像,高达26.4米,名叫天坛大佛,该像由中国航天科技部设计和制作,加上大佛底座三层,总高度近34米,为当今青铜铸造大佛的世界之最。

2. 香港迪士尼乐园

香港迪士尼乐园位于香港新界大屿山,占地126公顷,在2005年9月12日正式开幕,由香港政府及华特迪士尼公司联合经营的香港国际主题乐园有限公司建设及营运,是全球第5座、亚洲第2座、中国第1座迪士尼乐园。

乐园分为7个主题园区,分别为美国小镇大街、探险世界、幻想世界、明日世界、玩具总动员大本营、灰熊山谷及迷离庄园,其中灰熊山谷和迷离庄园为全球独有。园区内设有主题游乐设施、娱乐表演、互动体验、餐饮服务、商品店铺及小食亭。此外,乐园每天晚上会呈献巡游表演节目及烟花汇演。

3. 香港青马大桥

香港青马大桥是全球最长的行车铁路双用悬索式吊桥,亦是全球第八长以悬索吊桥形式建造的吊桥。大桥主跨长1 377米,连引道全长为2 160米。大桥属于香港8号干线青屿干线的一部分,跨越马湾海峡,将青衣和马湾连接起来。青马大桥自通车以来,已成为香港的一条连接大屿山、香港国际机场及市区的主要干线公路。青马大桥亦属香港主要的建筑标志和旅游观光景点,所以吸引了世界各地的游客前来参观。不过,青马大桥只有车行道,不设人行道,因此游客无法步行于青马大桥观光,车速限制每小时80千米。

六、澳门

澳门特别行政区简称"澳门",地处珠江口西南岸,包括澳门半岛和仔岛、路环岛,是世界上人口密度最高的地区之一,也是世界四大赌城之一。

澳门以"赌城"而著称于世。原是以博彩旅游等消费行业为主体的城市,目前已形成由对外贸易、制造业、建筑业、旅游和金融业各占一定比例的多元化经济格局。工业以制衣业为主;其次是玩具业。

1. 澳门天后宫

澳门天后宫, 2003年10月4日落成,历时2年半,耗资2亿澳元。它坐落在澳门路环岛的叠石塘山上,占地近7 000平方米,是澳门迄今规模最大的庙宇。整个建筑按照闽南古建筑风格设计建造,并参照福建、台湾等地妈祖庙的传统规制布局,宫前有长达60余米的阶梯、厚实华丽的牌坊式山门、汉白玉围起的祭坛和由回廊连为一体的大殿、梳妆楼、钟楼和鼓楼等。主殿坐西朝东、气势恢宏,楼台宇顶雕龙飞檐,金色琉璃熠熠生辉,宫内雕梁画栋、金碧辉煌。

2. 圣老楞佐教堂

圣老楞佐教堂,通称风顺堂,是澳门最古老的三座教堂之一,位于风顺堂街、澳门慈幼中学的正对面。实际建筑年份已不可测,但据史料记载,推算出教堂是1569年左右由耶稣会会士创建的一座木制小教堂。而据教堂内一石刻上的碑文,该教堂第一次重修应在 1618 年,至于现在教堂的规模则是在 1844 年改建后而成的。

3. 澳门观光塔

澳门新的标志性建筑——澳门观光塔,总耗资 10 亿澳元, 1998 年开始兴建,经过 3 年的建设,于 2001 年 12 月 19 日竣工揭幕并正式接待游客。从此,澳门观光塔成为澳门新的旅游景点,大大促进了澳门旅游业的发展。

4. 澳门历史城区

澳门历史城区为世界文化遗产,是中国境内现存最古老、规模最大、保存最完整和最集中的东西方风格共存建筑群,当中包括中国最古老的教堂遗址和修道院、最古老的基督教坟场、最古老的西式炮台建筑群、第一座西式剧院、第一座现代化灯塔和第一所西式大学等。

历史城区是一片以澳门旧城区为核心的历史街区,其间以相邻的广场和街道连接而成,包括妈阁庙前地、亚婆井前地、岗顶前地、议事亭前地、大堂前地、板樟堂前地、耶稣会纪念广场、白鸽巢前地等多个广场空间,以及妈阁庙、港务局大楼、郑家大屋、圣老楞佐教堂、圣若瑟修院及圣堂、岗顶剧院、何东图书馆、圣奥斯定教堂、民政总署大楼、三街会馆(关帝庙)、仁慈堂大楼、大堂(主教座堂)、卢家大屋、玫瑰堂、大三巴牌坊、哪吒庙、旧城墙遗址、大炮台、圣安多尼教堂、东方基金会会址、基督教坟场、东望洋炮台(含东望洋灯塔及圣母雪地殿圣堂)等 20 多处历史建筑。

作为欧洲国家在东亚建立的第一个领地,城区见证了澳门四百多年来中华文化与西方文化互相交流、多元共存的历史。正因为中西文化共融的缘故,城区当中的大部分建筑都具有中西合璧的特色。城区内的大部分建筑至今仍完好地保存或保持着原有的功能。“澳门历史建筑群”于 2007 年 7 月 15 日成功列入《世界文化遗产名录》,并命名为“澳门历史城区”。

5. 大三巴牌坊

大三巴牌坊为爱国主义教育基地,位于大三巴斜港,右边邻近大炮台和澳门博物馆,已有 350 多年历史,是澳门最为大众熟悉的标志,是圣保禄教堂前壁的遗迹。“三巴”是“圣保禄”的音译,又因教堂前壁遗迹貌若中国传统的牌坊,所以称大三巴牌坊。这间教堂与火结下不解之缘,从其雏型起,现在仅存的前壁牌坊,先后经历三次大火,屡焚屡建,见证了活生生的历史。当年的圣保罗教堂建筑,糅合了欧洲文艺复兴时期建筑与东方建筑的风格,中西合璧、雕刻精细,仅大三巴牌坊的造价,300 年前已达 3 万两白银。

6. 妈阁庙

妈阁庙为澳门最著名的名胜古迹之一,原名天后庙、海觉寺、正觉禅院等,是妈祖阁的俗称,位于澳门的东南方,面海背山。妈阁庙相传是福建人于明朝年间为“妈祖”所建,距今已有 500 多年的历史了。传说“妈祖”是福建莆田人,姓林,宋朝人,自幼即可预知吉凶,长大后吃斋未嫁,享寿 28 岁,死后常显灵于海上,可帮助商人和渔民化险为夷,故来自福建的渔民就共同兴建了妈阁庙,到清朝康熙年间,“妈祖”被加封为“天后”,是航海人的“护航海神”。

妈阁庙正门的横梁上有“妈祖阁”三个金字,左右的对联为“德周化宇,泽润生民”,依次往里由大殿、石殿、弘仁殿、观音阁等建筑组成,这些建筑具有传统的古老佛教的特色,具有重要历史意义,可以说,澳门的历史和妈阁庙血脉相连,不可分割。

在澳门人心目中，妈阁庙的地位是非常高的，毫不夸张地说，澳门的各行各业都离不开妈阁庙，因此，妈阁庙的香火很盛，是一座位于闹市区的传统庙宇，而每年农历的三月二十三则是妈祖娘娘的诞辰，在这一天，澳门人都会有各种祭祀活动，非常隆重。

本章小结

1. 东南沿海旅游区位于我国南部沿海，近东南亚，地形以丘陵、山地为主，有南岭山脉、武夷山脉等。面积较大的平原有广东、珠江三角洲。珠江和闽江是本区最大的两条河流。长夏无冬，秋去春来，季节交替不明显，是东南气候一大特点。本区南海诸岛位于亚洲至欧洲、非洲和大洋洲的航道要冲，地理位置优越，所以本区是华侨、华人归国回乡的必经之地，有利于中外合资开发旅游资源，是我国发展对外旅游条件最优越的地区。

2. 东南沿海旅游区物产丰富，具有地方特色，具体包括：大红袍、福州茉莉花茶、福州脱胎漆器、福州角梳、纸伞、端砚、佛山木版年画、粤绣、万昌苦丁茶、椰子、野黄牛、大安剪纸等。

3. 港澳台包括台湾一省和香港、澳门两个特别行政区。全区自然地理环境独特，构成热带与南亚热带优美的自然风光，同时该区的人文旅游资源受外来文化影响明显。其中最具代表性的游览胜地有：阿里山、北投温泉、日月潭；太平山、大屿山天坛大佛、海洋公园；大三巴牌坊、葡京娱乐场、妈阁庙、东望洋山等。

思考与实训

1. 广州市的标志是什么？最大的旅游胜地在哪里？

2. 简述福州—武夷山旅游线的旅游特色和主要游览区。

3. 简迷港澳台的自然环境。

4. 台湾岛主要风景资源有哪些？

5. 香港旅游区的旅游地理环境如何？

6. 澳门的旅游资源有什么特色？

第12章 西北旅游区

学习目标

1. 熟悉西北旅游区旅游地理环境和主要旅游线路。

2. 掌握西北旅游区旅游资源的基本特征和各重要旅游点概况。

西北旅游区位于我国西北部，包括宁夏回族自治区、甘肃省、新疆维吾尔自治区以及内蒙古自治区，与蒙古、俄罗斯等国有近万千米长的边境线。本区深居内陆，面积广大，属典型的大陆性半湿润半干旱气候，具有冬寒长、夏暑短、雨雪稀少、气候干燥、风大沙多等特点。本区旅游资源独具特色，属内陆型旅游资源区。在历史上长期是中西交往的通道，其中新疆、甘肃是我国连接亚、欧、非大陆的著名“丝绸之路”的重要地段。近年来各省区有力地推动了旅游业的快速发展。目前，“丝绸之路”旅游、古城遗址旅游、沙漠探险旅游、民俗风情节庆游等独具特色的旅游产品已成为推向海内外市场的特色产品和优势项目。

第1节 旅游环境特征

一、旅游自然环境特征

西北旅游区位于我国北部内陆的第二级阶梯，拥有开阔坦荡、一望无际的内蒙古高原，巨山环抱，深陷的吐鲁番盆地、塔里木盆地、准噶尔盆地，以及高峻的山地。本区在极其特殊的自然环境下，形成了以沙漠、草原、雪峰为主体，兼有山林、河湖、田园及火山、温泉的景观类型，奇特神秘、丰富多样、规模巨大的自然旅游资源组合结构。

(一)典型的风成地貌景观

本区从自然地理上大致可分为东、西两大地貌单元：西部为高山与盆地相间分布的地表结构；东部为坦荡的高原和河套平原地貌。本区是我国沙漠集中分布的地区，包括塔克拉玛干沙漠、古尔班通古特沙漠、腾格里沙漠等。沙漠地区风力强大，成为塑造地表的主要地质营力，风沙地貌发育典型，风蚀地貌和风积地貌类型多样，形成独特的自然景观。区内风蚀地貌形态丰富，有风蚀洼地、风蚀长丘、风蚀城堡、雅丹地貌、风蚀蘑菇和风蚀柱等。其中以准噶尔盆地西北缘的乌尔禾“风城”最为著名。本区风积地貌主要是沙丘，包括流动沙丘和固定、半固定沙丘。其风积地貌以乌尔禾和将军戈壁滩等最为典型，这些景观又被称为“魔鬼城”，具有旷异神奇的景观价值，也为游人开展沙疗、沙浴和滑沙等活动提供了理想场所。

(二)典型的温带草原景观

西北地区最著名的灌溉农业区是有“塞上江南”之称的河套平原，由自然和人为因素共同作用形成的一种特色生态环境——绿洲。这里河渠如织、绿树成荫、稻麦飘香、瓜果累累，呈现与周边荒漠环境形成鲜明对照的江南水乡景象，并与周围的山地和雪峰交相辉映，从而使其具有较高的审美与游憩价值。内蒙古高原开阔坦荡，一望无际，在蓝天白云之下，更是绿草如茵，牛羊如絮，空气清新，令人心旷神怡。每年6月，草原上百花盛开，呈现出一派五彩缤纷的花海景象，此时是草原上最美好的季节。而草原上曲流发育的众多河流，如蜿蜒铺展的条条银链，大小湖泊更是星罗棋布。湖光水色与草原风光融为一体，使内蒙古温带草原成为观赏价值很高的旅游胜地。

（三）典型的高山冰川雪峰景观

本区海拔超过7 000米的山峰有16座，拥有多条著名的高大山系。本区多巍峨险峻、气势磅礴的雪峰，并在内陆盆地周围的高大山岭上发育了成千上万条现代冰川。壮丽的雪峰、冰川组成了高山平湖、雪岭云杉、原始森林、山地草场等特色自然风景，为西北荒漠大地增添了神奇色彩，对登山探险、科学考察、猎奇观光的旅游者具有较大吸引力。祁连山上的冰雪，夏日消融，雪水大量渗入山前戈壁砂砾层中，成为地下水来源，供农业引水灌溉，形成历史悠久的灌溉农业区。这些美丽富饶的绿洲，是古代丝绸之路由西安通向西域的必经之地。

（四）典型的温带大陆性干旱半干旱气候

本区地处我国西北内陆，干旱是本区的主要特征，表现为典型的温带大陆性干旱半干旱气候，其特点是太阳辐射强度高、气温冷热变化剧烈、干旱少雨、多风沙。本区天气晴朗少云，全年日照时数为2 700至3 300小时，部分地区可达3 600小时。气候冷暖差别极大，气温年较差达35 ℃以上，阿勒泰地区曾创全国最低气温纪录，而吐鲁番地区则长期保持全国高温冠军称号。气温日较差可达11℃～16 ℃，在沙漠地区日较差可高达30 ℃，呈现出“早穿棉袄午穿纱，围着火炉吃西瓜”的奇妙场面。

二、旅游人文环境特征

西北旅游区地域辽阔，旅游资源丰富而集中。本区有历史悠久的丝路古迹、浓郁独特的民族风情、多姿多彩的边塞风情、数量众多的名胜古迹，是我国地域特色鲜明、开发潜力巨大的旅游区之一，对海内外游客有极大的吸引力。

（一）丝路古迹引人入胜

“丝绸之路”是一条连接亚、欧、非三大洲的陆上交通线，全长7 000千米，历史上曾盛极一时，留下了数量巨大、种类丰富的历史遗物和历史遗迹，有着较高的历史价值和艺术价值。旅行在古代“丝绸之路”上，不仅可以饱览景色壮美的高山、大河、沙漠、戈壁，还可探访古址、古墓、长城、烽燧，欣赏石窟、佛塔、清真寺、庙宇和文物。在军事设施方面，以明代嘉峪关及汉代阳关、玉门关、秦长城遗址最为著名。宗教方面，石窟艺术占有突出地位，著名的有敦煌莫高窟、麦积山石窟等，这里是我国石窟艺术最集中的地区。丝路沿途遍布古墓，每年都有惊人的文物出土。渭河流域集古陵墓之大成，黄帝、秦、汉、唐陵均分布于此。古“丝绸之路”上曾有过众多的“小国”，由于自然条件变化以及疾病、战争等原因，许多赫赫有名的城池已变为废墟，如楼兰古城、米兰古城、高昌故城、交河故城等，这些故城的古颜残容，引人遐想，更具魅力。

（二）边塞风情浓郁

本区位于内蒙古高原北部和中部，由呼伦贝尔西半部向南经锡林郭勒盟、哲里木盟、昭乌达盟直到黄土高原的北部地区，分布着广袤的温带草原，水清草绿，景色宜人。内蒙古草原宽广辽阔，一望无际，呈现出“天苍苍，野茫茫，风吹草低见牛羊”的美丽画卷。呼伦贝尔草原水草丰美，草深过膝，绿浪千顷，羊群如流云飞絮。在这里可以观赏草原风光，体验草原牧民的生活，参与充满浪漫色彩的旅游活动，使游人感到新奇而乐此不疲。

(三)西域风格特色显著

本区有近50个少数民族，主要以维吾尔族、蒙古族、回族、哈萨克族等为主，这些少数民族呈“大分散、小集中”的分布特点，既保持了各自的生活方式与民族特色，又利于各民族之间的接触和交流，由此形成了以传统游牧文化和伊斯兰文化为主要特色的多元民族文化，构成了本区最基本的人文旅游资源与旅游环境。旅游者无论在吃、住、行、游、购、娱等方面，都能深切地感受到本区强烈的民族特色和浓郁的民族风情。

第2节 主要旅游目的地

一、宁夏回族自治区

宁夏回族自治区简称“宁”，首府银川市。宁夏处在我国西部的黄河上游地区，东邻陕西省，西部和北部接内蒙古自治区，南部与甘肃省相连，自古以来就是内接中原、西通西城、北连大漠的地区。宁夏属典型的大陆性气候，为温带半干旱区和半湿润地区，具有春多风沙、夏少酷暑、秋凉较早、冬寒较长、雪雨稀少、日照充足、蒸发强烈等特点。古老的黄河文明、神秘的西夏历史、浓郁的回乡风情、雄浑的大漠风光，构成了多姿多彩的旅游资源。“塞上江南·神奇宁夏”日益吸引着越来越多的中外游客。

(一)银川

中国历史文化名城——银川市是宁夏回族自治区的首府，位于祖国西北地区，东依黄河，西靠贺兰山，是中国河套文化和丝路文化交汇地带、极具吸引力和代表性的中国优秀旅游城市。银川境内有名胜古迹、自然旅游景区60多处。包括全国重点风景名胜区——西夏王陵、塞北明珠——沙湖、游牧民族的艺术画廊——贺兰山岩画、中国史前考古的发祥地——水洞沟遗址，以及镇北堡西部影城、国家级自然保护区贺兰山苏峪口国家森林公园等。神秘的西夏文化、浓郁的回乡风情、塞上江南的自然风光、现代时尚的休闲元素共同构成了银川“雄浑贺兰、多彩银川”的旅游城市新形象。

1. 西夏王陵

西夏王陵坐落在银川市西郊贺兰山东麓，是西夏历代帝王陵墓所在地，里边分布着9座帝王陵和140多座王公大臣的殉葬墓，占地近50平方千米。西夏王陵规模宏伟，布局严整，每座帝陵，都是独立完整的建筑群体，坐北向南，呈纵长方形，规模同明十三陵相当。目前可供参观的有“昊王陵”和“双陵”两处景区。西夏王陵受到佛教建筑的影响，使汉族文化、佛教文化、党项民族文化有机结合。西夏王陵是我国现存规模最大、地面遗迹保存最为完整的帝王陵园之一，是我国最大的西夏文化遗址，也是宁夏最重要的一处历史遗产和最具神秘色彩的文化景观。在我国119处国家重点风景名胜区中，西夏王陵风景名胜区是唯一的以单一的帝王陵墓构成的景区，1988年被国务院列为全国重点文物保护单位、国家重点风景名胜区，被誉为“神秘的奇迹”“东方金字塔”。

2. 西部影视城

宁夏镇北堡西部影城（现通称镇北堡西部影城），被誉为“东方好莱坞”，地处宁夏银川西郊镇北堡，原址为明清时代的边防城堡，是国家 AAAAA 级旅游景区。在中国众多的影视城中，西部影视城以其古朴、原始、粗犷、荒凉、民间化为特色，成为中国三大影视城之一，也是中国西部唯一著名影视城。西部影视城已逐步将单纯参观型的旅游点发展成既有观光价值、又有为游客制作影视片及餐饮、购物、陶艺、骑射等多样化服务的娱乐型旅游区。

（二）石嘴山市

石嘴山市位于宁夏回族自治区最北端，东临黄河，西屏贺兰山，北与内蒙古乌海市毗邻。境内在贺兰山与黄河交汇处有石“山石突出如嘴”，石嘴山因此得名。这里土地富饶，山川秀丽，境内湖泊湿地星罗棋布。有国家首批 5A 级旅游风景区，融江南水乡与大漠风光为一体，被誉为中国乃至世界奇中有特、特中有奇、美不胜收的景观，被评为全国十大魅力休闲湖泊之一的沙湖；有被评为全国人居环境范例奖的北武当生态保护区；有被评为全国观赏石基地的中华奇石山；有作为国家水利风景区、国家湿地公园、国家水上运动训练基地的星海湖；有被誉为“石嘴山之绿肾”的大武口森林公园；有位于古人类文化遗址的贺兰山岩画等。这些自然资源和历史文化资源构成了石嘴山“山水园林，塞上江南”如织如画的画面。

（三）固原市

固原，古称大原、高平、萧关、原州，简称“固”。公元前 114 年建城，是丝绸之路必经之地、明代九边重镇之一，是历代兵家必争之地。固原地处黄土高原上六盘山北麓清水河畔，位于宁夏回族自治区南部，西安、兰州、银川三省会城市所构成的三角地带中心。固原市是陕甘宁革命老区振兴规划中心城市，宁南区域中心城市，政治、经济、文化中心和交通枢纽，是少数民族地区、全国最大的回族聚居地、伊斯兰文明与中原文化交汇处。固原是中国四大马铃薯种植基地和中国北方的特色苗木基地，是西北特色农产品集散中心、丝绸之路经济带产品基地示范区、著名的红色旅游城市、长征十大潜力城市之一。2015 年 7 月中国首届“全国生态文明建设高峰论坛暨城市与景区成果发布会”在北京举行，固原市喜获“全国十佳生态休闲旅游城市”称号。

（四）中卫市

中卫市地处宁夏中西部、黄河与腾格里沙漠的交汇地带，是古丝绸之路北线的重镇。在 1.7 万平方千米的土地上，有山（祁连山余脉香岩山）、有水（母亲河黄河和沙漠暗流）、有沙（中国第四大沙漠腾格里沙漠）、有绿洲（黄河前套平原），是大漠游牧文化、黄河农耕文化、边塞历史文化、伊斯兰文化的结合部。这里四季分明，物产丰饶。中卫旅游资源丰富独特，“沙漠之魅、大河之舞、丝路之魂、党项之根、生态之秀、城市之美”是中卫旅游的典型特点，尽显“沙漠之魅”。中卫市位于我国四大沙漠之一的腾格里沙漠东南边缘，人称“沙海明珠”，是国内距沙漠最近的区域中心城市，是全国唯一的国家级沙漠生态自然保护区。20 世纪中期，中卫人民与治沙科技工作者共同创造的“五带一体”治沙工程享誉世界，被联合国授予“全球环保 500 佳单位”殊荣，荣获“国家科技进步特等奖”。国家首批 5A 级旅游景区沙坡头大漠黄河、高山峡谷、长城岩画、丝路绿洲，是唐代诗人王维写下“大漠孤烟直，长河落日圆”千古绝唱的取景地。

沙坡头旅游景区位于中卫县以西的黄河岸边，因在河岸边形成一个大沙堤而得名沙陀头，谐音沙坡头。百米沙坡，倾斜 60 度，天气晴朗，气温升高，人从沙坡向下滑时，沙坡内便发出一种“嗡嗡”的轰鸣声，犹如金钟长鸣，悠扬洪亮，故得“沙坡鸣钟”之誉，是中国四大响沙之一。站在沙坡下抬头仰望，但见沙山悬若飞瀑，人乘沙流，如从天降，无染尘之忧，有钟鸣之乐，被世人称为“世界沙都”“世界垄断性旅游资源”。2007 年被评定为国家 AAAAA 级旅游景区。沙山北面是浩瀚无垠的腾格里沙漠，南面则是一片郁郁葱葱的沙漠绿洲。游人在这里可以骑骆驼观赏大沙漠的景色，眺望包兰铁路如一条绿龙伸向远方；又可以乘古老的渡河工具羊皮筏，在滔滔黄河之中，渡向彼岸，非常有趣。

二、甘肃省

甘肃，是取甘州（今张掖）、肃州（今酒泉）二地的首字而成。由于西夏曾置甘肃军司，元代设甘肃省，简称“甘”；又因省境大部分在陇山（六盘山）以西，而唐代曾在此设置过陇右道，故又简称为“陇”。境内地势起伏、山岭连绵、江河奔流，地形相当复杂。甘肃东南部的天水市和陇南地区，是历史悠久、山川锦绣、物产丰富、气候宜人、民俗奇特的天然膏沃之地，有小江南之称。闻名于世的敦煌莫高窟民俗、肃南裕固族风情、肃北蒙古族风情、阿克塞风俗、天祝藏区风情、雷台奇观、古酒泉传奇、嘉峪关传说、玉门关和古阳关、民间筵悦、骆驼队等奇风异俗在这里熠熠生辉。

（一）兰州市

兰州，史称金城，甘肃省省会，享有“丝路重镇”“黄河明珠”“西部夏宫”“水车之都”“瓜果名城”等美誉。作为西部著名的文化旅游城市，兰州有着 2200 多年的历史。古老的马家窑文化、半山文化、马厂文化、齐家文化等史前遗迹在兰州分布较广；丝路文化、黄河文化、民俗文化、民族文化在这里交相辉映，呈现出丰富多彩的地域文化特色，留下了诸多的人文、自然景观和历史文化遗迹。兰州百里黄河风情线已成为全国最大的开放式滨河公园，吸引着越来越多的中外游客；市域内还有五泉山、白塔山、中山铁桥、水车博览园、黄河母亲雕像等城市景观。

1. 黄河风情线

在兰州，黄河宛若一条飘落人间的飞天锦带，蜿蜒东去，依托着黄河两岸的风光和名胜古迹，形成了一条融山水、人文胜迹于一体的“百里黄河风情线”，仿佛镶嵌在飞天锦带上的一串明珠。在被称为“兰州外滩”的风情线上，无论是高大古朴的黄河水车，还是凌驾于波涛之上的“天下黄河第一桥”；无论是花圃绿地，还是杨柳依依；无论是霓虹下的楼宇，还是以“黄河母亲”为代表的一组组承载着厚重文化的城市雕塑，无不让这集黄河文化、丝路文化、民俗文化于一体的风情线，别具风韵。华灯初上的黄河风情线，大河两岸，喷泉吐珠，万千灯火如银河落地，更显旖旎多姿。

2. 中山桥

中山桥是兰州横跨黄河的铁桥，有“天下黄河第一桥”之称。1907 年，在兰州道彭英甲的建议下，甘肃总督升允动用国库白银 30 多万两，由德国承建了这座长达 233.33 米、宽 7.5 米的“兰州黄河铁桥”，后于 1942 年改名为“中山桥”。中山桥犹如一部史诗，镌刻着兰州古往今来历史的变迁。经过长达百年的相依相伴，中山桥已深深烙于兰州人的心里，成了抹不去的记忆。

3. 甘肃省博物馆

甘肃省博物馆是一座省级综合类博物馆，建成于1956年，它的前身是1939年由中英庚子赔款董事会组建的甘肃科学教育馆。“丝绸古道三千里，黄河文明八千年”。作为有着得天独厚条件的甘肃省博物馆，目前收藏历史文物、近现代文物、民族文物、古生物化石及标本约35万件。自建馆以来，通过考古发掘、征集和捐赠获得历史文物藏品82 000余件，堪称精品的历史文物有3 000余件。特别是铜奔马这一罕见的艺术珍品，成为中国旅游标志。

4. 兰州五泉山公园

五泉山位于兰州市区南侧的皋兰山北麓，海拔1 600多米，是一处具有两千多年历史的遐迩闻名的旅游胜地。公园景点以五眼名泉和佛教古建筑为主。庙宇建筑依山就势，廊阁相连，错落有致；园内丘壑起伏，林木葱郁，环境清幽。五泉山因有甘露、掬月、摸子、惠、蒙五眼清澈甘美的泉水而得名。相传汉武帝元狩三年（公元前120年）霍去病西征，曾驻兵于此，士卒疲渴，霍去病手着马鞭，连击五下，鞭响泉涌，遂成五泉。

（二）定西市

定西市位于甘肃中部，通称“陇中”，是古代“丝绸之路”上的重镇，又是新欧亚大陆桥的必经之地，也是兰州市的东大门，素有“甘肃咽喉、兰州门户”之称。定西是典型的黄土高原丘陵沟壑区，又被誉为“风神捏就的世界”。定西历史悠久、文化灿烂，是华夏文明的发祥地之一，国家级、省级森林公园贵清山、遮阳山、莲峰山等享誉国内外。新石器时代著名的马家窑、齐家等文化遗址，西起临洮绵延300千米的战国秦长城遗址，海内外李氏寻根敬祖的“李氏堂”和通渭温泉等，这些都极具开发价值。境内还有汉代新莽权衡、元代墓葬群、明代铜钟等国家重点文物，同时还有独具风格的渭源灞陵桥、气势雄伟的陇西威远楼。

1. 漳县贵清山 / 遮阳山旅游景区

贵清山位于甘肃省漳县南部70千米处，是陇中黄土高原最为奇秀的自然风景区，被誉为陇中的“小华山”“贵清仙境”。贵清山森林公园由东西两大景区组成，东为贵清山，西为遮阳山，两山东西对峙，交相辉映，是一个以山水风光、森林植物吸引游人的旅游区。贵清山为石灰岩地带，群峰林立，怪石如云。景区由贵清山和贵清峡两个小区组成，森林公园面积21.3平方千米，仅禅林就有千年古松约13万平方米，原始森林遍布，有药用植物和观赏植物500余种，被誉为“天然植物园”。建于明代的古刹寺院，五百年来经久不衰，每年农历四月八庙会，香客游人日达数万。遮阳山位于漳县县城西部29千米处大草滩乡境内，因“日出而为山所蔽”得名，古有岷州“小崆峒”之称，由西溪、东溪和夷门山三个景区组成。遮阳山峭壁如削、林草丰茂、禽珍兽异、古迹众多，专家称其为西北罕见的旅游探险基地。

2. 渭源首阳山

首阳山位于渭源县东南34千米的莲峰乡享堂沟，海拔在2 186～2 509米之间，因其列群山之首，阳光先照而得名。首阳山因商末周初孤竹国（今河北庐龙县）君之二子伯夷、叔齐相让嗣君，相偕至周，后闻武王伐纣，叩马谏阴。因武王不听，遂愤而不食周粟，西行至首阳山，采薇而食，后饿死于首阳山而成为陇右名山。秦汉在此建县时就名首阳县了。首阳山西北侧有石门，因两座石崖东西对峙，间开一线，形似石门而得名。石门夜月为当地一景。两崖之间有一水库，容量500多万立方米，是一处理想的水上乐园。水库后面为长十五里的天井峡谷，这里座座陡峭的山崖相对挺立，四山合围，蓝天变成一条细线，人如处井底，其地势恰似一大锯解开的板缝，故俗称解板沟。天井峡山奇水美，恰似仙境，有鬼斧神工的自然造型 27 处景点。沿十五里天井画廊，到处充满着奇、险、壮、绝、清、秀、幽、静、古、野之情趣。如从县城向南行直抵天井峡，约有 20 多千米路程。

（三）白银市

白银市，又称“铜城”，位于甘肃省中部，地处黄土高原和腾格里沙漠过渡地带。早在明朝洪武年间，这里就开始了金银的大规模采挖。该地曾经日出斗金、盛产白银，官方在距市区 10 千米处凤凰山、火焰山、铜厂沟专设办矿机构“白银厂”，白银市缘此而得名。白银属腾格里沙漠和祁连山余脉向黄土高原过渡地带，地势由东南向西北倾斜，全境呈桃叶形狭长状，黄河呈“S”形贯穿全境，将境内地形分为西北与东南两部分。白银市面积占甘肃总面积的 4.4%。矿产资源丰富和主要矿藏有铜、煤、黏土、石灰石、石膏等。白银市旅游资源丰富，以黄河石林为代表的自然奇观和以“会师纪念地”为代表的人文景观，形成了白银市独具特色的旅游资源。其分布具有“一带两翼一线”的特点。一带指白银市黄河沿岸带，两翼指以黄河为界的西北（景泰县）和东南（会宁县）两翼，一线指丝绸之路。

1. 景泰黄河石林风景旅游区

黄河石林位于甘肃省白银市以北 70 千米的景泰县龙湾村，面积约 10 平方千米。由于地壳运动，形成以黄褐色河湖相砂砾岩为主、造型千姿百态的石林地貌奇观。石林景区陡崖凌空，景象万千，犹如雕塑大师之梦幻杰作。中华民族的母亲河——黄河，在这里形成 S 形的回水湾，河的东岸除高耸的石林外，还有背山面河、林木葱郁的“龙湾绿洲”。黄河石林景区将黄河、石林、沙漠、戈壁、绿洲、农庄等多种资源巧妙结合在一起，山水相依，动静结合，气势磅礴。影视剧《神话》《老柿子树》等的拍摄、播出，更使黄河石林名扬天下。

2. 会宁红军会师旧址

会宁红军会师旧址位于甘肃省会宁县会师镇，是为纪念中国工农红军第一、二、四方面军胜利会师而扩建的革命遗址。“会师楼”始建于明代，是三军会宁会师的物证，也是会宁古城的象征。1986 年为纪念三大主力红军会宁会师 50 周年，修建了会师纪念塔，雕刻着邓小平题写的“中国工农红军第一、二、四方面军会师纪念塔”十八个苍劲大字。同时，还在会宁县大墩梁、慢牛坡修建了红军烈士陵园。1996 年修建了“红军会师将帅碑林”。在“红军会师革命文物陈列馆”中，陈列着红军会师期间留下的马灯、铜壶等大量文物。

（四）庆阳市

庆阳位于甘肃省最东部、陕甘宁三省区的交汇处，系黄河中下游黄土高原沟壑区，习称“陇东”，素有“陇东粮仓”之称。庆阳市属黄河中游内陆地区，此处是中华民族早期农耕文明的发祥地之一，20 万年前这里就有人类繁衍生息，7000 多年前就有了早期农耕。4000 多年前，周先祖不窋开启了农耕文明的先河。在这里，遗存于区内的历史文物古迹十分丰富，举世瞩目的“古象黄河”化石、“环江翼龙”化石和我国第一块打制石器就出土在这里。周祖陵殿、公刘殿、秦直道、秦长城、北石窟寺、古墓葬、古城堡、烽燧、陕甘宁边区政府旧址、抗大七分校、南梁纪念馆等文化遗产，是祖先遗留下来的重要的人文旅游资源，被专家称之为“华夏文化的缩影、民族文化的结晶、起源最早的造型艺术”的农耕文化、民俗文化、黄土文化遗产是祖先遗留下来的另一种重要的旅游资源,被誉为民间“四绝”的刺绣、剪纸、皮影、道情就是这些文化的艺术再现。

1. 庆城周祖陵

周祖陵森林公园位于甘肃省庆阳市庆城县城东山,因山顶有一座著名的墓冢——周先祖不窋陵而得名。这里既是游客登山观光、度假游览的好去处,又是凭吊先贤的佳境胜地,享有“华夏第二祭祖圣地”的美誉。周祖陵历史悠久,钟灵毓秀,自古为游览胜地。山顶周祖文化区,总体布局严谨规范、错落有致。每当胜春新夏,杏嵌芳蕊而柳叶青烟,花香袭人林韵醉客,时至暮秋初冬,红叶未退而白雪初降,风憾林梢,更觉天高地阔。位于周祖陵石碑左侧的周祖大殿,金碧辉煌,极为壮观。在周王殿南北两侧的碑廊、栖凤亭和鉴亭,专门为游人提供了一方天地,用以了解周王朝盛衰兴替以及鉴赏诗赋题词精粹。每逢佳节、假日,四方游客或登山祭祀,或游览观光,青松翠柏掩映的殿堂内,香烟袅袅,钟磬悠悠,缭绕于梁柱之间。殿堂之外,济济游人迂回穿行于亭台楼榭中间和绿树鲜花丛中,赏心悦目,情趣万千。

2. 南梁革命纪念馆

南梁革命纪念馆坐落在甘肃省庆阳市华池县南梁乡荔园堡,是为了纪念20世纪30年代初刘志丹、谢子长、习仲勋等无产阶级革命家开展游击活动、在此建立陕甘边区苏维埃政府而修建的,总建筑面积20 000平方米,其中馆藏面积2 281平方米。南梁革命纪念馆周围遍布各类红色遗迹,主要有大凤川军民大生产基地,寨子湾刘志丹、习仲勋旧居,抗大七分校旧址,列宁小学旧址等。展室分东、西、北三部分。西展室有毛泽东、周恩来、朱德等老一辈无产阶级革命家为刘志丹、谢子长等烈士的题词以及烈士们的生平简介和武器、马鞍等71件实物。

(五)平凉市

平凉市位于甘肃省东部、六盘山东麓、泾河上游,是古代“丝绸之路”必经重镇,史称“西出长安第一城”。平凉自古为屏障三秦、控驭五原的重镇,是“兵家必争之地”和陇东传统的商品集散地,是中原通往西域和古丝绸之路北线东端的交通和军事要冲,不仅是西北地区的公路枢纽,也是欧亚大陆桥第二通道的重要中转站。平凉文化底蕴深厚,是先民们在黄河中上游繁衍生息、走向文明的摇篮,也是中华民族重要的发祥地之一。早在20～30万年前,人类的祖先就活动在这片土地上。3000多年前,周人的先祖就在泾河流域创造了先进的农耕文化。近代以来,左宗棠、林则徐、谭嗣同、冯玉祥、张学良、于右任等爱国人士纷至沓来,留下了历史的印迹,特别是毛泽东率领的中国工农红军经过平凉大地,播撒了革命的火种。深厚的文化积淀与现代文明的有机结合,使这块土地充满了灵气和魅力,形成了多元、厚重、包容、开放的区域文化特色。

1. 平凉崆峒山风景名胜区

崆峒山位于甘肃省平凉市城西12千米处,海拔2 123米,是典型的丹霞地貌,自古就有“崆峒山色天下秀”的美誉。又因相传为仙人广成子修炼得道之所、人文始祖轩辕黄帝曾亲临问道广成子于此山,而被道教尊为“天下道教第一山”。发祥于崆峒山的崆峒武术与少林、武当、峨眉、昆仑并称为我国五大武术流派。崆峒山风光是既有北国之雄、又兼南方之秀的自然景观,被誉为陇东黄土高原上一颗璀璨的明珠。这里集奇险灵秀的自然景观和古朴精湛的人文景观于一身,具有极高的观赏、文化和科考价值。

2. 庄浪云崖寺

云崖寺地处甘肃省平凉市庄浪县城东35千米的关山深处，是一座有1600多年历史的石窟寺，因其具有极其珍贵的云崖寺石窟造像艺术和国家森林公园而闻名遐迩。整个景区为带状，东西宽13.75千米，南北长32.25千米，有山水、树木，还有历经沧桑的石窟雕塑。云崖寺石窟以山崖悬空而得名，始建于北魏，唐、宋、元、明、清历代都有维修和扩建，是一座雄踞奇峰秀岭之中、历史悠久的石窟群，也是佛、道两教合一的石窟艺术宝库。石窟群由红崖寺、朱林寺、三清洞、罗汉洞、殿湾等寺洞组成，寺洞形态各异，相互依存。云崖寺现存三层洞台，星罗棋布的大小佛龛以及各种栩栩如生的摩崖造像，仍珍藏寺内。

（六）陇南市

陇南位于甘肃省东南部，地处秦巴山区，是扼甘陕川三省要冲，素称“秦陇锁钥，巴蜀咽喉”，被誉为“陇上江南”。陇南气候温和，风光秀美，有全国三大天池之一的阴平天池、有西北最大的溶洞武都万象洞，还有国家级重点保护、甘肃唯一具有北亚热带生物群落和自然景观的白水江自然保护区，被赞誉为“甘肃的西双版纳”。分布于全区各县的大河坝、三滩、红土河、梅园沟、云屏山等自然景点，被人们称作“陇上小九寨沟”。陇南是中华民族的发祥地之一，又是多民族聚居的地方，境内宁家庄遗址，距今已有7000多年的历史。在这里，独具特色的人文、自然景观，分别与四川九寨沟、甘肃天水麦积山遥相呼应。独特的地理位置还造就了文化的多元特色。既有古代氐、羌、藏等民族文化与汉文化的大融合，又有秦陇文化与巴蜀文化的大交汇，其独特的民俗风情，提供给游人的是一份风物常青的画卷。

1. 武都万象洞

武都万象洞位于陇南市武都区白龙江南岸露骨山汉王镇杨庞村的半山腰，距县城12千米。该洞已有2.5亿年的历史，其规模之宏大、艺术价值之高，可与举世闻名的桂林芦笛岩、肇庆七星岩相媲美。万象洞既具北国之雄奇，又有南国之灵秀，位列中国四大名洞之一，享有“华夏第一洞”的盛誉，号称“地下文化长廊”，又称“地下艺术宫殿”。万象洞又名仙人洞、五仙洞，相传五位仙人曾在此修炼，属典型的岩洞地貌。洞内深不可测，洞内地形复杂，曲折迂回。小者高阔不足1米，仅容一人爬行；大处高轩宏敞，纵横百米之外，约36万平方米。洞内石乳、石笋、石柱、石幔、石花遍布，目前开发三大景区，即月宫、龙宫、天宫。万象洞海拔1 150米，高出白龙江190米，但洞内湿潮润滑，间有小溪流泻，叮咚之声不绝于耳。亦许是洞两端相通的缘故，洞内氧气充足，全年恒温14 ℃，是旅游避暑的佳地。

2. 成县西狭颂风景区

西狭颂风景区位于成县西13千米处的天井山麓、鱼窍峡中。风光清幽绮丽，峭壁折迭对峙，峡谷清流终年奔湍、浪花飞溅，水势随乱石变幻无穷，形成了集瀑、湍、池、潭于一体的风景名胜区。《西狭颂》，又名《惠安西表》，镌刻于东汉灵帝建宁四年（171年），距今已有1800多年，是迄今国内保存最为完好的东汉摩崖石刻，全称为《汉武都太守汉阳河阳李翕西狭颂》，俗称黄龙碑碑文和书法，均有很高的考古研究和临摹鉴赏价值。西狭奇在山、美在水，抬眼望去，一边是拔地而起的高山，一边是错落有致的悬崖。山崖上绿树层叠，古树参天，老藤缠绕。两山之间的响水河，或在峡谷中潺潺绕行，或在巨石间冲腾奔泻。颇有意思的是悬崖上的水，犹如珠帘从高处垂落而下，飞溅滴注，蔚为壮观。

(七)天水麦积山风景名胜区

麦积山风景名胜区位于天水市东南约 50 千米处,地处西秦岭北支东段,北跨渭水,南携嘉陵,全景区包括麦积植物园、曲溪、放马滩、净土寺四大景区,另有麦积山石窟、仙人崖、瑞应寺、罗汉崖等相邻景点。该景区森林覆盖率达 76% 左右,动植物资源极为丰富,自然景观和人文景观交相辉映。全景区有 35 个旅游小区、180 处景点。因麦积山石窟闻名中外,故全景区以“麦积山”命名。

麦积山始创于十六国后秦(384—417 年)时期。区内松竹丛生,山峦叠翠,周围群峰环抱,麦积一秀崛起,古称“秦地林朱之冠”,是中国秦岭山脉西端小陇山中的一座奇峰。海拔 1 742 米,山高 142 米,因山的形状奇特,孤峰崛起,犹如麦垛,人们便称之为麦积山。山峰的西南面为悬崖峭壁,著名的麦积山石窟就开凿在这峭壁上,有的距山基二三十米,有的达七八十米。在如此陡峻的悬崖上开凿成百上千的洞窟和佛像,在中国的石窟中是罕见的,有“东方雕塑馆”的美誉。麦积山周围风景秀丽,山峦上密布着翠柏苍松、野花茂草。攀上山顶,极目远望,四面全是郁郁葱葱的青山,只见千山万壑,重峦叠嶂,青松似海,云雾阵阵,远景近物交织在一起,构成了一幅美丽的图景——“麦积烟雨”。

(八)甘南

甘南藏族自治州位于甘肃省西南部,是中国十个藏族自治州之一,也是汉藏文化的结合部。甘南地处青藏高原东北边缘与黄土高原西部过渡地段,地势西北部高,东南部低。因地处高原,常年气温较低,年平均气温只有 4 ℃。高原天气多变,经常风雨骤至,昼夜温差大,日照强烈。甘南州独具魅力的旅游资源已引起世人的广泛关注和中外游客的青睐,甘南,被美国最具权威的旅游杂志《视野》《探险》评为“‘让生命感受自由’的世界 50 个户外天堂”之一,被《中国国家地理》《时尚旅游》评为“人一生要去的 50 个地方”之一,被联合国人居环境发展促进会、世界华人联合会评为“中国最具民族特色旅游目的地”“中国最美旅游胜地”。

1. 夏河拉卜楞寺

拉卜楞为藏语“拉章”的转音,意为佛宫所在之地。拉卜楞寺位于甘肃省甘南藏族自治州夏河县城西,背依凤山,面对龙山,地处“金盆养鱼”之地。寺院由第一世嘉木样活佛创建于 1710 年,经历世嘉木样修建,现已成为甘、青、川地区最大的藏族宗教和文化中心,被誉为“世界藏学府”。拉卜楞寺设有闻思、医药、时轮、吉金刚、续部上、续部下六大学院,在全蒙藏地区的寺院中建制最为健全。寺内珍藏的民族文物和佛教艺术品共计 1 万余件。各殿堂内高 8 米以上铜制鎏金或檀香木雕的大佛有 16 尊,各种质地多样的中小型佛、菩萨、佛塔、法器等不胜枚举。寺内还珍藏有历代嘉木样大师的衣物和其他生活用品以及帝王册封和赠赐的金敕、印鉴、封诰、大幅匾额、千佛树、珍珠塔、玉如意、陨石、海马牙等。拉卜楞寺在每年农历正月初四至十七、六月二十九至七月十五举行大法会,尤以正月十三和七月初八的晒佛、辩经活动最为壮观。

2. 卓尼大峪沟景区

大峪沟森林生态旅游区位于甘肃省卓尼县木耳乡大峪沟,距县城 30 千米,总面积 1 052 余平方千米。碧波荡漾的洮河、苍翠茂密的林带,将卓尼环绕、簇拥在令人流连忘返的自然佳境中,大峪沟风光也因此而展现出瑰丽奇特的诱人风貌。大峪沟泉流纵横,汇集成四季丰沛的大峪河,河流曲折有致,澄碧甘甜。大峪景区迭山主峰扎伊克嘎山海拔 4 920 米,沟口海拔

2 500 米,相对高差达 2 400 米。景区内生物垂直分布差异大,迭山雪线以上为裸岩,以下依次为高山草场、原始森林、低山草甸、灌木、农作物等。大峪沟共有 9 条支沟,主要为桑布沟、阿角小沟、阿角大沟、燕麦沟、扎崖它沟、巴什沟、涅座沟等,分布大峪沟东南,仿佛一把遗落人间的巨形扇子,扇面浓墨重彩,描绘出无数奇山异水。大峪沟森林生态旅游区不仅有丰富多彩、引人入胜的优美景观,更是一座富有多种资源的原始生物园。主要树种有高山耐旱针叶冷杉、云杉、松柏等天然乔木、灌木;药类植物 140 余种;国家二、三类保护动物 20 余种;各种山珍野果满山遍地,俯拾即是。

(九)嘉峪关

嘉峪关是万里长城西止点之重关,南面是终年积雪的祁连山,北面是连绵起伏的马鬃山,地势险要,巍峨雄伟,故称"天下雄关",是"丝绸之路"必经的关隘和东西文化的交通要道。关城初建于明洪武五年(1372 年),后经 200 余年的增修,形成一座布局严谨、雄伟壮观的军事关隘。关城呈梯形,周长 733 米,墙高 10 米,由内城、瓮城、罗城、外城、城壕等组成,整个工程坚固雄伟,工艺精绝。登楼远望,长城游弋于茫茫戈壁滩,若隐若现,天晴之日,或海市蜃楼,或塞上风光,奇特景色,尽收眼底。

(十)敦煌

1. 敦煌莫高窟

敦煌莫高窟俗称千佛洞,位于甘肃敦煌县城东南 25 千米处。汉唐雄风吹拂着敦煌,丝路驼铃吟咏着敦煌,悠久的历史和灿烂的文化使之焕发出夺目的光华。莫高窟是敦煌文化和艺术的中心。据记载,莫高窟建于前秦建元二年(366 年)。洞窟凿于鸣沙山东麓断崖上,上下五层,高低错落,鳞次栉比,南北长约 1 600 米。现存北魏、西魏、北周、隋、唐、五代、元各代壁画和塑像的洞窟 492 个,壁画约 45 000 平方米,彩塑 2 450 身,是一处由建筑、绘画、雕塑组成的综合艺术宝库。壁画反映了当时劳动人民进行生产斗争的各种场景,反映了古代敦煌的地方史、各兄弟民族的历史以及佛教史迹。西千佛洞的洞窟开凿在党河崖壁的北侧,始建于北朝晚期,自西向东排列,距河府约 20 米,窟顶是平坦的戈壁滩,充分显示了古代劳动人民的智慧和才能。近年来,国内外学者开始研究敦煌艺术,并形成了一个专门学科"敦煌学"。

2. 鸣沙山和月牙泉

鸣沙山和月牙泉已被列为国家级风景名胜区。鸣沙山是沙的海、沙的浪,当残阳如血洒在这丝绸古道上时,那原本是黄色的沙山会浮现出辉煌的色彩,沙山殷殷有声,所以"沙岭晴鸣"被列入敦煌八景之中。在流沙群峰环绕的一块绿色小盆地中,一泓碧水,形如弦月,这就是月牙泉,它清澈见底,风起沙飞,从不落入泉中。月牙泉中倒映着几轮月影,所以"月泉晓月"也被列为"敦煌八景"之一。

3. 玉门关和阳关

位于敦煌西北 75 千米处的玉门关(现名小方盘城)和西南 70 千米的阳关(现名古董滩)曾是历史上著名的城关。这两座雄关,一北一南,遥遥相望,成为古代通往西域、印度、欧洲等地的重要关卡。出阳关就是丝路南道,其关隘早已不存,只有一个汉代烽燧矗立在一座红色的砂岩山峰上,但留下了大量汉代文物,如铜箭头、陶片、兵器等。玉门关呈方形,四垣保存较为完整,汉代在关外构筑的长城遗址犹在。

三、新疆维吾尔自治区

新疆维吾尔自治区简称“新”，首府乌鲁木齐市，位于亚欧大陆中部、祖国的西北边陲，面积 166 万平方千米，约占中国领土面积的 1/6。新疆幅员辽阔，地大物博，山川壮丽，瀚海无垠，古迹遍地，民族众多，民俗奇异，是举世闻名的歌舞之乡、瓜果之乡、黄金玉石之邦。新疆旅游资源极为丰富，全国旅游资源类型共有 68 种，新疆就有 56 种，占全国旅游资源类型的 83%。既有一望千里的河流、万顷碧波的草原，又有光怪陆离的戈壁幻境、神秘莫测的沙漠奇观。保存完好的原始动植物种群，更显出得天独厚的大自然本色。新疆的自然风景与悠久的西域文化相结合，形成了中国西部独具魅力的人文景观。

1. 吐鲁番

吐鲁番西距乌鲁木齐 182 千米，古称高昌、西洲、火洲，位于新疆东部吐鲁番盆地中，为古“丝绸之路”北道上的重镇。这里环境特异，古迹遍地，尤以葡萄之乡闻名于世。吐鲁番盆地是我国海拔最低的一个盆地，中心的艾丁湖湖面低于海平面 155 米，是世界上仅次于死海的洼地。吐鲁番是著名的“火洲”，每年高于 40 ℃的酷热天气有 40 天左右，绝对最高温达 49.6 ℃，地面温度更高，沙疗站是这里的一大人文景观。吐鲁番为“丝绸之路”上 2000 年前的古城，文化灿烂，古迹众多。这里的主要景点有火焰山、葡萄沟、交河故城、高昌故城、柏孜克里克千佛洞、阿斯塔娜古墓群、苏公塔等。

（1）火焰山。火焰山位于吐鲁番市以东 40 千米处，横且于盆地中部，东西长约 100 千米，南北宽 10 千米。火焰山是中生代红色砂岩构成的低山，山上寸草不生，在烈日照射下，红色砂岩反射如火焰，正是“火云满山凝未开，飞鸟千里不敢来”的景象，火焰山由此得名。我国古典小说《西游记》中描写的唐僧路过火焰山、孙悟空三借芭蕉扇的神话故事便取材于此。

（2）葡萄沟。葡萄沟坐落在吐鲁番县城东北 11 千米的火焰山西段的河谷中，大致呈南北走向，长约 8 千米，宽 1 千米。葡萄沟到处是一架架、一墩墩的葡萄，犹如绿色的海洋。葡萄沟所产葡萄含糖量高达 22%～26%，为世界之冠，在国际上被誉为“中国绿珍珠”。那一串串翠绿的、黄绿的、紫红的、微红的、圆形、鸡心形、马奶头似的各种葡萄，挂满了枝头棚架，进入其间仿佛进入珍珠、玛瑙、翡翠的世界。

（3）高昌故城。高昌故城位于吐鲁番城东南约 40 千米处，属全国重点文物保护单位。它曾是古“丝绸之路”的交通枢纽，因地势高，富庶昌盛，故名高昌壁，经唐代 200 余年的经营，达到鼎盛时期。以后由于战火连绵，高昌故城渐次衰落，直到废弃。高昌故城是“丝绸之路”上保存最好的遗址之一，总面积约 200 万平方米，城垣大部分保留至今，夯土筑城内街道、市井、寺庙神龛等遗址仍清晰可辨，布局类似唐代模式。

2. 艾提尕清真寺

艾提尕清真寺位于喀什市中心，它以悠久的历史、鲜明独特的伊斯兰建筑风格和绚丽多姿的精美造型名扬中外，它是新疆最大的清真寺，为全疆伊斯兰教活动中心，有“小麦加”之称。艾提尕清真寺始建于 1426 年，至今有 500 多年的历史，大寺面积约 16 000 平方米，为不对称的四合院形式，由入口门楼、讲经堂、礼拜殿组成。宽敞高大的门楼两侧高立着两座 10 多米高的塔楼，塔楼与寺门以短墙相连，巧妙地将两座塔楼、一组壁龛和入口门楼联结成一个整体，庄严肃穆，宏伟壮观。礼拜殿为半开敞式联柱殿，面积 2 600 平方米，可同时容纳六七千名穆斯林做礼拜。殿内 158 根绿色雕花木柱，成网格状排列，挺拔纤秀，气势非凡。殿内壁画色彩浓郁，富丽堂皇。艾提尕清真寺是喀什的形象标志。

3. 楼兰古城遗址

楼兰是西域古国之一，地处丝路要冲。城郭呈四方形，边长 330 余米，总面积 108 240 平方米，城墙残高约 4 米，用泥土、芦苇、树枝相间建筑，一条古河道贯穿城中，城中残存主要建筑多分布在古河道两侧。古城内到处可见古代陶器、漆器、玉器和丝毛织品残片，并散存大量古代中外钱币，如汉五铢钱、王莽钱和大月氏贵霜王朝的钱币等，为研究古丝路和楼兰兴衰提供了重要依据和线索。楼兰消失于雅丹地形和沙丘之中，牵动着人们西去探索游览。

4. 和田

和田为古于阗国所在地，是西域最早的佛教中心。许多著名高僧如晋代法显、唐代玄奘都在此留有足迹。这里是一块肥美的绿洲，源于昆仑山的墨玉河、白玉河，流经和田，盛产美玉。美玉与丝绸、地毯并称和田三大特产，名扬中外。沿和田河深入塔克拉玛干沙漠，是沙漠探险的理想路线。丝路玉石参观、沙漠古城探险是本区旅游的特色。

5. 罗布泊

罗布泊游览区系指以罗布泊为中心的旅游区域。这是一块充满神秘色彩的土地。罗布泊古名盐泽、蒲昌海、土幼泽、牢兰海等，位于新疆塔里木盆地东部、若羌县的北部。古代它曾是一个大湖泊，面积约达 3 000 平方千米，后由于修建大西海子水库，罗布泊得不到河水补给而消失了，这更令人追忆它古老繁华的景象。罗布泊地区广泛分布着蔚为壮观的雅丹地貌，纵目望去，鳞次栉比，逶迤起伏，气势雄伟，吸引着大量海内外游客前来追寻那神秘的风貌。

6. 天山天池风景名胜区

天池处于天山东段最高峰博格达峰的山腰，“天池”一名来自清代，取“天镜，神池”之意，素为有名的游览胜地，天池湖面呈半月形，湖水系高山溶雪汇集而成，水深近百米，湖水清澈，晶莹如玉。四周群山环抱，雪峰倒映，每到盛夏，绿草如茵，野花似锦，最为明艳。即使是盛夏天气，湖水的温度也相当低，乘游艇在湖面上行驶，一阵阵凉风吹来，暑气全消，是避暑的好地方。天池东南面就是雄伟的博格达主峰（蒙古语“博格达”，意为灵山、圣山），海拔达 5 445 米，主峰左右又有两峰相连。抬头远眺，三峰并起，突兀插云，状如笔架。峰顶的冰川积雪，闪烁着皑皑银光，与天池澄碧的湖水相映成趣，构成了高山平湖绰约多姿的自然景观。天池四周的山腰上，有许多云杉林，云杉形如宝塔，是著名的风景树，深绿的云杉林，挺拔、整齐，很有气势，显示出一种高山风景区特有的景色。清澈湖水、皑皑雪峰以及葱茏挺拔的云松林，构成了天池的迷人景色。

7. 喀纳斯景区

喀纳斯湖位于布尔津县北部，是一个坐落在阿尔泰深山密林中的高山湖泊。“喀纳斯”是蒙古语，意为“神秘而美丽的湖”，属国家级自然保护区，2007 年被列为国家 AAAAA 级旅游景区，被誉为“人间净土”“东方瑞士”。喀纳斯不仅自然资源和生物种类丰富，而且旅游环境和人文资源也别具异彩，既具北国风光之雄浑，又具江南山水之娇秀。湖的北面是白雪皑皑的奎屯山、高耸人云的友谊峰，湖周重峦叠嶂，山林犹如画屏。不同的植物群落层次分明，色彩各异。每至秋季更是万木争辉，各呈异彩，林间空地草甸如茵，山花鲜艳。风静波平时湖水似一池翡翠，随着天气的变化又更换着不同的色调，自晨至暮也变换着风采。在蓝天白云下，偌大湖面宛如硕大的调色盘，湖水的颜色一块深、一块浅、一块蓝、一块绿，真是变幻万千、美不胜收。七八月份，雨后清晨登上湖南段的骆驼峰则可观佛光奇景。若有幸，可以看到时隐时现的像小船一样的神秘“湖怪”——“大红鱼”。高坡上的草地，是一座座木头房子，有新建成的欧式木屋，也有当地图瓦人的传统木屋。天下独秀的喀纳斯湖光，与山舞银蛇的冰川，与绿草如茵的草原，与浩瀚无垠的森林，与轻盈飘荡的山间薄雾，融为一体，交相辉映，让你如临仙境。

8. 泽普金湖杨国家森林公园

泽普金湖杨国家森林公园位于泽普县城西南 40 千米的戈壁深处，坐落在叶尔羌河冲积扇上缘，三面环水，景色宜人。风景区内天然胡杨林面积广达 12 平方千米，有丰富的人文景观，塔木阿力地古墓、湖心岛、圣树、情人岛等景观都在这里。夏季绿荫蔽日，杂花生树；入秋黄叶如染，如诗如画。这里曾是古代战场。唐代时，属于阗国领土，盛行佛教，有丰富的人文景观。所有这些都足以让游客发思古之幽情，乐而忘返。金湖杨国家森林公园还是各种野生动物的天堂。分布广泛的胡杨林里自然形成了许多沟塘湖泊，澄澈的水面和水边从生的红柳、沙棘、干草、麻黄以及珍贵药材大芸成了野鸭、黄欧、白鹭、翠鸟、斑鸠以及野兔、狐狸、刺猬等飞禽走兽最理想的栖息之地。随着金湖杨、跑马场、游泳池、垂钓园、湖心岛和沙枣长廊等景点的相继开发建设，金湖杨国家森林公园确定了回归自然、宁静致远的现代生活基调。2013 年，金湖杨国家森林公园被评为国家 AAAAA 级旅游景区。

四、内蒙古自治区

内蒙古自治区位于中国北部边疆，由东北向西南斜伸，呈狭长形，东西直线距离 2 400 千米，南北跨度 1 700 千米，横跨东北、华北、西北三大区。内蒙古自治区成立于 1947 年 5 月 1 日，是我国建立最早的一个民族自治区，是中国第三大省区。内蒙古是一个多民族聚居地区，蒙古族人最为集中，内蒙古高原是我国四大高原中的第二大高原，地势高亢坦荡，很多地方是一望无际的原野，在内蒙古辽阔富饶的土地上，有茂密的森林、丰美的草场、肥沃的农田、广阔的水面以及众多的野生动植物和无穷无尽的矿藏资源。内蒙古有“东林西铁，南粮北牧，遍地矿藏”的美誉。内蒙古拥有奇特的自然风光和悠久的历史文化，旅游资源十分丰富。名胜古迹有四大类别，即陵园古墓、古城遗址、寺庙古塔以及革命家、革命活动遗址。内蒙古的自然景观有呼伦贝尔大草原、锡林郭勒大草原、大兴安岭原始森林等。

1. 满洲里市中俄边境旅游区

满洲里市中俄边境旅游区位于满洲里市，是国家 AAAAA 级旅游景区，由红色国际秘密交通线暨国门景区、套娃广场景区整合组成，集跨境观光、游览、休闲度假、文化体验、购物娱乐为一体，是红色历史遗址及人文风景类综合旅游区。景区游览通道顺畅，观赏内容丰富，旅游基础设施完备，重点突出了中俄文化、红色文化、跨境互市的资源特色。

2. 阿尔山—柴河旅游区

阿尔山—柴河旅游区地跨兴安盟阿尔山市和呼伦贝尔扎兰屯市柴河镇，是国家 AAAAA 级旅游景区。阿尔山市位于大兴安岭南麓，矿泉资源丰富，有冷泉、温泉、高热泉等各类矿泉；冰雪资源独特，适合开展各种滑雪运动。阿尔山景区属森林生态旅游风景区，有玫瑰、天池、石塘林、驼峰岭和伊敏河五大景区、几十个景点。柴河位于呼伦贝尔市扎兰屯市西南部，是山岳型自然风景旅游区。景区因河得名，柴河、绰尔河及其支流沿山谷奔流，青山叠翠，草木葱茏。

3. 二连浩特恐龙遗址公园

二连浩特恐龙遗址公园位于二连浩特市区东北9千米处的额仁诺尔盐池一带，是国家AAAA级旅游景区，是内蒙古最早载入国际古生物史册的恐龙化石产地，园内陆续发现盘足龙、鸭嘴龙、似鸟龙、甲龙、角龙化石十余种，发现恐龙蛋化石在世界上尚属首次，证实了恐龙是卵生爬行动物，为我国恐龙研究作出了重要贡献。

4. 纳林湖旅游区

纳林湖旅游区位于巴彦淖尔市磴口县乌兰布和沙漠腹地，是国家AAAA级旅游景区，自然生态园粗犷，环境优美，是内蒙古西部重要的鸟类繁衍及栖息地，素有"大漠明珠"之称。旅游景区集湖泊湿地观光、水上和陆地娱乐及康体疗养为一体，是自治区西部重要的休闲度假目的地。

5. 月亮湖沙漠生态旅游区

月亮湖沙漠生态旅游区位于阿拉善盟阿拉善左旗腾格里沙漠腹地，是国家AAAA级旅游景区、阿拉善沙漠世界地质公园的重要组成部分，是以草原游牧民族传统文化、大漠风光、戈壁神韵、原生态湖泊和藏传佛教为一体的多功能旅游区，是国内具有影响力的沙漠深度旅游体验地之一。

6. 金沙湾生态旅游区

金沙湾生态旅游区位于乌海市海勃湾区北14千米，是国家AAAA级旅游景区，西临黄河东眺卓资山，因沙丘连绵、沙色金黄而被人们称为"金沙湾"，可欣赏到7000万年前的四合木、半日花、冬青、棉刺、革苞菊等世界珍稀植物。

7. 金帐汗部落旅游区

金帐汗部落旅游区位于呼伦贝尔市陈巴尔虎旗境内，是国家AAAA级旅游景区，位于著名的呼伦贝尔草原腹地号称"九曲十八弯"的莫日格勒河畔。草原优良，景观多样，在国内草原旅游资源中具有独特性。景区有内蒙古名族圣神的敖包和喇嘛教塔以及敖特尔、战车包、古罗马式建筑古堡、鄂温克和鄂伦春游牧民族的仙人柱等人文旅游资源，是草原上的影视基地，国内外几十部影视剧在此拍摄。

8. 呼伦贝尔大草原景区

呼伦贝尔大草原是我国现存最丰美的优良牧场，也是世界最著名的三大草原之一，因为几乎没有受到任何污染，所以又有"最纯净的草原"之说。这里地域辽阔，风光旖旎，水草丰美，3 000多条纵横交错的河流、500多个星罗棋布的湖泊组成了一幅绚丽的画卷，一直延伸至松涛激荡的大兴安岭。蓝天白云、弯弯河水、茵茵绿草、群群牛羊、点点毡房、袅袅炊烟，呼伦贝尔是少有的绿色净土和生灵的乐园。这里夏季气候宜人，空气净透，是避暑度假的胜地；冬季银装素裹，白雪皑皑，一派北国风光，是滑雪、打猎和冰上运动的好去处。在被誉为"中国第一曲水"的莫日格勒河畔，有一个"金帐汗蒙古部落"，是呼盟唯一一个以游牧部落为景观的著名旅游景点，这里是中外驰名的天然牧场，历史上许多北方游牧民族都曾在此游牧，成长壮大，繁衍生息。一代天骄成吉思汗曾在这里秣马厉兵，经过与各部落的争雄，最终占据了呼伦贝尔草原，他利用这里的资源和无数骁勇的骑士，完成了统一大业，金帐汗部落的布局，就是当年成吉思汗行帐的缩影和再现。

9. 鄂尔多斯草原旅游区

鄂尔多斯草原地处鄂尔多斯市杭锦旗境内,最吸引人的当属独特的自然风光,由一个蒙古大营和100多个蒙古包组成蒙古包群,并有大面积的草原和沙漠以及上千个大小湖泊。在零星散落的蒙古包映衬下,天空纯净明亮,草地辽阔壮丽,空气清新,牛羊成群,"天苍苍,野茫茫,风吹草低见牛羊"是鄂尔多斯草原的真实写照。鄂尔多斯草原以其宽阔的胸怀、一望无际的自然属性和蓝天、绿草、白云、羊群的优美意境吸引了无数中外游客。

10. 锡林郭勒草原自然保护区

锡林郭勒草原位于锡林浩特市境内，1987年被联合国教科文组织接纳为"人与生物圈保护区网"。主要保护对象为草甸草原、典型草原、沙地疏林草原和河谷湿地生态系统。锡林郭勒草原是我国境内最有代表性的温带草原,也是欧亚大陆保存比较完整的原生草原。保护区内生态环境类型独特,具有草原生物群落的基本特征,并能全面反映内蒙古高原典型草原生态系统的结构和生态过程。目前,区内有多种植物和野生动物,其中有国家一级保护动物丹顶鹤、白鹳等。

11. 响沙湾旅游区

响沙湾地处鄂尔多斯达拉特旗境内,以沙漠景观和响沙奇观为主要特色。此外,还有沙湖、沙地绿洲、蒙古族风情等景观。响沙湾在蒙语中被称为"布热芒哈",意思是"带喇叭的沙丘"。这里沙丘连绵分布,景色壮观,嫩黄色的沙漠一望无垠,景区内有东西500米长的沙湾,呈弯月状,沙丘高度110米,坡度为40°,其上没有任何的植被覆盖,从沙丘顶部滑下,沙子会发出轰鸣声,形成著名的"响沙"奇观,是罕见的自然景观。

12. 大青沟国家级自然保护区

大青沟位于科尔沁左翼后旗境内,为国家级自然保护区,区内大小青沟纵贯南北,呈"Y"形分布,这里沟深林密,风景独特,现已查明的植物有700多种、动物170多种,是天然的动植物宝库,素有"沙漠绿洲"之美誉。大青沟地貌怪异,景观奇特。沟下原始森林、奇花异树,纯乎自然,为沙海一绝。五月杏花六月桑,八月山里红到家,这里到处闪烁着生命的灵光。春天百花齐放,夏天绿树成荫,秋天枫叶似火,冬天云雾蒸腾,到此一游,有一种回归大自然的感觉。大青沟的气候十分宜人,是一处理想的旅游、避暑、休闲、度假的胜地,每到盛夏季节,八百里沙海热浪翻滚,可步入大青沟,尤其是走进沟底,则暑气顿消、心旷神怡。若在冬季,北国千里冰封,雪花飘舞,可在沟底却温暖如春、泉水叮咚,甚至还跃动着绿色的生命。因而,宜人的景色、奇特的地貌、众多的物种和古朴自然的草原风光,无不让来这里避暑休闲、度假科考的人们流连忘返。

13. 大召

大召位于呼和浩特旧城区,始建于明朝万历七年(1579年),明廷曾赐名为"弘慈寺"。因寺中铸有释迦牟尼银像,故又称"银佛寺。明万历十四年(1586年),达赖三世曾到呼和浩特,主持了银佛的"开光法会",大召遂成为当时漠南蒙古(今内蒙古)有名的寺院,人们也因此称呼和浩特为"召城"。清崇德五年(1640年)清太宗皇太极命呼和浩特统都重修大召,又改"弘慈寺"为"无量寺"。康熙年间整修殿顶,并改铺黄琉璃瓦,将大召充作"帝庙"。现存有三门、过殿、经堂、九间楼及配殿寺。

14. 昭君墓

昭君墓位于呼和浩特市城南 10 千米大黑河南岸，平时沃野之中，有一高大的土丘，绿树掩映，顶上有青瓦红柱凉亭，即昭君墓。据传深秋时节各处草木皆枯，唯昭君墓上坟草青青，故又称“青冢”。“青冢”高 33 米，青翠秀丽，景色盎然。唐朝诗人杜甫到此，曾留下“一去紫台连朔漠，独留青冢向黄昏”的诗句。昭君墓以“青冢拥黛”的美名，被誉为呼和浩特市八景之一。王昭君名嫱，前汉南郡秭归人（今湖北秭归县），元帝时入宫待诏。公元前 33 年，匈奴呼韩邪单于向元帝请求和亲，昭君闻讯，毅然自愿前行。汉元帝将昭君嫁给呼韩邪单于，后受封为宁胡阏氏（匈奴君主的正夫人）。昭君出塞与单于和亲，对促进匈奴与汉族之间的和平友好及文化交流，均起了积极的作用。现昭君墓前石碑上铭刻着董必武同志 1963 年 10 月游览昭君墓时的题词“昭君自有千秋在，胡汉和亲见识高，词客各摅胸臆满，舞文弄墨总徒劳”，这是对昭君历史功绩的评价。昭君墓的封土全用黄土夯筑，虽经历了千百年的风雨侵蚀，至今夯层仍清晰可辨。

15. 成吉思汗陵

成吉思汗陵位于鄂尔多斯草原中部的伊金霍洛旗，是一代天骄成吉思汗的陵园所在地。成吉思汗在 1227 年征西夏时病逝，按遗嘱，遗体送回蒙古草原安葬。成吉思汗陵为一座具有蒙古民族传统建筑风格的宫殿。该陵规模宏大，占地面积达 55 000 平方米，陵殿顶上铺盖着黄色的琉璃瓦，正中镶着一道蓝色的菱形花纹，日照之下，金碧辉煌。陵宫的正面是成吉思汗 5 米高的塑像，按剑端坐，神态威严。每年农历三月二十一日为成吉思汉祭日，举行公祭，远近蒙古族人民都来参加盛会。成吉思汗陵是了解蒙古族风俗和元代历史、进行访古旅游的重要旅游地。

本章小结

1. 西北旅游区位于我国西北部，包括宁夏回族自治区、甘肃省、新疆维吾尔自治区以及内蒙古自治区。本区深居内陆，面积广大，属典型的大陆性半湿润半干旱气候。本区旅游资源独具特色，属内陆型旅游资源区。在历史上长期是中西交往的通道，其中新疆、甘肃是我国连接亚、欧、非大陆的著名“丝绸之路”的重要地段。

2. 西北旅游区在极其特殊的自然环境下，形成了以沙漠、草原、雪峰为主体，兼有山林、河湖、田园及火山、温泉等景观类型，奇特神秘、丰富多样、规模巨大的自然旅游资源组合结构。西北旅游区地域辽阔，旅游资源丰富而集中。除典型的自然环境特征之外，本区还是我国地域特色鲜明、开发潜力巨大的旅游区之一。

思考与实训

1. 西北旅游区旅游资源的基本特征是什么？

2. 简述西北旅游区主要旅游胜地。

3. 试析西北旅游区旅游业的发展前景。

4. 某旅行社要对西北旅游区做一个旅游营销推介，请结合所学，写一份西北旅游特色报告。

第13章　青藏旅游区

学习目标

1. 认识青藏旅游区的自然环境特征。
2. 熟悉青藏旅游区的人文环境特性。
3. 了解青藏旅游区各旅游地的分布状况。
4. 根据青藏地区旅游交通的特点设计本区主要的旅游线路。

青藏高原旅游区包括青海省和西藏自治区，位于我国西南部，西部和南部与印度、尼泊尔、不丹、缅甸等国毗邻，面积约占国土面积的1/5，地广人稀，是我国人口密度最小的一个区域。藏族是本区的主要民族，其他民族有汉族、回族、土族、蒙古族、撒拉族、哈萨克族、门巴族、珞巴族、纳西族等，是一个多民族的地区。本区自然环境复杂，民俗风情丰富多彩，是一个富有潜力、风格独特的旅游区。

第1节　旅游环境特征

一、旅游自然环境特征

（一）高峰林立的“世界屋脊”

青藏高原地势高峻，平均海拔在4 000米，是世界上海拔最高的大高原，有“世界屋脊”之称。高原的外缘，高山环绕，壁立千仞，以数千米的高差挺立在周围邻区之上，更加衬托出高原峥嵘壮丽的雄姿。

在辽阔的高原上，横亘着许多高大的山脉，许多山峰终年积雪，冰川发育典型。青藏高原有着迷人的冰雪景观。这里是我国最大的雪峰、冰川营垒，也是全球中低纬度地区的最大冰川活动中心。本区的冰川面积达34 000平方千米，占全国冰川总面积的80%。山岳冰川形态多样，冰斗、角峰、刃脊、鼓丘等冰蚀、冰碛地貌分布广泛，还有冰塔林、冰洞、冰面溪流等奇异景观。东西向延伸的有阿尔金山与祁连山、昆仑山、唐古拉山、冈底斯山、念青唐古拉山以及喜马拉雅山等。高原的东南部有南北向的北段横断山脉，由一系列平行延伸的高山和峡谷组成。藏南的雅鲁藏布大峡谷又被誉为“世界第一大峡谷”。青藏高原内部山脉之间，分布着高原、盆地和谷地，“远看为山，近看成川”，呈现一派波状起伏、莽莽苍苍的壮丽景象。藏南谷地地势平旷开阔，水草丰美，是西藏人口与城镇最为集中、工农业生产最发达的地区，也是世界上强烈的地热活动带之一，地热资源十分丰富。

（二）丰富的水资源

青藏高原是大河的源地，亚洲许多大河多源于此，如东流的黄河、长江，南流的澜沧江、怒江、雅鲁藏布江等。青藏高原湖泊众多,是世界上数量最多的高原湖区,总面积达 3 万余平方千米,仅西藏就有大小湖泊 1 500 多个,以内陆湖、咸水湖为多。青海湖是我国最大的咸水湖。纳木措是我国第二大咸水湖,是世界上海拔最高的湖。

(三)独特的高原气候

青藏高原由于地势高亢,形成了独特的高原气候。辐射强烈,日照多,气温低,积温少,气温随高度和纬度的升高而降低,气温日较差大;干湿分明,多夜雨;冬季干冷漫长,大风多;夏季温凉多雨,冰雹多。空气稀薄,含氧量少,拉萨是著名的"日光城"。强烈的太阳辐射和长日照弥补了温度的不足,高原上生机勃勃。但由于空气稀薄,破坏力不大。青藏高原旅游区气候寒冷,只适宜在夏季旅游。在雅鲁藏布江下游谷地,气候温暖,降水丰沛,四季常绿,稻茶飘香,一派郁郁葱葱的亚热带风光。

"一年无四季,一日有四季"的气候特点使高原天气变化无穷。正当烈日炎炎、晴空万里,即刻便会狂风大作,雨雪冰雹交加。夏季白天正午温暖,早、晚却很冷,六月飞雪是常有的现象。

(四)独特的地热奇观

青藏高原构造运动强烈,岩浆活动频繁,是我国地热资源最丰富的地区。雅鲁藏布江中上游河谷地带,地处印度板块与欧亚板块相互碰撞的缝合线位置,地热活动最为强烈。这里的地热类型众多:有温泉、热泉和沸泉;有热水湖、热水池和热水沼泽;还有不断冒出热气的喷气孔,硫磺气孔;还有间歇喷泉、水热爆炸穴等。在西藏众多的地热田中,以羊八井热气田最为著名。羊八井热气田位于拉萨市西北约 90 千米的山间盆地,有星罗棋布的温泉、热泉、沸泉、喷气孔、水热爆炸穴等,其中热水湖最为壮观。青藏高原的地热资源不仅提供了重要的能源,而且是我国其他地方难得一见的自然奇观。地热田热气蒸腾,与雪山、冰川映衬辉照,构成一幅绝妙的高原自然景观,成为本区独具特色的旅游资源。

二、旅游人文环境特征

(一)神秘的宗教文化

藏传佛教是指传入中国西藏的佛教分支。藏传佛教是藏族人民的主要信仰,也是藏族地区占主导地位的宗教。佛教的伦理道德观对藏族的社会影响颇为深远,是传统藏族社会道德规范的基石和重要内容。同时,藏传佛教也深深影响着藏族文化,形成了独特的民族传统和文化习俗。藏族地区最美、最宏伟壮丽的建筑都是佛寺;艺术作品无论是绘画,还是雕塑,都是纯粹的佛教内容。在历史上,由于佛教文化的交流,西自印度、尼泊尔等国,东至我国中部地区,有许多其他民族的建筑艺术家和工匠来到高原,为这里的佛教建筑贡献技艺。外来艺术与本民族艺术的交融,形成了本区鲜明、独特的建筑风格和佛教艺术。著名的布达拉宫、大昭寺、哲蚌寺、萨迦寺、塔尔寺等佛教建筑,依然保持着古老而神秘的色彩。

(二)独特的藏乡风情

西藏自治区是我国藏族居民最集中的地区,占全国藏族总人口的 45%。除藏族外,西藏自治区还居住有门巴族、珞巴族、汉族、回族等民族以及僜人、夏尔巴人等。藏族人的性格剽悍、豪放、粗犷、爽朗,创造了博大精深、自成一派的藏族文化,并因为青藏高原自然环境的特殊性,在宗教信仰、民俗风情及文化艺术方面呈现出强烈的地域特色。

饮食方面,以青稞等制作的糌粑、酥油茶、青稞酒是农牧民的主要食品。糌粑是由青稞或豌豆炒熟后磨制而成的炒面,把糌粑用酥油茶或青稞酒拌和,用手捏成小团就可以吃了。藏族服饰无论男女至今保留都较完整。不同的地域有着不同的服饰,特点是长袖、宽腰、大襟。妇女冬穿长袖长袍,夏着无袖长袍,内穿各种颜色与花纹的衬衣,腰前系一块彩色花纹的围裙。藏族同胞特别喜爱“哈达”,把它看作是最珍贵的礼物。藏族节日繁多,基本上每个月都会有节日。藏历元月,是节日最多、也最隆重的月份,在这个月里,几乎天天都在过节。藏族节日是藏族文化最主要的表现。藏传佛教在中国西藏已有1300多年的历史,成为藏族人民生活的一部分,西藏的节日由于受其深刻影响而具有浓厚的宗教色彩,有的已演化成纯粹的宗教节日。

(三)丰富的土特产品

青藏高原旅游区地域辽阔,地理环境复杂,野生动植物资源较为丰富。本区是藏族聚居区,民族工艺品生产历史悠久,技艺精湛,具有浓厚的地方特色。本区名特产品首推名贵中药材,西藏麝香为我国特产,驰名中外。还有熊胆、当归、鹿茸、天麻、冬虫夏草、藏红花等也很著名。本区的苹果个儿大色鲜,肉质细嫩,含糖量高,以青海湟水和西藏易贡为最佳,其品质可与美国“蛇果”媲美。传统工艺品以金银器、地毯闻名国内外。青、藏地毯做工精细,质地优良,花色鲜艳,手感柔软,为中外旅游者所青睐。长垫、氆氇、围裙、木碗等也为游客所喜爱。

(四)发展中的旅游交通

青藏高原由于自然条件复杂,地势高峻,气候寒冷,或高山深谷纵横,或土层长期冻结,发展交通极为困难。解放后,随着经济的发展,交通面貌有很大改变。区内交通以公路为主,拉萨、西宁、格尔木为主要公路交通中心,全区已实现了县县通公路。公路建设稳步发展,有四条省际公路干线,即川藏公路、青藏公路、新藏公路和滇藏公路。本区铁路干线有兰青线和青藏线,青藏铁路经过几十年的努力,于2006年7月1日全线建成通车运营。2014年8月16日,青藏铁路延伸线拉日铁路全线开通运营。青藏铁路推动西藏进入铁路时代,密切了西藏与内地的时空联系,拉动了青藏带的经济发展。

拉萨和西宁是本区的两个航空港,与北京、广州、西安、乌鲁木齐、成都、重庆等大城市间辟有航空线。拉萨还辟有通往南亚国家的国际航线。目前越来越多的国内外旅游者前来观光、朝圣、登山探险和进行科学考察。

第2节　主要旅游目的地

一、青海省

青海省位于中国西部,雄踞世界屋脊青藏高原的东北部。因境内有国内最大的内陆咸水湖——青海湖而得名,简称“青”。青海是长江、黄河、澜沧江的发源地,故被称为“江河源头”,又称“三江源”,素有“中华水塔”之美誉。青海省山脉纵横,峰峦重叠,湖泊众多,峡谷、盆地遍布。祁连山、巴颜喀拉山、阿尼玛卿山、唐古拉山等山脉横亘境内。青海湖是我国最大的内陆咸水湖,柴达木盆地以“聚宝盆”著称于世。全省地貌复杂多样,五分之四以上的地区为高原,东部多山,海拔较低,西部为高原和盆地,境内的山脉,有东西向、南北向两组,构成了青海的地貌骨架。青海是农业区和牧业区的分水岭,兼具了青藏高原、内陆干旱盆地和黄土高原的三种地形地貌，汇聚了大陆季风性气候、内陆干旱气候和青藏高原气候的三种气候形态，这里既有高原的博大、大漠的广袤，也有河谷的富庶和水乡的旖旎。地区间差异大，垂直变化明显。

（一）西宁

西宁位于青海省东部，湟水中游河谷盆地，是青藏高原的东方门户，古“丝绸之路”南路和“唐蕃古道”的必经之地，自古就是西北交通要道和军事重地，素有“西海锁钥”、海藏咽喉之称，是世界高海拔城市之一。西宁历史文化渊源流长，得天独厚的自然资源、绚丽多彩的民俗风情，是青藏高原一颗璀璨的明珠，现成为青海政治、经济、文化和交通中心。境内名胜古迹颇多，现存的主要有清真大寺、北山寺和塔尔寺等著名旅游点。

1. 清真大寺

清真大寺位于西宁市东关东大街，始建于明洪武年间，历经几代修葺扩建，规模日臻宏大，成为青海最大的清真寺，也是西宁规模最大、保存最完整的古代建筑。该寺建造雄奇，坐西面东，具有我国古典建筑和民族风格建筑的特点，雕梁彩檐、金碧辉煌，大殿内宽敞、高大、明亮，可以同时容纳 3 000 多穆斯林进行礼拜。殿内和整个大寺处处都显得古朴雅致，庄严肃穆，富有浓郁的伊斯兰特色，逢星期五的主麻日和每年的古尔邦节，附近伊斯兰教信徒纷至大殿，万人礼拜，肃穆虔诚。

2. 塔尔寺

塔尔寺位于西宁市西南 25 千米处的湟中县城鲁沙尔镇。塔尔寺是中国西北地区藏传佛教的活动中心，在中国及东南亚享有盛名，酥油花、壁画和堆绣被誉为“塔尔寺艺术三绝”，另外寺内还珍藏了许多佛教典籍和历史、文学、哲学、医药、立法等方面的学术专著。塔尔寺是中国藏传佛教格鲁派六大寺院之一，也是青海省首屈一指的名胜古迹和全国重点文物保护单位。

3. 北山寺

北山寺位于市内湟水北岸的北山上，为道教寺观。该寺始建于汉魏时期，是青海道教活动中心。寺观依山而建，寺内有魁星楼、灵宫殿等建筑。陡峭的山坡上布满洞窟，由栈道、小桥、游廊曲折相连。位于北山顶峰的宁寿塔系清代所建，有五层密檐砖塔，为北山寺的组成部分。

（二）青海湖

青海湖，藏语名为“措温布”（意为“青色的海”），位于青藏高原东北部、青海省境内，中国最大的内陆湖、咸水湖，由祁连山脉的大通山、日月山与青海南山之间的断层陷落形成。青海湖长约 105 千米、宽约 63 千米，湖面海拔 3 196 米。环湖及周边主要景点为日月山、倒淌河、湖里木沟岩画、橡皮山、茶卡盐湖、茶卡寺、伏埃古城、鸟岛、海心山、北向阳古城、舍卜吉岩画、尕海古城、金银滩草原、原子城西海镇、沙岛、西海郡三角城。

1. 日月山

日月山位于青海省湟源县西南 40 千米、青海湖东侧，为祁连山支脉。日月山是我国自然地理上的一条非常重要的分界线，是我国外流区域与内流区域、季风区与非季风区、黄土高原与青藏高原分界线，也是青海省内农业区与牧业区的分界线，是进入青藏高原的必经之地。相传，文成公主远嫁松赞干布时曾经过此山，她在峰顶翘首西望，远离家乡的愁思油然而生，不禁取出临行时皇后所赐“日月宝镜”观看，镜中顿时现出长安的迷人景色。公主悲喜交加，不慎失手，把“日月宝镜”摔成两半，正好落在两个小山包上，东边的半块朝西，映著落日的余辉，西边的半块朝东,照着初升的月光,日月山由此得名。日月山曾经是会盟、和亲、战争以及“茶盐”“茶马”互市等众多历史事件的见证。

2. 海心山

海心山俗称湖心岛,位于青海湖中心略偏南,距鸟岛约 25 千米,岛形长,中部宽而两端窄,长 2.3 千米,宽 0.8 千米,面积 1.14 平方千米,岛上最高点海拔 3 266 米,由花岗岩、片麻岩构成,岛东缘有一泉眼,可供饮用。南部边缘岩石裸露形成陡崖,东、西、北为平缓滩地。岛上大部分为沙土覆盖,生长着冰草、芨芨草、嵩草、披针叶黄花、西伯利亚黄精等,植被覆盖度在 50%以上,鸟禽集中在岛崖边及碎石滩地栖息。

3. 鸟岛

鸟岛又名小西山或蛋岛(因鸟蛋遍地而得名),位于布哈河口以北 4 千米处,岛的东头大,西头窄长,形似蝌蚪,全长 1 500 米, 1978 年以后北、西、南三面湖底外露与陆地连在一起。鸟岛坡度平缓,地表由沙土、石块覆盖,岛的西南边有几处泉水涌流。主要植物有二裂委陵菜、白藜、冰草、西伯利亚蓼、嵩草、早熟禾等。鸟岛是亚洲特有的鸟禽繁殖所,是中国八大鸟类保护区之首,是青海省对外开放的一个重要地点。

(三)三江源自然保护区

三江源自然保护区位于青藏高原腹地、青海省南部,西南与西藏自治区接壤,东部与四川省毗邻,北部与青海省蒙古族藏族自治州都兰县相接。总面积 36.6 万平方千米,包括 17 个县市,占青海省土地总面积的 43.88%。三江源自然保护区是中国面积最大的自然保护区,也是世界高海拔地区生物多样性最集中的地区和生态最敏感的地区。2000 年 8 月 19 日,为了保护三江源的自然资源,三江源自然保护区纪念碑正式落成揭碑,这也标志着三江源自然保护区的正式成立。

主要旅游景点有三江源自然保护区纪念碑、通天河等。三江源自然保护区纪念碑位于玉树藏族自治州结古镇通天河畔,纪念碑高大挺拔,气势雄伟,耸立于通天河渡口房山丘之上。通天河,古称“牦牛河”,流贯玉树草原,长 1 000 千米,通天河是长江流经玉树州的名字,穿行于唐古拉山脉和昆仑山脉的宽谷之中。

二、西藏自治区

西藏自治区位于青藏高原的西部和南部,占青藏高原面积的一半以上,海拔 4 000 米以上的地区占全区总面积的 85.1%,素有“世界屋脊”和“地球第三极”之称,是世界上海拔最高的地方。全区地形可分为藏北高原、雅鲁藏布江流域、藏东峡谷地带三大区域。境内山脉大致可分为东西向和南北向两组,主要有喜马拉雅山脉、喀喇昆仑山—唐古拉山脉、昆仑山脉、冈底斯—念青唐古拉山脉和横断山脉,境内超过 8 000 米的高峰有 5 座。西藏空气稀薄,气压低,含氧量少,平均空气密度为海平面空气密度的 60%~70%,高原空气含氧量比海平面少 35%~40%。太阳辐射强烈,日照时间长。

西藏独特的高原地理环境和历史文化,催生了数量众多、类型丰富、品质优异、典型性强、保存原始的旅游资源,全区有各级文物保护单位 251 处,其中,国家级重点文物保护单位 27 处、自治区级重点文物保护单位 55 处、地(市)县级文物保护单位 169 处。

(一)拉萨

拉萨是西藏自治区首府,位于藏南谷地、雅鲁藏布江支流拉萨河北岸。拉萨地势高拔,海拔 3 600 多米,空气稀薄,大气透明度好,终年无雾、无霾,是著名的"日光城"。拉萨是一座闻名遐迩的历史古城,藏语拉萨意为"圣地"。远在公元 7 世纪初,藏王松赞干布就在这里建都,唐文成公主进藏后,大兴土木,修建寺庙,兴盛佛教。拉萨庙宇林立,是佛教圣地,其旅游资源是以与宗教活动相联系的古代建筑群为主,如布达拉宫、大昭寺、哲蚌寺、甘丹寺、色拉寺以及罗布林卡等。

1. 布达拉宫

布达拉宫坐落于中国西藏自治区的首府拉萨市区西北玛布日山上,是世界上海拔最高,集宫殿、城堡和寺院于一体的宏伟建筑,也是西藏最庞大、最完整的古代宫堡建筑群。布达拉宫依山垒砌,群楼重叠,殿宇嵯峨,气势雄伟,是藏式古建筑的杰出代表,主体建筑分为白宫和红宫两部分。宫殿高 200 余米,外观 13 层,内为 9 层。布达拉宫前辟有布达拉宫广场,是世界上海拔最高的城市广场。

布达拉宫最初为吐蕃王朝赞普松赞干布为迎娶尺尊公主和文成公主而兴建。布达拉宫成为历代达赖冬宫居所以及重大宗教和政治仪式举办地,也是供奉历世达赖灵塔之地,旧时与驻藏大臣衙门共为统治中心。

2. 大昭寺

大昭寺位于拉萨市中心,是西藏佛教朝拜圣地,为拉萨最古老建筑之一。相传始建于公元 7 世纪唐朝初期,是藏王松赞干布为纪念文成公主入藏和在西藏宣扬佛教而兴建的第一座庙宇,以建筑精美、塑像壁画生动而著称。大昭寺总面积 2 500 多平方米,现存金殿五座,正殿高四层,梁架斗拱为典型汉族建筑风格。柱头檐部装饰色彩艳丽、对比强烈,为典型藏族风格。椽头木雕伏兽、狮身人面像,则兼收印度、尼泊尔建筑艺术风格。寺内有佛像 300 多尊,最珍贵的是文成公主从长安带来的释迦牟尼镀金铜像。殿堂回廊布满藏式壁画,内容多为佛教故事、藏民生活、西藏风光等,十分精美。寺内还保存有唐代以来的大量文物,极其珍贵。

3. 哲蚌寺

哲蚌寺位于拉萨西北 5 千米的山坡上,明永乐十四年(1416 年)由藏传佛教格鲁派创始人宗喀巴的门徒兴建,是藏传佛教最大的寺院,也是国内僧侣最多的佛殿。

哲蚌寺、甘丹寺和色拉寺合称为拉萨三大寺。三寺均类似于佛教大学,寺内有教学、教仪、教务、杂务等部,并设有扎仓。哲蚌寺有四个扎仓。哲蚌寺全寺依山而起,犹如一座山城。殿宇连接,规模宏大,白色为主调的建筑错落有致,具有浓厚的藏族宗教建筑艺术色彩。主体建筑措钦大殿雄伟壮观,经堂面积 1 850 平方米,可同时容纳 9 000 名僧人诵经。佛殿幽暗,运用空间、色彩、装饰和天窗来光等手法,造成光怪陆离的宗教气氛,寺内藏有大量佛教经典和珍贵文物。

4. 色拉寺

色拉寺位于拉萨市北郊山麓,明永乐十六年(1418 年)由宗喀巴的门徒兴建,为格鲁派大寺之一。色拉寺全称"色拉大乘寺",藏传佛教格鲁派六大主寺之一,与哲蚌寺、甘丹寺合称拉萨三大寺,是三大寺中建成最晚的一座,全寺依山而起,楼阁重叠,规模宏伟,环境优美。寺内佛像上万尊,藏有许多从内地带回的珍贵文物,其中以金汁书写的大藏经和明清两代的卷轴最为著名。

5. 罗布林卡

罗布林卡位于拉萨市西郊,是历代达赖的避暑夏宫,藏语罗布林卡为“珍珠花园”之意。罗布林卡始建于18世纪,以后陆续增建。全园占地约36万平方米,现辟为人民公园。罗布林卡是西藏人造园林中规模最大、风景最佳、古迹最多的园林,建筑特点是:高处筑台,低处挖池,任其自然,以取景为胜。罗布林卡内树木茂密,在绿树丛中,湖心宫、龙王亭、金色林卡等具藏式风格的建筑隐约其间,幽曲动人。清新的空气,安谧的环境,具有一种西藏园林特有的朴实自然的情趣。

6. 小昭寺

小昭寺,藏语称为“甲达绕木切”,位于西藏拉萨八廓街以北约500米处,始建于7世纪中叶641年(藏历铁牛年吐蕃松赞干布时期),是文成公主奠基建成的。小昭寺现有建筑面积4 000平方米,寺内主要供奉了释迦牟尼8岁等身像。小昭寺建筑风格融合了汉藏式建筑特点。最初的寺庙管理也是由汉僧主持,所以说,小昭寺不仅是西藏最早的寺庙之一,而且是汉藏两个民族团结友谊的象征,在汉藏民族关系史上占有极为重要的地位。

7. 纳木措

纳木措意为“天湖”,是西藏的“三大圣湖”之一。纳木措位于西藏自治区中部,是西藏第二大湖泊,也是中国第三大咸水湖。湖面海拔4 718米,形状近似长方形,东西长70多千米,南北宽30多千米,面积约1 920平方千米。纳木措生态旅游景区内主要景点有迎宾石(夫妻石)、合掌石、善恶洞、扎西寺等。

(二)日喀则

日喀则位于青藏高原西南部,西衔阿里地区,北靠那曲市,东邻拉萨市与山南市,外与尼泊尔、不丹、印度等国接壤。境内定日县有世界第一高峰——珠穆朗玛峰,有西藏三大圣湖之一的羊卓雍湖。首府桑珠孜区,建城已600多年。

1. 扎什伦布寺

扎什伦布寺意为“吉祥须弥寺”,意为“吉祥须弥聚福殊胜诸方州”,位于西藏日喀则的尼色日山下,是该地区最大的寺庙,始建于明正统十二年(1447年),后四世班禅罗桑·却吉坚赞加以扩建。寺中措钦大殿可容2 000人诵经,殿中有释迦牟尼像,两边有一世达赖根敦珠巴与四世班禅立像。扎什伦布寺可与达赖的布达拉宫相媲美,它与拉萨的“三大寺”甘丹寺、色拉寺、哲蚌寺合称藏传佛教格鲁派的“四大寺”。四大寺以及青海的塔尔寺和甘肃的拉卜楞寺并列为格鲁派的“六大寺”。

2. 白居寺

白居寺藏语简称“班廓德庆”,意为“吉祥轮大乐寺”,位于江孜县城东北隅,距日喀则东约100千米,海拔3 900米。白居寺始建于明宣德二年(1427年),是一座塔寺结合的典型藏传佛教寺院建筑,代表了13世纪末至15世纪中叶后藏地区寺院建筑的典型样式,也是唯一一座完整保存到今天的寺塔,因而有“西藏塔王”之称。

3. 萨迦寺

“萨迦”在藏语中意为“灰白土”,萨迦寺位于萨迦县奔波山上,建于北宋熙宁六年(1073年),是藏传佛教萨迦派的主寺。萨迦寺建筑在仲曲河两岸,故称萨迦南寺和萨迦北寺。全寺共有40余个建筑单元,总面积14 760平方米,是一座规模宏伟的寺院建筑群,为全国重点文物保护单位。

4. 珠穆朗玛峰

“珠穆朗玛”在藏语中意为“神女第三”。珠穆朗玛峰为喜马拉雅山脉的主峰,地处中尼边界的东段,北坡在西藏定日县境内,南坡在尼泊尔境内,海拔8 844.43米。珠穆朗玛峰地区拥有4座8 000米以上、38座7 000米以上的山峰,故誉称“地球第三极”。珠峰脚下发育了许多规模巨大的现代冰川,刀脊、角峰、冰斗等冰川地貌分布广泛。

5. 江孜古城

江孜原称“杰卡尔孜”,简称“杰孜”,后逐渐变音为江孜。江孜古城位于年楚河上游,距日喀则市90千米,是一座历史悠久、名胜集中的历史名城。元朝时修建白居寺,各方信徒云集,遂形成西藏历史上的第三大城镇。在江孜城南4千米的班觉伦布村,保存着西藏唯一完整的封建领主庄园——帕拉庄园。

(三)山南

山南位于冈底斯山至念青唐古拉山以南、雅鲁藏布江干流中下游地区,山南是西藏古文明的发祥地之一,在漫长的历史岁月中,山南因拥有众多个“第一”而被公认为“西藏民族文化的摇篮”。如西藏第一位国王——聂赤赞普、第一座宫殿——雍布拉康、第一座佛堂——昌珠寺等。

1. 桑日马鹿自然保护区

桑日马鹿自然保护区位于桑日县增期乡境内,从泽当向东行驶80千米即可到达。主要分布在贡德林、帮贡、达杰、梦琼等地。桑日马鹿自然保护区河谷开阔,树林灌丛隐蔽条件很好,给西藏马鹿、白唇鹿提供了良好的生存环境,被确定为国家一级动物保护区。该地的马鹿数量已达到5 100多头,活动范围约5 000平方千米。景区内还有虫草、贝母等西藏名贵中草药。

2. 雅砻河风景名胜区

雅砻河风景名胜区地处藏南雅鲁藏布江中游河谷地带,以泽当镇为中心,面积约1 580平方千米,有10大景区、58个景点,为国家级风景名胜区。除雅拉香布山海拔6 635.8米外,其余地带海拔高度在3 450～3 600米之间。雅鲁藏布江奔腾于高山深谷之中,水流湍急,景象壮观,世所罕见。江河两岸地势平坦,气候宜人,土地肥沃,村庄毗连,一派典型的藏南田园风光。

3. 羊卓雍措

羊卓雍措藏语意为“碧玉湖”,羊湖汊口较多,像珊瑚枝一般,因此它在藏语中又被称为“上面的珊瑚湖”。它位于西藏山南市浪卡子县、拉萨西南约70千米处,与纳木措、玛旁雍措并称西藏三大圣湖,是喜马拉雅山北麓最大的内陆湖泊,湖光山色之美,冠绝藏南。

羊卓雍措被誉为世界上最美丽的水,湖光山色,景色如画,宛如置身人间仙境。羊湖是集高原湖泊、雪山、岛屿、牧场、温泉、野生动植物、寺庙等多种景观为一体的、独特的自然风景区,周围还有常年不溶的雪山冰峰,最高的达海拔7 000多米。湖泊、雪峰与蓝天融为一体,让人流连忘返。

(四)林芝游览区

林芝地区位于西藏自治区东南部、雅鲁藏布江中下游,南部与印度、缅甸两国接壤,素有"西藏江南""东方瑞士""高原生态绿洲""人间香巴拉"等美誉。林芝市风景秀丽,很多地带被誉为"西藏江南",林芝桃花节涉及的地方很多,特别是米林县南伊沟、林芝县八一镇—林芝镇—鲁朗镇(西藏瑞士)—排龙乡(雅鲁藏布江大拐弯)、波密县易贡湖等

1. 雅鲁藏布大峡谷

雅鲁藏布大峡谷位于雅鲁藏布江中下游林芝地区。雅鲁藏布大峡谷全长504.6千米,极值深度6 009米,是世界上最大的峡谷。从八一镇开始,经尼洋河与雅鲁藏布江交汇处到大峡谷拐弯处,全长约100千米。这里是山地生态系统最完整的垂直植被组合,有壮观的跌水、雄伟的雪山、丰富的宗教传说等自然景观和人文景观。

2. 林芝巨柏林

朗县、米林到尼洋河中下游一带的河谷中,常有零星的柏树分布,塔形的树冠以及挺拔的树干十分惹眼,这即是西藏特有古树巨柏。林芝巴宜区巴结乡境内的巨柏自然保护区,树木分布集中,生长较好,是一片比较完整的巨柏纯林。在保护区内,平均每公顷蓄积量为678.34立方米,最高者每公顷蓄积量可达1 000立方米。平均单株体积33.9立方米,平均高44米,平均胸径158厘米。林缘处最大的一株,胸径446厘米,树高46米,树冠投影地面积667平方米有余。

3. 墨脱的瀑布

墨脱的山多、水多、瀑布也多。在这些瀑布中,除素有"藏布奇观"之称的大拐弯瀑布外,有高达400米的汗密瀑布,有从悬崖绝壁倒挂的"老虎嘴"瀑布,有云崖飞泻的地东瀑布,有云雾缭绕的背崩瀑布,有银丝彩带飞舞的拉格瀑布。汗密瀑布一层叠一层,落差高达400余米,它穿云越雾,由山巅奔腾飞泻,从高入云霄的雪峰中直泻而下,激起满谷的蒙蒙水气,"隆隆"水声在整个山谷轰鸣。

本章小结

1. 青藏高原旅游区包括青海省和西藏自治区,位于我国西南部,西部和南部与印度、尼泊尔、不丹、缅甸等国毗连。这里地广人稀,是我国人口密度最小的一个区域。藏族是本区的主要民族,其他民族有汉族、回族、土族、蒙古族、撒拉族、哈萨克族、门巴族、珞巴族、纳西族等,是一个多民族的地区。本区自然环境复杂,民俗风情丰富多彩,是一个富有潜力、风格独特的旅游区。

2. 青海雄踞世界屋脊青藏高原的东北部,是长江、黄河、澜沧江的发源地,故被称为"江河源头",又称"三江源",素有"中华水塔"之美誉。青海山脉纵横,峰峦重叠,湖泊众多,峡谷、盆地遍布。祁连山、巴颜喀拉山、阿尼玛卿山、唐古拉山等山脉横亘境内。青海湖是我国最大的内陆咸水湖。

3. 西藏占青藏高原面积的一半以上,素有"世界屋脊"和"地球第三极"之称,是世界上海拔最高的地方。全区地形可分为藏北高原、雅鲁藏布江流域、藏东峡谷地带三大区域。西藏空气稀薄,气压低,含氧量少,太阳辐射强烈,日照时间长。西藏独特的高原地理环境和历史文

化,催生了数量众多、类型丰富、品质优异、典型性强、保存原始的旅游资源。

思考与实训

1. 青藏高原旅游区的自然景观有何独特之处?

2. 青藏高原旅游区的人文景观有什么突出特色?

3. 拉萨和西宁各有哪些著名游览胜地? 其主要特点是什么?

4. 请设计一条为期 10 日的西藏旅游线路。

参考文献

[1] 何丽芳. 中国旅游地理 [M]. 北京:清华大学出版社,北京交通大学出版社,2008.

[2] 肖星. 中国旅游资源概论 [M]. 北京:清华大学出版社,2006.

[3] 马丽明. 中国旅游地理 [M]. 北京:机械工业出版社,2014.

[4] 周凤杰. 中国旅游地理 [M]. 北京:机械工业出版社,2003.

[5] 陶犁. 民族民俗风情赏析 [M]. 北京:旅游教育出版社,2016.

[6] 吴国清,冷少妃. 旅游学理论基础 [M]. 上海:上海人民出版社,2014.

[7] 王勇. 中国旅游地理 [M]. 北京:对外经济贸易大学出版社,2006.

[8] 李娟文. 中国旅游地理 [M].2 版. 大连:东北财经大学出版社,2017.

[9] 赵利民. 中国旅游地理 [M]. 大连:东北财经大学出版社,2017.

[10] 刘新静. 世界遗产教程 [M]. 上海:交通大学出版社,2010.

[11] 曹培培. 中国旅游地理(修订版)[M]. 北京:清华大学出版社,2016.

[12] 周凤杰,周宜君. 中国旅游地理 [M]. 2 版. 北京:中国林业出版社,2016.

[13] 刘振礼,王兵. 新编中国旅游地理 [M]. 2 版. 天津:南开大学出版社,2016.

[14] 吴春美. 中国旅游地理 [M]. 北京:旅游教育出版社, 2017.

[15] 张锦华. 中国旅游地理 [M]. 北京:高等教育出版社,2015.

[16] 全国导游人员资格考试教材编写组. 导游基础知识 [M]. 北京:旅游教育出版社,2005.

[17] 梁朝信. 中国旅游地理 [M]. 2 版. 北京:旅游教育出版社,2013.

[18] 光雪. 港澳台游——旅游随身小百科 [M]. 沈阳:辽宁科学技术出版社,2001.

[19] 杨载田. 中国旅游地理 [M]. 4 版. 北京:科学出版社,2018.

[20] 王聚贤. 中国旅游地理 [M]. 北京:北京理工大学出版社,2012.

[21] 肖自心. 旅游资源与开发 [M]. 长沙:中南大学出版社,2005.

[22] 吴忠军. 中外民俗 [M].4 版. 大连:东北财经大学出版社,2017.

[23] 张志宇,胡柏翠. 中国旅游地理 [M]. 北京:电子工业出版社,2009.

[24]《走遍中国》编辑部. 走遍中国——香港 澳门 台湾 [M]. 北京:中国旅游出版社,2008.